بهاشن

"Hiçbir şey
göründüğü gibi değildir."

Truva Yayınları®

Truva Yayınları: 542

Tarih: 96

Yayıncı Sertifika No: 12373

Genel Yayın Yönetmeni: Sami Çelik

Editör: Hüseyin Öz

Sayfa Düzeni: Truva Ajans

Kapak Tasarımı: Mehmet Emre Çelik

Baskı - Cilt: Ata Basım Sanayi ve Ticaret A.Ş.

Maltepe Mah. Fazılpaşa Cad. Sezer Sanayi Sitesi No: 9/B

Zeytinburnu/İSTANBUL

Matbaa Sertifika No: 36625

1. Baskı Mayıs 2019

ISBN: 978-605-5416-45-4

Truva Yayınları® 2019

Kavacık Mahallesi Övünç Sokak Kıbrıs Apartmanı No: 19/2

Beykoz / İstanbul

Tel: 0216 537 70 20

www. truvayayinlari. com

info@truvayayinlari. com

facebook. com/truvayayinlari

instagram. com/truvayayinlari

twitter. com/truvayayinevi

Kazım Karabekir

CHP'deki Büyük Kavga

"Ben Hain Miyim?"

Yayına Hazırlayan
Prof. Faruk Özerengin

KAZIM KARABEKİR

1882'de İstanbul'da doğdu. Babası Mehmed Emin Paşa'dır. Fatih Askerî Rüştiyesi'ni, Kuleli Askerî İdadisi'ni ve Erkan-ı Harbiye Mektebi'ni bitirerek yüzbaşı rütbesi ile orduda göreve başladı. İttihat ve Terakki Cemiyetinin Manastır Örgütünde görev aldı. Harekât Ordusu'nda bulundu. 1910'daki Arnavutluk Ayaklanmasının bastırılmasında etkili oldu. 1911'de Erzincan ve Erzurum'un, Ermeni ve Ruslardan geri alınmasını sağladı. Sarıkamış ve Gümrü kalelerini kurtardı.

Kurtuluş Savaşı'nda Doğu Cephesi Komutanlığı yaptı. Milli Mücadele'nin başlamasında ve kazanılmasında büyük katkısı oldu. Terakkiperver Cumhuriyet Fırkası'nı kurdu. Bir yıl aradan sonra da Şeyh Said İsyanı bahane edilerek Terakkiperver Cumhuriyet Fırkası kapatıldı.

Uzun yıllar yalnızlığa bırakıldı ve ömrünün son günlerinde İstanbul Milletvekili olarak Meclis'e alındı. 1946 yılında Meclis Başkanı oldu. 1948'de vefat etti.

İÇİNDEKİLER

YAYINCININ ÖNSÖZÜ

İkinci Dünya savaşı yıllarındaki Türkiye'yi objektif bir yaklaşımla görebilmek ve Karabekir Paşa'ya CHP grup toplantısında yapılan sert eleştirileri anlamak için yayımladığımız "CHP'DEKİ BÜYÜK KAVGA -Ben Hain Miyim?- başlığını verdiğimiz bu eserimizi önemli bir belge olarak okuyucularımızın istifadelerine sunuyoruz.

Bu eser 1995 yılında Ankara'da Savaş Rüzgarları isimli eserin gözden geçirilmiş ve yeni bir bölüm ilave edilmiş halidir.

Kazım Karabekir Paşa'nın arşivinden damadı rahmetli Faruk Özerengin beyin hazırladığı bu eser CHP grup tartışmalarından oluşmaktadır. İki bölümden oluşan bu eserin ilk bölümünde Kazım Karabekir Paşa'ya grup toplantısında yapılan çok sert eleştiriler ve Paşa'nın bu eleştirilere cevaplarını bulacaksınız. İkinci bölümde ise İkinci Dünya Savaşı yıllarında grup tartışmalarını okuyacaksınız.

Ayrıca bu eser Türkiye'de ilk kez, tek parti döneminin grup tartışmalarını ve Türkiye'de Tek Parti döneminin siyasi karakterini ve parti içi tartışmalarını da gün yüzüne çıkarmaktadır.

Türkiye halk tarafından değil, devlet tarafından yönetilen bir ülkedir. Böyle olunca da halk, ancak devletin izin verdiği ölçüde bilgi sahibi olabilir. T.B.M.M. deki müzakereler parti grubunda tartışılan olayların onda biri bile değildir. Çünkü grup tartışmalarının sonunda Meclise Türk halkı ve dünya kamuoyunun bilmesi gereken kadarıyla konular geliyor ve müzakere ediliyordu. O dönemde mecliste açık konuşmalar bile, aynen değil özetle yayınlanabiliyordu.

Böyle bir ortamda Kazım Karabekir Paşa'nın parti grup zabıtlarını not etmesi, hatta elde edemediği bazı konuşmaları özetlemesi ve bunu yaparken de dürüst davranarak kendi aleyhinde olan konuşmaları dahi aynen vermesi Paşa'nın kalemine olan güvenimizi arttırmaktadır.

Türkiye'nin II. Dünya Savaşına girmemesinde gerçekten İsmet İnönü mü etkili oldu? Sözünün 'oldu mu?' sorusuna da bu eserle cevap bulacağız. Hatta savaşa girmeyen bir Türkiye'nin sanki savaşa girmiş gibi perişan olduğunu da öğreneceğiz.

İsmet İnönü'nün önceleri savaşı Almanlar kazanacak düşüncesiyle o yöne ağırlık koyan politikasını, daha sonraları ise savaşın gidişatı üzerine Rusya kazanacak diye politikasını o yöne meyletmesini, önce Turancılarla, sonra ise Komünistlerle yola çıkmasını bütün açıklığıyla okuyacağız.

Parti grup tartışmalarını okuduğumuzda göreceğiz ki, savaşın sıcak günlerinde ileri sürülen bazı fikirler gerçekleşmiş, bazıları gerçekleşmemiştir. Rusların Almanlarla savaşa girecekleri varsayımı da bunlardan bir tanesidir. Ancak bu misallerde de görüldüğü gibi Karabekir Paşa gibi deneyimli bir askerin zaman içinde yanlış düşündüğünü kabul etmemiz doğru değildir. Çünkü çoğu zaman fikirlerimizi karşı fikirler oluşturur. Eğer karşımızdaki doğru düşünmezse bizim doğru fikirlerimizde yanlış çıkar.

Aydınlar barış zamanında ülkeye sahip çıkar, kendi doğru bildikleri yolda herkesin yürümesini isterler. Ancak bu kez de savaş ihtimali içinde olan ülkenin savunmasına koşulmaları gerektiği bir dönemde tecil etme, rapor alma yollarıyla meşru asker kaçaklığı yoluna koyuldukları görülmektedir. O kadar kötü bir seferberlik hali yaşanmıştır ki, halk savaşa girmediği halde, arpa karışımı ekmeği vesika ile alırken, imtiyazlı insanlar ekmekle köpeklerini besliyorlardı. Tam bu ortamda da hükümet Milli Şefin işaretiyle Yunanistan'a 60.000 ton buğday satmıştır.

Bu kitabı okurken göreceksiniz ki, 70 yıl öncesi olanlar 70 yıl önceki dille anlatılmıştır. O dönemde çok kullanılan bazı kelimeler bugün hiç bilinmiyor bile. Biz eserin orijinalliğine sadık kalmak için dilinde çok az sadeleştirme yaptık. Paşa'nın metinlerdeki diline sadık kalmak istedik. Mesela, "Bunun ilanı mı böyle olur" cümlesi tabii ki, "Bunun ilanı böyle mi olur?" olacaktır.

Savaş içindeki Türkiye tablosunu belki üzülerek göreceğiz ama entellektüel gevşekliğin ve çıkar kaygısının günümüzde daha da hızlandığını düşünecek olursak, "çare aramak zorunluluğunu" hep beraber arayacağız.

Bu çok değerli notları gözü gibi koruyarak günümüze kadar ulaştırıp, yayınlanmasına vesile olan Karabekir Paşa'nın damadı rahmetli Prof. Faruk Özerengin beyefendiye tarihimize yapmış olduğu büyük hizmetinden dolayı her okuyucu gibi biz de Truva Yayınları olarak şükranlarımızı sunuyoruz.

Truva Yayınları
Sami Çelik

BİRİNCİ BÖLÜM

BEN HAİN MİYİM?

"Öğleden sonra Gümüşhane milletvekili Zeki Bey geldi, bana çok üzgün bir tavırla":

-Paşam, -dedi- ben de dahil olduğum halde, bugün bir dostunuz çıkmayacağını size açık yürekle söylüyorum.

Sordum:

-Ne var?.. Bu üzüntünüz neden?... Bir dostluk imtihanı mı var ki, yokluğunu gördünüz?..

Şu karşılığı aldım:

-Tekrar ediyorum, ben de dahil olduğum halde, bugün bir tek dostunuzun çıkmayacağını esefle söylüyorum. Bugünkü parti grup görüşmelerinde bulunmayacak mısınız?... Size, dehşetli hücumlar hazırladılar. Bunu önlemek şöyle dursun, size haber veren de yok! Hücumların karşısında tek başınıza kalacaksınız!..

-Tek başıma kaldığım dehşet verici hadiselerle mücadeleden zevk almaya alışmışımdır. Bugün de tek başıma kalırsam, daha büyük zevk duyarım dedim ve benim: "Türk Yılmaz" marşımın şu mısraını terennüm ederek, telefonla parti grubundan müzakere saatini sordum:

Düşmana salsa,

Tek bile kalsa,

Türk hiç yılar mı,

Türk hiç yılar mı,

Türk yılmaz,

Türk yılmaz,

Cihan yılsa,

Türk yılmaz.

"Hemen bir otomobile atlayıp parti müzakeresine yetiştim. Dışişleri Bakanı'nın beyanatından sonra, bizim mücadele şöyle bir seyir izleyerek, mukadder olan akıbetine kavuştu."

CHP GRUBU'NDA MÜZAKERE

İbrahim Tali Öngören: Arkadaşlarım!.. Bir, iki ay önce içimize tekrar gelen General Kazım Karabekir, bir müddetten beri İstanbul gazetelerinde, kendi hizmetlerine, gördüğü büyük işlere dair yazılar yazdırmakta, ve yazmaktadır. Son zamanlarda bunlar, bazen tatlı, tatlı okunuyor. Dün İstanbul'daki TAN gazetesi, kendisine bir muhabir gönderir, bazı sorular sorar. Bu sorulara verdiği karşılıklarda, ebedi şef Atatürk'e temas eder yanları, bendeniz saygısızlıkla karşıladım.

Generalin, askerlik değerine hiç diyeceğim yoktur, takdirkârıyım. Askeri terbiyesine de hürmetkârım; pek terbiyeli, fazilet sahibi bir zattır. Bu gayretle yazı yazmamdaki sebebi anlayamadım. İstanbul'da, daha beş yaşındaki çocukların acısını unutmadığı Atatürk'ün, tatlı hatırası, tatlı ismiyle yaşayan İstanbul gençliğinin bu yazıları nasıl karşıladığını, tabii öğrendiniz. ([1]) (Alkışlar) Matbaaya giderek idarehaneye bazı ihtarlarda bulunmuşlardır. Bunu burada söylemeyi bir vazife bilirim. Dünkü yazılar, belki sürecekti de... Anlaşıldığına göre

---

1 İbrahim Tali Öngörenin: "İstanbul gençliği bu yazıları nasıl karşıladı tabii öğrendiniz." sözü ile anlatmak istediği: Karabekir'in TAN gazetesinde yayınlanan beyanatın ilk bölümü üstüne, İstanbul Üniversitesi'nden bir grup öğrenci, TAN gazetesine giderek, Atatürk'ün aleyhinde olduğu anlaşılan bu beyanatın durdurulmasını istemiş, gazetede ertesi günü, beyanatın yayınlanmaya başladığı birinci sayfanın aynı sütununda bu ziyaretten söz edilerek; yayının durdurulduğu bildirilmiştir.

bazı kusurları merhuma (Atatürk) atfediyor; bu bir tasarlanmış kasıt mıdır, yoksa gazetecinin yanlış yazması mıdır? "Kendi kanaatim değil" derse, hepimizi memnun eder.

Salih Bozok (Bilecik):

Ben de aynı şeyden bahsedecektim; arkadaşım konuştular, gerek kalmadı.

Hikmet Bayur (Manisa):

Herkes gibi ben de bu sabah hayretle, ve kederle bu yazıyı gördüm.

General Kazım Karabekir, bizim partimize girmiştir, milletvekili olmuştur. Atatürk'ün, bu partinin "Ebedi Şefi" olduğunu bile bile bu son hareketi, pek münasebetsizdir. Bunu bile, bile; ikinci defa bu partiden milletvekili seçilmiştir. Doğru olan, şu olabilirdi: Herkesin bir kanaati olabilir; ve bir kimse bir adamı sevmeyebilir. Halbuki, Ebedi Şefin kurduğu bu partinin Ebedi Şefi olarak kalacak olan muhterem şahsiyet aleyhine, özellikle bu partinin içine girip aleyhinde bulunmak doğru değildir. (Bravo sesleri, alkışlar) Mert ise, milletvekilliğinden istifa etmelidir; ve tekrar namzetliğini koymalıdır. Mert ise, kendisinden bunu bekleriz!

İkinci bir özellik daha var: Biz üç arkadaşız, İnkılap Tarihi dersleri veriyoruz. Öbür arkadaşımı görüp sormadan, ben cevap vermek istiyorum. Diyor ki: "İnkılap dersleri dahi yanlış verilmektedir." Bunu böyle bize taş atar gibi söylemek doğru değildir. Benim yayınlanmış kitaplarım var. Talebinin çokluğu sebebi ile, bugüne kadar 19.000 nüsha basılmıştır. Kendisi de görmüştür. Atatürk'ün sağlığında bana yazabilirdi. Haydi, o vakit yazmadı, sonradan pekala yazabilirdi. 'İnkılap tarihinde şu noktalar yanlıştır' diyebilirdi. Doğru olan, kendisine güvenen böyle yapar!.. Yoksa söz dokundurarak yazmak, hiçbir zaman doğru ve dürüst bir iş değildir. Bu iki noktadan generalin hareketini doğru bulmuyorum. (Bravo sesleri, alkış).

Dr. Sadi Konuk (Bursa)

Arkadaşlar!

General Kazım Karabekir'in gazete muhabirine beyanat (vermek) sureti ile yaptığı neşriyatı, hepiniz gibi, ben de bu sabah okudum. Atatürk adına, memleket birliğinin tek sembolü olarak, bütün nesillere verdiğimiz yüksek kıymete, herhangi bir şekilde hücuma değil, imasına bile tahammül edemeyiz. (Bravo sesleri) Biz, Atatürk'ün adını, bu devleti yaşatacak olan gelecek nesle en büyük ideali, en büyük istek halinde tecelli ettirmek istedik. Bu yüksek varlığı bugün huzurla, saadetle seyrediyorsak, bunu bütün varlığımızı, ancak o kudrete borçluyuz. Bunu inkar edip çok yakışıksız bir taarruzun, bir isteğin hiçbir zaman yer bulmasını istemeyiz, buna tahammül edemeyiz. General Kazım Karabekir, bu büyük varlığın atına sığınarak böyle bir tezvir ile memleketin birliğini bozmak cüretinde bulunamayacaktır. Biz, buna müsaade etmeyeceğiz! (Alkışlar)

Süreyya Orgeevren (Bitlis)

Arkadaşlar!

Biz, yüksek huzurunuzda Halk Partili bir fert, fakat ondan evvel, tabii durum itibarıyla büyüğünü seven, sevdiğini gerçekten seven, inanışında derin bir bağlılık taşıyan, bir insan olarak öfkeli bir heyecan içinde olduğumu itiraf etmeliyim. Fakat insan, ve insanlık karşısında bulunduğumu hesaba katarak küstahlığa düşmeden, öfke ile dolu olduğum halde, mümkün olduğu kadar sakin olmaya çalışarak düşüncelerimi arz edeceğim. Sözlerim içinde tenkit ve yanlışlar, o yanlışı yapandan daha az olabileceğini bilmekle beraber, affınıza layık göreceğinizden eminim.

Arkadaşlar!

Benden önce söz alan ve çok yerinde olduğuna şahsen inandığım, tamamen kendi kanaat ve arzularını ifade eden arkadaşlarımın sözlerine katıldığımı belirttikten sonra, bu sözlerden onların niçin haklı ve bu hakkı, niçin yerinde bulduğumuzu anlatabilmek için, müsaadenizle, söz konusu olan makaleyi okuyacağım. Uzundur... Uzundur ama tahammüllerimiz ondan daha uzundur, daha büyüktür, çünkü kutsal esaslara dayanmaktadır. (Okuma sesleri),

Bir ses: Bu makaleyi dinlemeye tahammülümüz yoktur!... (Yoktur, sesleri).

Orgeevren: (devamla)

Müsaade buyurunuz, okuyacağım! Çünkü o makalede söz konusu olduğu gibi, bir kişinin sözü, mutlak ve mücerret sözü ile yola çıkmış durumuna düşmeyelim ki, o makalenin sahibi Sayın General...

Rasih Kaplan (Antalya)

Mecliste general yoktur, vatandaş vardır!..

Süreyya Orgeevren (devamla)

Kusura bakma, benim konuşma biçimim böyledir. Böyle konuşmaya mecburum. Kendi tavsiye ettikleri şeyi, o yazılarda kendileri benimsememişlerdir. Bu anlayış benimdir, görüş benimdir; fakat delillerimin çok çok kuvvetli, çok yerinde olacağını söylemek isterim. Onun için, onları herhalde okumalıyım! Belki kendileri kabul edeceklerdir; ondan sonra konuşmaya gerek kalmayacaktır. Makaleyi, bir kez daha okumadan, tahlilini yapmadan, hadiseleri, zıtlıkların öncülüğünde anlam ve üslubun billurlaştırdığı ruhu ortaya koymadan konuşmak, doğru olmaz inancındayım. Mülakat, -hepimizin bildiği gibi- tertip edilmiş, gazete muhabiri kendileri ile görüşmüş... Bunların nasıl düzenlendiğini hepimiz çok iyi biliriz. Muhabir ya da yazar, sormuştur; Sayın General de cevap vermişlerdir. Sorular ve cevaplar arasındaki oturmuşluk, kast ve anlam karşı karşıya getirilirse, mantıkla tahlil ve mukayese edilirse, iş, bütün çıplaklığı ile meydana gelir.

BASIN MODERN HURAFEYE DİKKAT ETMELİ

Süreyya Orgeevren, CHP grubunda konuşmakta ve Kazım Karabekir'in bir gazeteye verdiği mülakatı bölüm bölüm okumakta ve şiddetle eleştirmektedir:

Süreyya Orgeevren: Yazar, gazetedeki mülakatta anlatıyor: "Uzun bir ayrılıktan sonra tekrar siyasi hayata dönen İstanbul milletvekili General Kazım Karabekir... Ankara'da, Yenişehir'deki evinde kendisini ziyaret ettiğim zaman, söze şöyle başladı:

"Memlekette menfi propaganda ile olduğu kadar; 'modern hurafe' ile de mücadele, şerefli bir vazifedir. Bu mücadelede başlıca vazifenin, basına düştüğü kanaatindeyim."

Arkadaşlar! Şurasını özellikle dikkat gözünüze arz etmek istiyorum:

"Sayın General, mihnetli geçen uzun yılların yıpratamadığı dinç, zinde ve sağlıklı görünüyor. Fakat saçlarındaki aklar, siyah telleri gizleyecek kadar çoğalmış... Çok aydınlık bir ifade ile, dinleyenleri peşinden sürükleyen bir hatip kudreti ile konuşuyor" dedikten sonra, Yazar, soruyor: "istiklal Harbi'ndeki büyük hizmetlerinizi, milletin önemli bir çoğunluğu öğrenmek fırsatı bulamadı. Okuyucularımızın da, basınımızın da bu konuda aydınlanmaya ihtiyaçları olduğunu kabul buyurursunuz değil mi?.."

CAHİL SUÇLAMASI

Arkadaşlar!..

Şu küçük bölüm üzerinde küçük bir tahlil yapmama müsaade buyurun; İstiklal Harbi'ndeki "büyük hizmet" denilen şey, biraz aşağıda Sayın General'in ifade ettikleri, altı yıl önce Türk basınının da uzun uzadıya yazılmış bir sürü dedikodulardan başka, memleket tesanüdü ve istiklal Harbi kutsallığı üzerinde bozgun ruhu yaratan etkilere yol açmış bilinen olaydır! Bunu, "Milletin büyük bir çoğunluğu öğrenmek fırsatı bulamamış."

Fakat bu, Yazar'ın sözüdür. Yazar, burada bulunmadığı için, karşılık verecek durumda olmayan insanlar hakkında söylenmesi gerekli olmayan sözleri söylemeyeceğim. Ancak, şunu söylemekten kendimi alamıyorum: Sayın Yazar bilmiyorsa, yani büyük harpte General Kazım Karabekir Paşa hazretlerinin ne olduğunu, ne ölçüde var olduğunu bilmiyorsa, biz biliyoruz!., İnkılap tarihini bilen, onun içinde doğan, onun içinde yaşayan ve onun oluşmasında zerre kadar hizmeti geçen herkes, çok iyi biliyor ve Türk milleti biliyor!.. Ne yapalım ki, onun içinden böyle bir cahil de çıkmış olabilir!

(Yazarın bu sözüne) generalin cevabı: *"Evet, -dedi- bütün bunlar, sırası geldikçe ortaya konacaktır." Bir zaman konduğu gibi... (devam ediyor)*

MODERN HURAFELER

"Fakat muhakkak ki, bu gerçeklerin içinde kamuoyuna sunulması çok gecikmiş olanlar da vardır; ve bu gecikmeler, kafalarda bir çeşit hurafe yaratmıştır."

Bu 'hurafe'lerden ne kast edildiğini, modem hurafelerle eski hurafelerin hangi noktalarda ayrıldığını belirlemekte ben acizim. Ancak burada, şu küçük açıklamayı arz etmeye ihtiyaç duyuyorum: İstiklal Savaşı'nda gerçekleşmiş hizmetler, olaylar ve gerçekleşmiş hakikatler vardır da onların bir kısmı söylenmiş, bir kısmı söylenmemiş... Söylenmekteki lüzumun gecikmesi, hurafeler yaratmaya yol açmıyor. İstiklal Harbi, cihanın hayretle seyrettiği kutsal bir olaydır. Tarih demek, aşağı yukarı geçmiş zamanlara ait olayların, çeşitli yanlarından incelenmesi bilgisi demektir. Üzerinden 15-16 yıl geçmiş olan kısa bir zamanda Türk İstiklal Savaşı'nın hemen sıcağı sıcağına söylenmiş olması, tarih hakkındaki fikrin ve tarihe karşı duyulan güvenin bir belirtisidir.

General söylüyor: "Şahsen benim de 15 yıl menkubiyet durumunda kaldığımı (bir köşeye itildiğimi) biliyorsunuz. Bu süre, özellikle çoluğum, çocuğum için pek acı geçti." Menkuniyet!... Bu kelimenin yerini bilmiyorum. Bizim bildiğimiz menkuniyet, büyük bir devlet adamının işinden çıkarılması gibidir. Sayın General, Türk ordusunun generalleri arasında hizmetleri görülmüş ve zaman, zaman kendilerine -gerektikçe- takdir duyguları gösterilmiştir. Bizim gibi, milletin içinde, millete hizmet etmeye çalışmış kimselerin bunu unutması, hayal ve hatırdan geçmez. Ama, buradaki "menkubiyet" generalin askerlik görevinden istifa ederek siyasi hayata atılması olmuştur. Birçok generaller, bugünkü 'Milli Şefimiz de dahil olduğu halde, General Karabekir kadar, hatta ondan daha fazla memlekete, askeri, siyasi, iktisadi sahalarda hizmet etmiş, birçok sivil ve asker vatandaşlar arasında, kendileri askerlikten istifa ederek tkinci Büyük Millet Meclisi'ne aza olarak girmişlerdir.

RUH HALİ

Ondan sonra, generalin kendi gibi düşünenlerle birleşmesinden sonra, bugün iyice bilinen, yersizliği gerçekleşen, memlekete zarar verici mahiyette bulunduğu anlaşılan, böylece ve buna dayanarak memleket için inkılap çocukları arasında tutunamayıp, sönüp, çekilip giden teşekkülden (örgüt) sonra çekilmişler ve bir daha milletvekili olamamışlarsa, bu Menkubiyet değildir, arkadaşlar!.. Bugün de yakından tanıdığımız, şereflendiğimiz, haklı olarak övünmeye layık bulduğumuz milletvekilliğini bırakabileceğimiz, kafamızın içinde yaşayan bir gerçektir.

O zaman, kendi kendimizi, yenik mi düştük sayacağız?.. Bu noktayı, makaleyi yazan insanın, yazar veya söylerken duygulanma biçimini, ruh halini gösterebilmek için arz ettim. Yazının giriş bölümündeki anlayışımda, görüşümde ve mantığımda yanılma varsa, hemen söylesinler, şükranla, memnuniyetle kabul ederim...

Bu, "Menkubiyet müddeti, bilhassa çoluk çocuğum için çok acı geçti" cümlesini hatırınızda bir süre tutmanızı rica ederim; aşağıda hatırlatacağım, nasıl olduğunu kendilerinden müsaadeleriyle soracağım.

Milletvekilliğinden ayrılmak, milletvekili olmamak keyfiyetinin bir "menkubiyet" telakki edilmesini ve bu menkubiyetin, çoluk çocuğa verdiği açlık, benim havsalamda yer bulacak şeylerden değildir.

General "Buna rağmen ben, bildiğim yoldan şaşmadım, her zaman için hakikatin savunucusu olarak kaldım. Fakat ne yazık ki, on beş yıl içinde, kıymetli fikirlerle ortaya çıkıp hayatlarını hor görürcesine çalışan ve memlekete büyük hizmetler ifa eden bazı vatan çocuklarının bir kenarda nasıl unutulduğu, kimsenin gözünden kaçmamıştır" diyor.

DİPDİRİ MEZARA GÖMÜLMEK

İnsafla düşünmek lazımdır. On beş yıl içinde kıymetli vatan çocukları çıkıyor, çalışıyorlar, memlekete büyük hizmetler yapıyorlar, sonra bunlar bir kenara atılıyorlar; bütün Türk milleti de bunu görüyor!.. Bu, şahsi ve dayanıksız bir kanaattir.

"Onların bütün hizmetleri, yalnız kökten inkar edilmekle kalmamış, belki onlara türlü iftiralar da yapılarak, her biri dipdiri mezara gömülmek istenmiştir!" diyor...

Sayın generalden soruyorum; "On beş yıl kenarda kalan ve dipdiri mezara gömülen" kimlerdir?.. Parti arkadaşlarına burada söylesinler kaç kişidir?.. Ben, bunu red ediyorum!.. Hizmet edenler çoktur. Ve bu memlekete hizmet etmek isteyenler, tehditle, güçlüklerle karşı karşıya kalmamışlardır. "Dipdiri mezara gömülmek" durumuna düşmemişlerdir. Böyle yazılamayacağını, böyle yazmaya hakları olamayacağını, böyle yazmanın, kamuoyunu çok kötü olan demagoji ile iğfal ederek bozgun ruh yaratmak ve milletin çok muhtaç olduğu dayanışma ihtiyacı karşısında berbat bir hale koymak olduğunu ve memleket ve millet mağlubiyetine, çöküşüne yol açacağını kendilerine samimi olarak hatırlatırım! (Bravo sesleri...)

SUSMADIM

Nerde kaldı ki Sayın General, bu tür insanların hizmetlerinin bir kalemde inkar edildiklerini ve söz söyledikçe, gerçekleri bağırıp, onarmaya çalıştıkça, kendilerinin diri diri mezara gömüldüklerini iddia ettikleri halde, biraz önce, kısa bir süre hatırınızda tutmanızı rica ettiğim cümlelerini hatırlatıyorum: Kendisini çürüttüğü yer burasıdır!

Diyorlar ki: "Menkubiyet 15 yıl sürdü. Şu acıları gördüm ama, ben susmadım; vazifemi yaptım."

On beş yıl susmayan, sürekli görevini yapan bir adam, çıkıp da "Bir kalemde beni susturdular, yaptığım işleri ortadan kaldırdılar, beni diri diri mezara gömdüler" derse, bu birbirini tutmayan sözlerin hangisine inanılır?.. Ve böyle dipdiri mezara gömülmek isteyen insanlar için, memleket bunların olgun, dolgun başlarından istifadesiz bırakılmış!..

Olgun, dolgun baş, ensesine satır yese, vatanına, milletine hizmet etmekten feragat etmez! Akıtılacak kanı ile bile, memleketine yararlı olmaya bakar! İşte biz, o başı görmek istiyoruz!

KALPAZANLAR, EHLİYETSİZLER

General "Bütün bunlarda modem hurafenin tesiri olmuştur. Bu itibarladır ki, basının bu işteki büyük rolüne peşinen işaret ettim. Baştakilere yaranmak için ulu-orta fikirler yayınlamadan önce, olayları olduğu gibi tespit ederek yeni nesle aynen anlatmamız gerekir. Aksi halde, birçok kahramanları sefil olarak göstermek, birçok kalpazanları, ehliyetsizleri, layık olmadıkları vasıflarla vasıflandırmak gafletine düşebiliriz" diyor.

Baştakilere yaranma için ulu-orta bir fikri ortaya atmak; aklın, mantığın inanmayacağı, düşünemeyeceği şeylerdir. Fakat kendisini göstermek için, büyüklüğünü küçültmek için, sebepli, sebepsiz baştakilere hücum etmek mi gerektir?.. Bendeniz şahsen, bir belli hareketin işaret ettiği hakikati kastederek söylemiyorum; evet içimizde böyle insan yoktur ve olmayacaktır da... Olursa, tutunamayacaktır!.. Fakat aksi, daha kuvvetle olur, aksi daha kuvvetle hepimiz tarafından tutulur, benimsenir. Haksız olarak hücum ettiremeyiz başımızdakilere; haksız olarak ulu orta ve yersiz, hücum ettiremeyiz; hatta ölüsüne bile haset edilen büyüğümüze, hiç ettirmeyeceğiz! (Şiddetli alkışlar)

GAZETE SAYFALARI, TİYATRO SAHNESİNE BENZETİLMEMELİ

CHP grubunda Süreyya Orgeevren konuşmakta Kazım Karabekir'in bir gazeteye verdiği mülakatı bölüm bölüm okumakta ve şiddetle eleştirmektedir. Orgeevren, elinde tuttuğu mülakattan bir paragraf okumakta, sonra da kendi düşüncelerini söylemektedir:

Süreyya Orgeevren (devamla)

Karabekir, "Aksi halde birçok kahramanları sefil olarak göstermek ve birçok kalpazanları, ehliyetsizleri, layık olmadıkları vasıflarla vasıflandırmak gafletine düşebiliriz" diyor...

Arkadaşlar!

Burada cümle, mutlaktır; ve bir nazariye halinde ifade edilmektedir. Fakat şüphe yok ki, bir teori ifadesine boğulan bu muhakeme içinde, belli kişiler vardır. Var mıdır, yok mudur, bunu kürsüden yalanlamalı, ya da doğrulamalıdırlar. Biz, gerçeğin bırakılarak, saklanarak, ona ters durumlar yaratılarak, kötülere, cahillere, kalpazanlara, hasetlere, hırs içinde kıvrananlara, çıkar peşinden koşanlara yer vermeyi istemediğimiz kadar, kalpazanları kahraman göstermekten de çok çekiniriz. (Bravo, alkışlar)

"Matbuat sayfaları, bir tiyatro sahnesine benzetilmemelidir yani, matbuat liderleri, temsil edilecek herhangi bir piyes gibi, rolleri, istedikleri kimselere vermemelidirler." Tekrar muharrir şöyle söylüyor:

"Kazım Karabekir, bir ara hatıralarını toparlamak ister gibi duraksadı. Bu fırsattan yararlanarak beni kabul ettiği salona şöyle bir göz attım. Genellikle sade, ama özenli döşenmiş... Bir tarafta, sayın generalin savaş anılarıyla dolu olan birkaç canlı dolap; odanın başka bir yanında da, şu levha göze çarpıyor:

"CİHAN YIKILSA, TÜRK YILMAZ"

İkram edilen kahvenin son yudumunu da yuvarlarken. General Kazım Karabekir, bu kısa sessizliği bozdu: "Yazık ki, -dedi- son on beş yıllık basınımıza, bu bakımdan iyi bir numara verebilecek durumda değiliz!" ve bu suçlamasını açıklamasız bırakmamak için, hemen ekledi: "Basının yakın vakte kadar, çok kez baştakileri memnun etmek gayreti güttüğünü söylemeye mecburuz."

Bu cümleye bu kürsüden ben cevap verirsem, öteden beri aramızda bulunan ve özellikle yeni yeni aramıza girmiş olan, çok değerli, çok aydın -basın- deyince, Türkiye'de ilk hatıra gelen muhterem zatın cevap vermesi lazımdır. Suçlamaya uğrayan onlardır. Susarlarsa, kendilerinin bu suçlamaya, bu iftiraya, şimdiden layık olacaklarını söylemekte haklıyım. (Bravo sesleri, alkışlar)

General, "Basın, sırf bu gayretle, olayları, birçok tarihi olup biteni inkar edecek kadar ileri gitmişlerdir. Mesela burada şahsımdan bahsedeceğim: Altı yıl önceki İstiklal Savaşı tartışmasını hatırlarsınız değil mi?.. Ben o zaman, tarihi belgeler göstererek bazı olayların, gösterildikleri biçimde olmadığım ve gerçeğe uymadığını söylediğim zaman, basının haksız ve yersiz hücumlarına uğradım" diyor.

BASIN LİDERLERİ

Şimdi, "basın liderleri" denilen ve içimizde bulunan başyazarlara soruyoruz: Böyle mi yaptınız?.. Kürsüye gelir, söyler misiniz?., ya 'evet', ya 'hayır!..'

(Okumaya devam ediyorum) "Sonu ne oldu?.. Gerçekleri

öldürmeye koşan gayretlilerin mahcubiyetinden ve benim de maddi baskılara uğramaklığımdan başka, ne oldu?.. Ve ben, bir süre daha o vakte kadar olduğu gibi kenarda, gözaltında yaşamak zorunda kaldım; fakat daha sıkı sınırlamalar altında da olsa, yazılarımı yine de yazmaya devam ettim."

Çelişkinin böylesine, bu kadar açığına, ben hayatımda rastlamadım! Yani, basın hiçbir şeye yaramazken, General, bunları yazmaya devam ediyormuş! Basında, bunları yazmaya güç yetmezken, yine gazete aracılığı ile General yazabiliyor! Hukuk fakültesi hocalarının 'çelişkiyi 'örnek' almalarını rica ederim!

"Hayatımın bütün hesaplarını, günü gününe, hatta, saati saatine verebilirim" diyor; olabilir... Derli-toplu yaşayan her adam ve hepimiz, verebiliriz!... Fakat, "lüzumsuz ve sebepsiz" görmüşler... Lütfen, bu kürsüden versinler!.. Temizliklerinde şüphe yoktur!.. Biz bu konuda hiçbir şey bilmiyoruz... Kimse de bir şey söylemedi!

Kazım Karabekir "bir söylese" neler olacaktı, neler!.. Ne Atatürk'ün şahsiyeti, ne Milli Şefin kıymeti kalacak!..

Bu değil!.. Biz çok iyi biliyoruz, böyle değildir!..' bunu demek istiyorsanız, söyleyiniz, dinleyelim!.. Yazar, söylüyor: "Sayın General biraz durdu, daha bir şeyler söylemek istediği anlaşılıyordu. Yalnız şu cümle ile yetindi: "Gerçekler, hiçbir zaman kaybolmaz. Zaman, gerçeklerin müttefikidir."

31 MART OLAYI

Özellikle bu kürsü, gerçeklerin koruyucusu, yaşatanı, ilanıdır!

"Maroken koltuğa biraz daha gömülerek elini alnına götürdü; ve: "Gazeteler" dedi, "İstiklal Savaşı dışında kalan olaylarda bile gerçeği, yazık ki bazen pek çirkin bir biçimde çarpıtıyor. Size bir örnek daha vereyim: Bir gazete, bazı hatıralar yayınlıyordu. 31 Mart'ın bastırılması olayını masala çevirmişti. Yıldız'ın ele geçirilişini, Bulgar çetelerine bağlıyordu da, benden söz etmiyordu. Halbuki, Yıldız'ı işgal eden kuvveti Fırka Kurmayı olarak şahsen ben idare etmiştim. Bu gazete, gerçeği, pek acı bir biçimde çarpıtmıştı. Zaman zaman buna benzer tarihi olayların çarpıtıldığını gördükçe; 'belki bir yanlışlık yapılmıştır' düşüncesi ile uyarmayı görev biliyorum. Fakat gazeteler, yazdıklarını düzeltmeye de yanaşmıyorlardı. Yalnız şurasını hemen söyleyeyim: Sizinle yaptığımız bu görüşmeler, sırf bilim açısından incelenmelidir."

Evet!.. Biz de sosyal, politik, psikolojik diye inanılan, nitelenen ve baştan aşağı bilimsel olan ve özellikle, iç politika ve milli sosyolojimizin esaslarını ilgilendiren şeyleri, o bakımdan ele alıyoruz. Müsaadeleriyle bir noktaya daha işaret edeyim: Bunu küçük bir vatandaşın samimi ve candan bir uyarısı olarak alsınlar; hiçbir kastım yoktur; arkadaşlarımın, vatandaşlarımın hiçbirine ait gizli kastım (zaten) yoktur. Çok açık ve dürüst konuşuyorum; bu kürsünün gereği, bu topluluğun emrettiği, koruduğu, hakkın ve hürriyetin gereği ne ise, onu yapıyorum... Yazar, sayın General ile konuştuğu evde "içerisine gömülebilecek maroken koltuktan" söz ediyorlar. Çoğumuzun evinin içinde oturacak sandalyemiz bile yoktur! Fakat hiçbir vakit "menkup olduk" yakınmadık ve yakınmayacağız!..

"Söylemek istediğim şey, bundan sonra olsun, şu veya bu gibi duygulara kapılarak, genç nesil avutulmamalı, gerçekler olduğu gibi kendilerine söylenmelidir."

Burada güdülen maksada, üniversite gençliğinin kesin ve gerçek cevabını vermiş olduğunu, biraz önce bu kürsüden duyduk! Var olsun idrakli gençlik, var olsun Türk gençliği!.. (Bravo sesleri, alkışlar)

BÜYÜK NUTUK

"Büyük Nutuk"un hiç olmazsa "büyüklüğü" inkar edilebilir mi?.. Ebedi Şefin kutsal nutkunda, memleketi, inkılabı, kendilerine emanet ettiği bir gençlik vardır. Elbette bu gençlik, bu münasebetle de vazifesini yapmıştır ve yapmaya devam edecektir.

"Olayların olduğu gibi tespit edilerek yeni nesle aynen ifadesindeki zarurete" işaret ediyorsunuz. Sizce bu nasıl mümkün olabilir?" diye soruyor yazar... (General cevap veriyor): "Kesin olan nokta, birtakım kişilerin memlekete 'yanlış' olarak gösterildikleri ve yaptıkları büyük hizmetlerin bir kalemde çizildiğidir. Hadiseler, yalnız bir kişinin dilediği biçimde söylemesi ile ortaya çıkmaz. En küçük bir olayda bile tutulan bir zabıt varakası (tutanak), yalnız bir kişinin ifadesi değildir. O olayı yapan, gören, işitenlerin konuşmaları ile gerçek ortaya çıkabilir ve hükümler de buna göre, buna dayanarak verilir. Yalnız bir davacının ifadesine göre hüküm vermek, hiçbir zaman doğru olmaz."

Arkadaşlar!..

Bu mülakatta yalnız son bölüm olmasaydı, belki bu kürsüye gelip konuşmak istemezdim. Ben, o büyük 'NUTUK'taki gerçeklere, bütün kuvvetimle, samimiyetimle katıldığım gibi, herkesle beraber (inanırım), inanırız! General, bu kendi yalan iddialarında tek kalmaktadır.

ATATÜRK: YA BU İŞİ YÜRÜTECEĞİZ YA DA TOPYEKUN GİDECEĞİZ

Süreyya Orgeevren, Kazım Karabekir'in bir gazeteye verdiği mülakattan bölümler okuyup eleştirmeye devam etmektedir.

General, "Büyük Nutuk'ta da, üzerinde önemle durulması gereken haksızlıklar ve yanlışlıklar vardır" diyor...

Bu söz, Necip Biladi gibi zaman zaman ortaya çıkan yanlışa koşulmuşların tekrarından ibarettir. Ben, tarihi belgeleri de okudum. Altı yıl önce kendisine karşılık verenlerin arasında ben de vardım.[2] Mukayeseyi ben de yaptım. Çelişik yorumlarına; müspet, birer birer cevabı ben verdim. Hala, olayların böyle olmadığı düşüncesini taşıyorlarsa, bu kürsüden

_____

2 'Bir Ankaralı' imzası ile Milliyet gazetesinde yayınlanan ve Kazım Karabekir Paşa'nın cevap vermesi üzerine yarıda kesilen yazı dizisinden bahsediyor.

söyleyebilirler, Tarihe malolmuş ve cihanın hürmetle karşıladığı ve hakikatleri ihtiva eden, en kıymetli bir eser diye, büyüklüğü burada dahi inkar edilmeyen Büyük Nutuk'un arasında, burasında haksızlık, yanlışlık iddiasını yapmak için, insanın önce bu parti saygınlığında işgal ettiği yeri terketmesi lazımdır. (Bravo sesleri, alkışlar)

"BİRBİRİMİZİ BİLİRİZ"

Rasih KAPLAN (Antalya)

Arkadaşlar!

Gerek istibdad, gerek meşrutiyet ve gerekse Cumhuriyet devrine, bu üç devre erişen şu nesil, hepimizin arasında bu üç devri gören arkadaşlar, zannederim, çoğunluktadır. Bu üç devirde yetişen, görev alan arkadaşların birçoğu, birbirlerini çok iyi tanırlar. Özellikle, Birinci Dünya Savaşı ve İstiklal Savaşı'nı gören arkadaşlar, bilirler ki, İstiklal Savaşı'ndaki görev herhangi bir cephedeki göreve benzemezdi. Yurt gitmiş, ulus esir olmuş, yurdun hemen hemen işgal olunmamış, yumurta kadar yeri kalmamış ki, üstüne çıkalım, 'Bağımsızız' diyelim. Hepimiz esir durumda... Böylece, mücadeleye girmişiz!.. Bu durumda mücadeleye girince ihtiyar, genç, kadın, erkek, hiç fark olunmadan hepsine 'vazife boynunun borcu' olur. Türk ulusu, bütün bu borcu, nasıl öderdi?.. Bunu, tarihin içinde yaşayan hepimiz çok iyi biliriz. İstanbul milletvekili arkadaş da ([3]) bu tarihin içinde yaşamıştır, çok iyi bilir arkadaşlar. Bu vazifeyi görürken, ben ne kadar vazife görmüşsem, bu yurdun en kenar köyünde, en güçsüz sandığımız kadın, ya da erkek vazife görmüştür. Ben ne kadar bu millet için uğraşmışsam, ilkokula gitmeyen çocuk da, onun acısını duymuştur. Çünkü onun anası, babası da bu yurt için mücadelede idi. (Anası) Cepheye erzak ve cephane yetiştirmek için gitmiş, babası, silahını almış, cephede idi. Dedesi de Birinci Dünya Savaşı'nda zaten şehit olmuştu. -Yurt, işte böyle bir ortak mücadeleye girmişti. Bugün ben bu kürsüden o günkü hayatı tasvir

---

3 Kazım Karabekir Paşa'dan söz ediliyor.

ederken, acaba o gün biz kendimizi esaretten, yurdu işgalden kurtarmak için borç öderken, bugün, batırmaya mı çıkıyoruz!.. Ödediğimiz borcu, kime satacağız? Esir olacak, bendim! Ben, bu borcu yurduma ödemeseydim, bugün serseri Yahudiler gibi yurtsuz bir serseri, bir sitil olurdum. Çünkü arkadaşlar; yurdu olmayanlar, serseri ve sefildirler!.. Ben millete ve yurduma karşı görevimi yapmasaydım, bugün ne olabilecektim?.. Onun için arkadaşlar, işe başlarken, bu sahnenin genişlemeden önünü alalım. Yüce heyetinizden de, hükûmetimizden de rica ederim.

NEREYE GİDİYORUZ?

Arkadaşlar!..

Arkadaşlar, affınıza sığınarak üç aydan beri basında gördüğümüz yayınlar, bu arkadaşlarımızın böyle bir sahaya düşeceğini gösteriyordu.

Arkadaşlar!..

Hepimiz milletvekiliyiz... Mebusuz... Her gün gazetede bir şeye... efendim, milletvekili arkadaşlarımızın hepsi Cumhurbaşkanımızı ziyaret etti. Belki, bunların içinde hususiyetleri olanlar varsa. Cumhurbaşkanı hazretleri de karşı ziyarette bulundu. Ama bizim İstanbul mebusu arkadaşımız, Kazım Karabekir, Cumhurbaşkanını ziyaret etmiş... Sonra birçok dedikodu... Ne var efendim, ne var acaba?...

Arkadaşlar...

Benim evime, okulda okuyan öğrenci de gelir. "Kazım Karabekir, Cumhurbaşkanının siyasi ve askeri müşaviri imiş... Doğru mudur?.." derler. Nereye gidiyoruz arkadaşlar, nereye?.. Bugünkü Cumhurbaşkanımız, siyaset aleminde, askerlik aleminde, kendisini dünyaya tanıtmış bir şahsiyettir. Sonra, bu propaganda ile ne kazanacağız?.. Bir süre haltercümesi tutturdu. Umumi harpten evvel, umumi harp içinde... Ondan sonra geldi İstiklal Harbi'ne... Efendim, İstiklal Harbi'ni hepimiz biliriz. Demek ki, bu günleri yaşayan arkadaşlar çekilince, biz, birbirimize gireceğiz. Senin baban yaptı, benim kardeşim yaptı, ötekinin dedesi yaptı mı diyeceğiz?

Arkadaşlar;

Demin arz ettiğim gibi, bu yapılan işte, asker olsun, sivil olsun, siyasi olsun, tüccar, çiftçi olsun, kimseyi ayırdetmeyiz ve bu şerefi, kimsenin üzerinde toplayamayız. Bu, Türk ulusunundur! (Bravo sesleri, alkışlar)

UŞAK İSTASYONUNDA

Atatürk, İzmir zaferinden dönerken, Uşak istasyonunda bir öğretmen arkadaşa şu cevabı vermiş; bizler bunu neslimize nakletmeliyiz. Orada bir arkadaş kendisine karşı zaferi kutlarken dedi ki:

"Siz şöyle yaptınız, böyle yaptınız!.." Atatürk de hemen o zatı ortaya getirdi:

-Hemşehriler -dedi- "Bunu dinlerseniz, size yeniden zıllullah yaratacaktır. Ben Türk milletini tehlikede gören bir kumandan, herhangi bir fert gibi ortaya atıldım. Millet benimle beraber mücadeleye girdi. Bugün, ne yapılmış ise, Türk milleti yapmıştır. Ben ne yapabilirim, Türk milleti olmasaydı?" dedi. (Şiddetli alkışlar)

Arkadaşlar!..

Dünyayı görüyoruz. Ne olacağı belli olmayan bir mücadele içindeyiz. Bugün beyanat vermeye, yarın hatıra yazmaya kalkacak... Öbür gün, dağılarak parçalanmaktan korkarım. Aynı Çin'deki gibi, generaller şehirleri mi kuralım? Ama buna Türk ulusu kesinlikle müsaade etmez. (Alkışlar) Cumhuriyet Halk Partisi prensiplerinin esasları ve nizamı vardır. Düzenli hükûmet kurmayı Atatürk bize ilke olarak telkin etmiştir. (Alkışlar)

Arkadaşlar!..

Birinci Büyük Millet Meclisi'nde idi. Atatürk bir gün Meclis'in münakaşasından çok yorulmuştu. Yorgun olarak çıkıyordu. Kendisine bir arkadaş şu sözü söyledi:

-Hem cephede, hem Mecliste, hem hükûmet işlerinde çok yoruluyorsunuz.

Verdikleri cevap şu idi:

-Evet, çok yoruluyoruz. Fakat tuttuğumuz dava dama oyunu değildir. Memleket ve millet mukadderatını tayin edecektir. Onun için bu milletle beraber bu işi ya yürüteceğiz, ya topyekün gideceğiz.

Yine arkadaşlar; Atatürk, en büyük prensip olarak kurduğu bir noktada, ihtilalin en şiddetli günlerinde bile, daima "Mahkeme hükmü ile cezalandırmak esastır" demiş, bunu daima muhafaza etmiştir. Hiçbir vakit komiteciliğe gitmemiştir. Memleket, her taraftan işgal edilmiş ve ihtilal içinde olduğu halde, daima nizami, daima kanuni, mahkemeyi memlekette hakim kılmak esasını hepimize telkin etmiştir. Bundandır ki arkadaşlar, sayın arkadaşımıza kendisi, meslek arkadaşı, cephe arkadaşı, ordu arkadaşı olarak en yüksek mevkii vermiştir.

Kazım Karabekir, Doğu'taki harekatın başında bulunmuştur. Ondan sonra Meclis'te kendisine hepimiz hürmet ederdik. Fakat arkadaşlar, ne oldu?.. İlkin, Büyük Millet Meclisi'ne geldikten sonra, hoşnutsuzluk durumuna girdi. Ayrı bir parti kurdu. Ona da bir şey demedi; tam bir serbestiyet içinde partiyi teşkil etti. Fakat sonraki sonucu hepiniz gözlerinizin önüne getiriniz: Daha üç-dört yıl önce istiklalini kurtarmış, harap bir yurt, fakir bir millet, ne ile karşılaşmıştır? Devlet reisine suikast!..

BUNLAR, AMERİKAN MİSYONERLERİNİN YETİŞTİRMELERİDİR.

Rasih Kaplan: (Antalya)

Arkadaşlar!...

Atatürk bugün aramızdan ayrılmıştır. Fakat hizmetini inkar eden, Türk ulusuna yaraşmaz! Türk ulusu, bu hizmeti inkar etmez ve etmeyecektir de...

Süreyya Orgeevren (Bitlis): Ettiremez.

Rasih Kaplan: (Konuşmayı sürdürerek) Kendisi etmeyince, tabiatıyla ettiremez. Arkadaşlar, bu dava karşısında eğer o adam da kendisinin tariz etmek istediği adamda garez olsaydı, bugün kendisi hayatta olmazdı. Bunlar hep birer tarihtir. Olayların içinde yaşayan bizlere de mi lo, lo, lo... (Gülüşmeler, alkışlar) Rica ederim, insaf, vicdan, bu yolda ne meslek farkı, ne şu, ne bu, herkes ve her Türk elinden geldiği kadar, gücü yettiği kadar, en az, en çok hizmet etmiştir.

Hiç kimsenin hak iddia etmeye yetkisi yoktur. Bugünkü nesil, kimsenin herhangi bir iddia ile ortaya çıkmasını kabul etmeyecektir. Böyle bir iddia ile ortaya çıkmak, memleketi anarşiye götürmek demektir. Bu yurt, daha dün istiklalini elde etti. Bundan sonra da şu, bu iddialarla memleketi tekrar tehlikeye sokmamak için, her gün bir tedbir alalım. Yazdı, yaptı; fakat soruyorum: Fayda nedir?..

AMERİKAN MİSYONERLERİ

Biliyor musunuz Paşa; TAN gazetesi 500 tane daha satsın diye bunu yapmıştır. Bunun için insan kendi adını, imzasını onlara satar mı?.. Bu millet seni tanımıştır, hürmet eder. Milli Mücadele kahramanları arasına koymuştur. TAN gazetecileri kimdir, biliyor musunuz?.. Amerikan misyonerlerinin Amerika'ya götürüp okuttukları ve getirdikleri adamlar!.. Niçin çalıştıklarını biliyor musun?.. Böyle beş yüz gazete fazla satacak filan diye insan, Milli Mücadele'ye katılma şerefini başkasına satar mı?

Onun için arkadaşlar, bugünkü nesil ve herkes bilmelidir ki, -Nasıl ki, mektepteki çocuklarımız bile uyanıktır; anında bize ceza verir- böyle bir iddia ile ortaya çıkmayalım. Eğer böyle iddialara devam edeceklerse, kendileri için en tehlikesiz yol, buradan bir an önce çekilmektir. (Bravo sesleri, alkışlar).

Aka Gündüz (Ankara)

Bundan 17 ya da 18 yıl önce bir sabahtı. Ebedi Şef, beni huzuruna çağırdı ve şu emri verdi;

-Kazım Karabekir, iyi bir arkadaştır, temiz bir arkadaştır. Onunla Kongre'de beraber çalışınız ve son derece hürmet ediniz. Ben 'Ebedi Şefe' Başüstüne dedim ve o günden düne kadar aynı emri, aynı sadakatle muhafaza ettim. Çünkü Ebedi Şefin emri, ebediyyen itaate tabidir.

Ondan sonra 'Milli Şef hareketleriyle, vatandaş Karabekir'e bir kıymet verdiğini gösterdi. Milli Şefin bu hareketi vatandaş Karabekir'in kudreti neticesi değil, Milli Şefin fazileti eseri idi.

Bundan öğrendik ki, vatandaş Karabekir'e bir kıymet veriliyor; bir sevgi sunuluyor ve güven gösteriliyor. Fakat daha ilk günde gördük ki, vatandaş Karabekir, bunları bir çırpıda ve birbiri arkasına üç tane hıyanetle yenmiştir. Ben, bu Meclis dışındaki Karabekir hakkında hiçbir şey söylemeyeceğim; yalnız partici olarak parti disiplini bakımından, parti tüzüğünün uygulanmasını isteyeceğim.

3 İHANET

Bunu isteyeceğim; (çünkü) vatandaş Karabekir, üç hıyaneti bilerek düşünerek, katmerli olarak yapmıştır. Onu, şimdi ispat edeceğim. Eğer memleketimiz kamuoyu ve sevgili gençliği, süratle hassas davranmasaydı ve manevi cezasını vermeseydi, siz bugün ve yarın daha neler okuyacaktınız! Onları da size vereceğim. Hem de, kendi el yazısı ile, Cumhuriyet Halk Partisi Ebedi Şefin Milli Şefle beraber ve bütün arkadaşlarıyla birlikte, Cumhuriyet Halk Partisi'ni Kazım Karabekir kurmuştur! Hıyanet etmişlerdir.

Şimdi, niçin gelmiş, generalin hıyanet edilen prensipleri mahvolmuş ve Türkiye'yi yeniden kurtaracak... Bunu da partinin başkanlığına el yazısı ile vereceğim. Vatandaş Karabekir, girdiği dakikadan başlayarak partiye ihanet etmiştir. Öyleyse, partici olarak partinin divanında partiye hıyanet edenin nasıl cezalandırılması gerekli ise, o şekilde cezalandırılmasını isterim.

Hemen, ikinci hıyanete geçmiştir!.. Hemen bilerek, isteyerek, her şey fena imiş; her şey bitmiş, vatan perişan olmuş, ortalıkta hırsızlar türemiş, katiller türemiş, buna ne İsmet İnönü bakmış, ne de Ebedi Şef bakmış... On sekiz yıl, bu memleket perişan olmuş...

Burada, kendisine sevgi ve muhabbet gösteren, fazilet eseri olarak, bir arkadaş diye içine alan İsmet İnönü'ye karşı da, yani, bugünkü Milli Şefimiz ve partimizin değişmez şefine de hıyanet var. Bundan dolayı, cezalandırılmasını isterim.

Bir üçüncü hıyanet daha yapmıştır; İnkılaba hıyanet etmiştir, demek için bir tek kelime söylemek lazımdır. Ebedi Şefe bilerek, düşünerek, aklıyla, fikriyle, her şeyiyle, bütün mevcudiyeti ile aleyhinde bulunmuş, iftira etmiştir.

KARABEKİR: "YALAN"

General Kazım Karabekir (İstanbul): Böyle bir şey yoktur, böyle bir şey yapmadım. Aka Gündüz: (konuşmasını sürdürerek) Makalenin, beyanatın bir kısmının soruları, vatandaş Karabekir'in elyazısı iledir. Onlar, o yazarın aklından geçmiştir; şu sorular... Mesela, Atatürk'e tecavüz diyemeyeceğim, gaflet yaptı, bir şeyler söylemiştir. Bu mütalaalar, çok kuvvetli imiş: Yazar söylüyor: "Bu kuvvetli cümle karşısında, şu soruyu sormak zorunluluğu vicdanımdan geldi. (Gülüşmeler). Sonra, bu matbaaya gitmiştir, el yazısı iledir, (kendi el yazısı sesleri.) Evet, başkanlığa vereceğim. Sonra matbaadan utanmışlar, bu 'vicdanımdan' tabirini koymuşlar; orasını çıkarmışlar, "haini vatanlar, biz ve şeflerimiz (okunamadı) evvela söylenmiş, yazılmış ve vatandaş Karabekir tarafından okunmuştur. "Gidin, kontrol edin ve tekrar bana getirin" demiştir. Yazılmış, tekrar gelmiştir ve ikinci defa üzerinde kendi el yazısı ile tashihler yapmıştır. Bu tashihten bir tanesi, o kadar açıktır ki, gerçeği ortaya çıkarır ve hükümler buna göre verilir.

Atatürk için söylüyor: "Herhangi bir davacının ifadesine göre hüküm veren..." onu bile az görmüş de "Bu, insanlığa sığmaz" diyor. Bütün bunlara dayanarak ben partici olarak parti çerçevesi içinde konuşuyorum, makalenin, beyanatın birincisini başkanlığa veriyorum. Üzerinde inceleme yapsınlar... Aksi çıkarsa cezama razıyım. Fakat, onun da cezalandırılmasını isterim.

Öyleyse, bizim burada yapacak işimiz, en büyüğümüzden, Milli Şefimizden başlayarak partimiz içinde şefimize hıyanet eden bu arkadaş, cezalandırılmalıdır. Yahut, açık oturuma konmalıdır ki, daha gerine, gerine konuşalım; millet de gerçeği öğrensin!

Dr. Mazhar Germen (Aydın):

Arkadaşlar...

Bu hadiseyi... bu hadiseyi demekle kast olunabilir ki, istiklal Mücadele'sine başladığımız günlerden beri, bu günleri yakından yaşayan arkadaşların hepsi, söz konusu olan arkadaşa dair bir davanın yürüyüp gittiğini bilirler... Hadiseyi, oradan tutmak mümkündür. Bunları, bir haleti ruhiye meselesi olarak bir noktaya toplamak mümkündür.

İddia olunabilir ki, yazılı olmadığı için -yalan veya doğru- benim şahsıma, benim haysiyetime kalır. Bu soy arkadaşlar, hatta Atatürk, Büyük Millet Meclisi'ni kurarken, milletin mukadderatını Büyük Millet Meclisi'nin eline vermeye taraftar olmamışlardır. (Mazhar Germen'in bu cümlesinin akını çizen Kazım Karabekir, el yazısı ile: "Bu doğrudur, fakat bahşettiği 'taraftarlık' uydurmadır" notunu koymuştur.)

'BİZ ATATÜRK'ÜN LEHİNE NE ZAMAN YAZI YAZDIK'

Dr. Mazhar Germen (Aydın)

Böyle üç-beş isim, o zamanları yaşayan arkadaşların

aklında vardır. Yani, daha ziyade bir Generaller Heyeti'nin müşaveresiyle işin idaresinden yana olan arkadaşlar tanırız. Hatta, Büyük Millet Meclisi'nin içerisine milletvekili olarak girdikten sonra bile bunu bir dava gibi, bir tezkiye, bir şikayet konusu olarak defalarca ve uzun uzun dinlediğimiz -kendi adıma- çok olmuştur. Kendileriyle bu konuda tartışmam yoktur; bazı arkadaşlarla tartıştım. Yalnız kendilerinin bu düşünce biçimini ne dereceye kadar kabul edip etmediklerinin küçük bir örneği aklımdadır; Milli Mücadele günlerinde %40 savaş vergisi kararı duyulduğu zaman, sayın kumandan, kendi mıntıkasında bunu, para ile karşılanan vergi biçiminde toplamakta direnmiştir. Büyük şef, amirleri tarafından: "Bunun bir kanun olduğu aynen uygulanması gerekeceği" konusunda uyarıldığı zaman, sükunetle kabul etmemişlerdi. Yani, düzenli bir Meclisçe yönetilir devlet sisteminin kendilerince sindirilmiş bulunduğunu iddia etmek kolay değildir.

Beni, kaba da bulsanız, doktorluk, alışkanlığıma bağlayarak bağışlasınlar; öyle görünüyor ki, demeci büyük bir egoizmin etkisi altındadır; çok defa, iradesini elinden kaçırmış bir adamın ruh hali içinde görünüyor. Her işi bilmek, her şeye karışmak davası, hakikaten insanların çok kez ayağını sürçdürüp çukura düşürebilir. Hayatta kendisini 'ızdırablı' diye anlattığı, menkubiyet' diye nitelediği devrini de, yine aşağı-yukarı öyle bir ruh haletinin doğal sonucu diye aldım. Belki o zaman tesirini kendi kendisine giderebilir.

BÜYÜK ADAM KİM?

Her memlekette her işin, her şubenin, her sanatın büyükleri vardır. Onlara: 'Büyük Adam' denir. Herhangi bir komutanın, herhangi bir profesörün, kendi alanında yapmayı benimsediği herhangi bir işte 'büyük' diye vasıflandırılacak hareketi olabilir. Fakat bizim 'Şef dediğimiz adamların büyüklüğü, herhangi bir rastlantının, herhangi bir talihin yardımı gibi şekillerle küçültülmesine imkan olmayan büyüklüklerdir.

Biliriz ki, daha çocukluk çağında başlayan fevkaladelikler,

daha teğmenliklerinde, yüzbaşılıklarında, her davada, her alanda kendi meslektaşları arasında kendi üstünlüğünü kabul ettirdikten sonra, küçük rütbede bir insan olmalarına rağmen, kendisinden büyük rütbeler arasında muvaffakiyetlerinin yazılmış olmasından başlayarak, içtimai, siyasi ve her alanda, herkesten üstünlüğünü bütün bir millet ve vatana benimsettirdikten başka, en uzak vatan dışında en uzak sınırlara kadar eserlerini tanıtan insanlara 'büyük' diyoruz. (1) Aslında 'büyük' dediğimiz onlardır. Öyleyse, bir insan kendi tarihini kendi yazmak isterse ki, o tarihe yazılacak işleri görmüş adam demek diye, hiç olmazsa, böyle bir büyüğe, bir milletin idealine, büyük menfaatine, vatana mal olmuş herhangi bir olaya zarar vermekten çekinecek, küçük bir feragati nefsinde hissedecek derecede olgun bulunması lazımdır. (Bravo sesleri, alkışlar)

SORUMLULUĞU YOKTUR!

Görülüyor ki, büyük endişe içindedirler. Uzun zamandan beri bu endişe, şurada toplanıyor. Eğer kendileri cebren ve bir zora dayanan bir hareketin sonunda milletin büyük işlerinin başında bulunmuş olmasaydı, böyle milletin başında bulunagelmiş olan büyük adama Atatürk, yahut Büyük Şef, Ebedi Şef denildiği gibi, bir ikinci büyük adam, çok büyük adam, çok büyük şef gibi bir hedefini iktisap etmesi ihtimalini ortadan kaldırmış olanlara büyük bir kin ve garez duyar gibi olduğunu hissediyor... Gerçekten belki mümkündür. Yaradılışına yerleşmiş yüksek kudret ve faziletlerin gerektiği gibi gelişmiş ve millet de bundan yararlanamamış... Öyleyse, kendisi de, kendi ününü sağlayamamış olmasından ötürü, milletine daha büyük yararlar sağlayamamış olmasından ötürü, memleket ve millet adına acısını dile getiriyor. Evet, bu düşünce ve ruh haleti üzerinde işi toplayınca, kendisini mazur görüyorum. Gerçekten, elinde olmayan bazı kuvvetlerin etkisi altında sürüklenerek yapılmış işlerin failleri, çok büyük sorumluluklar taşımazlar. Onun için, benden önce söz alan arkadaşlarımın düşüncelerine katılmıyorum. Parti açısından hakkında büyük, büyük sorular açarak araştırmalar, soruşturmalar yaparak (bazı) uygulamalara gitmek gibi yollara gitmeyelim. Çok tahmin ediyorum ki. Paşa Hazretleri, içinde bulundukları kuvvetli ruh halinin, reaksiyonunun tesiri altında kusur ve yanlışlarını kavradıklarını söyleyerek özür dileyeceklerdir. Ve bu sebeple, ortak tahkikat yapmaya gerek kalmadığını umuyorum.

YAZDIKLARIMIZ MEYDANDA

Asım Us (Çoruh)

Arkadaşlar!

Bendeniz söz söylemek niyetinde değildim. Basın sorunu konuşulurken, Süreyya arkadaşımız, bütün gazetecileri hedef alarak: "Onlara da söz düşer, söylemezlerse, kabul etmiş olurlar" dedi. Onun için birkaç söz söylemek istiyorum.

Konuşmaya başlamadan önce, isterdim ki, gazetede çıkan mülakat doğru mudur, bu anlaşılsın. General Kazım Karabekir'in ağzından çıktığı gibi zaptedilmiş midir? Bu açıklanabilir, hatta düzeltilebilir, sanıyorum.

Bir arkadaşımız bu mülakatı kendi el yazıları ile getirdi: 'Onundur' dediler.

Tabii, şüphe kalmadı. Gazetecileri ilgilendiren noktası: Diyor ki, gazeteciler Atatürk'ün zamanında, benim aleyhimde birtakım yazılar yazdılar; eleştirdiler. Bunları hoş görünmek için, dalkavukluk için yaptılar! Bu dedikleri, yazıları yazanlar, yine aynı fikirde olsalardı, bugün onları savunmaya hazır bulunmasalardı; dedikleri doğru olabilirdi. Atatürk, Devlet Başkanı olduğu zaman hatırlanabilirdi ki ona bir maksatla hoş görünmek, yaranmak için yazıyorduk. Fakat biz, Atatürk'ü ne zaman Şef olarak tanıdık, ne zaman lehine yazdık?... İstanbul işgal altındaydı. İngilizler, hepimizin başında bulunuyordu. Gerektiği zaman yazarları birer birer alıp götürüyorlardı... Yazdıklarımız meydanda...

Sonra Atatürk öldü. Gazetelerin yazılarında küçük bir

değişiklik oldu mu?.. Nasıl 'yaranmak için' denilebiliyor?...

Süreyya Orgeevren (Bitlis) -Bana sorma, söyleyene sor...

MİLLÎ BÜTÜNLÜK

Asım Us (Konuşmasını sürdürerek) Bendeniz, bu yazılar ve mülakatı görünce. Kazım Karabekir'in niçin milletvekili olduklarını anlamadıklarına hükmediyorum: Benim bildiğim, memlekette bir milli bütünlük vardır. Oysa Kazım Karabekir gelmiştir, bunu bombalamaktadır. Yarın biz de yazarız ve yazmaktan çekinmeyiz; fakat sonu ne olacak?.. Benim hatırıma şu geliyor: Paşa hazretlerine sormalı: O yazılarda direniyorlar mı?.. Direniyorlarsa, arkadaşların arasında oturmaya hakları yoktur. Etmiyorlarsa, Haysiyet Divanı'na veririz, yazmıştır, fakat sözünden dönmüştür, ne yapalım der, mesele kalmaz! (Bravo sesleri)

Başkan: Söz, Orgeevren'indir...

Süreyya Orgeevren (Bitlis): Konuşsunlar!.. İhtiyat akçesi olarak söz almıştım!

Dr. Hilmi Oytaç (Malatya):

Böyle bir münakaşanın açılacağı aklıma gelmezdi. Çok üzüntülü ve heyecanlıyım. Meşhur bir söz vardır: "Bir deli bir taş atar, kırk akıllı çıkaramaz" derler şimdi biz bu durumdayız. Bu millet kadirşinastır; büyüklerine saygı gösterir. İzmir'i Yunanlılara teslim eden Ali Nadir Paşa'yı, bilmiyorum, nasıl lanetliyorsa, kendisine hizmet eden büyüklerini de takdir etmesini bilir. Bu dakikaya kadar paşalarımız hakkında hiçbir fert, hürmetsizlik yapmayı aklından geçirmemiştir. Milli Şefin üniversitede söylediği nutukta kalabalık olmayan, büyük teknik marifetleri bulunmayan, milletlerin, en büyük silahı, birliktir." dediler. Ne güzel!.. Bu ifadesiyle geçmişi unutarak ve mazinin üzerinden bir sünger geçirerek Milli Şef, muhalif, muvafık, bütün arkadaşları topladı ve bir vahdet vücuda getirdi. Benim bildiğim İnönü, çok büyük fazilet sahibi olduğu gibi, Stalinkâri, kafaları koparmasını bilen bir adamdır.

Heyecanımdan, daha fazla söyleyemiyorum, kusura bakmayın, bağışlayın; bunun artık müdafaasını yapmasına da müsaade etmeyelim. Divana verelim. (Bu son cümlenin kenarına Karabekir. "Kafa koparma tehdidi, palavra" diye not düşmüş.)

BİZ ATATÜRK'LE BERABER HAYATIMIZI
SEHPAYA KOYDUK

Emin Sazak (Eskişehir)

Büyük Milli Şefimiz, Türk milletinin selametini birlik ve beraberlikte bularak, memlekete evvelce hizmeti dokunmuş ne kadar vatandaş varsa, partinin içinde toplayarak milli sağlamlığı arttırmayı düşünmüştür.

Fakat, Atatürk denilen, bu milletin, yaratılışın, dünyadaki temsilcisini bu millet, on bin yıl sonra bile; "Benim soyumdan bir Atatürk yetişmiştir" diye iftiharla anacaktır. (Ona şüphe yok sesleri...) Bu öyle kıskanılacak bir şeydir ki, bunun üzerinde kocamış, ateh getirmiş insanlar bile söz söylemekten çekinmelidir.

ALLAH'TAN KORKMAZ

Kazım Karabekir deyince hepimiz, yüksek kabiliyette bir generaldir. Atatürk aramızdan ayrılınca, bir İsmet İnönü'müz var, başımıza bir destek diyerek iftihar ettik. Allah çok gecinden versin, yine böyle bir hal karşısında Karabekir'i bir destek gibi gördük. Hakikaten, şekil ve mahiyeti ne olursa olsun, Atatürk gayet güzel ifade etmiştir; insanların akidesi bir noktaya varınca, dayanamaz, ezilir. Bütün dünyanın büyük inkılapları da böyle geçmiştir. Bu itibarla General de bir yere varınca, ayrıldı. Bunların zararı yok! Fakat hepimiz, mukaddes tanıdığımız, bu milletin Ebedi Şefi bildiğimiz, Türk'ün ulu timsaline

-nasıl Allah'tan korkmaz da- el uzatırsın! Nasıl olur da Milli Şef İsmet İnönü'yü, "Dünya tehlikededir, arkadaşlar; şu lazımdır, bu lazımdır, birlik lazımdır" dediği bir zamanda dünyanın karışık bir anında "Sen, nasıl olur da bu birlik ve beraberliği gelir bozarsın!.. 'Ne mutlu Türküm diyen' ve Türk kanı taşıyan ne kadar Türk varsa, onları bulup toplamaya çalışırken, sen nasıl en kutsal şeye el uzatırsın! Ben doğrusu bunu, Paşa'nın muvazenesi tam olarak söylediğine inanmıyorum. Yalnız, kendisinden bir şey rica edeceğim: Çıkıp da "Siz yanlışsınız, istirham ederim" desin, özür dilesin... Biz de, kendisine karşı olan saygımızı muhafaza edelim. (Dinlemek istemeyiz sesleri)

Süreyya Orgeevren (Bitlis)- Alemin kanaatine karışma. Emin bey...

Emin Sazak (Eskişehir) Yaptığım hatadır, tövbe desin!... Biz de kendisine hürmet edelim.

General Kazım Karabekir (İstanbul)

Pek muhterem arkadaşlar!..

Önce şunu arz edeyim ki Atatürk'ü tanıyan, hürmet eden ve onunla beraber hayatını idam sehpasına koymaya karar veren bir arkadaşınızı dinleyeceksiniz.

Onun yüksek enerji ve kabiliyetini ilk takdir edenlerden birisi olan Kazım Karabekir'i, samimiyetle dinleyiniz. Samimi arkadaşımla arama giren asalakları, maskelileri size arz etmek isterim.

KAFAMI BİLE FEDA ETMEYİ GÖZE ALDIM

Efendiler!...

İstiklal Savaşı'na nasıl başlandı?..

İlk soruyu soran Tali Bey bilir. İlk defa hükümdara karşı

milli kuvvetleri tutmak için kafamı bile feda etmeyi göze aldığımı, çıksın söylesin!.. Atatürk'e hürmet ettim. Sevgim ve hürmetin ebedidir! Şimdi size, meselenin nasıl olduğunu arz edeyim.

Arkadaşlar!..

Bu meselenin gazetelere geçmesinin iki münafığı var: Bunu ULUS gazetesi tertipledi; yalnız başına TAN değil... Ulus gazetesinden de adam gelmiştir. Soruları bir kez huzurunuzda okusunlar. Orada gayet mühim sorular vardır. "Ben mülakat istemiyorum" diye ret ettim." Ben sırf vatanın genel bir tehlike karşısında vahdeti tutmak için eski arkadaşlarımın içerisine girerken, "Bu 'ayrılık' sorusunu niçin soruyorsunuz?" dedim ve sildim. Orada apaçık bir soru vardır:

"Tasfiye nasıl olacaktır?.." Demek bir tasfiye olacakmış ki, Ulus gazetesi bunu benden soruyor. Yanına TAN gazetesinden de bir yazar almıştır. Bir korku, bir endişe vardır. Ben onların günahlarına girmiyorum. Onlar da: "Kazım Karabekir iş başına gelecek: bizden, maziden hesap soracak" diyorlar. (Gülüşmeler)

Efendiler!.. Gerçeği arz edeceğim, o zaman daha güzel gülersiniz! Arkadaşlar, Ulus gazetesi ve Tan gazetesinin sorduğu sorulardan biri, budur! İkincisi, Giresun'da bir olay olmuştur. Ben buraya samimi ruhumla geldim. Pek eski bir arkadaşımın davetine, hiçbir şey beklemeyerek icabet ettim. Hiçbir emelim ve amacım yoktur. Fakat, aleyhime cereyan eden dedikodu, ne yazık ki, okul sıralarına kadar sokulmuştur.

BANA KALPAZAN DEDİLER.
BU REVA MIDIR?

Benim bir kalpazan olduğum; hiçbir iş yapmadığım; cepheye ihanet ettiğim; benim bu vatandan çıkarılması gereken bir kişi olduğum söylenmiştir. Giresun'da bir öğretmen ile öğrencisi arasında geçen olay budur!.. Öğrenciye: 'İstiklal Savaşı'ndan tanıdığınız kişiler kimlerdir?' diye sorulmasından çıkan bu mesele, Milli Eğitim Bakanlığı'na kadar gelmiş, gazetelere de dökülmüş, iş bu safhaya gelmiştir.

Orada bir öğretmen, öğrencisine soruyor: "İstiklal Savaşından kimleri tanırsınız?" Öğrenci, önce Şefimizi sayıyor, benim adımı da söyleyince, öğretmen kalkıyor, öğrencisine: "Bu adi bir adamdır, serseridir. Ona, hayat hakkı verilmemelidir" demiştir. Çok rica ederim: Bu sözler bir öğrenciye söylenmeli midir?..

Arkadaşlar!..

Ben, hizmet iddia etmiyorum. Milliyet gazetesinden bana tariz edilinceye kadar da ağzımı açmadım. Bir insan, ne kadar zayıf olursa olsun, kendisini savunmazsa namussuz olur... Ulus gazetesinde okudum ve Milli Şefe giderek söyledim: "Elimizde Atatürk'ün bayrağı var; 19 Mayıs gençliği, kafasını kaldıranların kafasını ezer" diyor.

Arkadaşlar!

Önümüzde bir dünya savaşı tehlikesi var. Ordunun yedek subayları ve erkekleri, 19 Mayıs'tan önce doğan evlatlardır. Bunların çoğu, beş-altı çocuk yetiştirmek için, pek büyük güçlük içindedirler. Eğer biz, bir seferberlik kopar ve 19 Mayıs evladı diye bir çizgi çizersek, -hatta imalarla dahi olsa- doğru olur mu?

İRTİCA PALAVRASI

Arkadaşlar!

Ne yazık ki, muhafazakar, cahil, tutucu insanların peşinden gidiyormuşum gibi gösteriliyorum; bunu ben nasıl ret edeyim?.. Yazdırmayın, tehlikeli olur' diyorum. Ben (daha) ne yapayım?.. İnönü'ye, Milli Eğitim Bakanı'na rica ettim; körpe beyinlere siyaset ruhu aşılıyorsunuz, bu zararlıdır dedim. Yarın bir tehlike karşısında kalırsak, bu memleketteki hizmet eden insanları diri diri mezara gömdünüz; üstelik daha felaketli şeyler çıkabilir. Çıkarsa, o zaman, kimde hizmet etmek şevki kalır?..

Bu memlekette irtica varmış... Böyle şey yok. Çıkarsa, önce biz kafasını ezeceğiz! Biz, memlekette 31 Mart'ı görmüşüzdür! Bunu bana nasıl yakıştırıyorlar?.. Doğu'da Mehdi isyanı çıktı; onun kafasını kırmış olan bir kurmay komutana bunu nasıl yakıştırıyorlar?

Birtakım cahil, tutucu adamlara önayak olarak harekete geçecek, memleketi altüst edecek bir adam gibi gösteriyorlar.

'YAKAMAZSINIZ BENİM KİTABIMI'

Karabekir, CHP grubunda konuşmaya devam etmektedir.

'Büyük Adamlar Ansiklopedisi' beni muhafazakar bir adam olarak göstermiştir. Beni teşhir etmiştir. Altı yıl önce, bir İçtihat' meselesi vardı. (Gürültüler) Bunları, daha sükunetli zamanınızda arz edeyim. Hak kazanacağıma eminim. (Söyle, söyle sesleri) Beni, Milli Cepheye ihanetle suçluyorlardı. Ben, bu memlekete hizmet ettim. Sağ kalanlar bilirler; ben askerle beraber mısır ekmeği yedim. Vazifemi bitirdim; askerlerimi Batıya gönderdim. Sonuna kadar da sustum. Fakat mecbur edilince, taarruza da geçtim.

Efendiler!

Fikir hürriyeti devrindeyiz. Şu veya bu fikrimi açıkça söylemeliyim. Beni memleket evlatlarına karşı bir kalpazan gibi, bir sefil gibi, bir hain gibi göstermek istiyorlar. Günah değil mi?..

Beni, tamamıyla unutunuz; kendi alemimde oturmak, benim için daha iyidir, diyorum; fakat yakamı bırakmıyorlar. Rica ederim, o soruları okuyunuz; bana iki gazeteci gelmiştir. Ben ne temizliği yapacağım?.. Hırsızlık varmış, bana ne? Hükûmet ilgilenmiyormuş. Karabekir gelecekmiş gibi düşmanlarım tarafından birçok şeyler uyduruluyor. Bunların hepsi yalandır. Milli Eğitim Bakanı Bey burada size, açıklama yapar.

Burada heyecanla benim için söylenen sözleri işittiniz; söylenen sözler, bir heyecanın belirtisidir. Gerçekler anlaşıldığı zaman, bu heyecandan doğmuş duyguların, topluca düştüğünü göreceksiniz.

Arkadaşlar!..

İşin ne kadar uydurma ve düzenleme olduğunu anlatamam. Bu yolda bana, rica ederim sorular sorsunlar.

KUVVET KAYNAĞI MİLLET

Arkadaşlar!..

Bir savaş karşısında kaldığımız zaman, memleketi kurtaracak olan, şu veya bu kişi değildir. Memleketin silaha sarılmış olan evlatları ve onu besleyecek olan millettir. Bütün bunları idare edecek olan, devlet başkanıdır. Geçenlerde bir İtalyan meselesi oldu: "Başımızda İnönü vardır, hiçbir şeyden korkmuyoruz!.." diye bağırıldı. Evet, bugün başımızda çok değerli İnönü vardır: Allah uzun ömür versin; kendisini çok severim... Fakat yarın?.. Öyleyse niçin millet de beraber gösterilmiyor?.. Niçin orduyu göstermiyorlar! Basın baştakilerle beraber, gerçek kuvvet kaynağı olan milleti ortaya koysun. Bu yüzden, burada benim saygı duyduğum Atatürk'ü ortaya koymakta mana yoktur. Fakat önemli bir şey vardır: O da deniliyor ki: Hangi kişiler mezara girmiştir?

Arkadaşlar!

Vicdanınıza, milli vicdana soruyorum: İstiklal Savaşı'nın kolordu komutanları nerede?.. Dün burada, cumhurbaşkanı locasında gördüğünüz Rauf Bey, vaktiyle başvekildi. Bugün vekil olan Ali Fuat Paşa, Refet Paşa, birer kolordu komutanı idiler. Cafer Tayyar Paşa, Trakya kolordusu kumandanı idi. (Gürültüler) Selahaddinler, Halit'ler ne oldu?.. Bu arkadaşlar, nerde? (Siz yaptınız, sesleri) Bizim ulu şefimiz Atatürk, bunlara bir kıymet verip idare ettiği halde, neden dolayı bunlar işte geri kaldı?..

ASALAKLAR

Arkadaşlar!

Ben bu sözü, İzmir'de İstiklal Mahkemesi'nde, idam seh-pası karşısında söyledim. Bütün bunları yapan asalaklardır!.. Gerekirse, veriniz kararınızı, gider evimde otururum. Fakat arkadaşlar, bilirsiniz ki, içinizdeki insanların hepsi samimi değildir. (Gürültüler) Ya hırsızlıklardan ya milli hizmetlerin-deki kusurlarından korkarak, vaktiyle nasıl Atatürk ile ara-mıza girmişlerse, bugün, İsmet İnönü ile aramıza girmek isti-yorlar. (Kimdir, kimdir onlar sesleri)

Hikmet Bayur (Manisa)- Kimdir?..

Açık konuşalım; ne yapmışlardır? Söyleyin, isim, vak'a...

Süreyya Orgeevren (Bitlis)- Ara bozanlık yok! Açık söyle general, iftira ediyorsunuz?..

BEN HAİN MİYİM?

Kazım Karabekir (konuşmasını sürdürerek): İstiklal sava-şı tarihine, şu veya bu tarihe ait bir iki kelime arz edeyim. Biz bugün, Avrupa zihniyetini kabul ediyoruz. Siyasi, ya da her hangi bir hadisenin tarihinde hatıramızı yazıp ortaya at-mazsak, gerçek bir tarihin ortaya çıkmasına imkan var mıdır? Öyleyse, ben bir kitap yazarsam, neden suç sayılıyor? Denili-yor ki: 'İspat etsin'.. Benim bütün hayatıma, şerefime yapılan muameleleri biliyorsunuz. Sonra, belgelere dayanarak (yazıl-mış) 3000 kitabım yakıldı. İsterseniz, aydın kafalı tarih profe-sörlerine, isterseniz huzurunuzda (size) belgelerimi arz ede-yim. Ben bir Avrupalı kafası ile hareket ettim; hatırat yazdım. Fakat evimde sükunetle otururken bile polislerin tarassudu altında kaldım. Milliyet gazetesi, beni ihanetle suçlamıştır.

Sorarım size: Ben bir hain miyim? Ben bu vatana savaşa-rak görevimi yapmadım mı? Okuldan çıkmış, savaşmamış bir idareci hatıralarını yazar da, ben neye engelleniyorum. Yakamazsınız kitabımı!.. Ancak şu ve şu noktalar yalandır, denebilirdi.

YA BOLŞEVİK, YA AMERİKAN MANDASI KABUL EDİLECEKTİ

Karabekir, CHP grubunda eleştirilere cevap vermektedir:

Arkadaşlar;

Ben bugün yüksek heyecanınızı (daha) ileri götürmek istemiyorum. Fakat istediğiniz gün, size belgeler çıkarır, tarihler gösteririm. Şimdi istemiyorum. Çünkü bu yaratılmış hava içinde kötü yankılar yapabilir. Yalnız, rica ediyorum, okullarda, üniversitelerde verilecek derslerle, yapılageldiği gibi, yine bir Halaskar aramayalım. Etmeyelim, bu tehlikelidir.

Çünkü savaşta onlar başkaldıracaklar, tüfekle kazmaya sarılacaklar... Biraraya gelecekler, cephe yapacaklar... Eğer bu körpe beyinler, savaş sırasında başlarına bir Halaskar (kurtarıcı) arayacaklarsa, ne yapacaksınız!

Hikmet Bayur (Manisa) - Bunu yapan sizsiniz!.. Aranızı açan kimlerdir, söyleyiniz; birkaç isim, birkaç defa... Biz ancak burada isimler üzerinde konuşabiliriz.

General Kazım Karabekir (İstanbul); (Konuşmasını sürdürerek) Bunları istiklal mahkemesinde arz ettim. Bu oyunları kimler oynuyorsa, üç bin kitabımı kimler yaktı ise bulabilirsiniz... Ben belgeleri tarihe sundum. Memlekette tarih yazılmayacak mıdır?...

HEPİMİZ BİRER KUKLA GİBİ

Hikmet Bayur (Manisa)- Başkalarına laf dokunduruyorsunuz!..

General Kazım Karabekir (konuşmasını sürdürerek)- Üniversitelerde verdiğiniz derslerde: Anadolu'da o vakit top yokmuş, tüfek yokmuş... -Tabii şefimiz muhteremdir- geliyor (onunla) her şey vücut buluyor!..

Hepimiz, birer kukla gibi!.. Sanki bizde vatana karşı hiçbir duygu yokmuş gibi ortaya çıkarılıyoruz! Sonra, başarılan işler, hep baştakilere mal ediliyor!.. Tabii, bizi de Tepedeki Adam idare edecek! Fakat burada iş yapan, sorumlu kişiler de vardır!

Sonra bir arkadaş, çok acı olarak "suikast" olayına işi çevirdi. Bu çok feci hadisede yakalandık, polislerin, jandarmaların süngüleri altında götürüldük, karakollara atıldık. Sonra da beraat ettik! Fakat bütün gazetelerde hakarete uğradık. Şu veya bu öğrenci karşısında, bir Cephe Komutanı sıfatını taşımış bulunmamıza rağmen, bir öğretmenin tecavüzüne uğradık. Muhabirler, eve geldiler. Gazeteler yazmıyor. "Paşanın İstiklal Savaşı'nda hiç hizmeti yok" diyorlar... Buna dair bir mülakat verir misiniz? diye üsteliyorlar. Rica ederim, bu davayı ileri götürmeyelim. Size, acı belgeler çıkarmak zorunda kalacağım. Bu meseleyi açtırmayınız. Rica ederim. Cumhurbaşkanımız İsmet İnönü'ye sorunuz. (Açık konuşun sesleri) Bu memleket savaşın başında ya Bolşevikler'e teslim olunacaktı ya Amerikan mandasını kabul edecekti; bunlara engel olan, işte benim!..

Süreyya Orgeevren (Bitlis)- Menderes'te cephe kuran sen mi idin? Ayvalık'ta başkaldıran sen mi idin?..

KURTARICI GENÇLİĞİN KENDİSİDİR

General Kazım Karabekir (İstanbul) -(Konuşmasını sürdürerek)- Burada kuru gürültü değil, belgeler iş görür. Sizlerden ricam şudur: Gençliğe verilecek fikir, şu ya da bu kişinin 'kurtarıcılığı'ndan çok, o ruhun kendinde olduğunun aşılanmasıdır. Özet olarak, burada istediğiniz gün, (söylediklerimi) belgeleriyle ispatlarım. Bu kadar emeğime karşılık, bu ufacık savunmamı da dinlemek istemiyorsanız, ben de vazgeçerim!

Veriniz kararınızı; isterseniz gider evimde otururum; ama isterseniz, belgelere dayanarak hizmetlerimi gösteririm, yayınlanır. Gelecek için, tekrar tekrar ricam budun Genç nesiller için yerilecek olan fikir, şu ya da bu kişinin kurtarıcılığından ziyade, her hangi bir düşmanlığa karşı, ruhen isyana hazır olmalarıdır.

Görülüyor ki, bana gelmiş olan gazetecilerin, gazetede yayınlanan soruları düzmecedir; parti ile, cumhurbaşkanı ile aramı açmaya dönüktür. Hakkımdaki kötü fikirleri silmek ve şurada burada öğrencinin siyasete bulaştırılmaması için, bu yazıları yazdım. Vicdanınıza göre kararınızı veriniz.

Tahir Dicle (Kastamonu): Söz istiyorum...

Başkan: Söz, başbakanındır.

BAŞBAKAN KONUŞUYOR
Başbakan Dr. Refik Saydam (İstanbul)

Arkadaşlar!

Mümkün mertebe heyecanın dışında kalmaya çalıştım; bütün konuşmaları takip ettim. Elimden geldiği kadar düşünebildiğimi, tarafsız olarak size sunacağım.

Arkadaşlar!

Karabekir kürsüye çıktı Ebedi Şefe olan bağlılığını, duygularını izah etti. Arada bir mülakat meselesi var... Yalnız, şimdi öğrendim; kendi beyanatı sırasında iki gazete muhabirini; biri burada partimizin gazetesi olan 'Ulus'tan; biri de, İstanbul'da çıkan 'Tan' gazetesinden...

Bunu, şimdi duymuş bulunuyorum. Ulus'tan böyle bir muhabir gitmiş ve kendilerine düzenlenmiş sorular verilmiştir. Yalnız ufak bir pasaj olarak arz edeyim ki, hepimiz burada parti mensubuyuz.

Kendileri, sınıf arkadaşımdır da... Rüşdiye sıralarından

beri tanışırız. Beni lütfen iki kelime ile haberdar etmiş olsaydı, mesele kendiliğinden hal olunurdu. Hepiniz ki burada beyanatlarını yaparken kendilerini manevi bir baskının altında görüyorlar, bundan dolayı cevap vermek mecburiyetini duydum.

PAŞA BİR PARTİNİN BAŞINA GEÇSİN, YERİMİZİ TERKEDELİM'

Refik Saydam, CHP grubunda konuşmaya devam etmektedir.

Ebedi Şef'e karşı bağlılıklarını ifade ettikten sonra, kitaptan söz ettiler. Milli Şef, beni iş başına çağırdığı zaman, tarih kitaplarında ve diğer kitaplarda, günün politikası ile alakadar olan ve polemiğe davet edecek olan pasajların Milli Eğitim Bakanlığı'nca incelenerek bunların bir şekle sokulmasını emir buyurdular. (Alkışlar) Şemsettin Günaltay bu meseleye memur edilmiştir. Fakat Milli Eğitim Bakanı arkadaşım, öğretmenleri uyararak, kitaplardaki bu parçaları çizdirmek sureti ile ya da bu parçaların ayrı kağıtlara basılıp çocuklara okutulması yerine, önümüzdeki yıllarda bu kitaplardan, günün politikası ile ilgili pasajların çıkarılmasını prensip olarak benimsemiştir.

NUTUK'A KARŞI KİTAP GEÇERLİDİR

Arkadaşlar!

Ebedi Şefimiz'in nutukları üzerinde hiç birimizin, kendilerinin de, zan etmem ki en ufak bir şüphesi olsun. Bu nutuk, ebedi Şefin işe başladığı zamandan, o nutku verdiği zamana kadar, bu memleketin geçirdiği büyük olayları ve kendilerinin idare ettikleri yüksek mücadeleyi bize bildiren bir vesikadır.

Eğer, bunun üzerinde herhangi bir arkadaşın, herhangi bir yorumu, düşüncesi varsa, onu, kitap halinde yazar ve sonundan da kendisi sorumlu olur. (Doğru, sesleri) Çünkü, bilirsiniz bütün dünya siyasi tarihleri böyledir.

Şu çıkar yazar, bu çıkar yazar; herkes, kendi yazdığının

manevi sorumluluğunu da omuzlarına almış olur.

Bugün, gayet açık ve kesin, yani berrak ve şeffaf bir iç politika havası içindeyiz. Bunu, herhangi bir şekilde dalgalandırabilecek olayları, ne siz istersiniz, ne de biz... (Şüphesiz, sesleri.) Öyleyse bunları gazete sayfalarına yazmaktansa, sayın arkadaştan rica edeceğim, kitap yazsınlar!

Rasih Kaplan (Antalya) Yazmasın! Gelsin burada konuşsun...

Hikmet Bayur (Manisa) Yahut açık seçik olsun...

Başbakan Dr. Refik Saydam: (Konuşmasını sürdürerek) Kitap yazsınlar! Ama bu kitaba başkası çıkıp cevap verecek!.. Tabii, bunun neticesini kabul ederler...

ÖĞRETMEN MESELESİ

General Kazım Karabekir (İstanbul)- Çok teşekkür ederim...

Başbakan Dr. Refik Saydam

(Konuşmasını sürdürerek) Öğretmen meselesi... Bu mesele, bana da aksetti. Giresun'da bir öğretmen, öğrencisine açıklama yaparken, arkadaşım Karabekir hakkında bir şey söylemiş. Ne söylediğini bilmiyorum, yalnız bir şey söylediğini işittim.

Milli Eğitim Bakanı arkadaşımdan sordum, valiye sormuşlar "Bilgi gelmedi" dedi. Gelince göreceğiz, nedir, kimdir, bu adam ne istiyor?... Tabi anlayacağız. Fakat bir adam: "Benim hakkımda kimse bir şey söylemesin, ama ben istediğimi yazayım." derse; sanırım arkadaşımız buna da razı olmazlar!...(Alkışlar).

Bir bahis daha geçti: Deniyormuş ki, dediler, başa geçecek, fenalığı temizleyecekmiş!.. Nihayet, bir cemiyetin, bir partinin güvenini kazanır, başa geçip işe başlarsa, hepimiz yerimizi ona terk ederiz.

Rasih Kaplan (Antalya)-Allah göstermesin!..

TOPLUMUN GÜVENİ

Başbakan Dr. Refik Saydam - (Konuşmasını sürdürerek). Çünkü, o ne demektir?..

Bütün toplumun güveni demektir. O takdirde, bir dakika tereddüdümüz yoktur! Fakat, diyorlar ve bana bundan dolayı tariz ediyorlar diye bir fikir varsa, bendeniz onu benimseyemeyeceğim.

Çünkü hepimiz aynı mevkideyiz; yarın, ben giderim, siz gelirsiniz. Kesinlikle tereddüdümüz yoktur. Eninde sonunda bir parti çoğunluğunun emrine tabi insanlarız. Ondan dolayı mütereddit olmamalıdır. Gelecek ve temizleyecek. Eğer temizlenecek bir şey varsa, hep beraber yapalım. Arkadaşım, tariz olarak kabul etmesinler; sırf kendim aydınlanmam için söylüyorum.

Daha birçok bahisler geçti. Tarihi ilgilendiren kısımlar var; sınırım ve yetkim dışındadır, konuşmayacağım. Onu, bendeniz bilmem, uzmanları inceler. Yalnız söyleyeceğim şudur:

Arkadaşlar, her zaman için nihayet bir aile hayatı olan partide bu müzakereyi lütfen yeter görünüz! Kendileri büyük şefe hürmetlerini söylediler. Başka yanlışları varsa, parti tartışmasını yapar ve kararını verir. Bu meseleyi burada kapatmanızı rica ederim.

(Güzel sesleri. Alkışlar.)

Başkan: Müzakerenin kifayetini oyunuza arz ediyorum. Kabul edenler... etmeyenler... Müzakere kafi görülmüştür. Celseye nihayet veriyorum.

(Kapanma saati: 19.10)

4.4.1939 CHP grup toplantısının "zabıt özeti"

Cumhuriyet Halk Partisi Meclis Grubu bugün (4.4.1939) saat 15.00'de Başkan Vekili Hilmi Uran'ın başkanlığında toplandı:

Söz alan Dışişleri Bakanımız Şükrü Saraçoğlu, Büyük Millet Meclisi'nin seçimi yenilenmesi sırasında olup biten dünya siyaseti ve Bükreş'te toplanan Balkan Antantı müzakereleri ile, Bulgar Başvekili Ekselans Köse İvanof'un Ankara'yı ziyareti hakkında ayrıntılarıyla yaptığı açıklamalar ve bazı üyeler tarafından sorulan konulara ait verdiği karşılıklar, grupça alaka ile dinlenerek benimsenmiş; bundan sonra, Diyarbakır milletvekili İbrahim Tali Öngören'in sorusu üzerine, Tan gazetesinin 2 Nisan tarihli sayısında "General Kazım Karabekir'le mülakat" başlığı altında yayınlanan yazılar münasebetiyle birçok milletvekili tarafından olaya teessüf yollu beyanatta bulunulmuştur.

Söz alan General Kazım Karabekir, ifadesinin yanlış anlaşılmış olduğunu, Ebedi Şefe hürmet, tazim hisleriyle bağlı bulunduğunu... söyledikten sonra, kürsüye gelen sayın Başbakan doktor Refik Saydam'ın bugünkü grup zabıtlarında yayınlanan beyanatı grupça yeter görülerek mesele kapanmış ve toplantıya son verilmiştir. 4.4.1939

	Katip	Katip
Başkan Vekili	Erzincan	Manisa
Hilmi Uran	A. Fırat	Rıdav Edgür

CHP grubundan aynı gün gazetelere şu bilgi aktarılmıştır: "Haber aldığımıza göre, dün parti grubu toplantısında bazı milletvekilleri, İstanbul milletvekili General Kazım Karabekir'in bir İstanbul gazetesinde yayınlanan beyanatı münasebetiyle söz almışlar, olaya teessüf etmişler; kendilerinden sonra kürsüye gelen General Kazım Karabekir, Atatürk'e daima hürmet ve tazim hisleriyle bağlı bulunduğunu, beyanatının yanlış anlaşıldığını söylemiş ve en sonra söz alan Başbakan Doktor Refik Saydam'ın beyanatı, grupça yeter görülerek mesele kapanmıştır."

İKİNCİ BÖLÜM

ANKARA'DA SAVAŞ RÜZGARLARI

BUGÜNKÜ DURUMUMUZ

1- Bugünkü durum: Sovyet Rusya'nın Balkanlarda ve İran'da siyasi ve askeri faaliyetleri ve bunlarla bir hizada olarak Kars yaylasına yerleşmek ve boğazlara ayak atma arzuları, bizi kıskaç arasına alarak kendi bünyesine katmak hülyaları üzerinde yürüdüklerini apaçık göstermektedir.

Kıskacın bir ucu Yunanistan üzerinden diğer ucu da Musul ve Irak üzerinden geçeceğinden mesele daha şümullü olarak inkişaf etmekte olduğundan Yunanistan, İran, Irak ve İngiltere bizim gibi birinci derecede ilgili bulunmaktadır. Dolayısıyla da durum milletlerarası bir hal almaktadır.

2- Bu durumun sonu ne olacaktır: İki şekil var. Ya Milletler Birliği camiasına Ruslarda yer alarak insanca oturacaklar veya oturur görünerek daha müsait bir zaman bekleyecekler, yahut da her şeyi göze alarak kıskaçların ucunu bidüziye kuvvetlendirecek birden harekete geçeceklerdir.

Her iki şık karşısında da bize düşen ise; Millette fikir birliği ve savaş ruhunun gevşetilmemesi, milletin ve ordunun kudretini bidüziye artırılmasıdır.

3- Fikir birliği için şiddetli tedbirler ve toplu gösterişlerden daha çok, halkımızda ve hele aydınlarımızda anlayış bildiği, bunun için fikir birliği lazımdır.

Her şeyden önce burada fikirlerimiz birleşmelidir. Sonra da eşlerimizden, dostlarımızdan, aykırı düşenleri uyandırmalıyız.

Hükümetimiz de bu yolda kendine düşen ödevleri tam ve kâmil olarak yapmalı. Söz ve yapım birliği bir hizada hız almalıdır.

Bu düşünce ile Çarlık-Sovyet Rusya siyasetlerine ve hareketlerine toplu bir bakışı da lüzumlu görüyorum. Çünkü bu doğruları unutmamak, büyük devletlerin bu gün veya ilerisi için hassasiyet derecelerine miyar olacağından mühimdir.

Çaldığın istilâ siyaseti iki devreye ayrılır:

Birincisi: Almanların, Avusturya etrafındaki topluluk zamanı

İkincisi: Almanların, Prusyalılar etrafındaki topluluk zamanı

Almanların bu iki durumu İngiliz siyasetine dahi çok tesiri olmuştur. Birinci devrede: Ruslar, İngiliz ve Almanlarla müşterek çalışmışlardır. Mesela:

1770'de Rus donanmasının Çeşme'de Osmanlı donanmasını yakması hadisesi var ki, İngilizlerin Hindistan'a yerleşmesi zamanlarıdır. İngilizler bu hadisede Ruslara yardım bile etmişlerdir.

1786'da Avusturya İmparatoru II. Joseph ile Rusya Çariçesi Katerina'nın Osmanlılara karşı ittifakı vardır. Sivastopol'da anlaşmışlar ve "İstanbul Yolu" yazılı takların altından geçmişlerdir. Ruslar; Almanların Selanik'e inme tehlikesini görmelerinden ve kendi emellerine Almanları sürükleyebileceğinden ileri gelmiştir.

1806, Ruslar Kafkas'ları da aşarak Azerbaycan ve Gürcistan'ı işgal ederler; 1828'de bizden Ahıska'yı da alırlar.

Fakat Kırım Harbine yol açan hadisede Ruslar, İngilizleri, Fransa ve Sardunya ile karşılarında gördüler. Mağlup olarak 1856 Paris Kongresi ile Osmanlı Devletinin toprak mülkiyetini büyük devletlerin kefaleti altına alıp, kararlarında bitaraf hale konulunca, Ruslar Orta Asya'ya döndüler.

"Boğazların Anahtarı Asya Steplerindedir" dediler.

1860'dan 1876'ya kadar uğraşarak bütün Türkistan'ı istila ederek Hindistan'ı tehdide başladılar.

Bir taraftan da Balkanlarda din ve milliyetçilik cereyanlarını körüklediler. Ortadoksluk ve Slavcılık.

İkinci derecede de: 1866'da Prusya, Avusturya'yı mağlup ederek küçük Alman devlet ve Prensliklerini ondan ayırmış ve 1870-71 Fransızlarla harbe dahi bunları kendi etrafına toplayınca Avrupa'da Almanlar; Rusları olduğu kadar İngilizleri de korkuttu.

Bu yeni durumla Rusların tekrar Balkanlar'a dönerek Bulgarlar üzerine yürümelerini temin ettiler ve 1877-78 Harbinde Osmanlıları yalnız yakaladılar. İçten, İstanbul'da hayli işler başardılar. Rus taraftarı Mahmut Nedim Paşa'yı Sadarete getirdiler ve Sultan Aziz hadisesini körüklediler. Bulgaristan'da büyük ihtilaller çıkardılar. İngilizlerin Liberal Parti Liderlerinin Ruslar lehine, Avam Kamarasındaki çok ağır İslam aleyhtarlığı sözleri, bu yalnızlığın sebeplerinden biridir.

1888'de Alman İmparatoru 2. Giyom tahta çıkıp Doğu işleriyle bilinci derecede ilgili bir devlet politikası yapması, Türkiye seyahati, Sultan Hamid'i ele alması, Bağdat hattı imtiyazını alması gibi hadiseler ve neticede de İngilizlerle Osmanlı memleketlerini nüfus mıntıkasına göre paylaşma teklifi, İngilizleri Ruslarla anlaşmaya şevketti. Hatta İstanbul'daki Ermeni ayaklanmaları sırasında 1896'da Prusya Almanya'sı tehlikesine karşı, İngilizlerin Ruslara İskenderun bölgesini nüfus mıntıkası olarak teklifine kadar ileri gittiler.

Ruslar, bu Almanya karşısında yalnız başlarına müdafaa edemeyeceklerinden Japonya'nın da durumunu düşünerek buna yanaşamadılar. İş nihayet 1907'de İtilâf üçlüsünün kuruluşuna, İran'ın nüfus mıntıkalarına ayrılmalarına gitti. 1909'da Ruslar, İran Azerbaycan'ını işgale başladı. 1911'de Tebriz de işgal olundu.

BURADA ERMENİLİK MESELESİNE DE KISACA BİR GÖZ ATMAK FAYDALI OLUR

Ermeni devleti, birçok kere eski zamanlarda istilaya uğramış, ihtilallerle kurtulmuşlar, fakat uzun müddet bir devlet halinde kalamayarak yine istilaya uğramışlardır. Osmanlı camiasında hiçbir yerde toplu bir halde kalmamışlar, her tarafta dağınık bir halde idiler. Birçok yüzyıllar bu halde kaldıktan sonra, 1878 mağlubiyeti üzerine Berlin Muahedesiyle Osmanlı Devleti altı Doğu vilayetinde Ermeniler lehinde ıslahatı kabul etti.

Bulgaristan'ın, Prenslik alarak Balkanlarda ortaya çıkışı gibi, Ermeniler de bu Doğu vilayetlerinde böyle bir muhtariyet kazanmaları hususunda önceleri İngilizlerle Ruslar arasında anlaşmaya vardı. Fakat uzak Doğu'da Japonlarla harbe giriş ve Ermenilerin, Rusların elindeki Ermeni varlığının da bu muhtariyete katılmaları hakkındaki tespitlerinden ürken Çarlık, Ermeni muhtariyetini aleyhine düştü. Hatta Van-Bitlis vilayetleri istatistiki diye oralarda uzun tetkiklerle hazırladıkları bir eseri ortaya çıkardılar. Gizlice bize bile verdiler. Ben istihbarat şubesi müdürü iken, bunu tercüme ettik ve bastırıp yayınladık. Üçlü itilaf teşkilinden sonra, Ermenilere yeniden Ruslar da vaatlerde bulundular. Ermeniler de geçen Birinci Cihan Harbinde bize karşı 180.000 Ermeni'yi cephelere sürdüler. Hatta bunlardan 4000 kadarı Amerika'dan gelen gönüllüler olup Filistin cephemize karşı harbe girdiler.

BİRAZ DA ÇARLIĞIN, CİHAN HARBİNE GİRMESİNDEKİ MAKSADINI GÖRELİM

1878'de Osmanlılara karşı Rusların saldırılarına taraftar görünen İngilizler, Çar orduları İstanbul önüne gelince, donanmalarıyla İstanbul'un müdafaasına koştuklarından, artık Ruslar Boğazları ancak bir Cihan Harbinde işgal edebileceklerini mümkün gördüler. Hakikaten Cihan Harbinde dahi fırsat bulamamışlardır. Zamanla lazım gelen hazırlıklar yapıldı: Karadeniz sahillerindeki kolordular, İstanbul Boğazı sahillerinde çıkarmaya hazırlandı. Gönüllü nakliye filosu, Karadeniz de donanma üstünlüğü sağladı. Hem Almanlara karşı bir Cihan Harbinin ve hem de bu arada İstanbul'un işgali planları yapıldı.

Almanlar da bunu gözden kaçırmayarak Türk ordusunu Islah Heyeti diye İstanbul'a Alman Komutan ve Kurmay heyeti gönderdiler. Goben ve Brasleau (Sonraları Yavuz ve Midilli adlarını alan) Kruvazörlerini icabında Karadeniz'de Ruslara üstünlük yapmak üzere Akdeniz'de dolaştırdılar. Bu suretle harp çıkınca, Rusların Boğazlar hakkındaki emellerini de önleyebilirler.

Çarlık Rusyasının geçen Cihan Harbinde Anadolu'yu istila için Kars yaylasında ne derece hazırlanmış olduğunu gözümüzle gördük. Avrupa cephesinde büyük ordularla muharebe ederken, bizim Doğu vilayetlerini de işgal edebilmiş ve Erzincan'a doğru Sahra demiryolunu Hamame'ye kadar götürmüştür. Ayrı bir hatta (Doğu) Bayezid üzerinden Karaköse'ye kadar girmiş, Pasinler ordusuna erişmek üzere idi.

İran'daki hazırlıkları da gözlerimizle gördük. Tebriz'e kadar demiryolunu geniş hat olarak geliştirmiş ve bir kolu da Urumiye gölüne ayırmış. Urumiye gölünde vapurlar, motorlar işletmiş ve gölün güneyinden de bir sahra demiryolu yapmaya başlamış.

Azerbaycan'ın işgali, bizim Van vilayetini almamızı kolaylaştırmıştır. Musul'u işgalleri de mümkün iken, İngilizlerin kolaylıkla Bağdat'ı istilalarına sebep olur diye, ordusunu İran içlerinden Bağdat'a yürütmüştür.

ŞİMDİ BOLŞEVİKLERİN İŞİ ELE ALMALARINA GELELİM

Önce Bolşevikliğin ne olduğu hakkında kısaca söyleyeyim: Ruslarca sosyalistlik iki kısımdır. Birine dar sosyalistlik, diğerine geniş sosyalistlik diyorlar. Rusça Menşi: Dar, Bolşi geniş demektir. Buna göre Bolşevik, Menşevik kelimeleri Dar Sosyalizm, Geniş Sosyalizm manasında kullanılır. Bolşevikliği kuranlar Komünizm diyor. Bugün Rusya'daki Bolşeviklik de Menşeviklik haline gelmiştir. İlk Bolşeviklik ihtilali şahıslar her şeyde müsavi olmalıdır esasına göre çıkmış olduğundan, dehşetli yağmalar ve zenginlerin katline sebep olmuştur. Herkes kendinde şu hakkı görürdü; kendinden fazla eşyası olandan kendisi için alabilmek hakkı -fazla elbisesini, parasını hatta tabakasını açtırarak cigaralarının yarısını- alıyordu. Bir kattan fazla kimsede elbise bırakılmadı. Meskenlerde yeri olmayan dahi kendine yer aldı. Bu hal, tabii memlekette büyük sarkıntı yaptı. Zamanla bu haller giderildi. Çünkü kafası ile çalışan bir mühendis, bir ilim adamı aynı gündeliği alınca işçilik yapmayı tercih etti. Fertlerin makine haline konarak şahsiyetin ortadan kaldırılması esası uzun sürmedi. Bugün Rusya'da fertlere hayli hürriyet verilmiştir. Din, aile, mesken, miras gibi ilk zamanlarda kaldırılmış olan veya kaldırılmak istenen birçok haklar bugün tanınmaktadır.

Bolşevik Ruslar, tehlikeli günlerinde bizimle de dostluk kurmakta, Moskova ve Kars muahedelerini imzalamakta gecikmediler. Bütün milletlerin hak ve hürriyetleri için, çok şeyler yazdılar ve söylediler. Moskova'da telsiz telgrafla bu hususta birçok yayımları vardır. Bu Batı Emperyalizminin başında gördükleri İngilizlere karşı çok hücumlarda bulundular. Lenin, İngilizleri tehdit için şu sözleri çıkarmıştır. "Londra'nın yolu Bakü-Musul üzerinden geçer".

Fakat fiiliyat sahasında milletleri, kendi ilk ihtilalleri şeklinde inkılap yapmaya sevk ediyorlar; sonra da kendi camialarına katıyorlardı. Eski çarlık hudutları bu suretle yeniden kuruldu. Bolşevik ihtilalin nasıl olduğunu Gümrü'de gördüm. Zenginler ve Bolşevik taraftarı olmayanlar kurşuna diziliyor, zenginlerin malları müsadere oluyor, sonra da bir taraftan çalınıyordu. Bizimle dostluk kurmalarına ve bizim Batı Emperyalizmiyle çarpışmamızı takdir etmelerine rağmen bizde de aynı inkılabı yaptırmaya ve kendi adamlarını iş başına getirmeye uğraştıklarını yakından takip ediyorduk. Üst tabakadan inkılaplar hazırlamaya uğraşıyorlardı: Birincisi yüksek tabakadan milletçe insanlar; İkincisi, yüzbaşı, teğmen gibi subaylar; üçüncüsü sokakta anarşi yaratacak erler, yani halk zümresi.

Bu şekli Bulgaristan inkılap hareketlerinde de görmek mümkündür. İstanbul'da ve Ankara'da birinci derecede, diğer yerlerde derece derece bu yolda hazırlamak ve neticede Türkiye'yi kolayca istila etmek anlaşılıyor. Doğu vilayetlerimizden Boğazlardan bahsederek akıllarınca siperlerimizi zayıflatmaya ve hazırladıkları ihtilal unsurlarına kuvvet vermeye çalışıyorlar. Halbuki bütün halkın hemen hepsi, ya babalarını ya dedelerini yahut ta sevdikleri yakınlarını Ruslarla harplerde kaybetmiş, Rus düşmanlığının sebebini anlamış insanlar olduklarından, Sovyetler bu tarz hareketleriyle Milli Birliğimize yardım etmektedirler.

Gerçi Azerbaycan'da kolayca muvaffak olmuşlardır. Fakat bunun başka bir sebebi vardır; İran Azerbaycan'ının halkı Türk'tür. Geçen Cihan Harbinde karargahım Tebriz'de iken çoklarıyla görüştüm. Farsça bile bilmiyorlar. İran Hükümeti de burayı aksine çoğu Türkçe bile bilmeyen memurlarıyla idare eder. Daha o zamanlardan halk, İran Hükümetini sevmezdi. Ölen Şah Pehlevi'nin de Türkçe okumayı men etmek ve Azerbaycan Türklerini Farslaştırmak gibi gafletlerde bulunması, halkı büsbütün İranlılardan nefret ettirdi. Azerilerin bazı çok zenginlerine karşılık halkın sefalet içinde çırpınanları çoğunluktadır. Bunlara, bir de Rus askeri istilası eklenirse, bugün İran Azerbaycan'ının hali kolayca anlaşılabilir. Diyelim ki, bugün bu Azerbaycan, Bulgaristan'dan daha candan Bolşevik olmuşlarsa Bulgaristan'da Slav Bildiği korkusunun her tabakaya sinmesindendir. Rusya tarafından yutulup Ruslaşacaklarından "öteden beri" korkmakta idiler. Altı ay kadar Bulgaristan'da bulunarak her tabaka ile temasım vardır. 1878 Berlin Muahedesiyle cesaret kazanınca, birkaç yıl idareyi Rus Generalleri ele almıştı. Daha o zamanlar Stanbolovski gibi liderler: "Ruslar Bulgarları değil Bulgaristan'ı seviyorlar" diye halkı uyandırdılar ve Rusları başlarından atarak bir Alman Prensine de büyük sevgi ve güven gösterdiler.

Şimdi Sovyet Rusların vücuda getirdikleri kıskaçları daha iyi görebiliriz. Batı ucu Balkanlarda kuvvetlenerek Yunanistan üzerinden Boğazlara dönmeye hazırlanırken Doğunun da çok uzaklarda Türkistan değil daha kolay ve daha tesirli olarak Lenin'in gösterdiği Bakü-Musul üzerinden, bütün Doğu vilayetlerimizi almak istidadındandır. İşte Kars yaylasını sulh yoluyla işgal etmek arzusunun mühim bir sebebi de dar ve zayıf gördükleri bu kıskaç ucunu kuvvetlendirmek ve çıkma kudretini son kudretine çıkarabilmek düşüncesiyledir.

Bu vaziyet karşısında İngilizlerin Musul petrolleri -ki milyonlar harcayarak vücuda getirilmiştir.- herhalde, İngiltere'nin de dikkatini çekmektedir. Fakat fikrimce Genel Kurmayımız, İngiliz askeri makamlarının; siyasilerimizde siyaset adamlarının Rus isteklerinin Rus hamlelerini ne derece kolaylaştıracağı hakkında dikkatlerini çekmeleridir. Çünkü İstiklal Harbinin gelecek Alman ve Rus tehlikesine karşı kuvvetli ve birleşik bir Türkiye-Yunan bulunduracaklarına, bu iki kuvvetin çarpışmasına sebep olmak gibi yanlış siyaset tuttular. Az çok yanlış düşünebilirler. Bunun için bizim de bir diziye onları aydınlatmamız herhalde faydalı olur kanaatindeyim. Bugün Urumiye gölü ile Musul arası 200 km. Bağdat ise 400 km.dir. Kars yaylasına hakim olmakla Ruslar, bizimle dost kalsalar dahi, güneyi istila emellerini kolaylaştırmak için genişçe bir hareket üssü elde etmiş olurlar.

Şimdi bu tehlikeli durum karşısında alacağımız tedbirlere geliyorum. Fikrimce şu tedbirlerin alınmasının daha fazla gecikmesine meydan verilmemelidir. Bu hususta hepimizin çalışması lazımsa da hükümetimizin ödevi daha büyüktür.

1- Şimdiye kadar yaptığımız gibi Ruslarla harp etmekten kaçınmayacağımızı göstermeye devam etmek.

2- Milletle biliş, anlayış ve inanış birliği kökleştirmek. Sözle, her türlü yayın vasıtasıyla, bu hususta çok çalışmak lazımdır. Milli Eğitim Bakanlığının yaptığı gibi bir takım profesörleri

Bakanlık emrine almak gibi kendilerine bir hak da vererek, daha çok birbirlerine yaklaşır ve fikir topluluğu yaparlar. Bir Türk profesörü eğer bilirse ki herhangi bir Bolşevik inkılabı Türkiye'nin mevcudiyetini de mahvederek memleketi Rusların eline düşürecektir, o zaman bir vatan haini olmayı ister mi? Bolşevik olmak, şurada burada belki bir münevver hevesidir, fakat iş başında profesör adıyla bir takım insanlar görülüyor; şu halde Türkiye'de de işbaşına kendilerinin geçebileceğini sananlar, İslam ve Türk diyarlarındaki Bolşevik ihtilallerinin böyle olmadığını, üstelik memleketimizin ikliminin oralardaki gibi şiddetli ve tatsız olmadığından, bizde böyle bir inkılabın -önce oralardaki gibi- bütün aydın geçinenlerin öldürüleceğini, yağma ve namusa dokunmanın ardından, milyonlarca Rus muhacirinin memleketimize yerleşerek bu mübarek yurtta Türklüğün nam ve nişanı dahi kalmayacağı herkese anlatılmalı ve olan biten şeyler öğretilmelidir. Eğer bundan sonra bir öğretmen, bir profesör, bir yazman vesaire halâ Bolşeviklik propagandası yaparsa, onu Bakanlık emrine almak değil, divan-ı harbe vererek vatana ihanet cürmüyle cezalandırmalıdır. Birçok kimseler, "iyi yapıyorum" zannederek aldanmış olabilir. Onlar bir düziye aydınlanmalıdır. Hele üniversite kürsülerine kadar çıkmış olan profesörlerimiz, Bakanlıkça yüz yüze görüşmeden, anlayış ve biliş birliği temin olunmadan, onları Bakanlık emrine alıvermek, bence doğru değildir. Bunu bir kere daha -bazı arkadaşlarımızın bu yoldaki teklifleri karşısında- huzurunuzda söylemiştim.

Bu arada üniversitelerin nümayişlerini de hoş görmediğimi söylemek isterim. Bu kabil toplantılar arasında bazı Bolşevik unsurlar da bulunacağı ve bunların o topluluğu kendi hesaplarına hareketlere sürükleyebileceği veya o arada zararlı bazı hareketlerde bulunacakları muhtemeldir.

3- Sosyal yardıma hız vermek lazımdır. Uzun yıllar bizim Cumhuriyet Hükümetimizin en gevşek bulunduğu saha, budur. Sefalet içinde çırpınan çocuklar, dermansızlar, perişan kıyafetleriyle Bolşevikler için kıymetli propaganda unsurlarıdır. Yirmi üç yıl önce kabul edilmiş olan kanuna rağmen "malul gaziler" için bir yurt bile açılamamıştır ki, bunu bir takrirle Savunma Bakanlığına sordum. Huzurunuzda görüşeceğiz.

4- Haksız zenginliği önlemek kadar, haksız zarureti de önlemek lazımdır. Milli Hükümetimizin kuruluşu günlerinde canla başla çalışan Heyeti Temsiliye ağasından, komutanlarından bazılarının zaruretler içinde öldüklerini görmek çok elim bir şeydir. Bu hususta bir grup müzakeresinde isimlerden dahi bahsederek söz söyledim.

5- Din ve namus telakkisinde meydanı serbest bırakmamak lazımdır. Bir adam, beş adam Allahsız olabilir, namussuz da olabilir. Ama bir cemiyet Allahsızlaşmaya ve namussuzlaşmaya yol alırsa, bu o millet için çok tehlikeli olur. Bolşeviklik "Bez Bojnik" dedikleri Allahsızlar cemiyetine dayalıdır. Din ve namus işlerini gevşetmek ve böyle cemiyetlerin kurulmasına göz yummak Bolşeviklik kapısını açmak demektir. Bu iki kuvvetin Bolşeviklik propagandasına yol açabilir. Türk kadınlar hamamına girmek isteyen Bolşevik erlerini, "bizim dinimiz, namusumuz buna müsaade etmez" diyen halk, dayakla önlemişler. Bu telâkki ayrılığı, askerlerimiz arasında olduğu kadar, doğuda türlü vasıtalarla yapılan Bolşevik tahribatlarını Doğu halkının önlemesi hususunda da amil olmuştur. Bir zamanlar Ankara'da Mustafa Kemal Paşa'ya teklif üzerine kurulan ufak bir Bolşevik partisi, haddinden fazla yayılma istidadı göstermiş ve orduya da el atarak tehlikeli bir hal almıştı. Bana resmi şifre ile ordunun Bolşevik murahhaslığını teklif edenlere cevap olarak, ben de o hakkımı tutmuştum; Cevabım kısaca şu idi: "Ordunun manevi kitabı Kur'an'dır. Ordu ile oynamayınız."

Biz, milliyet aşkıyla da bütün cihana karşı istiklalimizi koruyabileceğimizi tecrübe etmişizdir. Türklüğü boğmak için yurdumuza giriyorlar. "Türklük ölmez, Türk yılmaz," diye çoluk çocuk haykırarak, bu sevgi ile birbirimize daha sıkı bağlandık. Bunun için, din, namus ve milliyet aşkını canlandırmak fikrindeyim. Hiç değilse mekteplerimizde muaşeret dersleriyle bu kuvvetleri tutmalıyız. Esasen milletimiz, dini işlerin hükümetten ayrılması fikrinde olduğu için, hükümet her müterakki devlette olduğu gibi laik bir şekil almıştır. Fakat bugün Bolşevikliğe karşı bütün milletlerin din kudretine ne derecede sarıldığı ortadadır. Hele cahil halkın dinsizleşmesinin tabii akıbetleri düşünülerek büyük devlet adamları dahi ne kadar dindar göründüklerini görüyoruz. Ferdi tecavüzleri ve fenalıkları yalnız kanuni kayıtların önleyemediği, herhalde bir vicdan inanışına ihtiyaç görüldüğünü her ilim sahibi de kabul etmektedir.

6- Sulh zamanında dahi Harp Ekonomisi esaslarını hazırlamak ve bazı icaplarını yapmak lazımdır. Bu başlı başına bir kurumdur ki üzerinde hayli şeyler söylendiğine rağmen hükümetimiz bunu pek yürütemedi. Hatalar bir daha tekrar olunmamalıdır; yine ambarlarımız bomboş kalmamalıdır. İngiltere'de ve Amerika'da zenginler ve Milletvekilleri ve Bakanları bile harp müddetince elbise yaptırmayarak yamalı gezdikleri halde, bizde yılda birden fazla elbiselik ve çamaşırlık verildi. Hükümet, iyilik yapacağım diye suistimalin ve hırsızlığın kapılarını açtı. Fikir nereden geldi bilmiyorum. Ekonomi Bakanlığı dar ve sabit gelirlilere bol elbiselik ve çamaşırlık kuponları dağıttı. O kadar ki bütün maaşlarını verseler bunları satın alamazlardı. Üstelik maaş verirken kupon verilmedi. Herkes maaşını almış iken kuponlar dağıtıldı. Bunların fazla fiyatla satılması için müsaade de verildi. Karaborsacılık çoluk çocuklar vasıtasıyla açık Mısır Çarşısının içinde, dışında Yerli Mallar pazarının içinde dışında Aksaray'da vesaire park meydanlarında, fazla fiyatla kupon alışverişine başladılar.

Bu kuponlar, çuvallarla yine göz önüne Yerli Mallar pazarına girdi ve ucuz fiyatla, toplarla kumaşlar alındı ve herkesin gözü önünde üç-beş yüz metre ötede hususi mağazalara taşındı. İki üç misli fiyatla apaçık satışa çıkarıldı. Bunu bazı tüccarlar bana şikayet ettiler ve bu ameliyeyi gösterdiler de... Kimlerin nerelerde işler bitirdiği ve yüzbinlerce lira vurduğunu imza altında bildirdiler. İstanbul'da halkla temasımızda bu açık karaborsadan şikayetler oldu. Bazı gazeteler,

Milletvekillerinin de bunu hoş gördüğü hakkında neşriyat yaptı. Hatta General Niyazi Gözcü arkadaşımıza da gazete ile sataşıldı ve iş mahkemeye kadar da düştü. Mebuslar da bu işlere göz yumdu ve onların bunları önleyecek yüzü yok, diye Meclis-i Ali aleyhinde maniler tertip olunarak mahalle kahvelerinde okunduğunu da, yüzümüze söylemek cüreti gösterenler oldu. Bunlara karşı Sümerbank'la mücadele edeceğimizi söylediğim, gazetelere de geçti. Millet Meclisi aleyhine cereyanın, memleketimizi istila emelinde olanların tahrikleri olacağından, uyanık bulunulması hakkındaki sözlerimizi de gazetelerde okudunuz. Ben bu açık kupon karaborsasına Sümerbank'ın göz yummasına yormuştum. O banka direktöründen aldığım mektup beni hayrete düşürdü. "Milletvekillerinin şikayetlerini hallediyoruz. Siz de buyurun ne şikayetiniz varsa görüşürüz." diyordu.. İşi araştırdım. Müsaadenin Ekonomi Bakanlığından gelmiş ve Bakanlığın kendisinin de malumatı olduğunu öğrenince, şikayeti ve ihbar mektuplarını Başbakana götürdüm. Hüsnü niyetle yapılan bu işin böyle fena neticeler vermesinden üzüldüğünü söyledi. "Demek en büyük hükümet makamının da müsaadesi varmış." diyerek işi Bütçe müzakeresinde BMM huzuruna getirmeye karar verdim. Fakat dış durumun tehlikeli bir şekil alması dolayısıyla bu meseleyi bu vesileyle şimdi açıklıyorum. Hükümet bu gibi hırsızlıkları meydana çıkarmak ve ilerisi için de hareket tarzını düşünmelidir.

7- Harp zamanı, lüks hayatı şiddetle men etmelidir. Herkes oğlunu, kardeşini cepheye gönderirken, nasıl ki zengin ve fukara evlatları bir türlü giyiyor ve bir türlü yiyorsa, cephe gerisi ihtiyaçlarında da bu müsavatı, mümkün olduğu kadar yaratmaya çalışmalıdır. Ordu ihtiyaçlarını karşılamak için her şeyin vesikaya bağlanması güzel bir usuldür. Fakat ekmeği vesikaya bağlayıp lokantalarda veya şurada burada pahalıya ekmek satmaya da mani olmalıdır. İstihlakin en ziyade giyim eşyasında azaltılabileceği unutulmamalıdır. Harp müddetince cephe gerisinde de ihtiyaca göre giyim eşyası pek tutumlu olarak verilmelidir. Yamalı gezmeyi zenginlerimiz de, bizler de şeref bilmeliyiz.

Son olarak derim ki; Milli Birliğimize ve ordumuza güvendiğimizi söyleyerek içimize iyice sindirmeliyiz. Bir harbi önleyecek en büyük kudret budur. Yurtta Sulh Cihanda Sulh gibi sözlerle harp severlik cephemizi zayıflatmamalıyız. Müttefiklere bel bağlamak dahi, ancak bu kadarını göstererek mümkün olabilir.

Kuvvetli bir ordu, memleketin coğrafi durumunun da yardımıyla -müttefiksiz dahi- istila istikametini değiştirebilir. (Çok doğru, Bravo sesleri) İsveç'in müttefiki yoktu. Fakat istilaya uğramadı. Çünkü kuvvetli milleti, kuvvetli ordusu vardı. Yunanistan'ın müttefiki, yardımına koşmasına rağmen, ordusu zayıflayınca istilaya uğradı. Almanların bize saldırmamalarında müttefiklerimiz bulunmasından ziyade, Çatalca hattında yerleşen Türk ordusunun celadeti sebep olmuştur. İstila yollarını değiştirmelerine ordumuzun sebep olduğu kanaatini tekrar ederim. (Bravo sesleri)

Şu halde Milli Birliğimizi bilgi ve sevgi bağlarıyla ve ordumuz da her türlü teknik vasıtalarla ve hele ağır topçularla takviye ederek Türk ordusunu yaşanan kahramanlıklara hazır bulundurmalıyız. Arazimiz çok müsaittir. Her gemide ağır bataryalar büyük işler başarır. Milli Savunma Bakanı ağır toplar almalı; kuvvetli millet, kuvvetli ordu, istikbale ümitle bakabiliriz. Harp olsa da, olmasa da. (Şiddetli alkışlar)

BAKAN CEVAP VERİYOR

Dışişleri Bakanı konuşmasında özetle, Almanların beşinci koluna geçti. "Almanların beşinci kolu her yerde çalıştığı gibi Bulgar hükümetine ve Balkan devletlerine emniyet ve itimadı kırmak için, her çeşit havadisleri uydurup yaymaktadırlar." diyerek "Bazı Yunan adalarını işgal ediyormuşuz," havadisleri ortaya çıktı. Yunanlılar telaş etmişler, tekzip edildi. Bulgarlar, Alman zaferinden için için ve dışın dışın memnun oluyorlar. Ümit ediyorlar ki, bir gün dünya haritasını bir Alman eli çizecek olursa; Bulgaristan, burada bir mükafat alacaktır. Fakat resmi makamlar ve resmi hareketlerde bu duygularını hemen açıklamadılar.

Yugoslavya-Sovyet münasebetlerinde daha bir şey görülmüyor. Hatta Yugoslavya, Sovyet Ticaret Heyeti Başkanı, Almanların aleyhinde konuşuyormuş!..

"Bu sabah Dahiliye Vekili arkadaşımızı, bir kere daha dinledim. Beşinci kol bizde kımıldayacak durumda olmadığı gibi, hatta ülkemizde bitmesi mümkün olmayan bir ot'tur."

Yunanistan'ın Almanya'ya teveccüh ettiği hakkındaki suale karşı; "Menfaatine hadim devlet kimse, o devletlerle bulunmaktadır." dedi.

Hatiplerden Fazıl Ahmet, Alman-Rus ittifakından ve İstanbul'da halkın ve hatta üniversitelerin, matbuatın bozgun bir hale geldiğinden, icap ederse, daima seyyal olması lazım gelen siyasetin yeniden tetkikinden: hükümetin bozguncu fikirlerle uğraşması lüzumundan uzun uzadıya bahsetti. Muhittin Baha; Bursa efkârının harp aleyhinde olduğunu söyledi. Ben de bundan sonra söz aldım ve şöyle dedim:

General Kazım Karabekir (İstanbul)

Efendim, bütün Türk milletinin ve onun mümessili olan bizlerin, öteden beri büyük hassasiyetle üzerinde durduğumuz mesele, Türk milletinin istiklalinin teminidir. Bunun içindir ki İtalyanlar, Arnavutluk'a ayak basar basmaz, bütün millette tabiatıyla büyük bir hassasiyet uyanmıştır. Şu halde, doğuda sulh ve emniyetin tesisi gibi güzel bir düşünce ile, biz de beyanatta bulunduk ve İngiliz, Fransız'la da ittifak paktını imzaladık.

Demek ki asıl olan mesele, Cihan Harbinin şu veya bu istikameti değil, mesele, Türk Milletinin emniyeti, istiklalinin muhafazasıdır. Yine şüphe etmiyoruz ki, bu hususta müttefiklerimiz, mağlup dahi olsalar, biz bu davadan vazgeçmeyeceğiz. Biz bunu bir kere yapmışızdır ve yaparken de Sakarya kıyılarına kadar inmişizdir. Ve icap etse idi, daha fazla fedakarlık da yapacaktık! Onun için, bu noktada -ne ihtiyarının, ne gencinin şüphesi- olmamalıdır: Düşündüğümüz budur.

Herhalde bizimle beraber gelen bu millet, büyük bir millettir! Ancak bu günlerde memleketin gençlerin, münevverlerinde vesairesinde doğan yeni bir ıstırap vardır; "Almanların beşinci kolu şunu yapıyor, bunu yapıyor," deyip de kendimizi aldatmamalıyız, fikrindeyim. Tabiatıyla herkes, hayatını, milletinin mukadderatını bağlamış olduğu müttefiklerimizin, ilk durum ki, Balkanları ve küçük devletleri garanti ediyordu: Onun, o zaman ki tutumu ile, bugünkü netice mukayese edilirse; ki, bugün kendilerinin garantisiyle meşguldürler!. Bunu, Fransız ve İngiliz Başvekilleri de söylüyor -bunlar söylenirken, bir endişenin kalplere girmemesi, gayri mümkündür!..- Bize düşecek vazife, halkımızı bu endişe noktasına götürmemektir.

Bu noktada, Muhterem Hariciye Vekilimizin mühim bir beyanatını esas olarak alıyorum: O da aşağı yukarı hepimizin zan ve temennisi idi ama, resmi bir dilden bunu dinlemek, büsbütün mahiyetini kat'i olarak çerçevelemiş oldu! İtalyanların harbe girmesi, ancak müttefiklerimizin kesin mağlubiyetinin tahakkuku anında olacaktır. O halde, tabiatıyla herkeste bir sual varis oluyor: Demek biz, Akdeniz meselesine verdiğimiz söze öyle bir zamanda gireceğiz ki, müttefiklerimiz mağluptur! Bundan dolayı vatandaşımız endişe duyarsa, haklı değil midir?

Sonra Rusya hakkındaki mesele de çok mühimdir. Rusya da; bugün tespit edilmiş oluyor ki -Polonya'da yaptığı gibi- "harbe girmiş ve sarsılmış bulunan memleketleri" istilâ edecektir! Şu halde, bizim de vatanımız, istiklalimiz, (Rusya karşısında) gerçekten çok nazik ve tehlikeli bir mevkide bulunuyor demektir!.. İtalya, yarın ilân-ı harp ediyorsa, tabiatıyla dinlediğimiz resmi söze göre, müttefiklerimiz bitmiştir!.. Bitmiş ise, biz niye harbe giriyoruz? Bendeniz bu kadar bedbin bulunmuyorum. Bu muhakkak kat'i bir riyaziye ile, iki kere iki dört ediyor gibi değildir. Bitti zannettiğimiz çok kere bitmemiştir.

Onun için, bu nokta üzerinde, gerek muhterem Hükümet Erkânımızın ve gerek muhterem arkadaşlarımızın hassasiyetle cevap vermesi, düşünmesi lâzım gelen üç sual arz ediyorum: Bunların cevabını rica edeceğim.

Avrupa harbinin -ve şimdiki beyanatları veçhile İtalya ve Rusya'nın-, müttefiklerin mağlubiyetini beklediği gibi, tehlikeli inkişaflar karşısında -memleketimizin vaziyeti bakımından- zihnimde bu sualler belirmiştir.

1- Genelkurmay Reisimizin Suriye'ye gittiğini gazetelerde okuduk. Son günlerde döndüğünü de işittik. Bu haberlerden sonra yine Suriye'ye bir Kurmay Heyetinin gittiğini de işittik. Bu Heyet Suriye'ye ne için gitmiştir, vazifesi nedir?

2- Müttefiklerle akdettiğimiz Muahedenin II. ve III. maddelerine ayrı ayrı müttefiklerimize ve bize matuf olarak kullanılan (yed-i iktidarında) tabirinden, hükümet, gerek biz ve gerek müttefiklerimiz için -bugünkü şartlar ve vaziyetler içinde- ne anlatmaktadır?

3- Aynı anlaşmanın II. maddesinin birinci fırkasına göre, Akdeniz'de, bizim harp haline girmemizi gerektiren bir vaziyet hasıl olursa ve bizim bu suretle kendisiyle harp haline girdiğimiz devletin bir müttefiki de bulunursa, bu müttefike karşı da hasım mevkiinde olacak mıyız? Bu husumet nasıl belirlenecektir?

Yeni Avrupa kıtasındaki harbe karşı vaziyetimiz "hayırhah tarafsızlıkla tespit edilmiş olacağına göre, Akdeniz'deki harp hâli, bu vaziyetimiz üzerinde nasıl bir tesir yapacaktır? Hayırhahlığın şümulü Avrupa'daki harp manzumesine katılmamızı gerektirecek derecede genişleyecek midir? Lütfen bu üç sualin cevabını rica ederim...

HİKMET BAYUR KONUŞUYOR

Bundan sonra Hikmet Bayur söz alarak, Başvekilin iki gün evvelki nutkundan harbe girmemizin yakın olduğunu herkes gibi kendisinin de bunu anladığını; Almanlar ve İtalyanlar harbi kazanırsa, birçok millet gibi bizim de istiklâlimizi kaybedeceğimizi, buna devlet olarak bir hazırlığımız görülmediği gibi, milletin de buna hazırlanmadığını anlattı..

"Top tüfek vardır, ama vuruşmak isteği olmazsa, hiçbir şey olmaz, bilhassa kepaze oluruz. Hükümetten istediğim, manevi hazırlığın yapılmasıdır. Bu manevi hazırlık yapılmadan harbe girmek delilik olur. Askeri hazırlık ne derecededir, bilmiyorum... Tabii bunlar gizli tutuluyor ve böyle olması iyidir. Diplomatik hazırlık ne raddededir? Bilmiyorum... Meselâ Başvekilin nutku, İtalyan Başvekiline diplomatik lisanla bir hitabedir; ihtardır!.. Bu işe girişirsek 600-700 bin kişilik bir ordu daha vardır. Fakat bu Türk milletini harbe alıştırmak için kâfi değildir. Almanlar dünya zenginliklerine kavuşmak için savaşıyorlar. Tabii 350 milyon Hint ve 100 milyon Arap ona tabi olacaktır! İtalyanlar ne için harbe atılacak? Aynı şey için!.. Biz İstiklâl Harbine ne için katıldık? Bıçak kemiğe geldi de atıldık. Memleketteki hâlet-i ruhiyeyi uyandırmak lazım ki, milletin aklı ersin de harp etsin!.."

Emin Sazak:

Köylünün aklının erdiğini, hükümetin tutumundan emin olduğunu, hangi anda silah başına gelin demişse "Allah da böyle buyurmuş der, gider ölürüz", dediklerini; eğer basınımızda ve Mecliste hükümetin işini bozmazsak; yani birlikten ayrılmazsak; bu karışık zamanda bu milletin büyük iş yapacağına ve selamete ulaşacağımıza inanıyorum... Halkımız da bizler gibi düşünüyor. İstanbul'u bilmem, İstanbul neredir, ne havadadır bilmiyorum? Fakat Anadolu -münevver olan olmayan- hükümetin gittiği yolun doğru olduğuna inanır; sergüzeşt peşinde olmadığına zaruret olursa harbe gireceğine kanidir.

General Naci Eldemir'de "İtalyanların kalbi çürüktür, ürkülecek bir ordu değildir" diye bir beyanatta bulundu.

Bu zeminde daha söyleyenler oldu. Feridun Fikri, gürültüler ve alaylı alkışlar arasında kürsüye geldi. Askeri vaziyetin henüz başladığını söyledi. (Gülüşmeler: "Kurmay gibi konuşuyor" sözleri) "Büyük Milletimiz önderinin, Lozan Muahedesinin müzakeresindeki sözünü hatırlıyorum." diye başlayarak uzun bir konuşma yaptı.

Hariciye Vekilinin bana cevabı:

Sualleri tekrar etti. Fakat "yed-i iktidar" dediği için sözü şöyle tashih ettim. "Yed-i iktidar bu günkü vaziyete göre... böyle sordum!"

Şükrü Yazaroğlu:

Erkân-ı Harbiye Reisimizin (Genel Kurmay Başkanı) niçin Beyrut'a gittiğini, bundan evvelki maruzatım arasında söylemiştim. "Bu ziyaret öteden beri yapılan temaslarda vaki olan davete cevaptır." demiştim. Tamamen protokol ziyaretidir. Vaki daveti kabul edip icabet etmekten ibarettir. Hiç şüphe yok ki, Müşir (Fevzi) Paşa, diğer arkadaşlarla yan yana geldiği zaman, aşk konuşmadığına eminim! Fakat ne konuştular; Bunu öğrenmek lazım gelirse, zannediyorum, bizzat arkadaşımız Karabekir, daha kolay bulabilir. Çünkü sanatları asker (lik)tir. İki asker yan yana gelince konuşmaları elbette askeridir. O konuşmalar içinde memleketi, devleti angaje eden töhmet altına alan tek satır yazı, kelime bulunursa, hiç şüphe yok ki, o Büyük Millet Meclisine gelir; ve onun tasdikinden sonra makbul ve muteber olur. Bunun haricinde bir şey yoktur.

Aynı sualin ikinci fıkrası: Elyevm bir Askeri Hey'et Suriye'dedir. Evet, daha evvel tekerrür ettirilmiş programlara binaen ittifak muahedesinin askeri kısımlarını, muhtelif ihtimalleri tetkik ve mütalaa ederek icap eden kararları ittihaz etmek salahiyeti askerlere verilmiştir. Bu yüzden şimdiye kadar, zaman zaman olduğu gibi, Halep'te konuşuldu; burada da iki, üç defa konuşuldu ve bugün de Suriye'de konuşuluyor. Halâ boş noktalar kaldıysa, askerlerin, bunları da konuşması gayet tabii olur; Bunu konuşmaktadırlar.

("Yed-i İktidar"ın bugünkü manası ne demektir?) Yed-i İktidar bugünkü manasıyla, dünkü manası ve yarınki manası, daima aynıdır. Kıymetli bir asker olduğu kadar, Kıymetli Türk yazıcısı olan Paşa Hazretlerinin, zannedersem, bunu sormakta bir maksatları olacaktır. "Yed-i İktidar" kelimesini evvela Türkçeye tercüme edeyim: "Elinden geleni yapabildiği kadar" demektir. "Her kelime ve her hükümde olduğu gibi, iyi niyetle sınırlı, kayıtlıdır. Öyleyse iyi niyetle sınırlı ve kayıtlı olan, elinden geldiği kadar, elinde olan kuvvetle, yardım etmek demektir.

Üçüncü sualin cevabı ise, bunu daha iyi anlaşılsın diye bugünkü olaylara tercüme edeceğim. Yani Türkiye Cumhuriyeti, İtalya ile harbe girerse, İtalya devletinin müttefiki olan Almanya ile Türkiye Cumhuriyeti harbe girecek midir? Girmeyecek midir?. Henüz Cumhuriyet Hükümeti İtalyanlarla harp halinde değildir. Böyle olduğuna göre, herhangi bir ihtimali tetkik etmek çok erken olur, kanaatindeyim"

Bundan sonra Başvekil söz alarak Fazıl Ahmet Bey'e cevap verdi: Özellikle Üniversite gençliğini, hiçbir zaman manevi himâyeden mahrum etmiyoruz. Parti meşguldür; vilayet meşguldür; hepimiz meşgulüz!.. Bu sene yeni bütçe ile yüz yatağı 400 yatağa çıkardık! Parti tarafından üniversite talebesine mahsus olmak için, geliri kafi gelmeyen talebeyi yatırmak üzere, yatakhaneler açtık. Asıl olan, bunların okumalarında beklenen gıdayı vermektir. Maalesef bugünkü yayın biçimi varken, bunlarla uğraşmak istemem, hatadır. Günü gelince yazılı olarak geleceğim; ama bugün yapmak istemiyorum.

"Kominizm" tesiri vardır, dediler. Olabilir. 3-5 kişi bunu yapmış olabilir. Fakat bu memleket içinde kominizmin yaşayacağına, kanaatim yoktur. Sonra Almanlara husumet! Hayır efendim; bu, harbin verdiği bir takım psikolojik tesirlerden ibarettir! Almanlar geliyor, "şurayı almış", bununla herkes meşgul. Bizim de nihayet elimizde bir kararımız var, biz de nihayet bir partinin taraftarıyız. Harp, bu açıdan ruhlar üzerinde bir takım tesirler husule getiriyor ve bu tesirlerden mütevellit

ya münakaşalar ya heyecanlar ortaya çıkıyor.

Size ufak bir misal arz edeceğim: Almanya ile bu memleket arasında her hangi bir iş münasebeti olursa. "Türk milletinin gayzından nasıl kurtulacağız" diye söylenen, resmi kimseler var! Ama hissetmişler, bende bu kanaat var; yani, bugün onun taraftarları olacak 8-10 kişi, 500 kişi, 1500, 5000 kişi olabilir. Koca bir milletin içinde 5000 kişi hiçbir şey değildir. Eğer biz bu 5000 kişiyi tutmazsak o vakit siz bizi kovmalısınız. (Gülüşmeler)

Her gün takip ediyoruz; bu adamların kimler olduğunu biliriz, yaptıkları işleri biliriz ve takip ederiz. Ama, kendileriyle diplomatik münasebette bulunduğumuz bir millettir. Bu sıfatla bir kısmını bıraktık. Cürmü meşhut yaptık. Bir kısmını da kulağından tuttuk. Bu tarzdadır ki yine icabederse bu tarzda yapacağız. Buna hiç şüpheniz olmasın.

Bulgar-Yunan gazeteleri aleyhe yazabilir, dediler.! Zinde kuvvetlere geliyorum! Parti ile beraber arkadaşım Faik Öztrak çalışmaktadır; Valiler ve basın ileri gelenleri bu mesele üzerinde duracaktır. Kendilerini bu suretle aydınlatmak lüzumlu hale gelmiştir. Onu da yapacağız. İngiliz ve Fransızlar da Ruslarla birleşirse, bizim için fena olmaz mı? Buyurdular. Ruslarla birleşmesinler diye biz, İngiliz ve Fransızlarla birleştik.

"Siyasi hattı hareketimizi değiştirdik, "meselesine gelince de Fazıl Ahmet'e cevap verdiler: "Eğer değiştirmeye lüzum hasıl olursa- yine burada beraber konuşuruz. Şimdiden bu meseleye deminden Saraçoğlu arkadaşımızın dediği gibi, vaktinden evvel cevap vermek, "evet" veya "hayır" demek imkânı yoktur.

İtalya, Bulgaristan ve Almanya birleşirse... Başka çaresi yoktur. Elimizde bir çare varsa onu bertaraf etmeye çalışacağız. Eğer birleşirse bizim de alacağımız tedbirler olması lâzım gelir. Bunu zamanında mütalaa ederiz.

Arkadaşlar! Demin bir arkadaş konuşurken belirttiği gibi, biz dünya davası içindeyiz. En mühim mesele, Türkiye'nin bu badireden en az zararla çıkmasıdır; Kârlı çıkmasından bahsetmiyorum. Dünya davası budur. Bunun içerisinden en az zararla çıkarsak, daima kârdır!. Bunu böyle bilmenizi rica ederim.

Hikmet Bayur arkadaşım; nutuktan, harbe girme manasını anladıklarını söylediler.

Hikmet Bayur:

İmkânından bahsettim!..

Refik Saydam:

Manevi hazırlıktan bahsediyorum; hazırlık büyük şehirler içindir!. Köyler hususunda çok sağlam kanaatim vardır. Bunun için de arz ettiğim gibi, birçok hazırlıklar yaptık. Herkesi heyecana getirmek meselesinde, arkadaşımla hemfikir değilim. Bir anda herkese "ayağa kalk!" diyemem! Hayır. Zamanı vardır. Tenvir ederiz, kendilerine söyleriz, radyo ile söyleriz, konferans veririz, arkadaşlar dolaştırırız, risaleler veririz. Ama ayağa kaldırmayı, bugünkü vaziyetle kabili telif görmüyorum."

Diğer söz alanlara da usulen cevaplar verdiler. İlk sözlerinde, Fazıl Ahmet Bey'e cevabında şu mühim cümlelerde vardır: "Taahhütlerimiz vardır. Tamamen tarafsızlığımızı katiyyen söylemiyoruz. Tuttuğumuz yolda ufak bir tereddüdümüz yoktur. Sizinle hep beraber verilmiş bir karardır. Maddi ve manevi bir mesuliyet benim üzerimdedir; Bundan hiç kimsenin tereddüdü olmasın!.. Fakat hep beraber geldik oturduk, kararı verdik ve icraatına geçtik. Bu yolda devam edeceğiz. Fransa teslim olsa da hiç umurumda değil arkadaşlar; kendi yerimdeyim, müttefiklerimle beraberim ve beraber yürüyeceğim!.. (Bravo sesleri, alkışlar) Eğer bir kompromi husule gelmiş ise, bana ne!.. Ama, üç sene sonra harp yine başlayacaktır. Geçen sefer sulh oldu ve harp 20 sene sonra başladı. Olacağını tahmin ettim. Fakat bir kompromi sulh olsa, ancak 3-5 senelik bir sulh olacaktır ve harbin ondan sonra yine başlayacağına hiç şüpheniz olmasın! Bu nihayet 3-5 senelik bir mütareke demektir. Bu noktayı nazardan politika kısmı bırakıldıktan sonra suallerin hepsine umumiyetle cevap vereceğim." diyerek yukarıdaki hülâsasını yazdığım cevapları verdi.

Haberlerin harice şayi olması, dünya gazete ve ajanslarının bahsetmesi üzerine sinirlendiler. Ve birbiri arkasına birçok havadisleri tekzip ettiler. Evvela katiyen üzerinde durmaya gerek yoktur, topu topu bu devletlerin ülkelerine gönderdiğimiz 12 ile 20 fırkadan ibarettir. Bu devletlerle Rusya hududu arasındaki darlık nazarı itibara alınırsa, 12 ile 20 fırka yığınağını itiraf edilmiş kısmıdır. Göz önüne getirilirse bu yığınak, onu tekzip eden haberler doğrudan doğruya teyit edilmiş olur.

Sovyetler ajansların vermiş olduğu bir havadisi biraz sinirli bir dille tekzip ettiler. O da Sovyetlerle Balkanlar arasında temaslar olduğu ve Sovyetlerin Riyaseti altında bir Balkan Birliği kurulmak üzere olduğu havadisi idi. Bunu şiddetle tekzip ettiler. Kezalik diğer bir havadis de, Almanya ile Rusya arasındaki geçimsizliğe dair bir havadisti. Bunu dahi sertçe bir dille, Almanya matbuatında, Türk matbuatında, Amerika matbuatında yer alan Sovyet ve Alman husumeti havadisinin asıl ve esastan ari olduğunu bildirdiler. Görülüyor ki Sovyetler bu yığınağı yapmakla beraber, Almanların endişe ve şüphelerini davet edecek mahiyette havadislerden çekingen davranmaktadırlar. Esasen bizim aldığımız havadisler de Sovyetlerin Almanya'ya karşı yaptıkları yığınak, herhangi bir taarruz için değil, Almanlardan gelecek taarruzlara karşı bir emniyet tedbiridir. Yine Sovyetler, Türk Hariciye Vekilinin bırakılmış olan işi bitirmek için Moskova'ya gideceği havadisini tekzip ettiler. Bunun üzerine bazı Sovyet makamlarının Moskova'ya göndereceğini tahmin ettim. Havadisin önüne geçmek için Sovyetler tarafından yapılmış olan tekzibi teyit ettiği, binaenaleyh bizim de bunu tekzip ettiğimizi göstermeğe çalıştım.

Türkiye'de Sovyet husumetinden bu korku vardır: Türkiye'de, "Sovyetler dost olursa, huzur ve sükun vardır; yoksa yoktur," gibi telakkileri bazı haberlerden hissettiğimiz için hemen o tekzibi yazdık ve tekzip altına 'bizim de bu tekzibe iştirak ettiğimizi' de ilave ettik. Son Romanya hadiseleri vazihan gösterdi ki, almış olduğumuz yığınak haberleri tamamen doğrudur. Buraya yeni gelmiş olan Romanya Sefirinin vermiş olduğu malumata göre; Odessagrad'a yakın yerlerde Romanyalılara karşı pek zayıf bir yığınak mevcuttur. Romanya'yı istilâ ordusu tamamen Romanya'nın Kuzeyinde yığınak yapmıştır. Ve esasen askerlik icabı olarak yığınağın orada yapılması haberini vermiş, çünkü doğrudan doğruya Kuzey'den inmeyip cepheden yürünecek olursa, tabii arızalarla karşı karşıya kalmak zarureti varmış.

İşte bunları önlemek için Lehistan'ın Sovyet kısmının cenubuna Sovyetler, büyük mikyasta asker yığmışlar Kuzey'den inmek suretiyle, mazgalları ve istihkâmları geride bırakmak suretiyle, doğrudan doğruya Romanya'nın topraklarına inmek için hazırlanmışlardır. Bütün bunlar göstermektedir ki, yapılmış olan yığınak, kati bir surette sabit olmuş ve hakikaten Sovyetler Romanya'yı istila etmek için Polonya sahiline yığınak yapmışlar, fakat bu istilâ esnasında herhangi bir muhalefeti de önlemek için, bu muhalefetin geleceği gedikleri tıkamak üzere, elden geldiği kadar çalışmışlardır. Bunlar da gösteriyor ki, aldığımız haberler doğrudur, tamdır, yerindedir.

İşte bu yığınakların son bulduğu, Sovyetlerin hazır olduğunu zannettikleri bir günde, yani geçen ayın 21. gece yarısına yakın saat 10.30 da, bir ültimatomu Sovyet Devleti, bildiğiniz veçhile Moskova'daki Romanya Sefirine tevdi etmişlerdir. Romanya sefaretine verilmiş olan bu ültimatom, az çok havada bazı emareler bıraktığı için, sefirimiz tarafından bizzat Romanya Sefaretine müracaat edilmek suretiyle, hakikat öğrenilmek istenilmiştir. Romanya Sefiri, hastalığını ileri sürerek kabul etmeyeceğini bildirmiştir. Onu müteakip sevk edilen Yunan ve İtalya Sefirleri, aynı surette karşılanmışlardır. Moskova'daki Romanya Sefiri. Moskova'nın vermiş olduğu bu ültimatomu kimseye söylememek için, bizzat kendi Hükümetinden veya Sovyet Hükümetinden talimat almış olduğu içindir ki hastalığı ileri sürerek ret cevabı vermiştir. Moskova'daki Sefirleri bunu reddetmekle beraber, ertesi günü Bükreş Sefaretimize Notanın suretini vermiş ve ültimatomu olduğu gibi reddetmiş, neticede de 'Romanya harbe girdiği takdirde, şayet kımıldayacak olurlarsa, Türkiye'nin Bulgarlara karşı yürüyüp yürümeyeceğini' sormuştur. Ne Sefilimizin işarı ve bilahare gazetelerdeki neşriyattan öğrendiğimize göre, Basarabya olduğu gibi, Kuzey'deki vilayetleri muayyen bir hudut dahilinde 24 saat zarfında Sovyetlere teslimini isteyen ültimatomun esbab-ı mucibesi olarak tarihi, siyasi, coğrafi, dini... hulâsa Bolşevik diniyle kabiliyet-i telifiyesi olmayan bütün delâili sıra ile serti etmiş ve serdettikten sonra, şayet bunları vermeyecek olursa, Sovyetlerin zorla alacağını da ifade etmiştir.

Sefirimizin bize vaki olan işarından sonra bizzat buradaki henüz itimatnamesini tevdi etmemiş olan Romanya sefiri mülâkat aramış, vaki olan karşılaşmamızda sefirimizin bize bildirmiş olduğu Romanya telgrafını aldığını tekrar ettikten sonra (okunacak) harbe karıştığı takdirde, Bulgarlara karşı alacağımız durumun ne olduğunu bilmek istediğini ilave etmiştir. Kendisine Hükümetimle temas ettikten sonra alınacak kararı bildireceğimi söyledim. Yalnız Romanya Sefiri, eğer imkân varsa -ki kendisi öğleden sonra saat 3.30'da bendenize müracaat yapmış bulunuyordu.- aynı günün içinde bir cevap verilmesini rica ediyordu. İmkân olursa bunu yapacağımızı ilave ettim. Romanya Sefirine vermiş olduğumuz cevabın tercümesini aynen okuyorum:

"Türkiye'deki yığınağımızı esasen biliyorsunuz. Bulgar kuvvetlerinin büyük bölümünün hududumuzda bulunduğunu, bu sabah birlikte müşahede ettik. Hakikaten bu sabah başka bir sebeple gelmişti; kendisiyle konuştuğumuz zaman, Bulgar kuvvetlerinin büyük bir kısmının Türk hudutlarında yığılmış olduğunu ve bunun Türk yığınına karşı yapıldığını aramızda konuşmuş bulunuyorduk. Onun içindir ki "bu sabah birlikte müşahede ettiğimiz" kaydını vermiş olduğumuz cevaba ilave ettik, (bu kuvvetlerin tarz-ı tevziinde bir değişiklik olup olmadığını tahkike acele ettik. Böyle bir değişiklik olup olmadığına tamamen kanaat getirdik. Halihazırda Bulgaristan karşısında bulunan kuvvetlerimiz, bizim askeri mukavelemiz mucibince, bizim üzerimize düşecek vazifeyi ifa edecek vaziyette bulundurulduğundan, bu hususta bizim için yapılacak şey, diğer menfaatlerimizin mahiyetini tayinden ibarettir. Hariciye Vekaleti her ihtimale karşı bu yolda bir karar istihsal etmek için Vekiller Heyetine müracaatta bulunmak üzere idi. Halbuki Romanya Hükümetinin Sovyet Rusya ile dostça bir anlaşmaya varmak için murahhaslar tayinini kabul eylediğini, Bükreş Büyük Elçiliğimizden şimdi haber aldık. Keyfiyet böyle ise, bir tahrik mahiyetinde tefsir edilebilecek her hareketten tevakki eylemek, bizim olduğu kadar bizzat sizin de menfaatiniz icabındandır. Binaenaleyh bu hususta tenvir edilmekliğimi rica ederim.)

Hakikaten bu cevaptaki sözü, şifahen söyledim. Kendisine tekrar ettirdim. Aynen almış olduğu kanaati edindikten sonra, 'Bu cevabımızı Bükreş'e gönderebilirsiniz' dedim. Hakikaten biz bunun etrafında çalışmakta aldığımız bir sırada, Bükreş'ten almış olduğum bir telgraf mucibince ültimatomun zail olduğunu ve bir tespit itibariyle, Romanyalıların uzlaşmaya hazır olduğu cevabı verilir ve iki taraf delegelerin temasa gelmek üzere oldukları bilgisini aldım; Bu haberi verdikten sonra sefir, bundan memnun oldu. "Esasen Türkiye gibi, civanmert bir devletten başka surette bir cevap beklenemez" dedi. Memnun olarak Bükreş'e bildireceğini söyledi.

Aradan birkaç gün geçtikten sonra, yine müracaat ederek -burada bir nokta üzerinde arkadaşlarımın nazarı dikkatini celbedeceğim- Burada yazılmış olan yazıların kaffesi henüz Hariciye Vekaletinin malıdır. Hey'eti Vekile'ye Berayı tasdik gönderilecektir. Hariciye Vekaleti, Hey'eti Vekile'den tasdik cevabını aldıktan sonra, harice karşı diğer devletlere icap eden demarşe yapacaktır. İşte bu cevabı alan Sefir ertesi günün müracaat ederek henüz bu cevabın Bükreş'e vasıl olmadığı bir zamanda, kendisine gönderilmiş olan bir telgrafı bana okudu.

O telgrafta Türkler, şimdiye kadar bir kaç kere yaptıkları gibi, bu defa dahi Bulgarlara karşı, Bulgar şayet yürüyecek olurlarsa, Türklerin de yürüyeceğini söylemek isteyip istemediğimiz soruluyordu. Sefire dedim ki: Bundan 'Ordu bizim üstümüzde midir?' Evet dedi. Size iki haber vereyim: Birisi doğrudan doğruya Yugoslavya tarafından yapılmış olan bir tespit ve alınan cevaptır. Diğeri bizim sefirimiz tarafından yapılmış olan bir tespit neticesi olan cevaptır. Yugoslavya Sefirinin Sofya'da yapmış olduğu tespit, bir silahlı çatışma karşısında Bulgaristan'ın ne yapacağını bilmek istediğidir. Bu suale Bulgarlar, dürüst ve makul cevap vermiştir; Yer yüzünde verilmiş olan sözlerin kıymeti varsa, bundan daha üstünü olamaz. Bulgaristan'ın sakin kalacağı, ordunun Kral ile beraber olduğu, halkın da yavaş yavaş Kralın fikren yakınlaştığını katiyen herhangi bir hareket yapmayacaklarını; Romanya ile Ruslar arasındaki safhanın gelişmesi, sonuçlanması ne mahiyet alırsa alsın, buna karşı Bulgaristan'da herhangi bir hareket olmayacağını; şayet Efkar-i Umumiyye galeyanla herhangi bir şeye cesaret edecek olursa, ölüm pahasına dahi, bunlara mani olacaklarını temin etmişlerdir.

Birkaç saat sonra bizim sefirimizle Sofya Hariciye Nezareti arasında teati edilmiş olan mükâlemenin mahiyeti aşağı yukarı budur. Ben her iki telgrafı okuduktan sonra, Bulgarlar üzerinde böyle bir tespit yapmanın iyi olup olmadığını kendisine sordum. "Katiyen iyi değildir. Bükreş'in fikrine iştirak etmiyorum. Esasen Bükreş, bunun cevabını almadan yazmıştır. Binaenaleyh kendi tarafımdan ve sizin tarafınızdan bu kuvvetli malumatı kullanmak suretiyle, bu fikrin doğru olmadığını Bükreş'e yazacağım" dedi.

Biz Sovyetler ile Romanya arasında çıkmış olan hadise münasebetiyle ve onun seyri esnasında, bilhassa üç noktayı hassasiyetle takip ettik. Bunlardan birisi, Sovyetlerle Bulgarlar arasında bir söz birliği mevcut mudur? Bir hareket birliği mevcut olacak mıdır? Benim Moskova'da bulunduğum sıralarda, aşağı yukarı edindiğim kanaat şu idi: Şayet bir gün Sovyetler,

Romanya'dan Basarabya'yı isteyecek olurlarsa, bana bıraktıkları intiba odur ki: Bunun yanına aynı kuvvetle Dobruca kelimesi ilave olunacaktır. Vaki olan müracaat ve hadiselerin inkişaf ve tekemmülünde katiyen bir Sovyet-Bulgar anlaşması ve birliğine delalet edecek ufak bir emare mevcut değildir. Yine, muhtelif menbalardan almış olduğumuz haberler vazıhan göstermiştir ki, hiç değilse bugün için Sovyetlerle Bulgarlar arasında bir görüşme, anlaşma, yazılmış bir plân mevcut değildir. İkinci derecede ehemmiyet verdiğimiz şey, acaba Almanlarla Sovyetler arasında yapılmış olan bir anlaşmanın ve uzlaşmanın neticesi olarak mı Sovyet Hükümeti, Basarabya'yı ve Baskarinya'yı almaya çalışmaktadır. Yine, Alman diplomatlarının almış olduğu tavırlar ve hareketlerin yapılmasını alenen beğenmediklerini ifade eden cümleler göstermiştir ki hiç değilse bugün, Sovyetlerle Romanya Hükümeti arasında çıkmış olan ihtilafa karşı daha evvel tertiplenmiş, plânlanmış, tatbiki için muvafakatname alınmış bir anlaşma mevcut değildir. Yalnız "Bir anlaşma tamamen mevcut değildir" demekle bu memleketler üzerinde Alman ve Sovyet diplomatlarının herhangi bir şekilde hiçbir vakit, hiçbir biçimde görüşülmemiş olduğu manası çıkmaz. Tersine, edindiğimiz kanaat odur ki, yeryüzünde hallolunacak bazı ihtilâflar olduğu görüşülmüş ve fakat bunların, harbin müspet bir surette tamamlanmasından sonra aralarında halletmek için; yani anlaşmazlık veya uyuşma mevzuu olarak bırakılmış olduğuna dair uzak, yakın emareler mevcuttur.

Üçüncü derecede olan kısım da, Sovyetlerle İtalya arasında bu konuda bir anlaşma olup olmadığıdır. Böyle dahi olmadığı, pek vazıh olarak ifade edilmiştir. Hatta İtalya, ültimatomu ancak iki saat evvel öğrenilebilmiştir. Bütün bunlar böyle olmakla beraber, sabit olan diğer bir şey daha vardır ki o da Almanların ve İtalyanların Sofya'da şimdiye kadar zannettiğimizden biraz daha fazla ağırlıklı olmalarıdır. Bulgaristan'ı tamamen ayaklandıracak hadiseler arasında, Bulgaristan sükunetinde duru aklın payı olduğu kadar, en az o kadar da

Alman ve İtalyanların nüfuz ve tavsiyelerinin de hissesi mevcuttur. Basarabya hadisesi -ki altında büyük hadiselerin çıkması ihtimaline binaen her tarafta telaş veya tedbir alınmıştır.- fakat kendisi bizzat elim bir hadisedir. Böyle olmakla beraber, şimdiye kadarki inkişafı ve siyasi faaliyetlerin göstermiş olduğu haberler, hiç değilse, ihtilafın daha geniş bir mahiyet almak istidadında olmadığını, her tarafa yavaş yavaş vermektedir.

Bu, işin biraz iyi tarafıdır. Almanlarla Sovyetler arasında tam bir anlaşma bulunmaması; Sovyetlerle Bulgarlar arasında takarrür etmiş bir vaziyetin bulunmadığına dair delilin toplanması, hiç şüphe yok ki bizim kendi zaviyemizden kötülük yerine iyilik intibaları veren birer vakıadır. Böyle olmakla beraber, bazı radyo ve ajanslar ve haberler arasında Ankara'daki ecnebi diplomatları ve belki de memleketimizde bazı ağızların, Sovyetlerin bundan sonra Boğazlar meselesini ve Türkiye'nin almış olduğu son üç vilayet meselesini ortaya atıp atmayacağı meselesidir.

Hatta zaman, zaman bunların orta yere atılmış olduğu hakkında tahminde bulunulmasıdır.

Her şeyden evvel Arkadaşlar, gayet açık ve vazıh olarak söyleyeyim ki, bugüne kadar en ufak bir delil, en ufak bir hakikat, en küçük bir emare Hariciye Vekaletimiz tarafından ne bilvasıta, ne bilâvasıta hissolunmuştur. Şimdi bu hissolunmamakla beraber, bu ufukta herhangi bir şekilde, hatta buluttan nem kapacak mahiyette olmamakla beraber, kati olarak, hatta ilerisi için de tamamen mevcut değildir diyebilir miyiz? Eğer insanları sevk ve idare eden akılsa ve aklın mantığı ise, bu aklın, mantığın icabı olarak katiyen bize herhangi bir talep yapılmaması ve bizimle Ruslar arasında bu mahiyette herhangi bir ihtilâf çıkmaması iktiza eder. Çünkü evvela bu pahalıdır. Hiç değilse uzun sürecek bir harp başlangıcı olacaktır.

Henüz bütün kuvvet ve kudretiyle yerinde oturan Almanya, orada her türlü sonuca intizaren beklerken, Sovyet Devletinin kendisini zayıf düşürecek bir avantürün içine atılması akıl ve mantıktan uzak, tehlikeli telâkki edilecek bir hadisedir.

Fakat akıl ve mantığın icabı yanında, hadiselerin mantığı da duruyor: Bu mantığın icabı olarak, bir gün Sovyet Devletinin böyle bir talebi ile karşı karşıya bulunabilir miyiz? Böyle bir talep karşısında kalıp-kalmama ihtimali konuşulacak bir mevzu olmaktan ziyade, hepimiz tarafından verilmiş kararın, herkes tarafından bilinmesi lazım gelir. Böyle bir talebe Türkiye mutlaka mukabele eder. Ve mutlaka Rusları uçuruma düşürecek vaziyete götürür. (Alkışlar)

Arkadaşlar, Ruslarla dostluğumuz müşterek felaketimizin içinde doğmuş bir dostluktur. Bu noktadan, bu dostluğun hissi bir kıymeti de ayrıca mevcuttur. İki devlet, bu dostluk havası içinde iki tarafın menfaatine çok uygun olan bir de mukavele yapmıştır. Buna 'Sınırdaşlar Mukavelesi' diyebiliriz. Bunun neticesi olarak Sovyet Devleti, Türkiye'nin sınırdaş olduğu devletlerle, Türkiye Devleti de Sovyetlerin sınırdaşı olan devletlerle karşılıklı rıza tahsil edilmeksizin herhangi bir anlaşma yapmayacaklardır. Bu anlaşma istiklal, müsavat, ve karşılıklı hürmete müstenit bir mukaveledir. Bunu takiben aramızda az çok bir münakaşa mevzuu teşkil etmiş olan Balkan ihtilâfı hareketi olmuştur.

Sovyetler o hareketin ilk gününden itibaren taraftarı olmadıklarını bize ihsas etmişlerdir. Fakat bizzat Moskova'da vuku bulan münakaşalar esnasında o vakit Başvekil, Stalin ile konuşurken "Şayet Balkanlara biz girmezsek Türkler girmezse ve Türklerin eli orada hakim olmazsa, başkalarının eli girecek, çalışacak ve orada hakim olacaktır. Hiç bir iyiliği olmasa da, Balkan Devletleri arasında Türkiye'nin elinin olması, diğer faaliyetlere mani olması itibariyle, hem Türklerin, hem de Sovyetlerin menfaatlerinedir." demiştir. Bunu dinleyen Stalin derhal "Türk Başvekilinin hakkı vardır. Türklerin Balkanlarda faaliyetler yapması icap eder. Bu sebeple, şimdiye kadar yapmış olduğumuz itirazları tamamen geri alıyoruz. Faaliyetinize devam ediniz." demiştir. Bunu demekle beraber Balkan İttifakı hakkında Rusların, bazı endişe ve şüpheleri yaşamıştır. Ufak, tefek komşu ve aile dedikodularından gözümüzü alarak Montreux'ye geliyoruz.

Montreux'ye kadar Rusya, Bulgarlar hakkında bizimle tamamen beraberken ve tamamen aynı şeyi düşünürken, Montreux'de bir ayrılık kendisini göstermiştir. Nihayet bu ayrılıkta Türkler mümkün olduğu kadar istediklerini yaptırmakla beraber, Sovyetlerin son istediği de kabul edilmiş ve mukaveleye derc edilmiştir. Ondan sonra arkadaşlar, üçlü mukavelelerin müzakeresi safhası başlar. Daha ilk günü Rusların ittifaka girmesi şartını mukaveleye koymuş ve koyduğunu da müteaddit defalar Sovyetlere bildirmiştir. Bunu koymakla da kalmamış, nihayet Sovyetlerin girmemesi kati' olarak sabit olunca, Sovyetler lehine tıpkı Balkan Paktında koyduğu gibi, Türk Devleti, hiç bir yoldan Sovyetlerle karşı karşıya gelmemesi taahhüdünü almıştır. Sovyetler lehine almış olduğu kayd-ı ihtirazi'yi, Türkiye, kendi için kullanmak hakkını almıştır. Son on beş-yirmi senelik siyasi politikamıza ve bu faaliyetler içinde samimi hisler arasında iyi düşüncelerle doğmuş olan Sovyet-Türk dostluğu, bugüne kadar arz ettiğim tarihi seyrini bu -iyiliklerle- takip edegelmiştir.

Bizce her vakit Sovyet dostluğuna dikkatli ve hassas davranılmıştır. Onların rencide olmamaları ve onlara karşı, herhangi bir politika yapmadığımızı anlatmak için elimizden geleni yaptık. Bütün bu dikkatli hareket ve hassasiyete karşı Sovyetlerin bize gösterdiği: ya şaklabanlık, veya somurtkanlık olmuştur! Ufak bir hadise ile, bu arz ettiğim şaklabanlığı veya soğukluğu, kullanıyorlar. Kendilerine karşı samimiyet göstermiş olan Türk siyasetinin hakkıdır ki son hadiselerden hiç değilse İtalya'yı haberdar ettiğinden bir dakika evvel veya onunla beraber Türkiye'yi de haberdar etmeliydi.

Sovyet Devleti, böyle bir haberi Türkiye'ye vermemiştir. Ben tekrar ediyorum; Sovyetlerle dostuz. Dostluğumuz sağlam esaslara dayanıyor; müşterek menfaatlerimiz vardır. Bugüne kadar bu yolda çalıştık. Bugün dahi bu yolda çalışmaktayız. Yarın da bu yolda çalışmak niyetindeyiz. Ancak bu çalışmaların müspet bir neticeye varması için karşılıklı olması iktiza eder. Eğer bu karşılıklı değilse ve karşılıklı olmuyorsa, bunun sebeplerini araştırmak gerekir! Sovyet Devletinin, bizim gösterdiğimiz şekilde samimiyet ve karşılık göstermemesi bizim gösterdiğimiz şekilde faaliyet ibraz etmemesi, nihayet iki ihtimale atfedilebilir: Birincisi; bir gün belki, hakikaten bizimle halletmek istedikleri bazı davaları vardır; İkincisi de, Sovyet Devleti, ya bizzat kendi malikânesinin endişesiyle malûl olduğu için, Türklerle ileri münasebet yapmasın. Almanlar nezdinde doğuracağı fenalığı kesmek istemektedir. İkinci şekil ise, günün bilinde Sovyetlerle yakınlık, biraz evvel arz ettiğim gibi, ileri münasebatı ihtiva eden konuşmalar yeniden doğacak demektir. Bu takdirde intizar etmek lazımdır. Bu değil de birinci takdir ise, yani Sovyetlerin bizimle hallolunacak bir davaları mevcut ise, bu davaların halli esnasında göze alınması lazım gelen tehlikeyi, Türk kadar çabuk göze alacak, ve Türk kadar Rusya'ya fenalık yapacak bir unsur olmadığını tarih kaydedecektir. ("Bravo" sesleri, alkışlar)

Arkadaşlar, benim tam ve kâmil olmamakla beraber, kuvvetli bir kanaatim vardır: Ben öyle zannediyorum ki coğrafi vaziyetimiz, askeri, bünyevi ve fıtri hasletlerimiz öyledir ki, biz bir gün Sovyetlerle karşı karşıya kalmak tehlikesini göze aldığımız gün, zannediyorum ki aramızdaki sarsılmış olan o temeli dahi, kolaylıkla halletmek imkanını kazanmış olacağız. Onların hayat damarları olan Bakü için biz tek şey düşünüyoruz. Halkçı prensiplerle, idareci, amir, memur ve ordusuyla birleşmiş bir kitleyiz. Ruslarla dost olmak istiyoruz. Bizimle dostluk yapmak istiyorlarsa, samimiyetle elimizi uzatmağa hazırız. Fakat bu endişeyi sökmenin ve hatta dostluğu temin etmenin tek yolu, mevcut ihtilâfı bertaraf etmenin tek yolu, Ruslarla herhangi bir tehlikeyi göze almakta olduğumuzu âleme ve bilhassa Ruslara hissettirmek olacaktır.

Arkadaşlar, şimdi insanlık büyük bir buhran geçiriyor. Hayatımızda asırlara zor sığacak hadiseler, vakıalar, haileler; haftalara, günlere, hatta saatlere sığıyor. Kuzey'deki üç Baltık Devleti, 24 saat içinde yok oldu. Kuzey Batısındaki Kuzey devletleri, Hollanda, Belçika, Norveç, Danimarka bir hafta içerisinde yok edildi. Yenilmez sanılan büyük Fransız ordusu, bir hafta içinde yıkıldı, ve eridi. Onu takip eden haftada büyük Fransa'nın tamamı denecek kadar, geniş sahası işgal edildi. Ağır şartları ihtiva eden iki mütareke, arz ettiğim günlerin, saatlerin, ve haftaların içinde yapıldı. Kezalik, Afrika semalarında, İtalya, İngiltere semalarında kanlı harpler; yakın doğuda ciddi, iktisadi, siyasi ve askeri hareketler, hep bu haftaların ve saatlerin içine girdi. Bu gibi büyük hadiselerin Süratle cereyan ettiği bir devirde, kemal-i emniyet ve şükranla kaydedebiliriz ki hakikaten karanlık ve fırtınalı günlerde Atatürk'ün ve İnönü'nün dehalarıyla kurulmuş olan Türkiye Cumhuriyeti([4]) selamet yolunda vakar ve emniyetle yürüyor ve daha da yürüyecektir. (Alkışlar)

"BİZİM GARANTİMİZ ORDUMUZDUR."

11.4. 1939

Hariciye Vekili dedi ki:

Alman Sefiri Von Papen demiş ki: "Tarafsız kalınız, İtalya'ya karşı sizi garanti ederiz." Saraçoğlu demiş ki: "Bizim garantimiz ordumuzdur. İtalyanların vereceği söze inanamayız!"

Kazım Karabekir:

- Efendim, bendeniz mütalaamı siyasi noktadan ziyade, askeri salahiyetle, gerek dış ve gerek içte yapılması lazım gelen mühim işler üzerine teksif edeceğim. Madem ki harici vaziyet, hükümetimiz tarafından verilen izahata göre tehlikeyi yakın gösteriyor; O halde ilk iş, dahilde muhtelif Vekaletlerin yapması pek lüzumlu olan işleri kısaca arz edeceğim.

Çünkü bilhassa Cihan Harbinde Genel Kurmay Başkanlığında bulunmak sıfatıyla gördüğüm bazı mühim noktalar

---

4 Karabekir Paşa'nın notu: "Bu sözleri Dışişleri Bakanı söylüyor, milletvekilleri alkışlıyorlar, İstiklâl Harbini Hükümet, işte böyle biliyor ve gösteriyor."

vardır. Ki onlar peşinen önlenmezlerse, her halde harbin nihayetine kadar devam ediyor, tehlike yaklaşıyor. Telafi edilinceye kadar memleketin yiyecek, giyecek ve her türlü malzemenin dışarıya çıkmasına mani olacak tedbirler alınmalıdır.

93 harbinde Ruslar geldi, bir surette erzak, öteberi mübayaa ile memleketin bir çok yerlerindeki erzak ve hayvanatı toplamışlar ve harp başladıktan sonra, bizim Doğu'daki kıtaatımız yiyecek, giyecek bulamadığı halde, Rus orduları bunlardan tamamıyla istifade etmişler ve hatta bize bile harp sonraları bunları satmışlardır. Onun için dışarıya satacağımız şeyler, bize büyük servet getirse dahi, bugünlerde bu hususta çok hassas bulunmaklığımız lazımdır.

İkinci nokta: Her seferberlik devrinde cihet-i askeriyenin sistematikman hazırladığı askere gitme işinde, Dahiliye Vekaletine düşen çok büyük yük ve mesuliyetler vardır. Bu hususta cihan harbinde bir çok yanlışlıklar oldu. Seferberlik emri verilir verilmez, o zamanki İttihat ve Terakki Fırkasının kudret ve kuvveti ziyade idi. Valiler de tamamıyla onların adamı idi. Merkezden verilen emri canla başla, daha fazlasıyla ifa ettiler. Fakat bu fazla ifa, memleketin ve ordunun harabiyetine sebep oldu. Elde ne kadar efrat ve hayvan varsa, hemen hudutlara sevk edildi. Fakat o kadar hayvanın sürülerle cephelere sevki, onların barınması ve iaşeleri noktasından tamamıyla hazırlıksız bulunduğu için, felaketlerine sebep oldu. Bilhassa Anadolu'nun ortasında, Doğu'ya doğru hemen ilk senede yenecek hayvanat da ortadan silinmiş oldu.

Harp uzun sürdü. O halde yine uzun bir harbi düşünmeliyiz. Bu memleket, gerek cihan harbinde ve gerek İstiklal Harbinde, istiklalini müdafaa için nasıl çarpıştı ise, bundan sonra da öyle olacağı tabiidir. Fakat sistemli hareket edecek olursak kuvvetimiz, daha ziyade yerinde kullanılmış olur. Dahiliye Vekaleti bu noktalara riayet etmezse, yine ilk seferberlik emrinde hesapsız kitapsız sevkiyata başlanırsa, ordunun mukavemet kuvvetini zaman itibariyle zaafa düşürebiliriz!

Sonra yine iç bakımdan para meselesi çok mühimdir.

İstiklal Harbinde biz beş parasız kaldık. Ve tabii zabitlerimiz, yüksek fedakarlık ve düşünceleri itibariyle, "paramız yoksa almayız" dediler. Böyle bir ordumuz vardır. Yine bunu bugün de yaparlar. Fakat bir ihtiyat hazinesini bugünden düşünmek lazımdır. İcap ederse hiç şüphe yok ki, cebinde fazla parası olanlar ve bizler, neyimiz varsa hükümetin emrine bırakabiliriz. Fakat bu milli heyecanın, herkesin vicdanına -o andaki tesirine- bağlı bir meseledir. Bu noktayı nazardan, bütçede ne kadar tasarruf mümkünse ve yüksek maaşlardan, harcırahlardan, şuradan, buradan kabil olduğu kadar fedakarlık yaparak, devletin hazinesinde daima ihtiyat akçesi bulundurmalıyız!

Dahili noktayı nazardan fazla izahat veremeyeceğim; Yalnız şunu arz edeyim ki; hadiseler ne olursa olsun, tehlike ne kadar büyük olursa olsun, milletin tecrübesi büyüktür. Ve icap ederse kol kola, baş başa gelir; tehlikeye karşı durur! Şimdi arz edeceğim nokta, harekatın inkişafı tarzındaki acizane fikirlerimdir. Belki siyasi muamelelerde de nazarı itibara alınmasında fayda olur. İtalyanların Arnavutluk'a geçmesiyle ne yapmaları muhtemeldir? Ve Almanlar hangi istikamette ne yapmak istiyorlar? Almanların öteden beri tatbik ettikleri plân, boş buldukça Doğu'ya doğru yürümektir!

Bu Doğuya doğru yürümenin hedefi, coğrafya haritalarını gözümüzün önüne getirirsek, bu hat Karadeniz'in Kuzeyinden geçer. Kafkaslara doğru gider. Binaenaleyh tehlikede bulunan birinci derecede Polonya ve Romanya'dır. Şu halde siyaset-i umumiyyede İngilizlerin Romanya ve Polonya ile ittifakı pek zayıf şeyler ifade eder. Çünkü İngiltere, Alman ordusunu nasıl durdurabilecek!.. Şu halde, Almanya'nın istila hattı üzerinde çok durmayacağım. Fransa ile ister anlaşsın, isterse Fransa'nın yapmış olduğu hudut siperleri karşısında az kuvvet bıraksın; gideceği istikamet Tuna'nın Kuzeyinden Karadeniz'in üzerinden geçecektir!

Asıl mesele İtalya üzerinedir. İtalya'nın öteden-beri gerek siyasi dilleri, gerek edebiyatı ve gerekse askeri hazırlıkları doğrudan doğruya Akdeniz hakimiyeti üzerinedir.

Ve Akdeniz'de birinci düşman, İngiltere'dir. Bu düşmanlık, Habeş Harbinde o kadar had bir hale geldi ki, az kaldı bu iki kuvvet çarpışacaktı. Burada İtalyanlar, tamamıyla hakim bir vaziyette işi idare etmişlerdir. Bunu o zamanki matbuatın, o zamanki siyasi devlet adamlarının ifadelerinden gördük. Yani kanaldan geçmişler, Habeşistan harbini mükemmel, muntazam bir surette idare etmişlerdir. Ne Cemiyetti Akvam'ı dinlediler, ne siyasi edebiyatı. .. Realite üzerinden yürüdüler.

Aradan beş sene geçti, Almanlar silahlardı. İtalyanlar sırtını verecek bir devlet buldu. Şu halde kendisini karadan tehdit edecek Fransa'dan korkmuyor! Akdeniz hakimiyeti meselesi için beş sene evvel istediğini söyleyemeyen bir devlet, şimdi karşısında büyük manialar görmeyebiliyor. O halde İtalyanların ne yapacakları hakkında ihtimalleri kısaca arz edeyim:

Akdeniz'de bir harp olacaksa, Yunan'ın vaziyeti çok mühimdir. Yunanistan ister ordusuyla, ister cebren, İtalya tarafından vaziyet alırsa, İngiltere için müşkülat fevkaladedir. Çünkü Girit adası vasıtasıyla İngiltere'nin yolu kapanacaktır. 12 adada İtalyanların elindedir. Şu halde İtalya serbesttir. Gerek Ege Denizinde, gerekse Mısır'a doğru tayyare vs. şevkinde üssülharekeleri 300 km. daha yaklaşmış olur. Demek ki İtalya, İngiltere ile harp edecek olursa, behemehal Yunanistan'ı tazyik edecektir! Bu askeri tazyikin istikameti üzerinde, Arnavutluk'u işgalden daha çok evvel, İtalyanlar anlaşmayı da denediler.

İşgalden sonra Yunan hududu istikametinde gayet geniş otomobil caddeleri açmışlardır. Her türlü hareket için yollar yapmışlardır. Binaenaleyh orada herhangi bir hareket-i askeriye kendileri için müşkül değildir. Bilhassa Selanik'e ve Preveze sahillerine doğru...

O halde İngiltere devleti, kendi menfaati için birinci derecede Yunanistan'ı ezdirmemeğe mecburdur. Eğer Yunanistan'ı yalnız bırakırsa ve evvela o harbe girsin sonra ben hesabımı göreyim derse, bu sefer çok aklanacaktır. Nitekim Habeşistan'ın cengâver halkını İtalya'ya terk etmekle, ona büyük bir kuvvet vermiştir! İtalya'yı, muhtemel bir Sudan istilâsında Habeşistan'dan asker getirecek bir vaziyete sokmuştur.

İkinci vaziyet; İngilizler, İtalyanlar kendi üzerlerine gelmesinler diye çok çalışıyorlar. Almanların kendileriyle harp edip hava muharebeleriyle memleketlerini tahribattan kurtarmak için Polonya ve Romanya'yı bırakmaya, zaten siyasetleri manidir! O halde İtalyanlarla anlaşabilir de!.. Arabistan ve Kanal ve bilhassa daha hassas olan yerleri ona bırakmamaktır hedefi! Filistin, Irak istikameti çok tehlikelidir. Onu, buradan Kuzey'e atabilirse, İngiltere siyaseti için büyük bir kazanç olabilir. Bu çok mühim bir noktadır. O halde İtalyanların ikinci hedefi meydana çıkar ki o da şüphesiz biz olabiliriz. Gerçi Yunanistan'dan sonra istikamet Balkanlar ve sonra Boğazlardır. Fakat bu zayıf bir şeydir. Çünkü Boğazlara gelecek olan Yüzbinlerce kişiden mürekkep ordu, hangi trenlerle gelecek? Evvela Bulgaristan'ı çiğnemek lazım! O vakit Bulgaristan da istilaya uğramış olur. Fakat Yunanistan'ı işgal edip de oradan gelirse, Selanik, Golos ve Pire'yi almak suretiyle Adalar Denizini kapadı mı, İngilizlere karşı hakim bir vaziyete gelir. Eğer Kuzey'den Almanları Rusya'ya iterek kendilerini kurtarmak ihtimallerini kurarlarsa ve bu suretle İtalyanları da Fransa ve İngiltere, kendi üzerlerinden atmak ihtimallerini görürlerse, o zaman bizim için tehlike büyüktür.

Fakat bu vaziyeti de zannedildiği kadar basit ve bizim için büyük fecaat manzarası arz eder telakki etmiyorum. Çünkü dikkat edilirse Bulgaristan, Balkan Paktına girmiyor. Bize gelirse, Bulgaristan'ı çiğneyerek gelecektir. Sonra Sırbistan öteden beri şöyle bir vaziyet almıştır: Bilhassa son senede mümkün olduğu kadar İtalya'ya yanaşıyor. Onunla birlikte hareket eder bir vaziyettedir.

Bu vaziyet, bize bir şey gösteriyor: O da İtalya, Almanya ile Doğu'ya doğru yürürken herhalde birbirine çok şeyler kazandırmak istemeyeceklerdir. İki arkadaş bile böyle birbirine fazla bir şey kazandırmak istemez. Nerede kaldı ki böyle iki büyük devlet... O halde, orta yerde bir iki (Eta-Tampon) mıntıkaları bırakmaları ihtimali vardır. Bu Eta-Tamponlar, her halde Slavlar olacaktır. Çünkü gerek nüfus itibariyle ve gerekse enerji itibariyle Almanların üstünlüğünü İtalyanlar çok iyi bilir. Binaenaleyh yan yana gidecek olan İtalya, bugün Boğazlara vesaireye hakim dahi olsa, yarın yine Almanların tehdidi altında kalır. Bu güzel yerleri elden kaptırır. Onun menfaati Almanları Akdeniz'e indirmemektir.

Sırp ve Bulgarlarla, Tuna ile Adriyatik ve Adalar Denizi arasında bir Eta-Tampon vücuda getirmek ve bu suretle şeritvari, bizim de bu iki devlet (Almanya ile İtalya) ortasında Eta-Tampon kalmaklığımız ihtimali çoktur. Bir tehlike varsa, bu tehlikenin Kuzey'den Rusya üzerinde ve Güney'ta diğer istikametlere doğru gitmek ihtimalidir.

Binaenaleyh siyaset-i Umumiyye:

Madem ki İngiltere böyle ittifaklara yanaşmıyor; o halde görülüyor ki kendisi de sabit bir nokta almamış demektir! Onun için, harekatın inkişafına fevkalade dikkat etmek ve oraya, bunun vesaitiyle, hükümetçe kulak vermek ve bu istikametin hangi tarafa gittiğini anlayarak, yapacağı temaslarda bilhassa askeri istikametleri büyük bir hassasiyetle nazarı itibara almak çok lâzımdır. Aksi halde kendi siyasetleri için bizden pekala istifade edebilirler.

Şimdi madem ki, siyasi durum görüşülmüyor; fakat madem ki, harbi umumiden evvel olduğu gibi, bir deniz meselesi olacaktır; Ve elimizdeki kuvvetimiz tamamıyla düşmana karşı zayıftır; o halde bizi seven ve bizimle ittifak yapmak isteyen İngiltere'den uzun vade ile denizaltı gemileri, torpidolar gibi, tayyareler gibi, harp vasıtaları tedarik etmeye çalışmalıyız! Çünkü bugün bunları bizim hazırlamamıza imkan yoktur. Fabrika yapmamıza imkan yoktur. Buhranın önüne geçmek, İngiltere için de faydalı olacaktır. Eğer bugün herhangi bir müsademe bize teveccüh ederse, burada hasım olan İtalyanlar, ne kadar çok zayiat verirse, bu kendileri için de o kadar kârlı bir iştir.

Binaenaleyh ittifak haline girilmese de devletler tarafsızlığını ilan etmeden evvel, bu vadide çalışmak ve memleketimize mühimmat ve madde-i iptidaiyyeler temin etmek çok mühimdir. Müdafaa-yı Milliye Vekaletinin bu hususta nazar-ı dikkatini celbederim. Harp başlar, fakat az zaman sonra malzeme tükenir. Onun için ne lazımsa kağıt üzerine dökülmeli ve daha harp başlamadan, memlekete bunlar girmeli ve iaşe mevaddı da -olur olmaz- harice çıkarılmamalıdır. İbtidai mühimmat maddeleri yapılacak teklifin içine sokulmalıdır. Tehlike bize kadar gelirse, enerjimizi kaybetmeyerek memleket müdafaasından icap ederse hepimizin kaçınmayacağı gayet tabiidir. (Alkışlar)

Hariciye Vekili Şükrü Saraçoğlu: (İzmir)

Arkadaşlar! Burada bir çok mevzulara temas edildi. Bunların ekseriyeti teknik meselelerdir. Bu meseleler hakkında bir şey söylemek ne hakkım ne de haddimdir. Bunları teknik adamlara bırakıyorum. Yalnız şuna emin olabilirsiniz ki, bugün teknik dairelerinizin başında bulunan zevat, bu meselelerle cansiperane bir şekilde meşguldürler. (Güzel, sesleri)

"DOĞRUDAN DOĞRUYA TÜRKİYE'YE HAKİM OLACAKLAR"

18.4.1939

Kazım Özalp ve **Fethi Okyar** da lüzumunu takdir edici sözler söylediler. Söz aldım:

General Kazım Karabekir: (İstanbul Mebusu)

Muhterem Arkadaşlar, bendeniz bir hafta evvel arz ettiğim mütalaamı bir daha tekrar ederek birkaç maruzatta bulunacağım. Bugün cihanın siyasi tablosu; totaliter devletlerle demokrat devletler arasında büyük bir cihan harbine gidildiğini -zannederim- şüphe bırakmıyor. Yani, ortada Alman-İtalyan

Gurubu ile, İngiliz-Fransız gurubu karşı karşıyadır. Bu bir manzaradır.

Bir de ikinci bir manzara vardır ki, mesela sırf bizim memleketimiz üzerindedir; yani İtalyanlar, Almanlar hiç bir yerden bir şey istemiyor; ama, doğrudan doğruya Türkiye'ye hakim olacaklardır! Bu ikinci manzara, bendenizin görüşüne göre, pek uzaktır. Çünkü haritayı açarsak, Almanlar ve İtalyanlar bize gelmek için geçecekleri yolda çok engel var, evvela Almanları arz edeyim:

Bir defa Balkan devletleri önünde mevcuttur. Balkan devletleri, ya onlarla beraber olacak, harekete geçecekler; yahut Almanlara karşı duracaklardır. Almanların başka türlü gelmesi ihtimali yoktur. İtalyanlara gelince bu husustaki mütalaamı arz etmiştim: Yunanistan ve Bulgaristan gibi devletleri beraber sürükleyemedikçe imkan yoktur. İstanbul'a ve Boğazlara karşı harekette esasen bu kadar büyük bir kuvvet toplayacak bir yer de yoktur. Şu halde meseleyi şu şekilde izah ederek mütalaa etmek fikrindeyim. Yeni cihan harbinde şüphe yok ki İngilizlerin Akdeniz'e hakim olabilmesi için çalışırken, onun yanında Akdeniz bizim için de hayati bir mesele teşkil eder.

Hakikaten karşı taraf, yani İtalya, Almanlar ve İngilizler mağlup olursa bizim vaziyetimiz de tamamen tehlikeye düşer. Ancak bidayette vaziyet doğrudan doğruya bizi tehlikeye koymaktadır. Bunun için suret-i Umumiyede cihan harbinde tarafeynin (iki tarafın) muharebeyi kazanmasına nazaran, yardım edilecek devlet tarafını mütalaa etmek lazımdır. İtalya ve Almanların hakim olmasını arzu etmeyiz. Ve hiç kimse arzu etmez. Onların hakimiyetinin neticesi malumdur.

O halde, yalnız kendimiz tehlikede değil, yani şeklen arz ediyorum, ilk evvel doğrudan doğruya Akdeniz tehlikededir. Şu halde hükümetimize verilmiş olan maddelerde, bilhassa üçüncü madde, nazarı dikkati celbeder. Burada mühim bir mesele vardır. İki gurup, kendi genel güçlerine hazırlıklarına, stratejik vaziyetlerine nazaran hangi taraf saldırmak istiyor ve hangi taraf kaçmak istiyor, meydandadır! Üçüncü maddeye nazaran beyannameyi neşretmekle beraber tarafeyn sulha vasıl olmak için, serbestisini muhafaza edecektir.

Harp halinde değiliz. Sulhu kurmak demek, tabir-i diğerle anlaşmak demektir. Demek ki İngilizler bize bir şey teklif ediyor: "Siz bizimle beraber kalacağınızı ilan ediniz. Akdeniz harbinde bizimle beraber geleceksiniz. Siz bu ilânı yaptıktan sonra da anlaşma için biz serbestimizi muhafaza edeceğiz." Ya biz kendimiz anlaşma için ne yapabiliriz? Bir cihan harbini ne söylesek durduramayız. Biz bugün Almanya'ya İtalya'ya istediğimiz garantiyi verelim, onlar hedeflerini tespit etmişlerdir. Gazeteleriyle, siyasi adamlarıyla, hatta mektep çocuklarına varıncaya kadar, Akdeniz kıyılarında şurada, burada seyahatler yaptırarak emellerini tespit etmişlerdir.

Şu halde biz Cihan Harbini durdurmak hususunda müessir olamayız. Fakat İngilizler, bir noktada müessir olabilirler korkusundayım! O da nedir? Mesela, gazetelerde yeni bir hava esiyor; deniyor ki, Rusya üzerine Almanların hareketini istiyorlar! Ve bunu isteyebilirler! Gayet korkulu bir nokta! Acaba yarın, biz bu beyannameyi neşrettikten sonra, totaliter devletlere İngiltere "Bir harp açacak olursanız ben Türkiye ile beraberim" diyecek olursa; Almanlar, Rusya üzerine ve İtalyanlar, Türkiye üzerine serbest bırakılır bir vaziyet olur mu? Buna meydan vermemek lazımdır. Bu nokta gayet hassas bir noktadır. Beraber gidilecek olursa, ya müşterek bir sulh veya müşterek bir harp olursa, buna diyeceğim yoktur.

Fakat anlaşma yapılırken mukadderatımızı birleştirdiğimiz İngilizlerin bizi müsavi şartlar içinde olduğumuz için, serbest bırakması gayet tehlikeli olur! Balkan hükümetleri, ateşin önündedirler. Romanya bugün gayet hassas bir politika takip ediyor. Bitarafım diyor. Yunanistan da ateşin ağzında olduğu halde böyle! Biz ise onlara nazaran geride olduğumuz halde, vazıhan çehremizi göstereceğiz. Bununla beraber karşı taraf isterse çekilebilir. Bu gayet mühim bir meseledir. İkinci maruzatımı da söylersem vaziyet daha ziyade tavazzuh eder; ve maruzatım kuvvet bulur.

Harp, gün ve saat meselesidir. Almanya bir tarafta, İtalya bir tarafta. Biz daha ne para aldık, ne mühimmat! Böyle bir zamanda biz reklâm yapacağız. Ve başka birisi için harbe gireceğiz. Harp patlarsa, İngilizler bize nereden silah ve mühimmat göndereceklerdir? Bizim garp devletleri ile olan yolumuz kapanmış olacaktır!.. Şu halde acaba imkan yok mudur ki, biz böyle bir şeye girmek için, madem ki harp 48 saat içinde de çıkabilir, böyle bir beyannamenin neşrinden evvel yine Salı günlerinden birinde arz ettiğim veçhile bize ne lazımsa, bunları mübayaa edelim.

Diğer Balkan devletlerine yaptığı gibi derhal bize de deniz ve silah kuvveti versinler, biz de hazırlanalım; ondan sonra hiç bir eksiğimiz kalmadı diyelim. Yol kapanırsa da kendi kendimize haşır-neşir olalım. Bize Balkan tarafından gelecek bir taarruza, İngilizlerin hiç bir yardımı olamaz. 93 seferinde de gördük ki, Ruslar pekala Hadımköy'e kadar gelebilir! Ancak İngiliz donanması karşı gelmişti.

Şu halde karadan biz, kendi kanımızla müdafaa edeceğiz. Elimize hiç bir top, para vs. geçmeden ve bu beyanname ile, karşı tarafa da anlaşmak selahiyetini de vererek, bunu ilan etmekte büyük bir tehlike yok mudur? Tarih bize bir şey gösteriyor. Bismark, Fransızlarla, Alman ufak devletlerinin taksimini görüştü. Ve bu iş için 3. Napolyon'dan bir vesika da aldı. Sonra bu vesikayı küçük Alman devletlerine gösterdi ve onlara dedi ki, "sizi Fransa ile paylaşacağız." O zaman bütün bu küçük devletler Almanya tarafına geçtiler.

O halde bu vesika, "Türkiye bizimle beraberdir, ya gidiniz ayrı hesap görünüz, yahut benim istinad edecek kuvvetim vardır," derse ve bunlarla bir anlaşmaya varırsa, bizim vaziyetimiz ne olacaktır? Bunun için biz silah alalım, mukaveleleri şifahi yapalım. Hariciye Vekilimizin söylediği gibi, Milli hükümetimiz yalan söylemez. Bizim onlara söyleyeceğimiz şifahi sözlere inanmalıdırlar!..

İkinci Reislerden Dr. Mazhar Germen, Fethi Okyar Bey gibi yüksek diplomattan sonra Karabekir'in söz alması, beni söze mecbur etti diyerek benim fikrimi reddetti.

Ziya Gevher de "15 yıllık İdealimizi Karabekir yıkıyor efendiler" diye söz söyledi.

"BİZ ROMANYA'YA, MISIR'A, YUNANİSTAN'A ASKER GÖNDEREMEYİZ"

12.9.1939

Saraçoğlu'nun beyanatı.

Bugün, ajansları tetkik ediniz; Almanların müdafaasından başka bir şey yoktur. Onun için bizi o cephede göstererek kendileriyle münasebette gibi göstererek, Fransa ve İngiltere ile olan münasebetimizi güçleştirmek, veyahut tamamen ortada bırakmak gibi bir vaziyete sokmak şıkları hatıra geliyor. Fransa ve İngiltere ile olan müzakere ilerlerse de ilerlemezse de iş, Balkanlara aksederse, veya Akdeniz'de bir hadise olursa, harp vaziyetine geçmek, bizim beyannamemizin bize yüklediği bir şey değildir. Vakıa bazı kayd-ı ihtirazilerle hükümetimiz, bu vaziyet üzerinde bazı tedbirler almıştır. Ve alınan tedbirlerle Rusların ve İtalyanların bizi iğfal vadilerine sürüklemeleri karşısında, Fransız ve İngilizler niçin bu işi geciktiriyorlar? Hariciyemizin bu husustaki istihbarata, bu esaslar dairesinde daha fazla dikkat etmelerini rica edeceğim. Rusların bizi Almanlar hesabına iğfal için vazife aldıklarına kani iseler, bu cephe üzerinde ehemmiyetle durmak lazımdır.

General Kazım Karabekir: (İstanbul)

Bendenizin soracağım şey şudur: Bugün görüyoruz ki Ruslar, Romanya hududunda yığınak yapıyorlar. Romanyalılar da mukabil yığınakta bulunuyorlar. Rusların Romanya'ya bir taarruzu vaki olursa bizim Balkan Paktındaki vaziyetimiz ne olur? İkincisi, memleket dahilinde bazı şayialar var. Hükümetimiz, Yunanistan'a Mısır'a mühim kıtalar sevk etmekte imiş!.. Hatta güya Yunanistan'dan posta ile pullu mektuplar geliyormuş! Bunun, bilhassa askere giden efrat üzerindeki tesiri müthiş olacağı için, eğer doğru değilse tekzibi muvafık olmaz mı?

Hariciye Vekili Şükrü Saraçoğlu:

Rusya, Romanya'ya taarruz ederse, Balkan Paktının harekete geçmesi için hiç bir sebep yok. Bizim taahhüdümüzün harekete geçmesi için, ara yerde Bulgarların harbe girmesi lazımdır.

General Kazım Karabekir:

O da giriyor.

Hariciye Vekili:

O halde bizim taahhüdümüzü yapmamız lazımdır. Yalnız şurasını arz edeyim ki, Ruslarla yaptığımız bir mukavelede ikimize hemhudut olan devletlerle hiç bir siyasi anlaşma yapılmaması taahhüdü vardır. Şayet yapılacak olursa, bunu daha evvel diğerine haber verecektir. Diğer tarafın muvafakatini alacak ve ondan sonra yapacaktır. Onun için biz de Fransız ve İngilizlerle yapmak istediğimizi Ruslara bildirdik. Biz nasıl böyle bir bağla bağlı isek, onlarda bize aynı suretle bağlıdır. Yani Rusya hükümeti de bize aynı şekilde bağlıdır.

Bize hemhudut olan devletlerle veya müşterek hudut addettiğimiz devletlerle bizim muvafakatimiz ve malumatımız olmadan bir şey yapamaz. Almanlarla yaptığını haber vermedi. Çünkü Almanya bize hemhudut değildi. İtalya ile İngiltere ile yaptığımız zaman, her ikimiz de haber vermeye mecburuz. Çünkü yaptığımız mukavele mucibince İngiltere hem Ruslarla hem Türklerle hemhudut bir devlet telakki edilmiştir. Binaenaleyh şayet Ruslar Bulgar ile anlaşmış ise, ve bize malumat vermeden ihanet ederse, anlaşmanın hilafına bir hakaret yapmış demektir. Taahhüdü bir taraf bozmuşsa, icap eden neticeyi de hep beraber tetkik edip karar veririz. Fakat bilakis bunun tamamen aksi mevcuttur.

Yalnız hükümetin sunu taksiri olmaksızın lehte ve aleyhte bir sürü cereyan boğuşma halindedir. Bu, memleketi sevenlerle memleketi sevmeyenlerin, menfaati bizimle beraber olanlarla, olmayanların, akla hayret verecek derecede çalışmalarının neticesidir.. Mesela "çuval, çuval altınlar gelmiş, hamallar geceleri bankalara taşıyorlarmış" Bu şayianın da aslı yoktur.

"Bankadan para çekmeğe mahal yokmuş, bilakis altın olarak verilecekmiş." Askeri kısma gelince, böyle bir şeyin katiyyen âmili olmamak lazımdır. Ve bunu hepimizin bilmesi lazımdır. Çünkü hiçbir taahhüdü sizin malumatınız olmadan alamayız! Bilâkis aksi vardır. Biz Romanya'ya Mısır'a Yunanistan'a asker gönderemeyiz demişizdir. Yalnız bir harp çıktığı zaman, bizim vaziyetimizi büyük erkân-ı harbiyemiz tayin eder! Hükümet, Mısır'a, Romanya'ya asker gönderecek; böyle bir şey hükümetin aklından bile geçmemiştir!

Haşim Çarmıklı: (Balıkesir)
Yunanistan'dan mektup geldiği tevatüren söyleniyor.

"HİÇBİR RUS BU ARZU VE HEDEFLERİ UNUTMUŞ DEĞİLDİR"

12.9.1939

Hariciye Vekili Şükrü Saraçoğlu beyanatında dedi ki:

"Bir zamanlar etrafta pervane gibi dönen, bütün gün evimden ayrılmayan İngiliz ve Fransız sefirleri, bugünlerde görünmez oldular."

Ben de söz alarak şunları söyledim.

- Gerek Avrupa'da harbin başlamasından evvel ve gerekse sonra izah buyurdukları bizimle muhtelif devletlerin temasında görülen garabetler, bizi çok düşündürmek gerektir. Görülüyor ki şimdiye kadar tarih-i siyasilerden öğrendiğimiz usuller, şimdi yeni bir şekil almıştır. Eskiden daha evvel sözleşmek, ahitleşmek, müttefikleri birleştirmek, mukabil yardımlar temin etmek esasları üzerinde kurulan anlaşmalar, ittifaklar, tamamıyla şeklini değiştirmiş, yani politika oyunu dediğimiz oyuncak haline gelmiştir. En kuvvetli zannettiğimiz devletler bile, kendi işine geldiği zaman, ufak devletlere bir çok vaatler yapıyor; fakat hadisat kendisini daha kuvvetlisini yaklaştırmak imkanını gösterince, onu bırakıyor, ihmal ediyor.

İşte bu şekli görerek, yani cihan hadiselerinde siyaset dediğimiz politika oyununun büsbütün çocukların da görebileceği oyuncak şekline geldiğinden dolayı, bizim evvelki Cihan Harbinde geçen iki safhayı asla hatırdan çıkarmamamız lazım gelir. O da şudur: Harpler iki safhada oluyor. Bir kere Cihan Harbine girdik, fakat sonra bir de istiklal harbi karşısında kaldık! Cihan harbinde, harbi kazanacağız diye çok kan döktük. Zannediyorduk ki bağlandığımız müttefiklerle birlikte bu harpten galip çıkarız. Müttefiklerimize harbi kazandırmak için Galiçya'ya, Makedonya'ya, Romanya'ya kuvvetler gönderdik. Fakat neticede gördük ki herkes kendi başının çaresine bakıyor. Milli varlığımız tehlikeye düşünce, tekrar milli kaynaklara ihtiyaç görüldü. Bu, istiklâl için daima göz önünde tutacağımız düsturun biri olmalıdır.

Şu halde, herhangi bir devletle ne akdedersek edelim, akdedilen şey, yeni hadiseler karşısında ehemmiyetsiz bırakılabilir. Onun için biz harbi kazanacağız diye geçen Harb-i Umumide yaptığımız gibi bütün memleketin sanayii ile, kuvvet ve kudreti ile o harbe -her nerede olursa olsun- diye atılırsak, memleketimiz sonra bütün kuvvetlerinden ve bütün kaynaklarından mahrum kalarak çok feci bir vaziyet karşısında kalır. Mesela sorduğum sual bunun bir misalidir. Bugün Rusya ve İtalya hükümetleri niçin harbe girmediler? Ve ne bekliyorlar?

Bendenizin gördüğüm şudur:

İtalyanların harbe girmesi, ancak Almanların Doğu meselesini bitirdikten([5]) ve orada serbestisini temin ettikten sonra mümkündür. Çünkü Almanlar, İtalya ordularına yardım

---

5 Hakikaten de Polonya'yı Almanlar ezdi ve Ruslarla anlaşma yaptı. Sonra Fransızları mağlup edince İtalyanlarla anlaştı.

edemeyeceklerdir. İtalyanların ise, yalnız başına Fransızlarla harp etmesine, ne kudretleri ve ne de maneviyatları kafi olmadığı için fırsat beklemeğe koyulacaklardır. Bunun karşısında İngiliz ve Fransızların da daha evvelce maruzatta bulunduğum veçhile, mesaileri düşünülmelidir. O da İtalya'yı harbe sokmak meselesidir. İtalya milletinde ve devletinde bu istidat görülmüştür. Ona mühim şeyler vadederek onun harben temin edebileceği şeyleri sulhen temin ederek, harpten hariç bırakmak ihtimali de göz önünde tutulmalıdır.

Yani Almanlar, Doğu'da serbest kalsalar dahi garp hudutlarında Fransa ve İngiltere ile müsademeye geldikleri zaman, İtalya'nın harbe girmesi -program dahilinde olsa dahi- İngiliz ve Fransızların, İtalyanların arzularını tatmin ederek bitaraf bırakmaya çalışmaları memuldur (beklenir). İtalyanların öteden beri malum olan arzuları ise, bize dahi uzanabilir. Onun için vaziyet kötüleşeceği zaman, İngiliz ve Fransızların bize yaklaşmak, lehlerine olunca bizden uzaklaşmak şıklarının bizi hassas bulundurması lazımdır.

Ruslara gelince:

Ruslar geçen Cihan Harbinde en büyük yükü üzerlerine aldılar. Fransızlarla öteden beri olan iktisadi menfaatleri ve gerek Avrupa ve Asya'yı paylaşmak arzuları hakkındaki, ta Büyük Petro zamanından beri, sürüp gelen prensipleri, zannediyorlardı ki tatbik sahasına girmiştir!

Bundan dolayı bütün kuvvetleriyle Çar Hükümeti Almanya'nın karşısına dikildi. Fakat neticede milyonlarla insan ve servet mahvoldu. Bundan sonra da bir İnkılab-ı Siyasi (Devrim) ve idari oldu. Memleketlerinin yetiştirmiş olduğu bütün münevver zabitler ve bütün bir münevver kitle, tamamıyla mahvoldu. Bugün Rusya'yı idare eden adamlar, hesap yaptıkları zaman bir de neticeye baktılar ki müttefikleri olan İngiltere ve Fransa kendilerine öyle bir hudut çizdi ki, ne Baltık sahilleri ve ne de Romanya'nın Basarabyası ellerinde kaldı! Rusya, kan döktüğü hedefi uğrunda ve müttefiklerine karşı bütün sözlerinin ifası uğrunda ezildiği gibi, kendi dahili ihtilalinde bir de rejimle ezildi. Rusya bitkin bir hale geldi.

Orada halâ bu aksülameller mevcut olduğu için, bir harpte gerek kaybetmek ve gerekse çıkması muhtemel bir yeni ihtilâl noktasından hassas bir vaziyette dururlar. Almanlarla harbe girip ne kazanacaklar? Herhalde kendi beslediği bir çok emelleri vardır ki, Kuzey'de Baltık devletleri, Güney'de Romanya'nın kendisinden almış olduğu ve kendini daima tehdit eden Basarabya ve hususiyle Bin seneyi dolduran boğazlara inme emeli, İskenderun'a inmek, Basra'ya inmek. -Ki cihan harbi bu emellerini çok feci bir surette karşılamış idi.-

Hiç bir Rus, bu arzu ve hedefleri unutmuş diye kabul olunmamalı. Hatta biz İstiklal harbinde Doğu harekâtı yaparken kendileri ile anlaşmış olduğumuz halde, Rus Hariciye Komiserliği, "Van ve Bitlis vilayetlerini ne yapalım?" diye sual sormuştu. Halbuki arz ettiğim Bolşevik hükümetiyle ittifak yapmış, hareket hakkında anlaşmış ve harekete geçmiştik. İşte böyle bir zamanda Van ve Bitlis vilayetleri hakkında sual soruyorlardı.

Ruslar hiçbir zaman Akdeniz veya Hint Denizine inmek hususundaki emellerinden uzaklaşmış değillerdir. Zaten milli emeller şu veya bu şahsın zerk ettiği mefkureler değildir. Bilhassa asrımızda iktisadi ve siyasi zaruretlerin neticesidir. Büyük bir millet, iktisaden, siyaseten iyi yaşamak ve iyi yaşarken kendisini emin bulundurmak ister. Hükmü altında cihanı titretmek ise, bu milletlerin esas düşünceleridir. İşte bütün fertlerin, bu aynı düşünceleri, milli mefkureyi yaratıyor. Bundan dolayı Rus dostlarımızın, şöyle bir düşünürsek, harbe girmemelerinin sebepleri açıkça ortaya çıktığı gibi, zamirlerindeki düşünceleri de herhangi bir vaziyet hasıl olunca, az zararla o hedeflere vasıl olabilmektir, denebilir.

O halde biz de bunlarla görüşürken, imzalarken, biz Türkler sözümüzde durmak, fertlerin şiarı olduğundan, sözümüze sadık kalabiliriz. Fakat bu ağır taahhütlerden sonra bir sözden cayma, vaziyeti umumiyede bir tahavvül bizi çok zarara sokar. Onun için bendeniz bu suali sordum. Bugün bir vaziyet var: Rusya Almanya ile harp etmiyor. Rusya'da seferberlik ilan edilmiş ve bir tahaşşüd görülüyor. Bu tahaşşüd Romanya'ya karşı, Güney'e doğru iniyor. Şu halde biz Balkan Paktı ve ziferini yaparken hiç düşünmediğimiz mesele karşısında kalırsak yani bizim doğu vilayetlerimizden geçecek ve bizim için en zararlı olan İskenderun körfezine inmeleri gibi bu harbin baş devleti İngiltere gibi uzağı gören bir devlet, harbin üç sene uzayacağını ilan ediyor. Belki altı sene uzaması da mümkündür.

Bizim ordumuz güzeldir. Hakikaten iftihar edilecek zabitlerimiz, kumandanlarımız var. Fakat onlar bu hadiseleri doğuran büyük devletlerin büyük kuvvetleri arasında keyfiyyetçe iyidir. Fakat kemmiyet meselesi vardır. O halde biz elimizdeki güzel ordumuzun kısm-ı küllisini ilk hedefte toplamak ve orada harekete geçirmek meselesi; sonra can damarımızı tökezlemek mevkiinde bulundurabilir. İstiklal Harbinde olduğu gibi, münferit bir halde boğuşmak; yani, yeni İstiklal Harbine mecbur kalmak zaruretlerini hatırdan çıkarmamak lazımdır. Onun için gerek muahedelerin akdinde ve gerek görüşmelerin devamı sırasında Erkan-ı harbiyece; Başkumandanlık teessüs edilince oraca da, bu noktaların üzerinde çok hassas bulunmamız lazımdır.

Maruzatımın İkincisi:

Propaganda meselelerinde Bendeniz matbuatımızı iyi görmüyorum. Dün Başvekilimiz, siyasetimizin itidalle idare edildiğini beyan buyurmalarına rağmen ve tamamıyla bu tarafsızlık çerçevesi üzerinde bulunmamız lüzumunu ifade ettikleri halde, Matbuatımız harici propagandaların tesiri altındadır. Harbin henüz ne şekil alacağı belli değildir. Bunun için matbuatımızın güzel idare edilmesi, şuradan buradan verilen haberlerle milletler veya orduları aleyhinde bir takım çirkin ifadeler kullanmaması, hudut haricinde bizim bazı emellerimiz bulunduğu gibi fikirler neşredilmemesi ve bilhassa bu gibi fikirlerin aynı zamanda Mebus ve Muharrir arkadaşların kalemlerinden çıkmaması, bendenizce memleketin ali menfaatlerindendir.

Hükümetimiz bitaraf bir vaziyet almış, itidal ile hareket etmiş ve ifrattan kaçmıştır. O halde matbuatımız da hükümetimizin bu görüşü içinde neşriyatta bulunmalıdır. Harbi umuminin acı tecrübesi vardır. Harp başladığı zaman, Alman nüfuzu, bizim üzerimizde olarak onların hazır makaleleri, hazır resimleriyle Alman politikasını efkâr-ı umumiye haline getirdiler. Tabii, evvela fikirlerini matbuata sokuyorlar; Halk okuya okuya Efkar-ı umumiyye oluyor. Ve nihayet günün birinde Hükümetin siyaseti oluyor. Nitekim Harb-i Umumide, katiyyen Almanlar galip gelecek, arkasından Turan kurtulacak, İttihad-ı İslam olacak... gibi. O halde biz ne duruyoruz. Turan'a da gideriz, Mısır'a da gideriz, denildi. Bu suretle Alman propagandalarıyla bizim kulaklarımız tıkandı.

Fakat günün birinde baktık ki her şey bitmiş. Almanya da Avusturya da çökmüş. Demek ki hakikati zamanında olduğu gibi göremedik!

Şimdi yeni vuku bulan harplerde, tarafeynin tebliğlerini yazdıktan sonra şunun, bunun fikirlerini olduğu gibi değil, askeri ve siyasi mütehassıslar müştereken hareket ederek yazılar yazmalıdırlar. Gazetelerin başındaki bir çok kimseler, fırka mebuslarıdır. Çıkan yazılardan halk da zanneder ki, bizim konuşmalarımızın muhassılasıdır. Matbuat, Efkar-ı umumiyye yapıyor. Efkar-ı Umumiyye de hükümetin siyasetine rehber oluyor. Onun için birinci olarak arz ettiğim gibi, gerek muahedelerde hudutlarımız haricinde yapılacak harplerde ana meselelerin düşünülmesi; İkincisi de, propaganda meselelerinde itidal dairesinde ve hiçbir tarafın siyasetini tutmayarak, şu, bu tarafı memnun edeceğim diyerek yazılar yazmamalı. Memleketin âli menfaatini düşünerek efkâr-ı umumiyyeye hizmet etmek lazımdır.

Sonra bir harbe girmek!..

Görülüyor ki gün geçtikçe gayri kabul-i ictinab olacaktır. Harbe gireceğiz kanaatiyle hava hücumlarına karşı, bir kaç kere de arz etmiştim, tedbirlerimiz kâfi değildir. Bendeniz İstanbul Mebusu olmak sıfatıyla, İstanbul Valisi Bay'le uzun surette görüştük. Böyle bir vaziyette bu halkı ne yapacaksın? dedim. 'Aciziz' dedi. İzmir'den gelen arkadaşlar da öyle söylüyorlar.

Bu münasebetle, müsaade ederseniz, Polonya harbi nasıl başlamıştır, arz edeyim: Bugün Polonya ümit edelim ki dayansın. Fakat hava baskınlarıyla mühim yerleri mahvedildi. Sebebi, Polonya Hükümeti dahi "Harp olmayacaktır" diye hazırlıksız yakalandı. Hatta, bütün kuvvetlerini hudutlara kadar gönderdi. Zannediyordu ki, böyle yaparsa Almanlar korkacak!

Hepimiz işitiyorduk, Harp olmaz. Almanlar ise evlerdeki demir parmaklıklar ve demir kapılara varıncaya kadar topladılar. Ve bunlarla cephane yaptılar. Polonya ordusunun Çekoslovakya ile birlikte müşterek hareketi esas tutularak, Kuzey taarruzu için hazırlanmıştı. Fakat son hadiseler dolayısıyla maateessüf tazyik karşısında Almanlar, evvela Sudetler mıntıkasını zapdetti. Arkasından Çekoslovakya'ya gitti, birleşti. Polonya ordusu, artık taarruz kıymetini kaybetti. Halbuki Polonya ordusu çarçabuk tahkimat gerisine çekilmeli ve çok tahkimatlı mıntıkada kalarak ezilmemeliydi. Aldığımız ajanslar gösteriyor ki, ric'at hareketleriyle bu hatta gelmişler.

Yeni Cihan harbinde askeri vaziyette de bir garabet var. Eskisi gibi değil. Çekoslovakya gibi bir millet 1.097.000 süngü, tüfek ve birçok top teslim ettiler. Her şeyi ile tahkimatı yapılmış, ihzar edilmiş bir ordusu ile beraber... Zannediliyordu ki, bir harp olunca Çekoslovakya müdafaada kalacak ve Polonya bir taraftan, Fransa da diğer taraftan silindir gibi Almanları ezecek. Müttefiklerin yaptığı askeri plân, bu şekilde hazırlanmıştı! Fakat Çekoslovakya, bir sene evvelki gevşek siyaset yüzünden ortadan kalkınca, Polonya da taarruz kabiliyetinden çıktı. Nehirler gerisine atılıyordu. Bunu çok acı olarak arz ediyorum.

Harp çıkmaz veya Türkiye'ye gelmez! Bunların hepsi laftır! Bir gün Türkiye'ye de harp gelecektir. Bugün olmazsa yarın olacaktır. Demek ki ona göre hazırlanmak lazımdır. Yalnız ordumuzun hazırlanması kafi değildir.

Bendeniz de Trakya'da manevranın sonuna kadar hazır bulundum. Çok acı olarak arz edeyim ki, muharebe sahasında yol yoktur. Balkan harbinde nasıl bıraktıksa yine öyle kalmış. Yalnız Edirne'ye, bir şose yapılmıştır ki, o da kâfi değildir. Şu halde bir iki gece üst üste yağmur yağdı mı, ağır toplar ne yapacaktır? Bu böyle olduğu gibi, köylerin ne sığınağı vardır, ne de bir şey! Bir tayyare hücumu vaki olduğu zaman, açılacak makineli tüfek ateşinden kaçmak için bir kovuk bile yoktur. Birde manevra sahasında su eksikliği mevcuttur. Açıkça arz edeyim: Manevra esnasında bir gün yağmur yağdı bindiğimiz otomobil çamura saplandı. Neferlere çektirmek suretiyle güç belâ çamuru geçtik. Su işi de böyledir.

Oralarda askeri kuyular lazımdır. Halk kendine göre kuyu açmış! Bu kuyunun başına askerler toplanıyor. Bilezik taşı da olmadığından, kunduralarına dökülen sular tekrar kuyuya dökülüyor. Bu suretle suyu bulanık olmasına rağmen içiyorlar. Hatta, mecbur olarak asker Edirne şehrine giden su borusunu delmiştir! Gayet tabii bir şey! Samimi olarak arz edeyim, bizim geçtiğimiz yerlerde yol yoktu? Hepimiz hatırlarız, Balkan harbindeki facia büyüktür. Yüz metrelik yolu bir saatte gittiğimiz zamanlar oldu. Şimdi de bir gecelik yağmur, yolu bu hale koymuştur. Askerlerimiz iyidir, şudur, budur, memleketi müdafaa edebilir, ama yol lâzım, su lâzım, bakım lâzım... Mümkün olduğu kadar orduya hiç olmazsa Arnavut kaldırımı yapmalıyız.

Şimdi diğer mesele, yani halkın korunması meselesi üzerinde çok söyledim. Arz edeyim ki tatbikat sahasında bir şey yoktur. Mesela İstanbul'daki hastanelerin etrafında ahşap evler hala duruyor. Gelenler belki insanî hareket ederler, ne kadar insanî hareket edeceklerini de biliyoruz ya! Fakat insanî de olsa, bu evlere gelen bombalar hastaneyi ve hastaları yakacaktır. Buna meydan bırakmamalı, bu evleri yıkmalı ki vukua gelecek hasar diğerlerine geçmesin. Halkın sığınması için hiç olmazsa hamamların külhanlarına varıncaya kadar kum torbaları vs. hazırlanarak, ufak ufak mağaralar yapılarak sığınak olabilecek yerlerden istifade etmelidir.

Camilerin bodrum camlarını tamir etmeli, bütün noksanlar tamamlanmalı ve halkı düşünmelidir. Tecrübe yapıldı, herkes evine kaçtı. Bir yangın çıktı, ev ahşap, yallah sokağa çıkar. İnsanlarımızı, silahlarımızı, ambarlarımızı, fabrikalarımızı, vakit geçirmeksizin gerek dahili düşmanlarımıza, gerek hava taarruzlarına karşı büyük bir ihtimamla müdafaa kabiliyetini hazırlamalıyız. Bu harp olduğu zaman, gördük ki İngiltere'de, Polonya'da bombalar patladı; bilfarz bir cephaneliğin yanında bir Bulgar bahçıvanı yer tutarsa veya şüpheli bir adam bir dükkan açarsa, bizi harbin daha ilk günlerinde ve ilk fırsatta geçen harbe benzemeyecek şekilde şaşırtabilirler.

Onun için bu noktaya büyük ehemmiyet verilmesini tekrar arz ediyorum. Sonra halkın iaşesi meselesi ve ilaç meselesi, matbuatımızın kağıtla beslenmesi meselesi, ordunun kalay gibi diğer ihtiyaç maddeleri gibi şeylerin esaslı surette tedariki ve tedarik edilen yerlerde mahfuz bulunması çok mühim bir meseledir. İçimizde çok düşman ajanlar vardır, biliyoruz. Para kazanmak için her şeyi feda ederler. Daha henüz sulh devrindeyiz. Mühim nispette kalay vs. sipariş edilebilir. Sonra şurada, burada bulunan hurda demirleri toplayarak ordunun ihtiyacına verilmek için bu bahiste mümkün olduğu kadar fazla durulmak lazımdır.

Bir de bize bir harp zuhurunda veya harbe girinceye kadar şu veya bu devletin yardımı meselesinde altın para meselesini çok esaslı tutmak lazımdır. Mesela Milli Mücadelede Ruslar 'bize dost olun' dediler. Altın verin de dost olalım dedik. Derhal külçeleri yolladılar. Bizim için vesika gösterilmesi tehlikelidir. Evvela silahlarımızı almalıyız, noksanlarımızı ikmal etmeliyiz. Aksi takdirde vaziyet tehlikeli olabilir. Dünya bununla alakadar.

Yine dahili bir meselemize geliyorum: Bugün harp havası üzerimize toplanmış iken hava hücumlarına karşı halkın sığınakları hakkında hiçbir şey yoktur. Vekaletlerin ve Büyük

Millet Meclisinin binasında yüzlerce amele çalışıyor. İstanbul, Bursa gibi yerler Kargir olan yerlerin imhası için tayyare mücadeleleri lazımdır. Bu güçtür. Fakat gereken yapılırsa, kolaydır. İstanbul'da büyük ve mühim binaların çoğunun sığınağı yoktur. Hükümet vakit geçilmektedir. Geniş caddeler açtırmak ve büyük binaların, meselâ hastanelerin etrafındaki ahşap binaları yıktırmak lazımdır. Bu memleket işi için de gençliği teşvik etmek lazımdır. Biz askerler cephelerde bir iş yapmaya karar verirsek, ilk evvel kazmayı biz elimize alır, ondan sonra da elimizden gençler alır ve bu suretle iş, az zamanda ortaya çıkardı.

Birkaç hatip daha beni doğruladı. Sonra Nafia Vekili General Ali Fuat Cebesoy şu cevabı verdi:

Nafia Vekili General Ali Fuat Cebesoy: (Konya)

Şimdi bu kürsüde manevraya iştirak etmiş asker arkadaşlarımız, mühim ihtiyaçlarımızdan ehemmiyetli surette bahsettiler. Hakikaten bu vaziyeti bendeniz de gördüm ve anladım. Malumualinizdir ki Trakya'daki vaziyet, ortaya çıkan vaziyet, son zamanlara kadar yoktu. Çünkü arazi, gayri askeri bir mıntıka idi. Bundan başka da hükümetimiz, Balkanlarla pakt yapmıştı. Son senelere varıncaya kadar, bu derece askeri ehemmiyet yoktu. Bu ehemmiyet birden bire ve son zamanlarda başladı. Nafia Vekâletiniz, yalnız Trakya'da değil, tekmil memleket dahilinde Genel Kurmayın lüzum gösterdiği yolları da tetkik etmektedir. Bir kısmını etüt etmiş ve bütçenin vüsati, nispetinde yaptırmakta bulunmuştur.

Son 6 ay zarfında Genel Kurmayın Trakya'da istediği en mühim yol, Tekirdağ'ı, Malkara ve Keşan'dan Meriç'e kadar giden yoldur. Diğer taraftan da Edirne-Yunanistan asfalt şosesidir. Nafia Vekaletinden bundan başka yol istenmemiştir. Fakat vaziyet-i siyasiyye son aylarda bilhassa Trakya'da kesb-i ehemmiyet edince, bir taraftan Nafia Vekaletinin, diğer taraftan da Genel Kurmayın nazari dikkatini celbetti. O zamandan beridir ki, hemen yollara lazımı derecede ehemmiyet verilmeye başlanmıştır.

Nafia bütçesinde, "Devlet yolları" diye bir tahsisatımız yoktur. Vilayetlerin tahsilatından bir miktar dahilinde para alır, eskiden beri bunlarla memleket dahilinde devlet köprüleri yapılmakta idi. Buna rağmen bundan dört ay evvel, bir milyonu mütecaviz bir para ile Trakya yollarına başlanması kararı verildi. Bunların en mühimini, İstanbul Saray, Kırklareli yoludur ki etüdü bitirildi. İhalesini yapmak üzereyiz. Mademki Şose diye bir sistem var, hatta biz bunun ivediliğini takdir ettiğimiz için, müteahhitle anlaşarak, evvelâ bu yolu askerin hareketine müsait bir şekle koyduktan, yani evvela köprüleri vesaireyi yaptıktan sonra, diğer kısımları yapacak! Böylece kışın müsaadesi nisbetinde bu yolu bitirmeğe çalışacağız.

Zaten dört ay evvel vilayetlerle muhabere etmiş, onlarda tahsisatlarını bu yola ayırmışlardı. Asfalt yollarımız tamamıyla olduğu gibi devam etmektedir. Müddet-i muayyenesi içinde bitecektir. Fakat Edirne'ye yakın 40 km.lik kadar bir yeri vardır ki, henüz bitmemiştir. Maamafih, orası da harekât-ı askeriyeye gayri müsait bir şekilde bırakılmayacaktır. Varyantlar yapılmak suretiyle münakale temin edilecektir. Bu yolları müddetinde ve dikkatle yapmazsak, hemen çöküyor. Onun için temellerini çok sağlamlaştırmak lazımdır. Bu ise aceleye gelmez. Mamafih bu hal münakaleye mani olamayacaktır.

Bundan başka Keşan istikametinden Çanakkale'ye giden yolu da ihale ettik. Ondan sonra Hadımköy-Çerkezköy yolu vardır. Genel Kurmay istedi. Onu da ihale ettik. Orduya lazım olan yollar, nereler ise Hükümetiniz bütçede münakaleler yaparak temine çalışmaya başlamıştır. Ben şahsen bu işlerin ehemmiyetini takdir edenlerdenim. Onun için bütün mevcudiyetimle bu işlerin üzerinde çalışmaktayım. Şu halde, Genel Kurmayla anlaşarak orduya lazım olanlar üzerinde çalışmaya başlanmıştır. Kısmen de başlanmak üzeredir. Vekaletin en salahiyettar müdürleriyle bunu takip ettirmekteyim. Bendeniz manevraya bilhassa iştirak ederek, bu yolları tetkik ettim. Binaenaleyh, kış mevsimine bakmaksızın, elimizden geldiği kadar bu yolları bitirmeye çalışacağız. Tabii imkan dahilinde.

Su meselesi, hakikaten su, en mühim bir meseledir. Bunun için de bütün Türkiye dahilinde iki yerde artezyen ekiplerimiz vardır. Biri 450 metreye kadar, diğeri de 500 metreye kadar sondaj yapar. Bu ekiplere Trakya'ya hareket etmeleri için emir verilmiştir. Bu sene yaptığımız tetkiklerde orada en ziyade suya ihtiyaç olduğu anlaşılmıştır. Bir de bütün vesaitimizi orada teksif ettik. Ümit ediyoruz ki bu kış, bu iş halledilmiş olacaktır. Bundan başka yine Vekalete 100.000 liradan fazla bir para verilmiştir. Bununla üç artezyen ekibi teşkil edilecektir. Yalnız malzemesinin hariçten gelmek mecburiyeti vardır. Mamafih bunun hariçten gelmesini beklemeden biz Trakya'da su hakkında lazım gelen tertibatı almışızdır. Tekmil bu tertibatımız tamamıyla Genel Kurmay ve ordu ile mutabakat halinde yapılmıştır. Bundan emin olabilirsiniz.

General Kazım Karabekir: (İstanbul)

Doğu'da Rusların bıraktığı sahra şimendiferleri vardır. Erzurum, Kars ve Karaköse arasında 150 km.lik kadardır. Acaba bunları getirerek ordunun gerisine bir şeyler yapmak mümkün değil midir? Onlar ne oldu? Bulgarlar, hududa kadar sahra şimendiferi yapmışlardır.

Nafia Vekili General Ali Fuat:

Bu iş en ziyade Münakale Vekaletine aittir.

Emin Sazak: (Eskişehir)

Sual: Trakya'daki yollar hakkındaki izahatınızı memnuniyetle dinledim. Bu normal zamana aittir. Bendeniz rica ediyorum. Eğer hakikat arkadaşların dediği gibi ise, bunun vebali zatıalinize ait olacaktır. Hakikaten Ordunun ricatini ve sevkini temin edecek yol yoksa, fevkalade zamandayız, fevkalade tedbirlerle bunu izale etmeliyiz. Memleketin selameti için ahali meccanen taş getirir. Bir noksanlık varsa vebali ağırdır.

General Ali Fuat:

Amele taburlarını Harb-i umumide kafi derecede tecrübe ettik. Bununla kafi derecede yol yapılmıyor.

"BİZ BUGÜN KENDİ YAPTIKLARIMIZI YABANCI ESERLERDEN OKUYORUZ"

26.9.1939

General Kazım Karabekir: (İstanbul)

Bugün cihan hadiseleri, görüyoruz ki, 20 sene evvelkinden daha feci bir istikamet alıyor. Bugün milletin selametine karar verecek olan Heyet-i aliyeniz 20 sene evvel vuku bulmuş olan çok tehlikeli ve çok acı günleri tamamen bilmek lazımdır. Bir kısmı o hadiseler içinde bulunduğumuz halde dahi, kumandan olduğumuzdan, cephe vazifesini gördüğümüz için, burada hafi (gizli) celselerdeki cereyanı bugün dahi bilmiyoruz. Ben bir kaç kere rica ettiğim halde, onları okumak imkanı da bulamadım.

Şu halde, o günlerde neler oldu, milletin mukadderatını ele alan arkadaşlarımız, ne suretle millete ve orduya istikametler verdi? Bu bilinmesi çok lazım bir şeydir! Ancak bazı arkadaşlarımızın söylediği gibi, bunun için de hakikaten çok mühim siyasi ve askeri mevzular vardır ki, bunun gazetelerde münakaşa mevzuu olması -bilhassa şu aralık- iyi bir şey olmaz. Fakat ikisinin ortasını bendeniz şöyle buluyorum. Hafi celse zabıtları behemehal neşredilmelidir. Ve o suretle ki, içinden ne açıkça, ne de bir şey çıkarılmasına müsaade etmemek şartıyla, aynen olduğu gibi.

Fakat bunlar mahdut miktarda basılabilir. Nitekim, her devlet böyle mühim şeyleri, kendi âyânı ve kendi mebusanı adedi derecesinde mahdut olarak basar. Bir çok eserler vardır ki, hatta siyasi olmadığı, ilmi olduğu halde, 30-40 nüsha basılır, ve ancak alakadarlara tevzi edilir. Şu halde bu hafi celselerin neşrinin vakti gelmiş ve geçmiş olduğu kanaatindeyim. Fakat hariçte, bilhassa şu aralık, bahsettiğim mahzuru tevlid etmemesi için mahdut miktarda basılmalı ve bugün milletin istikbaline sahip olan heyet-i aliyenize imza altında tevzi edilmelidir. Bu suretle geçmiş siyasetimiz ve Mecliste meydana çıkmış sözlerimiz, düşüncelerimiz, oradaki münakaşalarımız, bilinmekle çok mühim faydalar elde etmiş oluruz. Aynı zamanda hariçte, gazetelerde ve umumi mahallerdeki şahsi dedikoduların önünü de almış oluruz.

Onun için, basılmasının hiçbir mahzuru yoktur; bilakis arz ettiğim gibi çok faydası vardır. Bazı arkadaşlar siyasi beyanatta bulunanların bugün iş başında olmaları dolayısıyla, o vakit ki beyanatlarının neşrinin zararlı olacağını söylediler.

Arkadaşlar, bizim kendi harekâtımız hakkında o kadar ecnebi eserler gördük ki, bunlar o kadar mahrem münakaşaları yazdılar ve tenkit ettiler ki, biz bunları bugün belki bilmiyoruz. Biz bugün kendi yaptıklarımızın birçoklarını ecnebi eserlerden okuyoruz. Binaenaleyh harice şu veya bu hafi şeyler çıkar endişesi de yok değildir. Çünkü bilhassa bizimle alakadar olan devletler zaten bunları çok iyi biliyorlar! Maatteessüf biz İstiklal Harbimizi milletimize değil, bugün mukadderat-ı milliyeyi idare eden arkadaşlarımıza dahi henüz layıkıyla anlatmış değiliz.

"ŞU HALDE HARP BİZİM İÇİN ANADOLU'DADIR"

10.10.1939

Kazım Karabekir:

Maruzatım iki kısımdan ibarettir. Biri bugünkü umumi siyaset cephesinden vaziyetin tahlili, İkincisi de Parti Gurubumuzun daha metotlu çalışması için bir ricadır.

Bugün görüyoruz ki vaziyet-i umumiyye, iki dostumuz arasında bir harbe doğru gidiyor. Dostlarımızın birisi Rusya, diğeri de İngiltere, Fransa'dır. Rusya ile dostluğumuz çok tehlikeli günlerde başlamış ve maddi yardım dahi görmüş olduğumuz için, gerek bu bakımdan ve gerekse Ruslarla aramızdaki harplerin, başımıza getirdiği askeri mağlubiyetler ve akıbetler bakımından çok mühimdir.

Fakat diğer taraftan da istiklal harbimizin sulhunu müteakip İngilizlerden ve Fransızlardan gördüğümüz dostluk ve bilhassa cihan siyasetinin son aylardaki inkişafı üzerine, üzerimize doğru geldiğini gördüğümüz tehlike karşısında yaptığımız bir anlaşma, hem maddi olarak bağlamış, hem de tarihi bakımdan yine İngiliz düşmanlığının bizim için ne vahim akıbetler doğurabileceğini takdir ettirmiştir.

Demek oluyor ki, öyle iki devlet dostumuz ki her birleriyle bizim harbe girmekliğimiz, çok fena akıbetler doğurabilir. Şu halde, bu iki devlet nasıl ve nerede harp ederler? Ve bu harplerin bizim üzerimizdeki ve taraf, menfaatleri nelerdir? Daha evvel bir askeri bakışla bunları görmek faydalı olur. O zaman, yerimizi daha iyi görür ve ona göre, zannediyorum, siyasetimizi daha kuvvet-i kalple yürütebiliriz.

Bugün Rusya ile bilhassa İngiltere arasındaki dava yeni değildir. Almanlarla İngilizler arasında ne kadar büyük uçurum varsa, Ruslarla İngilizler arasında da uçurum o kadar büyüktür. Ve bunun sebebi de meydandadır: Coğrafi vaziyeti dolayısıyla İngiltere uzaktadır. Fakat daha evvel uyanmış, daha evvel davranmış, daha evvel medeniyete girmiş, milli teşkilini tamamlamış ve bu suretle Rusya'ya daha yakın olan yerleri kendine müstemleke yapmıştır ki, bunlar Asya müstemlekeleri; ve cihan harbinden sonra elde etmiş olduğu petrol mıntıkası olan mıntıkayı Irak ve havalisi, Filistin ve daha evvel yine elinde tuttuğu Süveyş Kanalı ve kendisine dost olan Fransa'nın da yine cihan harbinden sonra elde etmiş olduğu, Suriye ve bir kısım Musul Petrolleridir.

Rusya'nın büyüklüğü ve coğrafi vaziyetine göre; Ruslar, uyandıkça, medeniyete girdikçe, makineleştikçe o da tabiatıyla gözünü aynı hedeflere dikmiştir. Evvelce de bilvesile arz etmiştim, bazı hedeflerinden, Osmanlı devrinde bizim üzerimizden geçen üç hat vardı: Bunlardan birincisi Boğazlara, İkincisi İskenderun'a üçüncüsü de Basra Körfezine gider. Bugün Basra ve Musul havalisi Türkiye Cumhuriyetinden ayrılmış olması dolayısı ile Rusya'nın akmak istediği Musul petrolleri ve Basra Körfezi, İngilizleri alâkalandıran bir mesele olmak üzere ortada duruyor.

Şu halde Almanya ile İngiltere'nin bugünkü mücadelesinde Rusya'nın gözetlediği emellerini bu suretle görmüş oluyoruz. Ne Baltık devletlerinin ufak, ufak limanları veyahut askeri şu veya bu adaları ve ne de Balkanlara, Tuna'ya inmek; yani Romanya, esas hedefleri değildir. Binaenaleyh esas olan hedefler arasında iktisadi ve siyasi olmak üzere arz ettiğim gibi Basra Körfezi ve Hindistan da vardır. Bunlardan Hindistan, hareketi askeri bakımdan çok zordur. Çünkü Kuzey mıntıkası gayet dağlıktır. Ve İngiltere'nin oradaki müdafaa teşkilatı çok müthiştir. Şimendiferler, yollar, tahkimat yolları, yığınak kolaylığı, ve Hindistan halkının İngilizlere olan merbutiyeti gibi.

Orta Asya'daki İslâmların ve bilhassa Türklerin maruz kaldıkları vaziyet dolayısıyla Hindistan müdafaasında Hintlilerin İngilizlere sadakatle hizmet etmeleri çok muhtemeldir. Çok uzun bir menzil ile ve tek bir şimendiferle böyle hazırlanmış bir yere büyük bir harekât yapmaktansa, ondan daha kolay istihsal olunabilecek olan Basra istikametine inmek, pekâlâ daha mümkün görülebilir. Nitekim 1907'de Ruslar, bu emel ile İran üzerine bir hareket yaptılar ve Kuzey'i, Azerbaycan'ı, Tebriz'i, Urumiye'yi işgal ettiler. Bunu ancak İngiltere kendisiyle bir itilâf tarzında imiş gibi gösterdi. Ve ortada bir koridor bıraktılar.

Geçen cihan harbinde de Rusların İngiliz ve Fransızlarla birleşmesinin sebeplerinden birisi de Alman maniası ortadan kalktığı takdirde Rusya'nın yüzünü Doğu'ya doğru çevirmek arzusu idi. İngilizlerden o zaman için istihsali mümkün olmayan Basra hedefi yerine, orta dereceli olan İskenderun hedefine teveccüh ettiler. Fakat Cihan Harbinden sonra rejim değişmesini vesile ederek Fransızlarla İngilizlerin Ruslara ağır darbe vurmaları ve onlara bir şey vermek değil, onları daha uzaklara atmaları, yeni bir Cihan Harbine karşı Ruslara yeni bir kombinezona girmek fikrini verdiler.

Nitekim İngiliz ve Fransızlarla çok uğraştıkları halde Ruslar, onları oyaladı ve Almanlarla anlaştı. O halde Almanya ile Rusya arasında mühim bir anlaşma ne olabilir? Bunu düşünmek lazımdır. Acaba, hangi esas üzerinde anlaştılar? Yalnız Polonya'nın bataklık kısmını Ruslara vermekle, Almanya, Rusya'yı tatmin etmiş değildir. Yahut Baltık sahilini vermekle de Rusya'yı tatmin etmiş değildir. Şu halde Almanya, Rusya ile daha mühim bir yerde çalışacaktır.

Bir de yine tarihe gözümüzü çevirirsek, zannediyorum epeyce şeyler görebiliriz. Tarihte o zaman Almanya, Avusturya idi. Ve bir Rus-Alman anlaşması vardı. Kırım'da bir muahede yapılmıştı. Bu, Balkanların taksimi muahedesiydi. 1786'da Çariçe Katerina Sivastopol'a indiği zaman, bütün zafer taklarının üstünde "İstanbul Yolu" yazılıydı. Oraya o zamanki Alman-Avusturya Kralı 2. Jozef de gelmişti. Orada şöyle bir muahede yaptılar: Biri İstanbul'u, diğeri Selanik'i alacak. Balkanlar üzerinde kavga etmeyecekler. Bu halde Balkanlar üzerinde bir hareket yapıldığı takdirde Almanya'nın Akdeniz'e inmesi o zaman için kâfi bir hedefti. Rusya da buna mukabil olmak üzere İstanbul yolunu, kendi emellerine serbest bırakıyordu.

Bugünkü vaziyete bakarsak Batı'da, Majino hattı dediğimiz, gayet geniş, gayet kuvvetli ve cephesinin yarısı Ren Nehriyle kapanmış ufak bir yerde nasıl ki 1,5 aydır Fransızlar ancak güçlükle hareket ediyorlarsa ve boşlukta dönüyorlarsa -Bu boşluk, ta buradan Çankaya'ya kadar bir şeydir, gitti-geldi hepsi o kadar! Ve esasen tahkimat sahasına girmeyen bir sahadaki harekettir. Almanların da Fransızların yaptığı gibi yapmaları pek muhtemeldir. Aksi halde bütün ordularını orada eriterek geçen Verdun hareketinde olduğu gibi, milletin maneviyatını kırarak mağlubiyete yol açmış olacaktır. Bunu kabul etmek doğru olamaz!

Şu halde Almanlar ellerinde birçok kuvvet tasarruf etmiş olacaklardır. Biz, Rusların Romanya'ya hareketini ve o vaziyette, "müdahale edelim mi, etmeyelim mi?" Bunu düşünürken, bu hareketin Almanya ile müştereken yapılacağını göz önünden kaçırmayalım; Ve Anadolu cihetini de unutmayalım! Madem ki Fransa ile İngiltere böyle bir hareket karşısında Romanya'ya vs. yardım edeceklerini ilan etmişlerdir, yardım etmezlerse, Balkan muvazenesi kökünden bozulur, ve bu iş aleyhlerine döner.

Şu halde harp başlayınca, İngilizlerin ve Rusların askeri ve siyasi hedefleri hangileri olduğu ve orduların nerelere akacağı, kendisini göstermiş olur! Demek ki Rusların Romanya ve Hindistan üzerinden ziyade İran üzerinden, Musul-Bağdat üzerine yürümeleri melhuzdur. Böyle bir halde, bizim burada vaziyetimiz ne olmalıdır? Bunu ancak iki devletin kararıyla çıkarabiliriz. Çünkü ne olmalıdıra cevabımız bizim temennimizdir. Belki bu temennimiz sonuna kadar devam edemez. İnsan bir şey ister. Fakat zorlayıcı sebepler var; (Fors majorlar) var. Bu iki âmir-i mücebbirin ne isteyeceğini apaçık görmek lazımdır!

Ruslar, böyle bir harekete girişirlerse ederlerse ki, bu hareket oldukça kolay olmak üzere İran üzerinden yapılır; bir kolla Hazar Denizinden Tahran üzerinden Hemedan-Kirmanşah üzerinden Bağdat'a; Diğer kolu da Urmiye Gölü üzerinden Tebriz'den doğru Musul'a. Bunlar Harb-i Umumide Ruslar tarafından başlanmış ve gösterilmiştir. Şimendiferleri Urmiye Gölüne geldi. Göle vapurlar koydular. Oradan da sahra şimendiferleriyle cenuba ilerlediler. Bir kolla da Bağdat'a yürüdüler.

Bunun karşısında İngiltere ne yapacaktır?

Derhal Boğazlardan geçerek Rusların Karadeniz'deki Kafkasya'ya olan nakliyatını işgal etmek, Rus sahillerini vurmak istemeyecek midir? Böyle bir şey isterse, biz 'Hayır giremeyeceksiniz' diyerek, Harb-i Umumide olduğu gibi, Boğazları müdafaa edecek miyiz? Yahut onlar girerlerse, Ruslar: 'Siz İngiliz Donanmasını soktunuz' diyerek bize karşı taarruza geçecekler midir?

Şüphesiz bu taarruz Doğu'da olacaktır! Biz Karadeniz'de

hakimiyeti elde edeceğiz. Oraya İngiliz donanması girecektir. Romanya ordusunun harp edemeyeceğini pek kabul etmemeli. Hatta o zaman Bulgarların bile harbe girebileceğini kabul edebiliriz; Şimdi arz edeceğim İtalya'nın vaziyeti göz önüne getirilirse, Rus ordularının kolay, kolay İstanbul'a ineceklerini kabul edemeyiz. Polonya, kıskaç içinde idi. Balkanların maniaları daha serttir. Milyonluk orduların kolay kolay hedefe vasıl olmasına imkan yoktur.

Şu halde harp bizim için Anadolu'dadır... Ruslar, tabii bize iç yüzlerini söylemeyeceklerdir; bizi oyalayacaklardır. Fakat madem ki yaptığımız bir deklarasyon üzerine dostumuz, bizim diğer hududumuzda harbe girmesi ihtimali var; o halde o dostumuzla açıkça konuşarak onun düşüncelerini, ne kadar söyleyebilirlerse onu öğrendikten sonra, onun üzerinde planımızı kurarak bir netice çıkarabiliriz.

Farzedelim ki İngiltere ve Fransa Rusların teklif ettiği böyle bir şeye razı değildir. O halde müttefiklerimiz Karadeniz'e donanmalarıyla gireceklerdir. Bundan şu çıkabilir: Demek ki bizim Anadolu hudutlarımızı muhafaza etmemiz ve Ruslarla harbe girmemekliğimiz, hiç olmazsa Suriye ve Mısır üzerine olacak harekata barikat olacağı için, bu nazik vaziyete karşı bize diyebilirler ki şu kadara kadar düzeltmelere razıyız. Buna iki dostumuz razı olmuşsa, mesele kalmamış olur.

Bu kayıtları koydurmağa razı olmuyorlarsa yine mesele basitleşiyor. Çünkü söz vermişiz, imzalamışız. Bundan başka bu taraf bizim için daha emin olan devletlerdir. Emniyet şu noktadandır ki, onlar bizi şimdiye kadar ne istila etmişlerdir, ne de istilaya kudretleri vardır. Fakat beri tarafta tehlike yakındır. Rusların askeri, coğrafi vaziyetleri tehlikelidir. Şu halde müttefiklerimiz buna razı olmuyorlarsa, biz de vaktiyle bunu imzalamış olduk deyip işi kesmeliyiz. Başka çare yoktur.

Sonra arkadan çok vakit geçti. 12 Mayıs'ta deklarasyon yapıldığı halde, altı aydır berikiler sarih bir şey söylemiyorlar. Son aylarda hakikaten, amir-i mücebbirler mevcut: Almanların seri darbeleri. Fakat ondan evvel vaziyet açıktı. Rusların

Almanlar tarafına geçmesiyle, vaktiyle Polonya-Romanya aralarında yapılmış olan anlaşmalar, hatta Polonya'ya yardım vaatlerinin nasıl suya düştüğünü gördük!.. Bunun müessiri yalnız Almanların vurduğu darbe değildir. Madem ki Polonya'ya Romanya'ya yardım edeceklerdi, pekâlâ Karadeniz yoluyla Romanya'ya İngiltere ve Fransa da birer ordu gönderebilirlerdi.

Bunun olmamasının sebebi, İtalya'nın şüpheli vaziyeti idi. İtalya şüphesi varken, müttefiklerimiz Karadeniz'e girmezler. Karadeniz'deki Sovyet donanması da bugün bilhassa denizaltı gemileriyle oldukça kuvvetlidir. Bu bakımdan Romanya'ya yardım etmek istemediler. Bunu görerek biz şöyle bir şey düşünebiliriz: Rusya Romanya'ya taarruz etse bile, İngilizler, Karadeniz'e girmeyecektir; İtalya'nın vaziyeti şüpheli kaldıkça!.. O halde bizim vaziyetimizi kolaylaştırırlar. Bu hususlarda apaçık kendileriyle görüşülür; mesele bu suretle hallolunur. Fakat işin fenası işi sürüncemede bırakmaktır.

Bendeniz ilk zamanlarda da arz ettim. Mümkün olduğu kadar bu işleri sözlü yapmalıyız; Çünkü henüz çehresini göstermemiş büyük devletler vardır. Rusya gibi, donanması kuvvetli olan İtalya gibi, o da, büyük devletler arasındadır! Şu halde vaktinden evvel vaziyetimizi göstermek, bir tehlikeyi davet edebilir. Yani şu büyük devlet gelecek, bize taarruz edecek, mesela İtalya gibi, meselesi yoktur. Bendeniz, evvelce de arz ettim, bugün İngiltere ve Fransa dahi kestirme olarak işi bitiriyorlar. Çünkü İtalya'nın vaziyeti belli değildir. İtalya bugün radyolarıyla gerçi Alman taraftarı gibi görünüyorlarsa da, bu Ruslarla Almanların demincek arz ettiğim şekilde Balkanlar üzerine yürümesi ihtimali karşısında İtalya'nın bütün Doğu emelleri, hatta Afrika'daki bütün vaziyetleri, derhal tehlikeye düşeceği için, İtalya böyle bir hareket görünce, derhal İngilizlerle anlaşabilir.

O halde İtalyanların, İngilizlerle anlaşması ihtimalinin, ilk günden beri bendenizin endişemi mucip olması, zannediyorum ki, gün geçtikçe haklı bir dava oluyor. İngiltere bu mühim iki istilaya karşı, İtalyanları da sürükleyebilmek için her fedakarlığı yapabilir. Şu halde bizim İngiltere ve Fransa'yı darıltmamaklığımız için onların arzularını anlamadan, onların muvafakatlarını almadan, Ruslarla ufacık bir şey yapmamıza imkân-ı maddi kalmıyor. Çünkü çok tehlikeli bir vaziyete düşebiliriz.

Vaziyeti bu kadar tahlil ettikten sonra Hariciye Vekilimizin uzun müddet Moskova'da kalması çok tehlikeli bir şekil alabilir. Bilhassa Baltık Devletlerinin Hariciye Vekillerine fena şeyler dikte ettirdikleri bir sıra da, memleket içinde çok fena dedikodular oluyor. Tabii, hepimiz çok şeyler işitiyoruz. Hükümetimiz, bizi tenvir ediyor. Fakat bu dedikodular, Hariciye Vekilimizin ikameti uzadıkça, halkımız arasında fazla mikyasta yayılabilir. Sonra bu muahedeler üzerinde yapılacak tashihat ve orada alınacak tekliflerin bize nakli için, Hariciye Vekilimizin orada kalmasına lüzum yoktur.

Bundan sonrakiler, oradaki sefilin yapabileceği bir iştir. Lazımı kadar görüşülmüştür. Eğer vaziyet inkişaf edince bu kadar oyalama devam ediyor şıkkı, hükümetimizce de kabul ediliyorsa, bendenizce iş artık Sefire naklettirilmelidir. Çünkü Hariciye Vekili ile görüşmelerde ufak tefek zabıt tutulabilir. Yok şöyle söyledin, böyle söyledin, gibi bir takım laflar ortaya çıkabilir. Ve bu vaziyet efkâr-ı umumiyyemizi yanlış bir istikamete sevk edebilir. Onun için kati olarak İngiliz ve Fransızlardan son alınacak şey -neden ibaret ise- oraya bildirilmeli, 'Lazımsa müzakereye Ankara'da devam edelim' demeli; ve buradaki vazifesinin ehemmiyeti ortaya atılarak Hariciye Vekilimiz buraya alınmalıdır!

Bağdat ve Musul üzerinde de biraz durmak istiyorum: Denilebilir ki bu Çarlık Rusya'sının hedefi idi. Halbuki Lenin'in şu sözü çok kayda değer. 336'da yani 920 senesi Şubat'ın 5. günü ajanstan Lenin'in şu sözünü okuduk: "Londra'nın yolu Bakü-Musul üzerindedir." Yeni rejim liderinin de ortaya attığı tez budur! Binaenaleyh, arada bir harp çıkarsa, bizim bu ihtimali düşünmemiz ve bu ihtimale göre tarafeyni tafsil ettiğim veçhile idare etmekliğimiz, çok muvafık olur. "Almanlar Ruslarla Lehistan üzerinde anlaşması neticesinde çok faydalar elde etmişlerdir.

Maatteessüf bizim gazetelerin bazı askeri münekkitleri bu hususta çok hataya düştüler. Askeri mütehassıs olmayan siyasi yazıcılar da bendenizce daha çok hata ettiler. Ruslar müdahale etmeselerdi, Almanların bütün Lehistan'ı temizlemesi için zaman uzayacaktı. Lehistan'ın gittikçe hududu Bolşeviklere doğru açıldığı için cephe büyüyecekti.

Yanda Romanya tamamıyla şüpheliydi. Karşı tarafın emir ve işaretiyle hareket edebilirdi. Alman menzilleri uzamış ve muvasala hatları az olacaktı. Böyle bir zamanda yanlar tehdit altında olursa, tabiidir ki iş güçleşirdi. Halbuki ortada, Vebistol hattı etrafında Ruslarla iştirak olunca, Lehistan'ın bakiyesini kolaylıkla temizlediler ve cenah tehlikeleri Ruslara terk edilmiş oldu. Bu suretle hem Rusları memnun etmiş hem de dar bir cephe tutarak Almanların Doğu cephesi muhkem bir vaziyette kalmıştır. Bunu söylemekten maksadım bir ricada bulunmak içindir. Biz harpte ne tarzda çalışmalıyız. Memleketin bir gün maruz kalabileceği müşkülatı düşünerek, bu tarz mesaiyi bendeniz mahzurlu görüyorum. Onun için mütalaatımı yüksek huzurlarınıza arz edeceğim.

Muhterem arkadaşlar, 12 Eylül tarihinde yaptığımız Parti toplantısındaki ricamı bir daha tekrarlamayı zaruri görüyorum: O toplantıda matbuatımızın neşriyatında itidal ve basiret lüzumundan bahsetmiştim. Bilhassa Partimize mensup mebus arkadaşlarımızın ellerinde bulunan veya bunların yazılarını neşreden gazetelerin bu noktada çok dikkatli ve hassas olmaları icap eder. Çünkü bu arkadaşlarımızın siyasi mahiyetteki yazılarını okuyanlar, onların ileri sürdükleri fikirleri partimizden mülhem olduğunu zannedebilirler. Bunda haklı olduklarını teslim etmemiz de lazımdır! Zira bir Parti Mebusu, siyasi yazılarında kendi partisinin esas düşüncelerinden dışarı çıkmış olamaz! Aksini düşünürsek, o zaman mesele daha ziyade çetinleşir. Çünkü: Bu vaziyette bulunan arkadaşlarımızın bugünkü şartlar ve propagandalar içinde yanılması ihtimali çok kuvvetlidir.

Yine aynı tarihteki maruzatımda duyduğum endişeleri açıkça göstermiş olmak için, bu türlü yanılmaların gazete sütunlarında tekrarlana, tekrarlana bir gün efkâr-ı umumiyyeyi temsil eder gibi görünmeye başlayacağını da kaydetmiştim! O zaman Muhterem Hariciye Vekilimiz, ilkin bu mülahazalarıma karşı matbuatın, neşriyatında takyide tabi tutulamayacağını söyledi. Fakat sonra tekrar söz alarak, benimle her noktada mutabık bulunduğunu, yalnız tarafsızlık meselesinde ayrıldığını ifade etti.

Yine Muhterem Vekilimiz, ayın 19. günü yaptığımız parti toplantısında da Moskova'ya hareketinden bahsederken, tarafsızlık bahsinde de aramızda fikir uygunluğu hasıl olduğunu gösterebilecek beyanatta bulundu. Bu beyanattan sonra üzerinde tekrar durmak istediğim matbuat meselesi, daha ziyade ehemmiyet kazanmış oluyor. Çünkü Hariciye Vekilimiz 12 Eylül toplantısındaki cevapları sırasında matbuatımızın, neşriyatında ittıradı (tutarlığı) temin için bir heyet teşkil edildiğinden de bahs buyurmalarına mukabil, henüz bu ittıradın eserlerini göremiyoruz! Şu halde meseleyi bütün açıklığıyla ortaya atmalıyız. Hem mebus, hem siyasi muharrir olan arkadaşlarımız, yazılarında partimizin fikirlerini yaydıklarına mı kanidirler?. Yoksa şahsi mütalaalarını mı neşretmektedirler.

Muhterem Arkadaşlar, Parti gurubumuzun muazzam cihan hadiseleri karşısında daha metotlu çalışmasını pek lüzumlu görüyorum. Bütün müterakki memleketlerdeki partiler, kendi iç ve dış işlerini, parti gurubu ictimaında etraflıca tetkik ve münakaşa ederek muayyen bir istikamet verirler. Partiye mensup matbuat da, neşriyatını bu istikamete uydururlar. Halbuki her gün bize umumi vaziyeti ve inkişaflarını, görüş tarzları hakkında uzun uzun mütalaalar serdeden partimize mensup muharrirlerimizin, şimdiye kadar bu kürsüden, bu mevzular etrafında bir mütalaa beyan ettiklerine şahit değiliz!

Bunun için, her iki şıkka göre de bu arkadaşlarımızın partide söz alarak düşüncelerini burada da izah ve müdafaa etmeleri lazım gelir! Bu suretle parti namına yazıyorlarsa, yazılarında daha ziyade kuvvet ve insicam temin edilmiş olur. Şahsi mütalaalarını yazıyorlarsa, o mütalaalarını partinin hariminde de müdafaa etmekle vicdani ve milli vazifelerini ifa etmiş bulunurlar!..

Bir de gazetelerimizde askeri harekâta dair bazı ciddi mütalaalar görülmektedir. Devletlerin harici siyasetlerin de takip edecekleri istikametle askeri harekât arasında sıkı bir alâka vardır. Parti müzakerelerimizde harici siyaset meselelerini, lâyıkıyla mütalaa ve münakaşa edebilmek için askeri harekâta temas etmek ve bu sahada yapılan neşriyatın kıymetini ölçmek icap eder. Partimizde askeri hareket hakkında salahiyetle söz söyleyebilecek arkadaşlarımız vardır. Yanlış yollara sapmaktan korunabilmemiz için, Hariciye Vekilimiz bize siyasi inkişafları tahlil ederken, buna muvazi olarak muhasım orduların yaptığı askeri harekâtın seyrini de salahiyettar bir Vekilimiz anlatmalı, biz de münakaşalarımızı her iki noktadan yürütmeliyiz.

Memleketimizin istikbali üzerinde müessir olacak kararlar vermeye hazırlanırken, düşüncelerimizin, münakaşalarımızın pek ince, şümullü ve bunun için de metodik olması icap eder. Yüksek Heyetiniz, şüphesiz bu lüzumu takdir ve tasvip buyuracaktır.([6])

ALMANLARIN DA BİR FİKRİ VAR: TUNA'YA HAKİM OLMAK

23.10.1939

Hariciye Vekilinin beyanatından sonra **Halil Tesna** birkaç söz söyledi. Sonra ben söz aldım:

---

6 Ne yazık ki aldırış eden olmadı. Ancak Fransızlar mütarekeye talip olduktan, yani Alman hakimiyeti tahakkuk ettikten sonra, harbin ortalarında bu yola geldiler.

Bir noktayı nazar-i dikkat-i âlinize arz etmek istiyorum: O da gerek İngiliz ve gerek Fransız devlet adamlarının gayet mühim beyanatıdır. Onlar vakit vakit diyorlar ki, "Bu harp, aynı zamanda bir rejim harbidir. Biz Almanları mağlup ettikten sonra, dünyaya yayılmakta olan ve beşeriyetin rahatını kaçıran bu Bolşevizm, Sosyalizm gibi meslekleri, herhalde demokrat rejimine döndüreceğiz."

Şu halde bu noktadan da Bolşevik Rusya'nın yapmak ve bizi de sokmak istediği vaziyeti tetkik etmek icap eder.

Bugün başlamış olan harpte, iki ihtimal vardır: Ya Almanlar galip gelecektir veya İngiltere ve Fransa galip gelecektir!.. Birinci vaziyet, eğer Almanlar galip vaziyete girerlerse, o halde Rusya için şüphesiz ki hasıl olan vaziyetten geniş mikyasta istifade yolları açılmış olacaktır. Bu husustaki fikrimi geçen ki bir celsede de arz etmiş ve hangi hedefe doğru gitmek ihtimalleri bulunduğunu izah etmiş bulunduğum için, bugün fazla izahatta bulunmuyorum. Yalnız istirham ediyorum, vakit bulunursa muhterem Hariciye Vekilimiz o ictimada bulunmadıkları için, o gurup müzakeresini ve bendenizin de mütalaalarımı lütfen bir kere okusunlar.

Ruslar ne yapmak istiyorlar ve bize ne tarzda temas edebilirler? Arz etmiştim; İkinci vaziyet: Fransa ve İngiltere Almanları ezerlerse... Şu halde hareketin Ruslar üzerine temadi etmesi (uzaması) ihtimalini gayet tabii olarak Moskova Hükümeti düşünecektir! İşte Baltık denizi sahillerindeki hummalı çalışması bu noktadan da akla gelebilir. Yani Almanlar galip gelip de veya Batı'da bir sulh olup da, Almanların Rusya üzerine dönmesi ihtimalini düşündükleri gibi bundan daha ziyade de İngiliz donanmasının Baltık Denizine gayet kolaylıkla girebileceği ve İngiliz ve Fransız kuvvetlerinin kendilerini tehdit edebileceğini -Buna belki de Amerika kuvvetleri de iştirak edebilir.- endişesiyle Ruslar bu hazırlıklarda bulunabilir.

Çünkü Almanların kara ordusu, Rusya ile temas halindedir. Baltık denizine lüzum olmadan Almanlar isterse Güney'den, Karadeniz'e doğru kesafet alarak; isterse Kuzey mıntıkasından

Rusya'ya, istedikleri darbeyi vurabilirler. Gerek Almanların galibiyeti ve gerekse hezimete uğraması gibi vaziyetlerin, birincisi, Rusların sahayı müsait bularak taarruz etmeleri, diğerinde de kendi üzerlerine gelen taarruzları durdurmaları şıklarına göre, bizden istedikleri ve Balkanlardan bir takım arzuları, olabilecektir.

Bu iki noktadan birincisine yani harekete, Almanlar galip geliyor diye başlarlarsa, bunların bulacakları bedelleri birinci derecede İran ve Basra üzerine olacağı için, gayet tabii olarak İngiliz ve Fransız donanmaları bir harekât yapabilirken, bizim Doğu'da gayet tehditkâr vaziyetimiz "Elviye-i Selasenin (Kars, Ardahan, Artvin) Tarsın vaziyeti" onların yan ve gerilerine müessir olabileceği için, bu noktalardan kendilerinin taarruzunu temin etmeği düşünürler! Demek ki Almanların galip gelmesi nokta-i nazarından taarruzi harekât yapmaları için dahi, bizimle mutlaka anlaşmaya ihtiyaçları vardır ki, Boğazları müttefik donanmaları geçmeksizin ve Doğu cephesinde kendi gerilerine doğru bir hareket olmaksızın, kendi hedeflerine bir taarruz yapsınlar.

İngiltere ve Fransa, denizlere hakimdir. Bundan dolayı Baltık sahillerine departman yapabileceklerdir. Yani, Karadeniz'de dahi muhtelif yerlere kuvvetler sevk edebilirler. Şu halde Rusların bu şıkka nazaran da yine Boğaza bir an evvel sahip olmaları, veyahut Boğazın sahipleriyle bu noktada anlaşmaları, kendileri için hayati bir meseledir! Madem ki bugün arzu ettiklerine nail olamadılar; bu bizim için, iftiharla kaydedilecek bir noktadır! Estonya gibi, bilmem şu bu devletler gibi kendileriyle konuşulmamıştır. Ruslar kendilerinden daha kavi bir millet, daha kavi bir devlet, daha kavi bir rejim karşısında bulunduklarını görmüşlerdir. Şu halde biz iftihar ederiz.

Fakat gözümüzü çok açmak zamanındayız. Her iki noktayı arz ettim. Harekâta nasıl geçebileceklerinin hulâsası şudur: "Birisi, taarruzi olarak, diğeri de, kendi üzerine Karadeniz'den bir hareket gelmek ihtimali, ki bu daha can alacak bir noktadır, kendilerini tehlikeye koyabilir." O halde bu iki noktanın belirmesi üzerine, bunların daha evvel bize karşı harekete geçmeleri ihtimali, daima göz önünde tutulmalıdır.

Karadeniz Boğazı ve Doğu cephesi mühimdir. Bazı yerlerde milyonlara mal ettiğimiz müesseselerimiz de vardır. Daha dün açılış törenini yaptığımız altı küsur milyonluk Sivas'ta muazzam müessesenin bile, hava müdafaası tertibatı yoktur. Orada açıkça söyledim ve ricalarımı yaptım. Burada da tekrar etmeyi faydalı görüyorum; Lehistan'ın havadan yarı yarıya bir baskına uğramakla felakete maruz kaldığı anlaşılıyor! Hatta bazı askerleri, kışlalarına bile vasıl olamamışlardır.

Almanlar, onları sulh edebiyatı ile oyalamışlardır. Bir Dansing, bir koridor meselesinden harp çıkmaz; propagandası, Leh milletinin ruhuna sinmiştir! Sonra da eski planlarıyla, yani Çekoslovakya gibi muazzam bir tarzda müstahkem bir memleket sol cenahlarında varmış gibi hudut boylarına, barışta garnizon mıntıkalarına büyük kıtaat sevk ediyorlardı. Ve zannediyorlardı ki Almanya'nın zaten niyeti yok, yığınağı görünce büsbütün korkar İşte vaktiyle havaya karşı korunma tertibatını tamamlamamak, vakti zamanıyla yığınaklarını değiştirmemek, başlarına bu faciayı getirmiştir.

Bugün kendi tarihimize bakarsak, 93'te Ruslar, hududumuzu ilan edilmeyen harp ile geçtiler. Müzakere filan, derken -Romanya da o zaman bizim elimizde idi- hududumuzu geçtikten 24 saat sonra, yani ültimatoma bile lüzum görmeden, harp haberini vermişlerdir. Vaziyet böyle nazik olunca, korunması lazım gelen müesseselerimizde dakika fevt etmeden tertibat alınmalıdır. Bu tertibat, en modern toplarla, makinalı tüfeklerle olmalıdır. Bugün her devlet bir müessese yaparken, bu tertibatı beraber kuruyor.

Garnizon yığınak mıntıkasına biz geç kalmışsak daha ziyade vakit kaybetmemeliyiz! Mesela, Sivas'taki hareket edince, orada kalacak muhafız kıtaatı, iki tayyareyi bile bertaraf edemez! Onun için kaç top lazımsa, ne kadar makineli tüfek lazımsa, onlar derhal oraya sevk edilmelidir. Fabrikanın işçileri ateş gibi adamlardır. Mühendislerin çoğu ihtiyat zabitidir. Onlara behemehal bu silahların istimali (kullanılması) öğretilmelidir. Orada kurmaylarımız, muallimlerimiz var. Düşman geliyor diye öteye beriye kaçacaklarına, derhal silahların başına geçsinler! Böylece ordunun unsurlarını da fabrikaların müdafaasına yollamak mecburiyeti kalmaz. Bu nokta gayet mühimdir.

Tekrar, tekrar arz ediyorum. Çünkü tam sıkışık zamanda oraya iki batarya gönderildi farzedelim. Bu bataryalar, nerede mevzi alacaklardır; Ve neleri himâye edecektir! Oradakiler de bu işin acemisi olunca, işleri anlayıncaya kadar birbirine geçeceklerdir. Halbuki, bunların beton cephaneliklerinin yapılması ve bunların kapalı yerlerinin de yapılması zaman meselesidir.

Hulasa Doğu cephemizde ve Karadeniz boğazında uyanık ve kuvvetli bulunmalıyız. Kulaklarımız hudutların öte tarafında geçen hadiselerle çok meşgul olmalı ve müesseselerimizin hava müdafaa işleri, tamamıyla temin edilmelidir!

Rusların Bulgarlarla anlaşmak istemesi faslı da gösteriyor ki, arz ettiğim istikamete doğru bir akış vardır. Bulgarların istediklerini verecekler. Çünkü Bulgarlar öyle bir elemandır ki, ileride icabında onu takviye ederek Karadeniz'den yapamayacakları şeyi karadan boğazlar üzerine yapmaya çalışabilirler. Bunun için Dobruca'dan istediği kadar yer vereceklerdir. Dikkat buyurulursa, kendileri nehirlerin çıkışlarını ele alıyorlar ve Kuzey taraflarında toplanıyorlar ki, Romanya'ya iniş gayet kolay olacaktır.

Biliyoruz ki, bu hususta Almanların da bir fikri var: Tuna'ya hakim olmak! Eğer bir anlaşma varsa, bütün bu emeller, böyle bir taksim ile tahakkuk ettirilecek. Bulgarlara menfaat göstererek, Almanlara Tuna'yı vererek... Şu halde Balkanlara hakim olmak için askeri tertibat yaparken, siyasi kombinezonlar da yapıyorlar, öncüler hazırlanıyor demektir.

Bu maruzatımı siyasetten ziyade, askeri düşüncelerle arz ediyorum; Bizim kabinemizin askeri erkânı, bilhassa Millî Müdafaa Vekilimiz, sonra Milli Müdafaa encümeni bu hususlarla çok alakadar olmalıdır.

Müsaade buyurursanız bir çift laf ta bunun için ilave edeyim: Avrupa meclislerinde, Amerika ve Japonya'da da öyledir; yani müterakki memleketlerdeki hâl-i harp vaziyeti hasıl olduğu vakit, Milli Müdafaa Encümeninin üzerine çok yük yüklenir. İşi, yalnız Genel Kurmaya bırakmak, işi yalnız bizim itimadımıza mazhar olan hükümete bırakmak doğru değildir. O halde onların da bu müdafaa tertibatıyla daima meşgul olmaları, icap ederse gidip gezmeleri; Hükümetimize, Genel Kurmayımıza yardım etmeleri çok lâzımdır. Onlar hatta cepheleri Meclisi Âli namına gezsinler, görsünler ve eksiklikleri tamamlatsınlar. İçimizde bir çok asker var. Fakat fertten fert bu mesai kâfi gelmez. Bunun için bu gibi meselelerde Milli Müdafaa Encümenimiz için böyle bir borç uyandığını bir kere bendeniz de hazırlatıyorum.

Refik Şevket: (İnce)

Doğru.

Hariciye Vekili bana cevap olarak şöyle söyledi:

"Karabekir arkadaşımızın ben yok iken partideki beyanatını buldurup okuyacağım. Askeri mütalaalarına gelince askerlikten anlamadığım için bir şey söyleyemem."

BU PARA BİZİM SONUMUZ OLUR

5.12.1939

Hariciye Vekilinin beyanatı üzerine tenkidim:

Saraçoğlu'nun beyanatının hülasası:

1- İngilizler ve Fransızlar Türkiye'yi maddi ve manevi kuvvetlendirmek istiyorlar.

2- Memleketimize civar mıntıkalarda takviye kıtası bulunduracaklar.

3- Balkan politikasını Türkiye zaviyesinden halle çalışacağız.

Kazım Karabekir: (İstanbul)

Cihanın bugünkü manzarası, az çok geçen cihan harbine benzemeğe başlamıştır; bilhassa Alman devlet adamları ve büyük kumandanlarından toplayabildiğim şu netice çok mühimdir. Ve bugün de hadisat (olaylar) o istikamete gider görünüyor. O da şudur: İngilizler, sulha mecbur edilmedikçe, barış kurulmaz. İngilizlerin de sulha mecbur edilmeleri, ancak Doğu'da olabilir; İşte Cihan Harbinde Alman devlet adamları ve askeri kumandanlarının çıkardıkları netice de budur. Bu neticeye göre, daha ilk zamanlarda Almanlar Balkan hezimetinden istifa ederek Türkiye'yi siyasi ve askeri elleriyle yakalamışlar ve kendilerine bir Doğu hareketi için, Türkleri öncü bir kuvvet olarak teşvik için, yardım etmişlerdir.

Sonraki hareketlerinde de garpta beyhude Alman kam ve parası dökülmekte olduğunu görerek Doğu'ya daha ziyade ehemmiyet vermeye başlamışlardır. İşte bu yoldaki siyasetlerini tahakkuk ettirmek için, en önde Mısır ve Irak'ta (Türk ordusunun kanını dökenler) Harb-i Umumiden sonra harpteki hataları tenkit eden Almanlar, eğer ileride bir harp daha yapılırsa, garp cephesinde aynı hatanın tekrar edilmemesini; mümkünse, Ruslarla anlaşarak bütün kuvvetleriyle Doğu'ya dönmeleri ve arzu ettikleri şekilde sulhu temin etmek için İngilizleri ancak orada sulha mecbur etmenin imkan dahilinde bulunduğu hakkındaki programlarını bugünkü yeni Alman idaresine tatbik ettiklerini görüyoruz.

Arz ettiğim programın tatbiki safhasından olarak, Ruslarla anlaşmayı, siyaseten başarmışlardır. Askeri vaziyet, garp cephesinde hiçbir hadise yürümeyecek kadar bir şekil almıştır. Milyonluk ordular karşı karşıya olduğu halde, zayiat, sulhtaki kadar bir şeydir! Yani, asker kışlasında da sulh zamanında ancak o kadar zayiat verir! O halde, bu kadar hazırlıkların hedefini tayin edebiliriz.

Geçen beyanatımda Rusların Baltık sahilindeki devletlere niçin ehemmiyet verdiklerini ve Baltık sahillerine yakında hakim olmak istemelerinin sebebini arz etmiştim. Kısacası şudur ki, Almanların demin arz ettiğim plânları ile müştereken harekete geçtikleri zamanda kendilerinin Baltık Sahillerinde Alman dostluğundan çıkacak ve bizim manzumeye girecekler ve Ruslara harp açacaklardır! Bu sarih gözüküyor. Bu tabii Almanlar ve Ruslar için, çok tehlikeli olduğu için, İtalya'yı bitaraf bırakmak veya hiç değilse, kendi emelleri peşinde koşturmak için Balkanlarda bir Bolşevik hareketi yaptırılmaz. Şu halde İtalyanlar da Libya'da büyük bir ordu teşkil ederek Afrika'daki Fransa ve İngiltere müstemlekeleri üzerine saldırabilirler.

Muhterem Hariciye Vekilimizin son beyanatı, Bendenize kabul ettirir ki, hadiseler apaçık bir safhaya gelmiştir. Müttefikimiz olan İngiliz ve Fransızlar, ellerinden geldiği kadar bizi kuvvetlendirecekler ve memleketimizdeki harekâta yardım edebilmek için civardaki müstemlekelerinde büyük kuvvetler bulunduracaklardır.

Üçüncüsü de Balkan Politikasını bizim zaviyemizden göreceklerdir. Bütün bunlar gösteriyor ki, bugün İngiltere ve Fransa, Balkan devletleri üzerinde müessir olamıyorlar. Şu halde, bizi takviye etmek ve icabında kuvvetleriyle bize yardıma gelmek ve Balkan hükümetlerinden herhangi birini bize çarpıştırmak düşünceleri yakın bir gelecekte bizim memleketimizin de siyasi ve askeri büyük hadiselerin mihrakını teşkil edebileceği kanaatini bize verdiriyorlar.

Tabii siyasetimiz tebellür etmiş ve başka istikamete yürümesi imkânı da görülmemiştir. Bu hususta Bendeniz, bir şey diyecek değilim. Yalnız şimdi maruzatım şudur: Bir kere bizi kuvvetlendirmek ne demektir? Bizi kuvvetlendirmek mali ve askerî noktalardan olabilir. Malî noktadan yapılacağı; bendeniz bu günü değil, evlatlarımızı, geleceği düşünerek, bizim de burada çok faal bir rol oynamamızı iltizam eder görüyorum.

Bize bugün bu kadar milyon lira verirler ve bu para şu kadar faizle olunca, bizim sonumuz olur! Binaenaleyh, 'Sizi kuvvetlendirmek için size şu kadar liralık - Evet, hesap ettik şu kadar top, şu kadar mermi alacağız; hem de onların iş görmesi için alacağımız mermilerin parasını da vereceğiz. Yani, bunları kendi paramızla alacağız. Binaenaleyh hükümet bu noktada çok hassas bulunmalıdır. Bu parayı faizle değil, hatta sermaye olarak dahi kabul etmemeliyiz. Biz Türk kanını dökeceğiz! Evet kendi istiklalimiz için! Fakat İngiltere devleti bilmelidir ki, kendi istiklâli için de Türk kanı dökülecektir! Sonra Fransa dahi bilmelidir ki, İngiltere, sulha talip olduğu zaman, Fransa ortada yoktur. Yani İngiltere devleti sulhu kabul ettiği gün, Fransa mecburi olarak barış isteyecektir.

Bugün Finlandiya hareketinin sebebini de bundan bulabiliriz. Şu halde, Ruslar Kuzey'de bu işleri başardıktan ve o taraftan gelecek tehlikeyi tamamen teminat altına aldıktan sonra, Almanlarla müştereken bir Doğu hareketi yapmalarını beklemek çok isabetli bir şeydir. Balkan Devletlerinin oynak siyaseti de bize, Balkan Devlet adamlarının ve diplomatlarının bu işle meşgul olduğunu gösteriyor.

Bugün Bulgarları yegâne korkutan Bolşevikliktir. Bulgaristan, içinde yüksek tahsil görmüşler ve Üniversiteliler başta olmak üzere, Bolşeviklik hareketi çok kuvvetlidir. Bulgar hükümeti de buna binaen, "Rus tehlikesini" gördükleri için, bizimle dostturlar. Eğer Ruslar, Balkanlara inmiyor da bu tarafa Almanlar gelecekse, Bulgarları Almanların pişdarı (öncüleri) addetmek doğru olur.

Doğu hareketi iki suretle ortaya çıkacaktır: Ya Almanlar Balkan cephesini alarak, geçende de arz ettiğim veçhile, Ruslara mümkünse Basra harekâtı yaptıracak! Bu, Hindistan harekâtını mümkün kılmaktır! Ve bu suretle; Rusları, Asya'da İngilizler üzerine tevcih etmek ve kendileri de Balkanlar üzerinde müessir olarak buralardan İngiliz nüfuzunu almak suretiyle Boğazlar istikametinde hareket etmek! İkinci şık ta, Ruslarla birlikte Balkan meselesini halletmektir!

Balkan devletleri, istikrarlı bir siyaset tatbik etmediklerine göre, bu iki şık üzerinde daha kat'i bir karar verilmiş olduğunu göremiyorum. Tabii arz ettiğim kendi görüşümdür. Ruslar, Asya üzerinde hareketi kabul ederlerse, şüphe yoktur ki

Romanya'dan Besarabya'yı almakla Güney vilayetlerini tehditten kurtarır; ve tıpkı Polonya'daki kazancı gibi, kansız bir şey kazanır. Şu halde Balkan Devletlerinin Bolşeviklerden korkacağı bir şey kalmaz!. O halde Alman nüfuzu altında, Almanların kendileriyle yapacağı anlaşmalar için de bu zümreye katılması ihtimallerini bizim unutmamamız lâzımdır: Yani Almanlar, kendilerine müsait şartlar gösterirlerse..

Buna rağmen Bulgar'lar, Sırplar Alman ordusuna karşı kan dökecekler midir? Bu da bir ihtimaldir! Fakat bizim için tehlike, onların da bu cereyana kapılmaları, hiç değilse Çekoslovakya'nın yaptığı gibi, bitaraf kalmak veyahut onlara yol vermeleri ihtimalidir. Bu ihtimalin en büyük tehlikesi de bu hususta İtalya devletinin alabileceği vaziyettir. Bütün ajanslar ve matbuat gösteriyor ki, eğer Ruslar Balkanlar üzerine bir hareket yaparsa, İtalyanlar kabul edecektir! Bu hakikatler, bugün tebellür etmiştir. O halde öyle bir muvazene teşekkül ediyor ki, ortada bizim Türk kanı dökülecektir. Çekinmeyiz, iftiharla dökeriz, kendi milletimizin hürriyet ve istiklalini, başta olmak itibariyle, kurtarırız. Fakat geleceği kendi manzumemizin esareti altına koymamalıyız.

Yeniden Duyun-u umumiyyeler açtıramayız. Müttefiklerimizden alınan paralar, ne iktisadi faaliyetlerimize, ne de fabrikalara sarf edilecektir. Bilhassa paralar demirlere, barutlara verilecektir. Onlar da Türk kanıyla birlikte düşman üzerine atılacaktır. Bu hal, şimdiye kadar yurdumuzu, görmediği refah, istikrar, huzur ve sükundan alıkoyacaktır. Elimizden geldiği kadar bu gibi felaketlere mani olmaya çalışacağız.

Şimdi asıl mühim olan askeri mevzua geliyorum: Yukarıda arz ettiğim programların tahakkuku bahsinde Rusların Basra üzerine hareket yapmaları muhtemel olduğuna göre, bu hareket Doğu vilayetlerimizin üzerinden geçebilir. Yahut Alman hareketinin Boğazlar üzerindeki akisleri, bizi cephelere koşturabilir. Gelecek orduların modern ve teknik vasıtalara malik olduğunu ve bunların teknik ellerle kullanıldığı, hepimizin çok iyi bildiği bir şeydir. Bu sabah, yeni gelmiş olan topların askeri noktadan tetkiki için arkadaşlarla birlikte, Harbiye Okulunda bulunmuştum; Gördüm ki teknik vasıtalarımız maatteessüf çok noksandır, ve çok acıdır. Buna imkân yok muydu? Bendenizce –arz edeyim ki- vardı. Bugün, bu dediklerimi mütehassıs arkadaşlar toplanıp inceleyecek olursa, görülür ki, vakit geçirecek vaziyette değiliz! Bugün gayet fenni hareket etmek lâzım. Zaviyeler üzerinde işleyen, elektrikle hareket eden topları okuyup yazmak bilmeyen Ahmet'ler Mehmet'ler idare edeceklerdir; bu imkansızdır, arkadaşlar! Kendimizi aldatmayalım! Bu Ahmet'ler ve Mehmet'ler, zaviye verinceye kadar iş işten geçer. Neferlerin yapacağı işi zabitler yapıyor. Neden? Memlekette münevver mi yok? Bu memleketin yetişmiş teknik adamları mı yok? Bu bataryalar geleli bir ay olduğu halde, onlara beş-on adam veremez miydik?

Bunları bu kürsüden tabii acı olarak arz ediyorum; samimiyetimi bağışlasınlar! Bizim buradaki müzakerelerimiz, kağıt üzerinde kalır, durup beklerse, yazık olur! Ben arz ediyorum ki gençliğin futbol peşinden koşması devri geçmiştir. Dün Harbiye Okuluna gittik. Oradaki erkâna bir sual sordum: Yarın harp ilan ediliyor, memleketimiz de tehlikede, ne yapacaksınız? dedim. Arazi üzerine dağılacaklar, siper kazacaklar.

ONU DA YAPTIK BUNU DA YAPTIK DİYORLAR
19.12.1939

Salı günü Parti Gurubunda Hariciye vekilinin beyanatından sonra Müdafaa-i Milliye **Vekili Naci Tınaz, İzmit Mebusu Hakkı Kılıç**'ın, ordunun teçhizat ve kıymet eksikliği hakkında bir kaç hafta evvel verdiği takrire cevap verdi. Bu arada, benim yeni gelen tayyareye karşı toplar hakkında geçenlerdeki beyanatıma da cevap verdi. Hakkı Bey'e cevabında, ordumuzun mükemmel olduğunu söyleyerek alkış topladığı gibi, benim beyanatıma cevabında asla sözlerimle münasebeti olmayan şeyler söyledi. Ve efradımızın lüks çamaşır, lüks elbise ile değil, mütevazı gittiğini söyledi. Ve "Bu elbise ile

Mehmetlerimiz, her şeye kadir" diye yine demagoji yaparak birkaç alkış aldı. Bunun üzerine ben de şu beyanatta bulundum:

General Kazım Karabekir: (İstanbul)

Milli Müdafaa Vekili arkadaşımız bize istirahat bahşedici çok güzel beyanatta bulundular. Kendilerine teşekkür ederim. Ancak bendenizin maruzatımla kendilerinin beyanları arasında bazı noktalarda mühim tezatlar gördüm. Bunları tasrih ederek, kendilerinden rica ederim, lütfen tekrar izah etsinler. Malum-u alinizdir ki işitmek, görmek ve hayalden uyandırmak ayrı, ayrı şeylerdir. İşitmek hakikaten ciddi adamlar için onu görmeden tahkik etmeden başka birine ifade etmek dahi cürüm sayılır. Bugün gerek içerde, gerek dışarda çok düşmanlarımız vardır. Binaenaleyh, bizim insanlarımıza, bizim malzememizi o düşmanlar bize vereceklerdir.

Bendenizin maruzatımın Hakkı Kılıçoğlu arkadaşımızın takririyle hiçbir münasebeti yoktur. Sözlerimi hepimiz beraber dinlemiş bulunduk: İşitmişler. Bendeniz bir gurup arkadaşla -25 kişi- gidip gördüm. Bendenizin maruzatım doğrudur. Gözle görünen şeylerin buradaki ifadesidir. Eğer Müdafaa-i Milliye Vekili arkadaşım, benim de vaktiyle bir ordu kumandanı, bir cephe kumandanı olduğumu, benim de bu memleketin müdafaası hususunda kendilerine naçizane ufacık yardım edebileceğimi takdir ederek yeni malzemeyi teftiş ettikleri zaman haber verselerdi, görgülerimi kendilerine daha etraflı ve daha açık ifade ederdim. Ve münakaşalar yapardık.

Burada birçoğunu ifade etmedim. Fakat toplar geleli bir ayı geçmiş, arkadaşlarla toplu olarak gidip görmüşüzdür. Şimdi söylenenle gördüğüm farkı, bir daha izah edeyim: Rica ederim arkadaşlar, hakikatle ifade arasındaki mesafe, bazen o kadar açılıyor ki, bu bir milleti içine düşürecek kadar uçurum yapabilir! Bizim efradımız şöyledir, böyledir, şöyle yapar, böyle yapmaz; Evet her şey yapar! Fakat bunun burada milletin mukadderatı hakkında karar verecek bir heyet üzerindeki tesiri sıfır olmalıdır. Biz burada hesap kitapla alakası olmayan, okuma yazma bilmeyen efrat o hassas aletleri kullanıp bizi müdafaa edecek dersek, hata işlemiş oluruz.

Bugün İngiltere sahillerini ve şehirlerini üniversite talebesi müdafaa ediyor. Bu hakikati buradaki zabitlerimiz gözleriyle görmüşler. Yarın arzu ederlerse, Milli Müdafaa Vekili arkadaşımızla birlikte gideriz, bir buçuk aylık efradı teftiş ederiz. Harb-i Umumide İstiklal harbinde her cüz-ü tanım Erkân-ı Harbiye kumandanlıkları vazifesinde bulunmuş bir arkadaşınızım. Daha cihan harbinde bile bize tayyare, topları gelmişti. Fakat Irak'ta bir tane tayyare düşüremedik. Bize 15'lik Obüsler geldi. Almanlar kullandıkları zaman da düşmanın cephaneliklerini berhave ettik. Onlar gittikten sonra, biz de attık fakat lazım geldiği kadar randıman alamadık.

Bizim efradımız şöyledir, bizim efradımız böyledir! Rica ederim, sırası geldiği zaman bunlar halkımıza dışarıda ifade edilebilir sözlerdir. Fakat biz burada yapılan işleri, noktası noktasına görmek mesuliyetini üzerimize almış insanlarız. Mukadderat-ı Millet söz konusu olurken biz nutuk değil, hakikat isteriz! Burada binlerce Üniversiteli gençler dururken, Harbiye talebesi dururken, niçin bataryaları Ahmet, Mehmet'e verelim? Kime topu teslim edersek atar; ama hangi efrat zaviye okumuştur? Sorarım arkadaşlar!.. orada zabitlere sordum, bir aydaki hasılat bu mudur? dedim.

- Ne yapalım? Bedel-i Nakdi veren münevverler, bu işe sokulmuyorlar dediler. Bunlar zabitlerin ifadesidir. Bu ifadelerim, geçen celsedeki zabıtlarda okunursa görülür ki aynen budur.

Topların materyallerinde gördüğüm noksanları[7] ikaz ettiler. Teşekkür ederim. Madem ki İngiltere de yokmuş, mesele yoktur. Toplar 10 kilometrelik yerde düşmana darbe indirecek

---

7 Otomatik topta tanzim aletleri yoktu. Dinleme aletleri ve ışıldakları Harb-i Umumide Londra müdafaasında kullanılmış eski malzemeleri idi. Mesafeleri de toplarınkinden 2 km kısadır. Müdafaayı Milliye Vekili kürsüde bunların yenilerinin İngiltere'de dahi henüz mevcut olmadığını (!) söyledi.

kalitede olduğu halde, dinleme ve gösterme cihazlarımız o kudrette değildir. Fakat Almanlardan aldıklarımız bu kudrette idi. Yani dinleme ve ışıldaklar, topun kendi mesafesi kadar iş görecek kudrette idi. Bu halde yapılacak şey, tedbir almaktır.

Milletin mukadderatını ellerine alanların yegane endişesi memleketi en yüksek müdafaa kudretini haiz görmektir. Allah göstermesin, ilk günde paniklersek, mesele kalmaz! Işıldaklar ve saire üzerinde imkân-ı maddi yoksa diyeceğim yoktur. Bunun üzerinde çok durmuyorum. Bir asker sıfatıyla bataryanın işletilmesini isterim. Bir kumandan sıfatıyla göreyim dedim. Fakat topta tanzim aleti bulamadım. Bulamayınca mecburen sual sordum. Toplar hiç ateş etmemiş mi? Muhterem Generalim bunu takdir etmeli ki, benim dediğim toplar hiç ateş etmeden mi buraya kadar gelmiştir. Tecrübe edilmiş midir? Bunu soruyorum? Bir top, ateş denemesi yapılmadan ecnebi memleketten buraya gelir mi? Sordum ve bir cevap alamadım. Eğer bana yanlış cevap vermişlerse, kendileri doğrusunu izah ederler. Eğer kendilerini orada görmüş olsaydım, kendileriyle hallederdim. Fakat 25 mebus arkadaş orada ifadeleri dinledi. Şimdi benim merakım ne ders atışları, ne de savaş atışlarıdır.([8]) Bunların geç kalması ayrıca bir faciadır.

Bugün siyasi vaziyetin nerede olduğunu görüyoruz. Rus donanması Karadeniz'de manevralar yapıyor. Rus siyaseti Finlandiya'da muvaffak olamazsa duracağını tahmin etmeyiniz. En büyük tehlike, Rusların Finlandiya'da muvaffak olmasıdır. Çünkü muvaffak olmak için başka cephe bulmak isteyecektir. Rejim zayıftır. Bir takım şahıslar elindedir. Bu itibarla azgın bir canavar gibi her tarafa saldırırlar.

Benim derdim; "niçin burada havuz yapıyorsunuz?" diye bağırdım. Bütün kuvvetimizi toplayalım, tayyare meydanlarına verelim, müdafaa tertibatına sarf edelim. Dertle ifade arasındaki mesafe çoğalıyor. O halde bendeniz dertlerimi

---

8 Müdafaayı Milliye Vekili beyanatında: Endahtın derhal olamayacağını, normal müddetin bitmesinden sonra ders endahtları, sonra da muharebe endahtlarının başlayacağını(!) izah etti. Halbuki beyanatımda tecrübe edilmeden topların geldiğini söylemiştim.

sıralıyorum: Gittik topları gördük. Nasıl ateş edersiniz? Tayyarelere nasıl işliyor diye sorduk. "Topta tanzim aleti yok" dediler. Bunun olmaması bir cinayetti. Fakat "unutulması bir mazerettir." bunu söylediler. Ben de bir şey söylemiyorum!..

- Peki siz nasıl ateş ettiniz? Siz zabitan İngiltere'ye gittiniz, bu topları teslim aldınız, niçin ateş yapmadınız? Tecrübe endahtı olmadan toplar ya patlamazsa ne olacaktır? dedim. Yoksa efrat muntazam talimlerle iyi yetişir. Bunu Harbiye mektebindeki talebe de ifade eder. Bunu böyle telakki edip ifade etmeyi doğru bulmuyorum. Bendenizin sorduğum, bu toplar atış tecrübesi yapıp ta mı buraya geldi? Oraya para verdik. Gönderdiğimiz zabitler acaba niçin böyle bir endaht yapmağa lüzum görmemişlerdir. Gönderdiğimiz bu adamlar, talimgahlarına kadar gidip görmeleri ve muharebe endahtını bile yapmaları lazımdı.

Şimdi geliyorum personele: Bunun üzerinde ısrarlı duruyorum. Mehmetçik dedikleri büyük kudretler göstermiş insandır. Bizim de dimağımız işlenmelidir. Onun göğsünü açtığım zaman düğme aramadım, pamuklu hırka aradım. Fakat bunların önü düğme değil de iplikle tutturulmuş olsun, kıymeti yoktur. Bununla alakadar değilim. Tecrübelerimiz çoktur. O Mehmet gömleksiz de gider. Gider fakat ölür. Biz istiyoruz ki, öleceklerse, böyle soğuktan değil, düşmanla dövüşerek ölsünler. Harbi Umuminin bilançosundaki zayiat nedir? Yüzümüz kızarır.

Çünkü içerleri boştur. Askerin içleriyle alakadar olmamışlardı. Ben, ne kumaşın cinsiyle alakadarım, ne de düğmeyle. Sırasında ben de nefer kaputu giydim. Bununla iftihar ederim. Fakat içimiz kafi derecede kapalıydı. Onlar asla Mehmet muharebeye gittiği zaman bizden hiçbir karşılık beklemez. Sağ döndüğü zaman, maaş istemez. Mehmet'in sırtında bir şey yoktur. Köye döndüğü zaman bizden rütbe istemeyen Mehmet'in sırtında mintanı yoktur. Ben ona kumaş giydirelim demiyorum. Ben burada bütçe müzakeresinde de söyledim. Niçin lüks makamlar için 10 - 20 bin liralık daireler tutulmuştur. Osmanlı Devrinde bu kadar bina mı vardı? İnsanımız mı vardı? Çoktur, tasarruf edelim. Efradın sırtına bir pamuklu giydirelim. Evet, bizim efradımız gider, gider, gider. Fakat ben bir kumandan sıfatıyla, vakit vakit düşündüğüm zaman da benim emrimde donanları hatırlayarak müteessir oluyorum. Ve bunun tekrarına mani olmak için buradan bağırıyorum. Onun için bu mesele çok mühimdir.

Efradımız gidecektir. Sırtında mintan olmasa da gidecektir. Zaviyeyi okumasa da gidecektir. Fakat ne olacak, hasılat alamayacağız. Ben efradın gıdasının azlığından bahsetmedim. Kışlık gıdaya ehemmiyet verelim dedim. Biz öyle zamanlar gördük ki, bir kilodan fazla şeker yiyen zabitleri tard ettiler. Kuru sebzenin de verilmesi lazımdır. Bilhassa ben, Doğu cephesinde ömrü geçmiş bir arkadaşınızım. Faciayı gözlerimle gördüm. Efradımızın muharebe meydanına vardığı zamanki vaziyeti fecidir. Sarıkamış muharebesi bundan kaybolmuştur. İki kolordumuz dağlarda donmuştur. Çünkü ne elinde eldiven, ne arkasında yünlü yoktu. Bununla hangi manevrayı yapabileceksiniz? Bir avuç Rus, iki kol ordumuzu mahvetti. Diyarbakır'da de ikinci kolordu donmuştur. Bu kolordu bana tevdi edildi, karlar içinde ölüleri ben toplattım. Gayri ihtiyari ağladım. Çünkü alaylarda dört zabitle yirmi nefer kalmıştı!

Arkadaşlar, bunlar harp etmemişler, soğuktan donmuşlardır. Bunları görmüş bir arkadaşınız sıfatıyla depoları çamaşırla dolu görmek istiyorum. Buna imkân bulamıyorlarsa, zannetmem, çok bir şey tutmaz, her birimiz icap ederse yüzer pamuklu hediye edebiliriz. Bunu temin edecek para vardır. Efradın içini boş bırakmayalım. Sonra bu neferlerden nihayet yapabilecekleri bir iş isteyelim, ve onu vazife olarak verelim. Bir mütehassıs gözüyle bakarsanız, içinizden gayri ihtiyari şu suali sorarsınız: Neden Ankara'da pasif müdafaa tecrübesi yaptığınız zaman, yalnız Mehmet'i top başında bırakarak, hepimiz, bütün münevverler kaçacak delik aradık! Toplar geleli bir ay oldu. Bir ay değil üç ay sonra da endaht edemezsiniz! Fakat oraya okumuş adamları, teknik adamları dayasaydınız, belki de randımanı çoktan almış olurdunuz.

Binaenaleyh ilmi ve teknik noksanları görerek bunları ikmal etmekle hissiyat arasında, arz ettiğim gibi bir uçurum vardır. Binaenaleyh bendeniz hepsini eskiden tanırım. Candan sordum. Sözlerim ne tenkit kastıyladır, ne de kendimin şöyle böyle bir adam olduğumu ispat içindir! Biz, vazifelerini görmüş adamlarız. Fakat üzerimize almış olduğumuz şimdi yeni vazife, memleketin mukadderatı ile alâkadardır. Memleketin mukadderatından ben de mesulüm. O halde görgülerimi arkadaşlarıma hususi surette söylemek isterim. Nitekim manevralara ben de davet edildim. Gördüğüm noksanları, teknik, stratejik hususları icap edenlere yerinde anlattım. Gelip kimseye ifşa etmedim. Fakat burada toplar hakkında 25 arkadaşın gördüğünü ifade edersem, beni mazur görmek lazımdır. Ben de bir kumandanım, burada daha bir kaç ordu kumandanı arkadaş var. Hiç olmazsa yaptıkları teftişlerde, eski kumandanlara da ufak bir yer vermiş olsalardı, işin başında kendi tecrübelerimizi söylerdik. Halbuki bir ay sonra sivil arkadaşlarımızla birlikte gidip gördüğümüz için ne yapabilirdim, kime söyleyebilirdim? Burada söyleyebildim.

Rica ederim bunu su-i telakki etmesinler. Sözlerimde yanlışlık varsa tashih edilsin. Bakınız Muhterem Generalin beyanatlarından çok şeyler öğrendik. Mesela ışıldak yokmuş. Efradın şu kadarı okuyup yazma biliyor, vs. Fakat İngiltere ve Fransa'nın bütün muharebe efradı üniversite görmüş kimselerdir. Fakat bizde, bir tehlike halinde bütün münevverler kaçsın, ortada Mehmet kalsın, bir kaç zabitle... Benim derdim, ne bataryalar şimdiden mevzie çıksın, ne mevzileri hazır olsun. Böyle bir talebi bir batarya Yüzbaşısı dahi yapmaz. Bataryayı nereye kuracaksınız? Dedim ki, burayı dört batarya müdafaa edecekse, 20 batarya yeri hazırlanmalıdır. Elbette bunun beton cephanelikleri, beton Plönşetleri, bizim yapacağımız bir havuzun kıymetinden çok değerli işler görecektir!

Durum budur. Ama onu da yaptık, bunu da yaptık diyorlar. Nitekim Ulus Gazetesinde gayrimesul adamlar şunu da yaptık, bunu da yaptık diyorlar. Bu doğru mudur? Fakat benim gördüğüm, yapılmadığıdır. Efradımız okumamıştır; çaylaktır; biz subaylarla yapıyoruz cevabını aldım. Binaenaleyh, maruzatımla, ifadeler arasında, büyük bir fark vardır. Samimi olarak tekrar ediyorum; Arzu ederlerse birlikte gideriz; Veyahut isterlerse bir daha yalnız görsünler! Ve bu noksanlar bu suretle ortaya çıkar. Aletler pek hassastır, okuma meselesidir. Bir nefer fotoğraflık yapamaz! Onun sehpasını jalonunu taşır.

Bir nefer kendisine gösterilen müşirle topu çevirir; istikamet verir. Üst tarafı yoktur. Üst tarafı; hesap bilmek, zaviye bilmek lâzımdır. Düşmanın teknik adamları gelip, başımıza bombaları yağdırdığı zaman, işi muhakkak surette Mehmetlerin omuzuna yüklersek, hata yapmış oluruz!

TAYYARE MEYDANLARININ HALİ

Bu husustaki izahatlarından memnun kaldım. Fakat eksiktir. Şehirlerimizin müdafaa kuvveti eksiktir. Ben, maziden hiç bahsetmedim. Bu işler, vaktiyle niçin yapılmadı diye münakaşalara karışmadım. Fakat artık hataları kapayabilecek işlerle meşgul olalım, dedim. Milletin imkânlarını kullanarak, meselâ bir yere sarf ettiğimiz 5 milyon liralık bir eseri muhafaza ve müdafaa için, tertibatın da beraber düşünülmesi lazım gelirdi. Bu bataryaların, başından düşünülerek oralara niçin konmadığını soruyorum. 1339'da benim riyasetimde bir heyet toplanmıştı. O zaman ordu müfettişi idim. Aza olarak Muhterem arkadaşımız Naci Paşa da bulundular. Her sınıf, yani tayyare müfettişi, Akademi müdürü, Harbiye müdürü bu toplantıya iştirak ettiler. Bunu -sırası gelmişken- acı olarak arz etmek mecburiyetindeyim.

Efendiler, orada bizim bir teklifimiz vardı. "Memleketin bütün atış talimgâhlarını, müdafaa kadrosu olmak üzere Anadolu'ya, şuraya, buraya yerleştiriniz; ve müesseselerimizin müdafaa tertibatını bunlarla alınız!" dedik. Bu yazılmış bir lâyihadır. Atış mahalleri bugün noksan vesaitle iki yerdedir:

İstanbul'un müdafaasıyla alâkası olmayan yerlerdedir. Şüphesiz bunların vakti zamanıyla düşünülmesi lazımdı. Bunlar tesisatla beraber kurulur. Ben Sivas'taki cer atölyesini misal göstererek tenkit ettiğim zaman, aynı ricada bulundum. 5 milyon lira sarf ederek materyal ve malzeme alırken onu müdafaa tertibatı da beraber düşünülmeli ve yapılmalı idi. Kaldı ki orada o kadar mühendisler vardır. Ve bu müdafaa tertibatını pekala idare edebilirler. Fakat korkarım ki o mühendisleri yarın Trakya'ya göndereceğiz.

Barış zamanı bataryayı seferber yapmak için Kastamonu'dan efrat getirmeye lüzum yoktur. Yerleri hazırdır. Bataryaları aldınız mı, 15 dakikada yerine gider. İlân-ı Harp haberi gelince; batarya mevzii yoksa veya endaht yapabilmek için zaman isterse, düşman bizi beklemez; teçhizatımız tamam olmalıdır. Elimizde para vardır. Bunların haricinde dedikodular varsa, bilemem. Fakat bize söylenecekler, hakikate uygun olmalıdır! Çünkü mesuliyet hiçbir surette Hey'et-i Vekilenin değildir. Heyet-i Vekile, bize karşı mesuldür! Asıl mesul olan bizleriz.

Çok acı misaller vardır; kendi tarihimizde vaki olmuş bu acı misallerden bir iki tanesini arz edeyim. Harb-i Umumi (Dünya Savaşı) yaptık; O zamanki Meclis, ordu ile alâkadar olmadı. Ben bir Ordu Kumandanı sıfatıyla, bugünkü muhterem Meclis Reisimiz vasıtasıyla Talat Paşa'ya haber gönderdim: "Ordu ile Meclis alakadar değildir. İş yalnız ordunun başına kalmıştır. Sonra kanlı facialar olacaktır."

Ve o Meclisin tarihi mesuliyetini tebarüz ettirmişimdir. Binaenaleyh mesuliyeti hiçbir zaman Müdafaayı Milliye Vekili arkadaşım üzerine almasın, Heyet-i Vekile de almasın; Mesuliyet, Heyet-i Umumiyemizdedir. Onun için, bundan dolayı darılmamak ve gücenmemek lazımdır. Biz burada mesul rical nazarında tenkit yapıyoruz. Şu halde burada, hakiki fiiliyatla uygun işler yapılması zaruretini arz etmek vaziyetindeyiz. Bunu samimi olarak tekrar ediyorum.

Efradın celbi meselesi: Bakınız, güzel bir misal: Tahattur

buyurur musunuz? Arnavutluk işgal edildiği zaman, ben burada harbi umumide vuku bulan seferberlik faciaları arz ettim. Bakınız bugün harp yokken, aynı şey tekrar etmiş! İyi ki tekrar etmiş te milli müdafaa, zamanında icap eden tedbirleri aldı. Bir takım gayretkeşler, zavallı efradı tutup trene yükler. Bu da suistimalin bir başka kapısıdır. Yeni cepheyi bir aylık efrat ve hayvanla doldurdunuz; efrat nasıl muharebe eder. Bunlar açlıktan, techizatsızlıktan hep ölürler. Bunların hepsini burada tekrar ettiğim halde, demek ki lazım olan tertibat alınmamıştır. Alınmamış ki, daha düşman ortada yok iken; herkesin kafası normal olarak işlerken, askerlik şubelerimiz bunu ihata edememişlerdir. Halbuki bugün, askerlik şubesi zabitanı hep mekteplidir; alaylı kalmamıştır. Bunlara da öğretemezsek, mesele tamamdır.

Geçende de arz etmiştim, bir seferberlik anında vaziyet vahim olur; çünkü fazla efrat sevk edilir! Valiler gayrete gelir, askerlik şubeleri gayrete gelir, herkes gayrete gelir ve arkasından hırsızlık ta başlar. Bunları gördük. Kimse hakkında fena bir his beslemek istemem. Heyet-i Umumiyemiz iyi adamlardır. Fakat içlerinde fena adamlar da vardır. Fırsat bu fırsattır, cebimi doldurayım diyor.

7 - 8 ay evvel, fazla asker celbedilmemesi hakkında bu kürsüden söylenmiş sözler, demek ki hakikat sahasına intikal ettirilmemiştir. Bunun için, madem ki tecrübeyle de sabit olmuştur, şimdiden tedbir almak lazımdır. Bu tedbirler arasına alınması lazım gelen bir madde daha vardır: Seferberlik emri verildiği zaman, mütekaid dediğimiz arkadaşlar ordu hizmetine girecek; bunlar daha ziyade hususi menzillerde kullanılacaktır. Bunların işi bugün haraptır. Hele İstiklal Harbine girmiş, orduda vazifeler ifa etmiş arkadaşlar vardır; yağlı yaka ile gezdiler. Bunlar, menzil müfettişi oldukları zaman, bilâhare başlarına geleceği, yani istikbali düşünerek dürüst mü hareket edeceklerdir?

Sivas'ta bir kumandanlar içtimai olmuştu. Huzur-u Millet (millet önünde) demek olan huzurunuzda bunu ifade ediyorum; Orada bir resmi söyleşme olmuştu. Orada biz, kolordu kumandanları, Heyet-i Temsiliye ile toplandık, imza altına aldık; Fena bir sulh olursa ve İstanbul hükümeti bu sulhu kabul ederse, Heyet-i Temsiliye bunu tanımayacaktır!

Zaten Heyet-i Temsiliyeyi, kongreleri, ordu muhafaza ediyordu. Hatta uzak olan arkadaşlar da gelmişlerdi. Şimdi mesele mühimdir. Oraya 12. Kolordu Erkân-i Harbiye Reisi Şemseddin isminde bir arkadaş ta gelmişti. İsmini hürmetle yad ederim; Ve Atatürk'ün nutkunda onun da imzası vardır. Bu levha, mühimdir. Gerçi, "inkılâp dedik sustuk. İki paralık hizmeti olmayan adamların hakaretine maruz kaldık. Zararı yok "İnkılâptır," dedik, çektik. Fakat bu arkadaşlar açlıktan sürünmemeli. 30 lira maaşlı arkadaşı menzil müfettişi yaparsak ve ona emsal olmayacak kimseleri şu veya bu vazifeye koyarsak bir suistimal vaziyeti olacaktır. Yarın bir harp olduğu zaman, vazifelerini hayatıyla, caniyle, başıyla yapanlarla, vazife-i vataniyesini yapmayıp, hatta kaçanlar arasında makûs (Ters) istikamette bir muamele yapılırsa, bu psikolojik hadise yüzünden bir tepki yapar; Ve nihayet suistimale yol açar! Hırsızlıklar yaparlar! Hiç olmazsa, "çoluğumu, çocuğumu kurtarayım" endişesi baş gösterir. Parası olanlar çifte raporlar alırlar. Kulpunu bulurlar, askerlikten yakalarını kurtarırlar. Fakat zavallı Mehmetler harbe gider.

Bütün bu cihetleri düşünerek şimdiden mühim tedbirler alınmalıdır. Bu arkadaşların halini burada söylemek lazımdır. Çalışmış, istiklal harbine girmiş, kabahati ne imiş, tekaütlüğünü bir hafta evvel istemiş. Ne bilsin bu kanunun çıkacağını? Bir hafta sonra bu kanun çıkmış! Hiç muharebeye girmeyip te tekaüt olanlar, ondan on misli fazla maaş alıyor. Şimdi bunlar evlatlarını düşünerek, harp sonu psikolojisini düşünerek hareket ederlerse, -bilhassa anormal olanlar- hırsızlık işleyebilirler. O halde, "seferberlik anında efradın ve hayvanatın sevk ve nakli işlerinde tedbirlerimiz azmış" demek, doğru değildir; eksiklerin ikmali için icap eden tedbirlerin alınmasını bu misal üzerine bendeniz ikinci defa olarak arz ediyorum.

Şimdi hava taarruzlarına karşı yapılacak müdafaaya geçiyorum:

Görüyoruz ki hava müdafaası için biri aktif, diğeri pasif olmak üzere iki şekil vardır: Aktif müdafaayı tabii bizim tayyarelerimiz de yapacaklardır. Bizim de tabii toplarımız ve diğer silahlarımız düşmanı dövecek ve takım askeri hareketler olacaktır. Şimdi burada verilen izahat bizi tatmin etmiş midir? Yarın bir hafta, yahut bir ay sonra çıkması melhuz herhangi bir harpte bizim tayyarelerimiz her türlü hava cereyanları karşısında uçacak zemin bulabilecekler midir? Bunlar yoksa, masrafı ne ise verelim. Mesela Ankara'yı müdafaa edecek tayyareler Eskişehir'den mi uçacaklardır? Her nasılsa ona göre tertibat alınmalıdır. Bütün icra kuvvetimizi ve bütün vasıtalarımızı müdafaa noksanlarımız için tahsis etmeliyiz.

Arnavutluk'un işgalinden sonra kampana çalmağa başladı. Harp tehlikesi büyüktür. Biz bütün vesaitimizi teksif edip noksanlarımızı ikmal için niçin çalışmıyoruz? Muhterem General, betonlar için yüzbinlerle konuşup hesap verdiler. Ben diyorum ki, Ankara'da yapılan havuzun betonu oraya konurdu, olur biterdi. Hava yağmurlu olursa çamurdan tayyareler hareket edemeyecektir. Sonra bu gibi İnce savaş gereçleri için Mehmet, yerine, münevver ekipler hazırlamak lazımdır. Mehmet yerine Bay Mehmet lazımdır!

O halde bu zamanı azaltarak bunları hazırlamak imkanı yok mudur? Acaba bataryaların mevzi alacakları yerlerde, şimdiden tertibat alarak cephanelik, platform gibi yerleri hazırlamak lüzumunu kabul etmek yerinde midir? Değil midir? Belki, biz hayat-ı Askeriyeden 15 senedir çekildiğimiz için teknik hatalar yapabiliriz. Fakat sorumluluk korkusu ile bunları arz ediyorum. Benim ricam, derdim bu noksanların bir an evvel ikmalidir ve Ahmetlerin ve Mehmetlerin yerine, bu işlerde daha teknik ve bilgili adamların ikame edilmesidir.

Bugünkü vaziyette siyasi tehlikelerle, ona karşı korunma tedbirlerimiz paralel olarak yapılmalıdır. Bir tehlike karşısında kaldığımız zaman, kendimizi avutmayalım; demeyelim ki Ahmet - Mehmet yapar! Tekrar ediyorum, Ahmet'in Mehmet'in takati, kudreti fazladır; fakat bu takat ve kudret haricinde olan birçok işleri de onun omuzuna vermemek lazımdır. Binaenaleyh, aramızdaki ihtilaf şudur: Ahmet ve Mehmet yerine münevver ekipler! Bunlar daha iyi hazırlanabilir! Sonra asker için çabuk kışlık mintan ve pamuklu ile depolarımızı dolduramaz mıyız? Bunlar zannederim o kadar mühim paraya da vakıf olmayan işlerdir. Tehlike belki bir ay sonra gelebilir. Temenni ederiz ki çok geç gelsin. Fakat biz çok yakın görerek böyle bütün işlerini elimizdeki bütün malzemeyi oraya buraya sarf edeceğimiz yerde tayyarelerimizin hava tesiratı karşısında uçabilmesi için, oralara sarf etmemiz lazımdır. Toplar orada atılmamış, burada tecrübe endahtı yapmak doğru mu? Değil mi? Nihayet bunlar tenkitten ziyade bir endişenin tatminidir. Yoksa kendilerine karşı *hürmet* ve emniyetim fevkaladedir."

Bu beyanatım üzerine *Müdafaayı Milliye Vekili Naci Tınaz* kürsüye çıktıysa da suallerden hiç birine cevap veremedi. Şayan-ı Hayret birkaç insicamsız cümle söyledi: "Sayın General Karabekir'e buradan teşekkür ettim, daha ne yapayım. Topların endaht meselesine gelince: Bunları yapan mükemmel bir fabrikanın herhalde atış tecrübesini yapmamış olmasına ihtimal vermiyorum. Fakat bir kere tahkik edeyim!.."

Vekil, hâlâ derdi anlamamış olduğunu sivil mebuslar bile hayretle gördüler. Muazzam fabrikaların değil bu topları, şenlik fişekleri atacak şeyleri bile tecrübe etmiş olduktan sonra piyasaya çıkaracağına kimsenin şüphesi olamaz. Mesele, binlerce lira verilerek satın alınan topları satın alanlar tarafından atış cetvellerine uygun olup olmadıkları, cephanenin ve topların başlık tecrübelerini yapmış olmaları lüzumudur. Padişahlar bile, yalnız fabrikalarda kendi memurlarımızın kontrolünü kâfi görmeyerek Erkân-ı Harbiyesi vasıtasıyla, İstanbul poligonlarında tecrübe atışları yaptırmadan, topları orduya göstermezdi!

MİLLİ KORUNMA KANUNU
MÜZAKERE EDİLİYOR

General Kazım Karabekir: (İstanbul)

Geçen cihan harbinde bu tür bir kanuna lüzum görüldüğünde hemen hareket etmiş ve daha şümullü olarak gerekeni yapmıştır. Bütün kabine erkânı, Harp müddetince, Müdafaa-yı Millinin icap ettirdiği bütün kuvveti toplamak ve iktisadi sahada bir takım açıkgözlerin ihtikâr yapmamasını temin etmek; ayrı ayrı çalışmak mümkün olmadığı için, ayrıca Vekillerden terekküp eden bir Heyet teşkil etmişler ve bu suretle Müdafaa-yı Milliyeye büyük hizmetler ifa etmişlerdir. Aradan geçen sulh müddeti zarfında da bu esaslar daha incelenmiş ve harpten alınan tecrübelere göre de güzel bir şekle konmuştur. Binaenaleyh bu kanuna şüphe yoktur ki lüzum vardır.

Ancak, gerek esbab-ı mucibesinde, ki birinci madde bunu gösteriyor; gerekse maddelerin tanziminde nazar-ı dikkati celbeden bazı noktalar olduğu gibi kanuna konması lazım gelen bazı maddeler de vardır. Bendeniz arz edeyim: Evvela hususi encümenimizin beyanatında şuursuz spekülasyon ve ihtikâr deniyor. Buna 'caniyane' tabirini kullanmak muvafık olur. Çünkü bunu yapanlar şuursuz değil, şuurun fevkında bir takım insanlardır. Sonra gerek birinci madde, gerek bu madde de sanki ortada bir hal-i harp yok gibi bir manzara arz ediyor.

Meselâ birinci maddeyi okursak, ki encümenin mazbatasında da aynı şey vardır. Orada deniyor ki, "Bu kanunda yazılı hükümler umumi ve kısmi seferberlikte veya memleket bir tecavüz veya harp ihtimali karşısında iken veyahut harici gerginlik zamanlarında yahut yabancı devletler arasında bir harp zuhuru halinde tatbik edilir." Halbuki bu harp zuhur etmiş ve cihanşümul olduğu bizce de kabul edilmiştir. Bize sirayeti imkânı da nazar-ı itibara alınarak ittifak dahi akdedilmiştir. Şu halde bu şekil büsbütün değiştirilmeli, yani esbab-ı Mucibede beyan edilen, "Cihanın günlük siyasi seyri, memleketi her gün yeni yeni ve ani bir vakıa ile karşılaştırmak ihtimali bulunduğundan içimizde hükümetin bu salâhiyetlerle teçhizindeki lüzum ve menfaati kabul ilh."

Bugün madem ki iki devlet arasında bir harp halinde dahi, bu kanunu tatbik etmek salahiyeti isteniyor; Onun için bütün bunları kaldırarak şöyle bir ifade ile, (maddeler gelince de takrirle de arz edeceğim.) "Avrupa devletleri arasında zuhura gelmiş harp, cihanşümul bir mahiyet arz etmiş olması dolayısıyla İcra Vekilleri Heyeti, devletin siyasi ve iktisadi emniyetini korumak maksadıyla işbu kanunun tatbikine salahiyetlidir." demelidir. Böyle olmazsa, harp başlamadan evvelki vaziyete göre kanun çıkmış manası hasıl olur. Sonra kanunun heyet-i umumisinde maddeler biraz karışıktır. Cezai kısım araya girmiştir. Onun için, bu cezai kısmı da heyet-i umumiyesiyle sona bırakarak, layihanın şu tarzda bir şekil olması daha kanunu anlaşılır kılar.

18. madde, 5. madde, 19. madde, 6. madde, 20. madde, 7. madde olmalıdır. Bundan sonra cezai kısmı olan 5. madde; 19.cu madde, 6.cı madde; 7. madde 10; 8. madde 11, 9. madde 12, 10. madde 13, 11. madde 14, 12. madde 15. madde olmalıdır. Bu suretle sıraya girmeli veyahut metinde pek zayıf ifade edilmiş olan noktaya gelince: Bir kere savaş hâli meselesi. Bir de harpte milli müdafaayı kuvvetlendirecek ve harbin devamı müddetince bu kuvveti tevazünde (dengede) tutacak olan hususi fabrikalar ve imalathanelerde seri surette vaziyetini göz önünde tutmak lazımdır.

Bugün biliyorsunuz, ithalâtımız daha ziyade gayri Türk unsurlardadır. Ve adeta muayyen unsurlara inhisar etmiştir. İlaç, züccaciye, kırtasiye şu malum olan unsurların elindedir. Demir vs. de keza, başka unsurların elindedir. Bunlar, seri surette bu kanunun metni halinde ele alınmazsa, Ordu mübayaası için, gazetelerde görüyoruz, bazı ilânlar külliyetli (çok) bilmem ne ve külliyetli demir vs. Şu halde bu unsurlar geçen harpte olduğu gibi, çok zengin olacaklardır. İstedikleri ihtikârı biz bu kanunla önleyemeyeceğimiz için, bir taraftan da asıl hakim olan unsuru -her harpte olduğu gibi- iktisaden çok zayıf bırakacaklardır. Biz, yalnız geçen cihan harbi değil, Osmanlı harpleri, bile -dikkat edilirse- harp sonunda Türk unsurunu iktisaden zayıf bırakmış, bilâkis ekalliyetleri zengin kılmıştır.

Onun için kati bir ifadeyle bütün ithalata da vaziyet etmek taraftarıyım. Yani kontrol, her sahada çok esaslı olmalıdır. Mesela Milli Müdafaa, Kilitli keten alacağım diyor. Tek bu yüzden bile, bir Yahudi tüccarı milyoner olabilir. Ve nitekim oluyor. Binaenaleyh, zengin devletlerle de ittifakımız vardır. Bunlarla da temasa gelerek bu kanunun tatbikini ilan ettiğimiz zamanlarda daha geniş bir çerçevede ihtikârın önünü almalıyız. Bu cihetleri Meclis-i alinin dikkatle ele alması lazımdır.

Sonra ikinci olarak arz edeceğim noktaya geliyorum. Hususi fabrika ve imalathanelerin vaziyeti:

Geçen cihan harbinde alman tecrübeler neticesi her devlet bütün imalathanelerini, icabında derhal müdafaayı memleket için çalışacak tarzda kurdurmak üzere kanunlar yapmışlardır. Yani rastgele bir adam istediği gibi fabrika yapamaz. Bu fabrika icabında müdafaayı memleket için çalışır tarzdadır. Mesela bir konserve fabrikası serbest olarak çalışır. Fakat hâli harpte bütün konserve fabrikaları ordunun muhtaç olduğu şeyleri yapar. Barış zamanı güzel meyvelerle daha ziyade halk için, zenginler için konserve yapar; fakat harbe gidildiği zaman, en mühim mesele, et meselesidir. Et meselesi bizim memleketimizde ve bizim ordumuzda henüz bildiğimiz müterakki devletlerinki gibi esaslandırılmamıştır. Ve bu yüzden çok defa ordumuz harpte etsiz kalmıştır. Ve kalmak tehlikesindedir.

Koyunlarımız ve sığırlarımız beyhude yere kışın dağlarda donmuş ve ölmüştür, bu suretle etten istifade edilmemiştir. Menzillerimize bilhassa kışın bu hayvanata yem taşımak için başka külfetler yüklenilmiş ve birçok masraflar da yapılmıştır. Ondan sonra, bu sürüleri gütmek için birçok çobanlar ayrılarak, cephe kuvveti de bu suretle eksilmiştir. Halbuki bütün ordular, et konservesini mecburen kullanırlar. Ruslar, geçen harpte Erzincan, Erzurum ve Kars istihkamlarında bıraktıkları konserveler ve bilhassa Tebriz'deki konserve imalathaneleri, görenleri hakikaten hayrette bırakmıştır!

Gayet leziz ettir. Bizim ordumuzu da o beslemiştir. Bizim efrat yiyemez demişlerdi, biraz ısıtmakla mükemmelen yedik. Bu konservelerle daha evvelden ambarlarını doldurmuş, istenilen yere bir iki kamyon veya araba et hemen hazırdır. Hem de kesilmiş, kemiklerden ayrılmış, ısıtmakla yenebilir.

Pastırma sucuktan bahsediliyor; Bunun yerini tutmaz. Bir de pastırma, sucuk yedik mi neticesi malumdur. Yani mütemadiyen bunların cümlesi sıhhat bakımından mahzurludur. Onun için, bu gibi fabrikaların harp zamanında orduya ne gibi hizmetleri yapacağı şu kısa maruzatla anlaşılır.

Sonra tophanede görüyoruz; küçük demir imalathaneleri vardır. Hariçteki bu gibi tezgahlar dahi kontrol altına alınarak, vaktiyle o suretle değilse, bir iki ufak ilave yapılarak orduya fevkalade iş görebilirler.

Biz, geçen cihan harbinde -Çanakkale'de bulunan arkadaşlar bilirler,- içinde bulundular, düşmanın bize attığı şarapnelleri, topları, İstanbul'a gönderir, orada tekrar doldurur, cephane olarak yine düşmanın kafasına atardık. Fakat tertibat az olduğundan ve halka mahsus olan bu fabrika ve imalathanelerden istifade edilmediğinden, bütün yük askeri müesseselere bindiği için, lazımı kadar istifade edilemiyordu. Onun için memlekette ne kadar iş görebilecek imalathane ve fabrika varsa, bunların da milli müdafaaya kuvvet vermeleri lazımdır.

Şöyle bir formülle bunları hulasa edebiliriz: Barışta kullanılan her kuvvet, harpte milli müdafaaya bir kuvvet vermelidir. Şu halde şimdi barıştayız, bu kanunun münderecatı Heyet-i Vekileye emniyet vermiyorsa, bunun için ayrıca daha şümullü olarak, bir kanun getirmeleri, yahut buraya bir fıkra ilavesi kendi reylerine verilmiştir. Bendenizin bu cihetten maruzatım budur.

Birinci madde ise, esbab-ı mucibe olarak beyan edilen, arz ettiğim şekle gelince, kendi kendine bir tadilâta ikinci maddede lüzum görülüyor. Çünkü o madde diyor ki "İcra Vekilleri heyeti devletin iktisadi ve malî emniyet ve selâmetini korumak maksadıyla.." Halbuki onu birinci maddeye koymuş bulunuyoruz. Artık ilan salahiyetini veriyoruz. Onun için, ikinci madde "İşbu kanunun şümulüne giren maddeler şunlardır." diye işe girilebilir.

Üçüncü olarak mühim olan mesele, burada 25 milyon liralık büyük bir sermayenin murakabeden azade olarak heyete verilmesidir. Bunu mahzurlu görüyorum. Çünkü kontrol, muhakkak ki her şeyde esastır. Onun için, eğer bize işler gecikiyor deniliyorsa, ondan sarfınazar edilebilir. Fakat o maddede, murakabeden katiyen sarfınazar edilmemelidir. Divanın murakabesi yapılmalıdır. 25 milyon liranın sarfında istenildiği gibi mezuniyet verilmemeli, fakat kontrol esasına tabi tutulmalıdır! Maddeler, arz ettiğim gibi, istif edilirse, kanunun bütün milletçe anlaşılması lüzumu ve icra keyfiyeti ve milli müdafaaya ait iki esasın da kullanılmasıyla, büyük bir kudret temin edilmiş olur. Heyet-i Umumiye hakkında bendenizin maruzatı bu kadardır.

BU KADARCIK MESAFELERE YARDIM YAPAMAYACAKSAK

4.1.1940

General Kazım Karabekir: (İstanbul)

Erzincan'a ilk yardım, ayın kaçında yapıldı?

Başvekil Refik Saydam: (İstanbul)

Şu anda size söyleyemeyeceğim, 29. akşam üzeri olduğunu tahmin ediyorum.

General Kazım Karabekir: (İstanbul)

Reis Bey söz istiyorum. Arkadaşlar, felaketten hiç şüphesiz hepimizin yüreği kan ağlıyor, hükümet de tabii daha ziyade ıstırap içindedir. Çünkü, hem bizim gibi kalpleri ateşler içinde, hem de bu vaziyetin icap ettirdiği çok mühim işler üzerindedir. Ancak nazar-ı dikkatimizi mühim bir mesele celbetmelidir. Gazetelerde okuduğumuza nazaran, Erzincan'a yapılan ilk yardım ancak 30. günün akşamıdır. Halbuki bugün elimizde medeni vasıtalar var. Bilhassa stratejik yol olan Sivas - Zara ve Erzincan gibi yerler zannediyorum ki aynı günlerde bu vasıtaların bizi oraya kavuşturması mümkün idi.

Birkaç misal ileri sürerek bugünkü vaziyeti arz edeceğim; yine arz edeceğim ki eğer bugün için bu mümkün değil idiyse, bundan sonra zuhur edecek fena ihtimaller için tedbir almak imkânı yok mudur? Yardıma en ziyade muhtaç olanlar, enkaz altında kalıp ölümle pençeleşen yaralılardır. orada sığınıp kalmış olan vatandaşların yemek ihtiyacı, giyim ihtiyacı bundan sonra gelir. Harb-i Umumide Kut-ül Amare muhasarasında iken İngiliz tayyareleri, günde bir ton olmak üzere erzak ve ilaç attılar.

Ziya Gevher Etili: (Çanakkale)
Ama orada kar ve fırtına yoktu.

General Kazım Karabekir: (Devamla)
Sonra yine memleketimizde, misal olarak, kumandanlarımız hasta olduğu zaman, derhal ilaç ve doktor İstanbul'dan tayyare ile sevk edildi. İlk yardım olmak üzere ilaç, sargı takımları ve birçok doktor bir tayyare filosu ile hiç olmazsa bu sevk-ül ceyş yolunda olanlara gönderemez miydik?

Kut'daki 25 sene evvelki bir hadisedir. Bizim ateşimiz altında ve bizim tayyarelerimizin hücumu karşısında 1000 metrenin fevkinde böyle muharebe sahnesinde kendi insanlarına ilaç ve erzak getirmek imkânını gördükleri halde; bizimkiler, orada kış ve karın tesiriyle inemiyorlarsa, harici bir müdahale olmadığı için alçaklara kadar inerek böyle ilaç vs. gibi şeyleri atabilirlerdi. Acaba buna da imkan yok muydu? Bugün elimizde paraşüt mevcut olduğu için, hiç olmazsa bu gibi yardımları nazarı itibara alarak bu felaketlere koşmak çok lazım bir şeydir.

Dört gün zarfında orada olan yaralıların, ya öldüklerini veya kangren olduklarını düşünürsek, bu bize bu ders-i ibret olmalıdır. Bugün harbe hazırlanıyoruz. Ve öyle bir milletle karşılaşmak ihtimalimiz var ki, onlar tayyarelerle paraşütlerle muhtelif sınıflardan mürekkep müfrezeler indiriyorlar. Bendenizin bu maruzatımı, şimdi arz edeceğim endişe ile söylüyorum ve nazar-ı dikkatinizi celbediyorum.

Sivas, Zara ve Erzincan... Bu yol istila yoludur. İstila ordularının daima takip edecekleri bir hattır. Bizim de tabii kuvvetle tıkamamız lazım gelen bir hattır. Ortada düşman yok iken, bir şehir tamamıyla göçüyor! Felaketzede halkına, aynı gün de icap eden süratle yardım yapamıyoruz! Emniyeti bırakalım da, düşman kıtalarıyla çarpışırken, düşmanın havalarda kudretli tayyareleri dolaşırken oralardaki ordumuza ve halkımıza ne gibi yardım edeceğiz? Onun için bendeniz rica ediyorum, buna imkân var mıdır, yok mudur? Eğer yoksa, derhal bu imkânı temin edecek veçhile bütün kuvvetlerimizle çalışmalıyız. Çünkü bugünkü hadise, tabiatın ve yer altının bir felaketidir. Fakat yarın karşılaşacağımız hadise; idrakiyle, şuuruyla gelecek edecek olan bir kuvvet olacaktır. Bu vaziyet hiç şüphe yoktur ki, halka olduğu kadar, orduya da bir tesir yapabilecektir.

Onun için ne yapmalı yapmalı, tayyare filolarımızın uzun mesafelere kudretle -hiç olmazsa- malzeme-i sıhhiye, ekmek, pekmez gibi gıdaları ulaştırabilmeleri temin olunmalıdır! 1500 : 2100 metre irtifaından iki kilometre karaya, erzakı mükemmel surette 5-6 tayyare gözümüzün önünde atmıştır. Sonra görüyoruz ki medeni devletler, gayet uzak mesafelere kadar veyahut kendi havasının üzerinde saatlerce dekorlar tesis ediyorlar. Şu halde biz kendi memleketimizin hududu içinde bu kadarcık mesafelere lazım olan yardımı yapamayacak isek, o zaman mütevassıt bir çok mahalleri nazar-ı dikkate alarak, şimdiden ona göre hazırlanmamız lazım gelir.

Mesela tayyareler Eskişehir'den oralara gidemeyecek iseler, ara yerlere -evvelce de bu kürsüden arz ettiğim gibi- güzel beton sahalar tesis edelim. Ve bu suretle düşmanlara karşı da ordumuz vazifesini, bütün kudretiyle görmüş olur! Onun için rica ediyorum; acaba buna imkan yok mudur? Eğer imkan yok idiyse, bundan sonraları biz mutmain olacak mıyız ki herhangi bir hadise zuhurunda zorlukları yenebilecek şekilde hazırlıklı olmamız mümkün olabilecektir?

Başvekil Refik Saydam: (İstanbul) (Özetle)

Bendeniz askeri safahatı bir tarafa bırakıyorum. Mesele, yalnız felâket dolayısıyla hükümetçe yapılan tedbirler üzerindedir. Erzincan'daki vaziyet şuydu. Müfettişlikten gelen bir telgrafın ifadesini okuyabilirim. Evvela memur lazımdır. Buradaki asker ve sivil ve Demiryolları memurlarını felaketzede addetmek lazımdır. Hariçten ailesiz memur gönderilsin...

ADAM BİR MADEN İMTİYAZI ALMIŞ İŞLETİYOR

15.1.1940

General Kazım Karabekir: (İstanbul)

Bir sualim var: Esbab-ı Mucibe layihasında ismi geçmeyen bir tetkik mevzuu vardır. O da yüksek müdafaa meclisidir. Bunu sormak istiyorum, encümen, gayet esaslı surette birçok kanunları tetkik etmiş ve hükümetten de izahat almıştır. Ancak, "yüksek müdafaa meclisi" arşivlerinden istifade edilip edilmediği hakkında bir kayıt olmadığı için, onu soruyorum.

Komisyon Reisi Recep Peker: (Kütahya)

Efendim, Muhterem Generalin suallerine cevap arz edebilmek için, kast buyurdukları "Yüksek Müdafaa Meclisi, arşivleri"nin ne olduğunu öğrenmek isterim. Evvela bunu lütfen izah buyursunlar.

General Kazım Karabekir: (İstanbul)

Muhterem Arkadaşlar, bu mevzuubahs olan kanun ve bu

kanunla ellerine büyük salahiyetler vermek istediğimiz heyet meselesi yeni değildir. Onun kısaca tarihini arz edeyim. Çok mühim bir meseledir. Bu her devletin, "Milli Müdafaa Şura-yı Alisi" denen ve yeni harplerde harekâtı yalnız başına kumandanın eline vermeyip bütün memleketin çıkarlarını milleti de düşünerek, cepheyi de düşünerek sonuna kadar harbi idame ettirebilmek için, ta cihan harbinden evvel düşünülmüş ve demokrat milletlerde vücuda getirilmiş bir teşkilattır.[9]

1925'de gerek Müdafaa-yı Milliye bütçesinin müzakeresinde ve gerek Şura-yı Askeri kanunu geldiği zaman, üç celsede burada, aynı kürsüde birçok sözler söylenmiştir. O zaman bunun derhal yapılması lüzumunu, bendeniz ileri sürmüştüm! Fakat bazı arkadaşların ve bilhassa bu teşkilata vukufu olmayan arkadaşların işe müdahalesiyle o zamanlar bu mesele geri kaldı. Fakat 1933'de bizde de böyle bir teşkilat yapıldı. 24 Nisan 1933 tarihli kararnamenin numarası 14443'dür. Bu teşekkülün ismi de Yüksek Müdafaa Meclisi'dir. Atatürk'ün riyaseti altında ve İsmet İnönü'nün Hükümet Reisliği zamanında bir kaç içtima da yaptılar.

Bu, bilhassa 1922'den sonra bütün devletler tarafından kabul edilmiş olan Müdafaayı Milliye Ali Şurasının tamamıyla karşılığıdır. İtalyanların Habeş seferinden biraz evvel, harekâtı bize tevcih etmek ihtimali görüldüğü zaman da sık sık içtima

---

9 41, 72, 82nci ictimalarda, yani Fethi Bey Başvekil iken "Şurayı Askeri Kanunu" vesilesiyle 29, 26.1.1341'de; ve İsmet Başvekil iken de yine "Şura-ı Askeri Kanunu müzakeresinde 8.3.1341 de; ve Müdafaa-yı Milliye bütçesi müzakeresinde 19.3.1341'de beyanatta bulundum. Zabıtlar çok dikkate değer. O zaman Fethi Bey de Recep Peker de, önce 'böyle bir teşkilat yoktur' diye iddia etmişlerdi. Ben, Cemiyeti Akvamın Askeri Salnamesini getirip her devletin teşkilatını ve vazifelerini okuyunca "Bize gelmez" diye bazı mütalaalar söylettiler. Vatanın müdafaasına taalluk eden beyanatımı, ordu müfettişi iken, Mustafa Kemal Paşa'ya ve Fethi Bey'e ve İsmet Paşalara anlatamadığım gibi, Millet Meclisi kürsüsünden de yine anlatamamıştım. Hülasaları mahfuz, sekiz yıl sonra Mustafa Kemal hastalanınca bu teşkilatı sathi kullanmışlar. Fakat hala katib-i umumimizi dahi işe başlamamış olduğunu. Genel Kurmay Başkanı 11.11.1940 ziyaretinde söylemişti. Başvekilin bu seferki beyanatı da halimizin ağlamaya elverişli olduğunu gösteriyordu...

ettiklerini haber almıştım. Yeniden tahkik ettim ki hakikaten bunlar içtima etmiş ve bazı mukarreratta bulunmuşlardır. Ve böyle bir kararname de vardır. Şu halde bu kanunla o kararnamede tezat olabilir. Encümen Reisi arkadaşımız, beyanı veçhile, böyle bir teşekkülden haberdar olmadıklarını söyleyince iş, fevkalade ehemmiyet kesbediyor. Çünkü o Ali Şura ki, bizde ismine "Yüksek Müdafaa Meclisi" denmiştir, onun vazifesi tamamıyla bu kanunda derpiş edilen ve onun şümulü içine nasılsa alınmamış, mühim mukarrerat olabilir.

Bu mukarrerat mevcut iken ve orada Reisin Başvekil olduğu açıklanırken, biz bu kanunda "Başvekil, herhangi bir Vekili, Reis seçebilir" diyerek bu salahiyeti de, veriyoruz. Halbuki bu mukarrerat vechiyle tabii bütün cephe ünitelerinin, yani birliklerinin, alaylar veyahut genel kıtaat seferberliği ne ise, cephe gerisi ünitelerininki de öyledir. Yani fabrikalar, madenler, büyük çiftlikler... de aynı cephe kıtaatı gibi seferber edileceklerdir.

Erkân-ı Harbiye Reisinin de dahil olduğu ve bazı generallerin de bulunduğu, bu suretle cephenin nasıl beslenceği, nasıl idare edileceği ve geride harbin ne esaslar üzerine yapılacağını, daha şümullü olarak tespit eden bu talimatname, bu kararname ahkâmına mugayir maddeler bu kanunda mevcutsa, bir kanun olduğu için tabiidir ki onların hepsini kaldırır. Çünkü o bir kararnamedir. Muhtevasını bilmiyorum. Yalnız tetkik ettiğim Avrupa devletlerinin esasatından şimdi biraz hülâsa verirsem vaziyet daha iyi tavazzuh edecektir.

Bu Ali Şura'nın -ki bizde Yüksek Müdafaa meclisi denmiştir- barıştaki vazifesi şudur: Cephe gerisi üniteleri nasıl seferber edilecektir. Mesela bir çiftlik var. Onu idare eden zat, ihtiyat zabiti ise, idareden alıp Kafkas cephesine gönderirsek, Ziraat Vekili bu kanun mucibince istediği zatı oraya korsa, acaba o çiftlik barışta hasılat kadar hasılat verir mi? Acaba akla gelecek bin bir suistimalin önünü alabilir miyiz? Halbuki barışta çiftliğinin başındaki zat, bilfarz ihtiyat zabiti ise, derhal üniformasını giyip zabit maaşını alır ve işinin başında kalır.

Esasında kendisi, burasını gayet güzel tetkik etmiş ve kendi hesabına çalıştığı için, hiç şüphe yok ki az insanla çok istihsale çalışmıştır. Ziraat Vekaleti de onu iyice kontrol etmiştir: Doğru mudur? diye.

Şu halde seferberlik yaptığımız zamanda şu çiftliğin içinden şu ve bu elemanlarıyla istihsali devlet hesabına alırsak zarar mı edeceğiz, yoksa bunu takviye ederek daha mı iyi neticeler alınacak? İhtimal orada pamuk ekiyor, susam ekiyor, yani çeşitli şeyler ekiyor. Bakınız birliklerin seferberliği nasıl hazırlanıyor: Milli Müdafaa Vekaleti Ziraat Vekaletiyle görüşerek şu şu şu çiftlikler, bize buğday şu çiftlikler de pamuk yetiştirmeli. Çünkü bize şu kadar ton pamuk lazımdır. Harp esnasında kontratçılara mesela "Bize 500 ton pamuk lazımdır" derse ve onu alamazsa ve yine suistimalin önünü alamazsak, çok sıkıntı çekilir.

Şu halde devlet, cephe gerisinde, fabrikaları, çiftlikleri, madenleri derhal -alayları seferber eder gibi- seferber eder. Fakat şunu açıkça bilmelidir ki, cephe gerisi seferberliği, cephe seferberliğinin makusudur (tersidir). Cephe gerisi azalır, fakat cephe çoğalır. Binaenaleyh cepheye mümkün olduğu kadar çok şey vermeye çalışacağız. Şimdi, bu hazırlık eğer esaslı surette bu âli konseyce yapılmamış ise, ne olacaktır?

Çünkü bendenizi endişeye düşüren, antiparantez arz edeyim ki, bu konseyin İsmet Paşa'nın hükümetten çekildikten sonra, bir daha toplandığını işitmedim. Aradan çok zaman geçti. Halbuki her memlekette olduğu gibi, en az senede iki defa toplanması lazımdır. Orada kıymetli mukarrerat ittihaz edilir. Erkan-ı Harbiyece de bu suretle iyi işler yapılır. Bu kanunla, bu işlerin hepsini bertaraf etmiş olmak tehlikesi olur.

Şimdi geçiyorum, diğer Birliğe: Fabrikalar aynı vaziyet. Mesela hususi bir fabrika var. Onun müdürü olan zat, neferdir. Nefer elbisesi giyer, orada çalışır! Onu alıp cepheye gönderdiniz mi, onun yerine koyacağınız zatın fabrikayı aynı şekilde işleteceğini kim temin eder? Bilhassa harp zamanı! O halde şimdiden bunu ele almak lazımdır. Şu fabrikada şu adam, şu ve şu şahıslar çalışacaktır, diye kağıt üzerinde tıpkı erkân-ı harbiye nasıl çalışıyorsa, bu Müdafaayı Âliye meclisi de öylece umum milletin seferberliğini hazırlamalıdır.

O halde şekil ne oluyor: Arz edeceğim. Harbi umumiden sonra bir formül halinde Fransa, Almanya ve diğer devletlerin hepsinde kabul edilmiştir. Memleket, ağaçların kökü, cephe de meyvesi oluyorsa, ağacın kökü kururrsa, ağacın kökleri, malumatsız ellere tevdi edilmiş olduğundan gıdasını alamazsa, sanatkâr, esnaflar yani bütün milletin kuvvet ve kudreti olmayınca, harbe girilemez!

Şimdi böyle bir teşkilatımız mevcut olduğunu arz ettim. Çünkü kararname numarası ile malumdur. Bunun da arşivi için bir genel sekreterlik teşkilatı vardır. Herhalde onun da bir İstihbaratı olacaktır. Bunun behemehal tetkiki elzemdir. Aksi halde, arz ettiğim gibi, bu kanun, bütün o güzel şeyleri refedebilir (kaldırabilir). Sonra bu kanunda nazarı itibara alınmayan bir iki hükme geçiyorum.

Farzedelim ki, dediğim gibi, gelişmiş memleketlerin bu teşkilâtı, ta 1906'da başlamış ve Fransa, İngiltere ve İtalya'da esasları hazırlandığından, bizimki de aynen öyledir. Fakat bizim bir de tecrübemiz vardır ki, bu kanunda ne ceza maddelerinde ve ne de metninde görmedim. Bu memlekette bir takım sefih adamlar, Harbi umumide gördük ki cepheye gitmiş, fedakarlık eden adamların geride bulunan efrad-ı ailesiyle her türlü fuhşiyatı yapmışlardır. Biz burada ahkâma, iktisadi cepheden bakıyoruz. Bu mesele cephelerin ruhiyatı noktasından fevkalade mühimdir.

Millet eğer harbi benimserse ve devlet de bütün mekanizmasıyla, teşkilatıyla bu harbi sonuna kadar idame ettirirse, bu memleket harbi kazanmış olur! O halde millete harbi benimsetmek için demek ki bütün seferberlik adilane ve vakıfane bir seferberlik olacaktır. Cephenin ilerisinde, gerisinde suistimallerin tamamıyla önü alınacaktır. Fakat bilhassa ahlaki bağlar üzerinde gayet mühim kayıtlarla bağlanmak lazımdır. Bugün elimizdeki hükümleri görüyoruz, barış vaktinde dahi ne kadar aile facialarına sebep oluyor. Bunların harp esnasında devamı, müdafaa kudretini çok ziyade sarsabilir! Onun için, bendeniz fazla tafsilata girmiyorum. Fakat encümenden cevabımı aldıktan sonra icap ederse, Fransa teşkilatı hakkında çok alakalı bazı sözler arz edebilirim.

Başvekil Dr. Refik Saydam: (İstanbul)

Arkadaşlar, bizde Yüksek Müdafaa Meclisi, Genel Kurmay Başkanının da iltihakıyla İcra Vekilleri heyeti teşkil eder; Reis Başvekildir. Buyurdukları gibi 933 senesinden beri bu bizde mevcuttur. Ve zaman, zaman toplanmıştır. Bu, ordunun seferberliğe takaddüm eden zamanında ihtiyacatını görüşmek ve noksanlarının ikmali için alınacak büyük karar üzerinde durmak için toplanır ve kararlar ittihaz eder.

Son bir sene zarfında benim Başvekilliğim zamanında, Yüksek Müdafaa Meclisi toplanmamıştır. Buna mukabil, her gün Genel Kurmay Başkanı ve Milli Müdafaa Vekiliyle temasım hiçbir zaman eksik olmamıştır, Biliyorsunuz, son aylardan beri memleketin seferberliğe takaddüm eden ve seferberliğe girmemekle beraber, adeta bir seferberlik yapar gibi üzerinde durduğu işler Heyet-i Aliyenizce malumdur. "Askeri Şura" meselesini karıştırmıyorum. O ayrı bir meseledir. Ordu kumandanları toplanır, Erkân-ı Harbiye Reisiyle Milli Müdafaa Vekili ile çalışırlar. Ordunun umumi hizmetleri ve umumi işlerine ait işleri görüşürler. Ordu ihtiyacatı noktasından gerek Milli Müdafaa ile ve gerek Erkan-ı Harbiye Başkanlığıyla temasımız hiçbir zaman kesilmiş değildir.

Yüksek Müdafaa Meclisinin bu hususta evvelce verilmiş kararları vardır. Ve tatbike geçilmiştir. Ordunun giyimi ve donatımı vesairesi üzerinde senelere bölünmüş işler, Heyet-i Aliyenizden de geçmiştir. Mesela 125 Milyon liralık taahhüde girişilmesi işleri, Yüksek Müdafaa Meclisinden gelmiş ve Heyet-i Aliyeniz tarafından kabul edilmiştir. Bu kanunun müzakeresi esnasında Yüksek Müdafaa Meclisinin arşivlerinden istifade edilip edilmediğini sordular. Yüksek Müdafaa

Meclisi Reisi sıfatıyla bunları bildiğim için, arkadaşlarımla konuştuğum zaman bunların hepsini nazarı dikkate aldım. Esasen bu kanunun Yüksek Müdafaa Meclisinin kararlarını halledecek bir vaziyetini görmüyorum.

Ordunun seferberliğe takaddüm eden -şimdiye kadar olduğu gibi bundan sonra- seferberliği kısaltmak, seferberliğe girildiği zaman tam ve kâmil bir surette seferberliği itmam etmeğe yarayacak işlerde yine bu kanun nazarı dikkate aldığımız esaslardandır. Binaenaleyh, Yüksek Müdafaa meclisi kararlarıyla bu kanun arasında bir tezat olmadığını arz etmek isterim.

Yalnız Sayın General, lâkırdıları arasında Fabrikada, çiftlikte, şurada burada çalışacaklar meselesini ileri sürdüler. Arz ettiğim gibi bu kanun çıktıktan sonradır ki Milli Müdafaa ile Genel Kurmayla temaslarımızı yine temadi ettirerek nerelerde kimler kalacaktır, kimleri askere alacağız, kimi almayacağız meselesi üzerinde şimdiye kadar esasen mevcut tedbirlerimizi ikmal etmeye devam edeceğiz. Sayın General bir cebr ve tazyik meselesinden bahs buyurdular. Acaba kanuna mı izafe ederek ifade buyurdular? Yoksa kendilerince elyevm böyle bir cebr ve tazyik var mıdır? Bu noktayı bilmediğim için kendilerine bu noktayı arz mecburiyetinde kaldım. Cebr ve tazyik nerededir? bunu lütfen bir kelime ile söylerlerse çok minnettar kalırım.

General Kazım Karabekir: (İstanbul)

Çok memnun oldum. Muhterem Başvekilimiz beni ikna etmiş oluyorlar. Demek ki mevcut olan Yüksek Müdafaa Meclisi dahi bunun içerisine girmiştir. Pekala! Her devlette olduğu gibi bu Heyetin resmi bir ismi vardır, bir vasfı vardır. Onun Reisi de Başvekildir. Şimdi bu kanunda başka bir isim verdiğimiz ve Başvekilin salahiyetini diğer Vekile vermesini kabul ettiğimize göre, o "şura" harpte mülga mı oluyor? Yoksa bu "şura" o ismi mi alıyor? Bunu arz edeyim. Eğer aynı şura ise, yani Vekillerden mürekkep ise, kabul edilmiş olan Vekiller, aynı şekilde işi idame edeceklerdir. O halde biz ne için başka bilişim kabul edelim. O Şuranın o zaman kararname halinde bulunan veyahut kararnameye konulmamış hükümleri de şudur ve bu umumi bir şekil almıştır diyerek bu Şuranın kanununu kabul edelim. Veyahut burada bir kayıtla o Şuranın seferberlikte vazifesi kalmadığını zikredelim.

Cebr ve tazyik, buyurdular. Bendenizin arz etmek istediğim şudur: Eğer bilhassa cephe gerisi seferberliği, barışta o yüksek Meclisçe dediğim tarzda hazırlanmışsa, ki bir arkadaşımız da burada bu hususa epeyce temas ettiler.

Bir çiftliğin başında veyahut bir fabrikanın başında veya bir madenin imtiyazını almış, çalışıyor ve bütün hakları kendisine bir kanunla verilmiş olan bir arkadaşa 'Buyurun cepheye' denir! Ve hukuki muamelesini dahi yapamadan onu alırlar. Kalkar gider. O cebirdir. Çünkü cepheye gitmek, aynı zamanda bir vatan borcu olduğu için her ferdin bütün ruhuyla sevinerek gitmesi lazımdır. Bir adama inzibatlar gelir, tezkere verir, falanca yere git derse, o da şu işim var, halledeyim, yüzüstü kalır diyecek olursa, bunun manası başkadır.

Nitekim iki büyük harpte, ve hatta Balkan Harbi de dahil üç büyük harbe girmiş olan bir asker, bir kumandan sıfatıyla biz bunların içinde kaldık. Ve çok şikayetler dinledik. Harp ederken ihtiyat zabitleri ve fertler tarafından bir çok şikayetler önümüze kadar geldi. Onun için bendeniz mevcut bir şiddet ve cebirden bahsetmiyorum. Fakat bu kanun hükümleri mucibince Vekâletler istediği zatı istediği yere koyacak deyince, bu işler barışta demin arz ettiğim tarzda ihzar edilmezse, netice de arz ettiğim gibi olacaktır.

Adam bir maden imtiyazı almış işletiyor. Kendisi cepheye gönderilecek, onun yerine mütehassıs diye bir zat getirilecek, getirilenin mütehassıs olup olmadığını tetkik ve bu iş bu işi çevirip çeviremeyeceğini anlamak, uzun mesai neticesi mümkün olacaktır. Bu endişe ile arz ettim. Ve eğer bu vaziyetler barışta derpiş edilmemiş te seferde olacaksa, bu gibi cebir ve tazyiklere yol açabilir.

Recep Peker de söz alarak o da şu askerî görüşü ileri sürdü.

15 sene evvel üç celsede saatlerce anlattıklarını hala anlamamışlar veya unutmuşlar! Recep Peker'in bu husustaki beyanatı ve cevabım aynen şunlardır:

Recep Peker:

Bu iki heyet arasında fark vardır. Birisi yalnız İcra vekilleriyle Genel Kurmay Başkanından müteşekkildir. Öteki de askeri şuradır. Onların vazifesi birincisinden ayrıdır. İşlerin tanziminde olduğu gibi bir heyet değildir ki bu kanunla teşekkül eden ve koordinasyon işlerini tanzim için vücuda gelen heyetle isimleri arasında bir iltibas hasıl olsun. Maruzatım bu kadardır.

General Kazım Karabekir: (İstanbul)

Recep Bey'in söyledikleri yanlıştır. Müsaade buyurun. (Müzakere kafidir, sesleri) Şura-yı Askeriyenin ne olduğunu bilmek için zannediyorum ki, asker olmaya lüzum yoktur; herkes bilir! Bendenizin, Şurayı askeriyeden bahsettiğim mesele şudur? 15 yıl evvel Şura-yı Askeri kanunu bize geldiği zaman: "Bu kafi değildir" demiştim. Bunu anlatmak istiyorum. Zabıtlar meydandadır. O zamanki tezim aynen şudur:

Harb-i Umumiden evvel Almanlar, tam demokrat olmayan devletler, ki biz de ona dahildik, bir Müdafaa şurası kabul etmedikleri için mağlubiyete sürüklendiler. Halbuki karşı taraf, demokrat devletler, harb-i umumiden evvel bu teşkilâtı kabul etmiş oldukları için; cephe gerisini, cephe ile müvazi tuttukları cihetle galip geldiler; iddiasında bulunarak bu Şurayı askeri kafi değildir. Bu ihtisas işidir. Askerliğe aittir. Bir harbin idamesi için bu Heyet kâfi değildir, diye iddia etmiştim. Yoksa Şurayı Askerinin seferle alâkasını ve harp devam edeceğini ve milli müdafaa ile alâkasını mevzuu bahsetmedim.

İkincisi: Bendeniz çok memnun oldum: Başvekilimiz bizi tatmin ettiler. Fakat bu sözüme dikkat buyurun. Encümen, kararname mahremdir diye okumamıştır ve bu yüksek

Müdafaa meclisinin herhalde bir Katib-i Umumisi vardır. Bu Katib-i Umumisiyle de temasa gelememiştir. Bunun arşivlerine de bakmamıştır. Şu halde kabul ediyoruz ki Başvekilimizin sözü tamamıyla ortadadır.

O halde Recep Beyefendinin, bendenizin söylediğim "sabit değildir" diyerek vaki itirazlarına cevap vereceğim: "Yüksek Müdafaa Meclisi" denilen meclisin diğer devletlerde seferde aynı vazifelerle muvazzaf olduğunu söylemek vaziyetindeyim. Yani bu meclis barışta hazırladıklarını seferde idare eder! Bizde ise, bu vaziyet şöyle oluyor: Bunun vazifesi ayrıdır, seferde de devam edecektir, ve bu ayrı bir heyettir. Vekillerden bir kısmı oraya gelecek, bir kısmı gelmeyecek, o da bu vazife ile meşgul olacaktır. O halde Recep Bey'e kısa bir sual soracağım: Seferde o meclis-i Alinin vazifesi ne olacaktır, ve kimlerden mürekkeptir. İzah etsinler ki bu vazifeler birbirine karışmasın. Sonra bu kanun çıktıktan sonra kararname ile tearuz ederse ne olacaktır! Maksadım, böyle bir şey olmasın. Madem ki Başvekilimiz tatmin buyurdular; mesele kalınıyor. Demek ki bu kanun hükümleri kararname ile tearuz teşkil etmeyecektir.[10]

BİZ DE MÜSTERİH OLDUK

16.1.1940

Rasih Kaplan, asker ayakkabılarının ancak birkaç hafta dayanabildiğinin sebebini sorduğu "Takrir" üzerine, müzakere uzadı. Fabrikalar üretimin çürük olduğu Beykoz fabrikası lazımı kadar kundura yetiştiremediği ve Anadolu'ya nakli lazım geldiği yolunda mütalaalar üzerine, memleketimizde ihtiyaca yetişecek derecede ayakkabı olmadığı ve

---

10 Ne Recep Bey, ne Başvekil, ne de gurup "Müdafaayı Âli Şurası" nedir? Ve bizdeki vazifesi nedir? farkında değildirler. 15 yıl evvel saatlerce devletlerin bu teşkilatını anlattığım halde, 8 yıl sonra bizde ismen teşekkül etmiştir. Henüz katib-i umumisi dahi işe başlamamış ve tabii arşivleri de yoktur. Başvekil kendi zamanında içtima ettirdiğini, ağzıyla da itiraf etmiştir. Ben son sözümle bu acıklı vaziyeti tesbit etmiş bulundum.

mevcutlarının da dayanmadığı; Mesele hakikaten böyle ise, müttefik devletlerden kundura da almak ve bunda gecikmemek lazımdır.

Bugünkü Müdafaayı Milliye Vekilimize şu suali sordum:

- Mesele pek mühim olan bir neticeye varmıştır. Bugün şu suali soruyorum: Umumi bir seferberlikte askerimiz için ayakkabı mevcut mudur?

Müdafaayı Milliye Vekili Naci Tınaz önce ses çıkarmadı. Sonra yerinden zayıf bir *sesle "Kâfi derecede vardır,"* dedi. "O halde, biz de müsterih olduk" dedim.

BİZ BU KADAR DERİN MAZİYE GİTMEYELİM

2.4.1940

Hariciye Vekili Saraçoğlu'nun konuşması üzerine söz aldım:

General Kazım Karabekir: (İstanbul)

Muhterem Hariciye Vekilimiz vaziyet-i Hâriciyeyi gayet güzel izah ettiler. Bu beyanatlarındaki birkaç nokta, bendenizi söz söylemeğe mecbur etti.

Birincisi: Rus ordusunun yapmış olduğu harpte gösterdiği kudretin tahmini, bunun hakkında behemahal etraflıca konuşmak, ihtimal ki ilerisi için çok faydalı olur. Rus ordusunu bendeniz, daha aşağı tahmin ediyordum. Fakat bu Finlandiya müsademesi, ajansların ve dostlarımızın yaptığı propaganda da olduğu kadar, Rus ordusunu zayıf göstermiyor gözüyle bendeniz de o muharebeleri takip ettim. Bir kere, Kuzey tarafı gece olduğu için, uzak mesafe muharebeleri olmuyordu. İkincisi de soğuk, fevkalade olduğu için, ateş muharebelerine imkân olmuyordu. Yani tetik çekmek meselesi mevzuubahs değildi. Onun için, muharebe daha ziyade el bombaları ve süngü hücumlarına inhisar ediyordu. Bizim Plevne'deki mukavemetimizin karşısındaki, bizim Anadolu'daki, gerek harb-i Umumideki ve gerek 93'deki mukabelemiz karşısında kalan Ruslarla bizim vaziyetimiz mukayese edilecek olursa, Finlandiya Müsademesindeki Rusların vaziyeti daha üstün görünür!

Çünkü bizim elimizde Plevne gibi bir kale vardı. Fakat bizim müdafiler daha azdı. Rus ordusu müteaddit hücumlarda muvaffak olamadılar! Romanya ordusundan gayet açık istimdat ederek onların da yardımını aldıkları halde yine muvaffak olamadılar. Gördük ki bizimkiler açlıktan ve zaruretten huruç hareketini yapmak mecburiyetinde kaldıklarından Plevne düştü.

Halbuki Plevne adi toprak kale idi. Onun için, bugün Rus ordusuna kıymet verirken; iyi kumandan ve Erkan-ı Harbiyesi yoktur. Bununla beraber, mahdut saha dahilinde müdafaa vaziyetlerini sıfıra indirmemelidir. Ve taarruz kudretlerini de pek değersiz görmemelidir. İkincisi; Rusların siyasetinde değişiklik görüyoruz. Değişmeler harbin nihayetinde başlamış değil, bu tahavvülü daha yakında görüyoruz. Amilleri nedir? Bunu iyi görmek lazımdır. Avrupa haricinde uzak doğuda tesirleri vardır.

Çin hükümetinin Japonlarla müşterek bir istikamete gitmekte oldukları haberleri gelmeğe başladı. Bu hükümeti gerçi Amerika tanımıyor. Fakat istila altında bulunan yerlerde bir Çin hükümeti kurulması bu Çin halkının bir kudret olarak Japon kontrolü altında görünmeye başlamaları hadisesidir. Binaenaleyh Ruslar, uzak doğudan korkmaktadırlar. Hepiniz biliyorsunuz ki bunları besleyen Ruslardı. Fakat Avrupa'ya dönmelerini temin için Japonlarla ortak bir anlaşma yapmışlardı. Şu halde orada Japonların nüfuzu altında bir Çin hükümetinin kurulması, Avrupa'da Rusların Almanlarla müştereken bir harekete girmesini tehlikeye koyabilir; Eğer bu hükümete bizim dostlarımız İngiliz ve Fransızlar da yardım ediyorlarsa, bunu anlamak gayet mühimdir. Çünkü Rusların nerelerden ve kimlerin eliyle yapılan işlerden korktuğunu göstermiş olur.

Sonra üçüncü bir mesele:

Rusların, Kuzey'de ordularını topladığını görüyoruz, aynı zamanda bize verilen malumattan görülüyor ki, Güney'den ziyade, bu ilkbahar ve yazın İngiliz ve Fransızlar İskandinavya'dan, kuzeyden Ruslar üzerine etkili olacaklardır. Bu sabittir! Çünkü Finlandiya hareketi ve ondan evvelki Polonya hareketi, bunun dünya muvacehesinde İngiliz ve Fransız prestijini çok sarsmıştır. Onların Finlandiya'da müdafaaya iştirak edeceklerini söyledikleri halde, bunu yapamamışlardır. Binaenaleyh bunu ikmal etmek, yarın bu suretle cihan karşısına açık alınla çıkmak, hakikaten düşündükleri bir mesele olabilir. Ve Ruslar da buna karşı oraya bir kuvvet toplayarak siyasetlerinde bir değişiklik göstermiş olabilirler.

Binaenaleyh Rusların bize karşı gösterdikleri, bir uzak Doğu'dan, bir de Kuzey'den gelebilecek tehdit neticesidir. Yani "Stalin'in arzusu şudur;" "Heyetlerin arzusu şudur", budur, gibi noktalar hakkında, bendeniz biraz aykırı mütalaa arz edeceğim.

Evvelce de bilvesile arz etmiştim: Şahıslar, Milyonlarca millet üzerinde istedikleri sahada ve istedikleri surette fikri tahavvül yapamazlar! Ben şahıslarda bu kudreti görmüyorum. Şahısların kudretleri, o milletlere ideal olabilir. Fakat milli idealleri doğuran yegane kuvvet, iktisadi hayattır. Beşeriyyetin doğduğundan bugüne kadar birinci safta gelen amil, güzel ve rahat yaşamak idealidir. Bu amildir ki güçlüyü zayıf üzerine saldırıyor! Bu fikrimi bir kere daha, İtalyanlar Arnavutluk üzerine saldırdığı zaman, arz etmiştim; ve yine arz etmiştim ki, bilhassa bugün bir hesap tasfiyesi karşısındayız. Yani büyük devletlerin kendi idealleri üzerinde yürümesi meselesidir.

İş, Stalin, heyetler, şunu ister, bunu isterden ziyade, şu noktaya dikkat etmek lâzım gelir: Büyük devletlerin tarihi idealleri nedir? Neleri tahakkuk ettireceklerdir? Ve neler üzerinde yürüyorlar? Bunlar etraflı olarak mütalaa edildiği zaman, büyük devletlerin itişip kakışmasında, arada kalan ufak devletlerin üzerlerine teveccüh eden, vazife ile kendisine yüklenilmek istenen rollerin farkını bulması ve ona göre kendisine bir istikamet ve sarahat vermesi lazımdır. Bir gemi, nasıl fırtınaya tutulduğu zaman, yerini tespit etmeden, rota ve sürat verdiği vakit bir meçhule gidip bütün camiasını tehlikeye atarsa; bunun gibi, küçük devletinde bu insanları, bu mevkileri mazideki gibi büyük devletlerin kendilerine verdikleri roller dolayısıyla vazifelerini iyice tespit etmeden, istikbal için mevkilerini tayin etmezlerse, verecekleri sürat ve alacakları istikamet milletleri tehlikeye götürebilir; Tafsilatına girmiyorum, hepinizin malumudur.

Milletler, büyük bir devlet teşkil eder etmez genişlemek istemişlerdir. Amerika'nın keşfiyle beraber istila hayatına atılan denizci devletlerin ne suretle Amerika'nın ve Asya'nın ılık iklimine yayıldıkları malumdur. Yine bundan nasıl, İngiliz ve Fransız rekabeti yıktığı ve Napolyon muharebelerinin ve ondan evvel de Fransızların Kanada ve Hindistan müstemlekelerini terk ettirecek Yedi Sene Muharebelerinin de esası malumdur.

Biz bu kadar derin maziye gitmeyelim; bizim için çok mühim olan ve Avrupa talihinin esaslı çizgilerini çizen, Napolyon'un düşmesi hadisesini göz önüne getirecek olursak, bugünü çok iyi görmüş oluruz. Napolyon, Fransa ordusunun kudreti veyahut Avrupa'daki müstebit devletler ordularının zayıflığı dolayısı ile vaziyete hakim olmuştur. Milletlerin iç ve dış mefkûrelerine hakim olmuştur. Fakat kendisinin sükutu ile beraber, memleketlerde demokrasi ve fikir hürriyeti doğunca, herkes müttefikine doğru yürüyebilmiştir. Biz Fransa, İngiltere ve Rusya gibi üç büyük devletin ittifakıyla karşılaşmışızdır. Ve bizi taksime çalışmışlardır. Mütemadiyen ağızlarında dolaşan 'Boğazlar', bunlar için idealdir.

Ilık sahillere yayılmak ve halkı amele gibi çalıştırmayı hak gibi düşünmektedirler. Fakat Rusların da bu idealle hareket ederek ılık sahillere doğru yayılmak hevesini müşahede edince, diğer büyük devletler Türkiye'yi bu emel önünde bir set gibi kullanmayı düşünmüşlerdir. Navarin'de donanmamızın o devlet tarafından yakıldığı bir zamanda Ruslar emellerini tahakkuk ettirmeğe çalışmışlardır. Bu devletin, Erzurum ve Edirne yoluyla muvaffak olmak üzere bulunduğunu görünce, derhal İngiltere ve Fransa Osmanlıların yardımına koşmuşlardır. Kırım seferinden sonra bize ibret verecek olan bir hadiseyi arz edeyim:

Rusların, Edirne muahedesiyle Kafkasya'ya hakim olmaları ve Anadolu yolunu kendilerine açmaları ve sonra Balkanlardan bir hareketle İstanbul'a gelmeleri ihtimalini gören İngiltere ve Fransa'nın Rusların Kırım'daki üs donanmalarını yakmak için nasıl acele bulunduğunu gördük. Geldiler, ordumuzu aldılar, gittik kaleyi aldık, ve donanmasını yaktık ve limanı yıktık. Fakat bundan sonra Rus siyaseti mühimdir. Diplomatları dediler ki "Boğazların anahtarı Asya steplerindedir." Derhal Hindistan'a teveccüh ettiler. Orada bildiğiniz hadiseler oldu. Buhara, Hive, Hukend Hanlıklarını aldılar. Hindistan kapılarını tehdide başladılar. O zaman İngilizler tekrar Rusların Osmanlılar üzerine teveccüh etmesini ve Boğazlar üzerine yürümesini kendi siyasetine uygun buldu. Ve 93 harbinde gördük ki biz Ruslarla yalnız kaldık.

Çünkü, bununla İngiltere ne yapmış oldu? Rus kuvvetini tıpkı Finlandiya'ya vurduğu gibi, bizi de Plevne'de, Kars'ta vurdurdu. Fakat netice muharebeye kendisi girmedi. Nihayet biliyorsunuz, iş Berlin Muahedesine intikal elti. Berlin Muahedesine bakarsak, ortaya birtakım Eta-Tamponlar çıktı. Doğu'da altı vilayette, bir Ermenistan kurulması, Balkanlarda Bulgaristan, geniş bir Sırbistan ve müstakil bir Romanya kuruldu. Cenuba doğru, kaymak isteyen, gerek Rusya, gerek Almanya gibi iki büyük kuvvete karşı bugünü hazırlamak maksadı vardı.

Demek ki ufak kuvvetler olacak, onlar tensik edilecek ve icabında takviye edilecekler. Neticeye varabilmek için biraz daha tafsilata geçebiliriz. Romanya, Sırbiya ve hani bizim gibi devletlerin, yani küçük devletlerin gözümüzden uzak tutamayacağımız vazifemiz vardır. Kuzey'den gelecek müstevlilere karşı koymak! Çünkü gerek Ruslar, gerek Cermenler girdikleri yerden çıkmayacaklardır. Kendileri, dar yerde kesafet peyda ettikleri için, onlar girdikleri yere, evvela muhacir getireceklerdir. Nitekim Anadolu'ya Alman muhacirleri getirmek için Almanlar, cemiyetler teşkil etmişlerdi. Mesela bizim düzenlemeye geldiklerini zannettiğimiz Goltz gibi generaller bu cemiyetin azalarındandır! Bunun karşısında Ruslar da Basra'ya ve İskenderun'a muhacir getirerek yerleştirmek ve oraları Ruslaştırarak hakim olmak, Çarlığın emeli idi.

Birinci Cihan Harbine girince, bizim dahi rolümüz, Rusların ve Almanların önüne barikat olmaktı. Fakat diğer büyük devletlerin siyaseti bu olduğu halde bunu yapmadılar. Maalesef bize aksi rol vermiş oldular. Küçük devletlerin kendi siyasetlerinin omuzuna düşen vazifesi başkadır. Büyük devletlerin kendi menfaatlerine olarak üzerine verilen rol de başkadır. Bir sahneye çıkan bir aktör, hükümdar rolü yapabilir. Fakat zavallının o gece yiyeceği yoktur. Büyük devletler de küçük devletlere öyle rol veriliyor ki, vazifesi o milletin canını ve menfaatini korumak olduğu halde, üzerine tahmil edilen o roller onu esarete götürebilecektir. İşte birinci Cihan harbi, ki bir tasfiye-i hesap (Hesaplaşma) idi. Yani büyük devletlerin cihana hakim olma yolunu kendilerine açması idi. Orada görülüyor ki, birinci derecede dar sahada bulunan Alman ırkı idi. Fakat biz müsbet-menfi tesir altında idik.

Ilık iklimleri elinde tutan Fransa, İngiltere bizimle birleşerek, bizi de Balkanları da barikat yapmak mecburiyetinde iken, Rus devletini tercih etmek zaruretinde bulundular. Almanların büyük kuvvetinden korkarak bizi feda ettiler. Elimizdeki vesaik gösteriyor ki, Ruslara "Boğazları alın! İskenderun'a inin" dediler. Ruslar da bunu görünce onlarla birleştiler. Zaten bunlar, emelleri idi. Onun için biz mecbur kaldık, Ruslara karşı harp ettik! Harp ettik ama, Almanların yolunu açmış olduk. Almanlar, bundan istifade ederek ne yaptılar? Eta-Tamponlar, bu müstevlilerin öncüsü ve ileri kuvvetleri oluyor. Almanlar, burada kuvvetlerini yaydılar. Zaten İstanbul-Bağdat hattı

Asya yolunu açıyordu. Geçen de arz etmiştim; Lenin'in "Londra'nın yolu Bakü-Musul'dan geçer" dediği gibi, Almanlar da Bağdat'tan geçer derler. Boğazlar açılmış, Mısır-İran hududuna varmışlardı. Eğer Almanlar muvaffak olsaydı, doğrudan doğruya bugün İngilizlerin ve Fransızların korktukları hadiseler daha o zaman başlarına gelmiş olacaktı. Fakat hepimizin bildiği veçhile bu düşünce geriye atılmış bulunuyor.

Eğer muvaffak olsalardı, Almanlar, Hindistan'ı ve Mısır'ı almış olurlardı. Ermenilerin de Eta-tampon vaziyetleri nazarı dikkate alınmalıdır. Ruslar bizim memlekette Konsolos namı altında bulundurdukları kurmayları vasıtasıyla tetkikler yaptırmışlar; bunlar bu tetkikat neticesinde eserler yazmışlar; İspat ettiler ki, bir Ermenistan olamaz! Fakat Ermeni komitelerinin İngilizlerin eline geçtiğini görünce, Rusya siyasetini değiştirdi, Ermenistan lazımdır, dedi. Öyle gizli bir plan yaptılar ki bunu Ermeniler Yüzbinlerce Ermeni feda ettikten sonra 1917'de ancak anlayabildiler: Ermenileri İngilizler Eta-Tampon yapacağına, bunları ben alır İskenderun ve Basra'ya inmek için ileri bir mevzi elde etmiş olurum diye düşündüler. Bu suretle cihan harbinde Rusların, ordusuna yüzbinlerce Ermeni girmiştir. Fakat orada daima Ruslar Ermeni kıtaatın Ermeni taburlarını bize karşı ateş hattına sokmuşlardır.

1917'de Ermeniler hissetti ki, Rusların arzu ettiği, Ermenistan topraklarıdır, Ermeniler değildir! Ermenilerin bulunduğu sahayı Ruslar namına istismar etmektir. Aynı hadiseyi Bulgaristan'da da görüyoruz. Bulgaristan'ın teşekkülünden birkaç sene sonra Bulgarlar gördüler ki, Ruslar Bulgarları değil, Bulgaristan'ı istiyorlar; Bulgaristan'ı seviyorlar! Çünkü Ruslar Bulgaristan'ı yarattılar. Kumandanlar Rus, memurlar Rus, Bulgarları uyandırmak istemiyorlar. İngiltere ise bunu istiyor. İstanbulof barbar bağırdı: Ruslar Bulgarları sevmiyor, Bulgaristan'ı seviyor. O vakit Bulgaristan'da Rus düşmanlığı uyandı. Bütün Rus memurlarını Bulgaristan'dan def ettiler. Almanlar ise sanki kendi ırklarındanmış gibi Bulgarları sevdiler. Ve Alman Prensini başlarına geçirdiler. Onlarda nihayet cihan harbinde Almanlarla beraber Rusların karşısında harp ettiler.

Almanya cihan harbinde mağlup olunca sulh yaptı. Fakat hakikatte mütareke yapmıştı. Bugün, bu vaziyet açıkça görülüyor. Şu halde demek oluyor ki, milli bildiği kuracak, kendi içerisinde ahlak bozgunculuğu, ne varsa onları temizleyecek, ordusunu genişletecek ve karşı tarafı zayıf bulunca, derhal taarruz edecek! Zaten mütarekenin askeri manası da budur! Mütareke denilen kelimenin Türkçesi; mutlaka tarafeyn sulha vasıl olmak için ateşi kesmek demek değildir; Hakikatte zayıf olan taraf, karşı tarafın da az çok zayıf tarafını bularak, tekrar harekete geçmesi için yaptığı bir oyundur.. İşte Almanlar bu oyunu yapmışlardır. İtalya'nın da bundan istifade ederek Habeşistan'a nasıl yüklendiğini, Mısır ve Suriye'nin nasıl tehlikeye düştüğünü görüyoruz. Binaenaleyh bugünün en mühim hadisesi, Birinci Cihan Harbi tasfiye ameliyesini yapamadığından, bu defa yapmağa çalışmaktır. Bu defa, ya kati tasfiyeye gider, yahut da muvazene olmazsa, diğer tarafın mahvını intaç eder.

Almanların ideali nedir? Bu anlaşılıyor. Hitler ideal mi vermiş? Hayır! Onların ideali Alman birliğini yaptıktan sonra, Deniz aşırı olmak şartıyla, karada kendisine mücavir yerlerden akın edip, Hindistan'a, ılık iklime doğru yayılmaktır. Bu Hitlerin değil Almanların idealidir. Harbi umumide bu ideali tahakkuk ettirmek için ellerinde Bulgaristan ve Türkiye gibi devletler vardı. Demokrat devletler Basra'dan, Bağdat'tan kanaldan Almanların önünü kapadılar. Şu halde demokrat devletlerle dost olmak, bu suretle Kuzey'den Kafkasya üzerine yürümek Almanların hedefi oldu. Hitlerin nutkunun esası da budur. Fakat karşı taraf bunu yutmadı. Çünkü Almanlarla dostluk yaparak Rusya'yı Almanların önüne atacak olan İngiltere biliyordu ki, pek yakın atide Rusya'yı izmihlale uğratarak muazzam sanayiiyle Kafkasya'ya oturan Almanların az sonra Basra'ya ve bütün Doğu'ya yüklenmeleri gayet basittir. Şu halde Rusları ezdirmektense, Almanlarla harp etmek, ve Ruslar gelse de gelmese de bu harbi idare etmek lazımdır dediler.

Demek ki, Almanların fikri, ılık iklimlere yayılmak ve berikininki de müdafaa için zayıf olan yerleri takviye etmek suretiyle Almanların yakasına yapışmaktır. İşte bugün pekala İngiltere'nin, Rusya ile Almanya'yı boğuşturacak imkanı varken bunu yapmamıştır, kendisi Almanlarla harbe razı olmuş ve bu suretle Ruslarla Almanları birbirlerine yaklaştırmıştır. Bu hadise hakikaten küçük devletler için uğursuzdur. Büyük devletler kendi ideallerini düşünürler. Onu kendilerine bir vazife olarak almışlardır. "Nereleri tuttumsa oraları benimdir, ve oranın yolları da benim olmalıdır; emniyet altında bulunmalıdır." diyorlar. İngiltere bunu beşeri ve medeni bir vazife biliyor. Fransa keza, Asya'daki ve Afrika'daki kendi yerlerini elinde tutmayı ve bütün Amerika'daki müstemlekelerini muhafaza etmeyi bir medeniyet borcu biliyor. Binaenaleyh bu milletler vazifelerini ifa ediyorlar.

Büyük milletler vazifelerini ifa ederken küçük milletlerin şu veya bu emelleri için değil, bilâkis arz ettiğim kendi büyük emelleri için onlara rol vermektedirler. Matbuatı, siyaset adamları, ve her vasıtasıyla bunları işlemektedirler. Binaenaleyh buradan çıkacak neticeye göre arz ettiğim devletlerin kaynağından gelecek havadis ve telakkileri ve siyasi bazı yüze gülmeleri göze almayarak, küçük devletlerin kendi siyasi düşünceleri icabına göre kararını vermelidir. Mesela Alman aşağıya inmeyi düşünürken, Romen'ler, Sırpların, Yunanlıların ve Türklerin vazifesi bütün kuvvetleriyle buna mani olmaktır. Bizim vazifemiz Rusları ve Almanları memleketimize sokmamaktır! Şu halde bizim vazifemiz savunmaya yönelik bir vazifedir. Son taahhüdümüzde izah edildiği veçhile, bu vazifeyi Balkan devletleri de ifa ederken müttefiklerimiz yardım vadetmişlerdir. Biz de yardımları kolaylaştıracağız. Fakat bu teshili yaparken vazifemizi asla hatırdan çıkarmamak lazımdır.

Bazı zatlar, bazı matbuatımız, görüyoruz ki, bizim orduların Tuna boylarına gitmelerini, Boğazların müdafaa kudreti zannediyorlar. Hatta İtalyanlar Almanlarla beraber harekete geçer ve Mısır'a taarruz olursa bizim Nil boylarını müdafaa etmemizi, hududumuzu müdafaa zannediyorlar. Binaenaleyh bu telâkki "vazife" kelimesinin çok esaslı surette elenmesini zaruri kılıyor. Bugün Tuna boyuna, yahut Kafkas dağlarına ordu gönderiliyor; ve o vazifeyi kendimiz alır da daha kavi olan müttefiklerimiz, daha az vazife alırsa, sonra asıl boğazların ve Anadolu'nun müdafaası gibi vazifelerimizi müttefiklerimiz gelir burada ifa ederler! Müttefik orduların, Türk ordularının mahv ve perişan olmasından sonra, boğazları ve Anadolu'yu müdafaa etmesinin ve hatta muzaffer olarak Kafkasya ve Tuna boylarına geçmesinin ne demek olduğunu çok ince düşünerek dilimize ve kalemimize hakim olmak zaruretindeyiz.

Bir ufak noktaya daha temas edeceğim: Bakü meselesi: Finlandiya ile harp başladığı zamanda hakikaten bir Bakü davası çıkmıştı. İngiliz gazeteleri Ankara'daki genç fikirlerin, Kafkasya harekatına taraftar olduğunu da yazmışlardı. Bu hassasiyet Kafkasyalı bazı vatandaşlar arasında mektup teatisine ve Kafkasya ile alakalı vatandaşlarımızın hamiyetlerine dahi vesile teşkil etmiştir: "Kafkasya'yı bize verirler" diye! Binaenaleyh bu hususta hassas olmamız lazımdır. Aynı zamanda hassasiyetimizi bugünkü hadiseler vesilesiyle hiç bir zaman elden bırakmamalıyız. İngiliz ve Fransızlar belki İskandinavya'ya büyük kuvvetler çıkarırlar. Belki Finlandiya'nın intikamını alırlar. Eğer bu devletler Ruslara bir darbe indirmeğe karar vermişlerse, bunun Kuzeyi Güney'i yoktur. Nitekim Kırım harbinde de Rusya'ya bir darbe indirmeğe karar verdikleri için, Kuzey, Güney düşünmemişlerdir.

Fransızlar Baltık denizinde de harekete geçmek istediler. Şu halde gayri resmi görünen ajans ve matbuattaki Kafkas edebiyatı, zamanla devlet adamlarımıza gelecektir. Nitekim bir sefirimize de söylenilmiştir. Kafkasya hakkında bir iki söz arz etmek isterim: Kafkasya üç milletten mürekkeptir. Ermeni, Gürcü ve Türk. Ruslar mağlup olup ta Bolşevik ihtilali çıktıktan sonra, orada bizim ordu ilerliyordu. Fakat derhal

İngiliz siyaseti hakim oldu. Bakü'ye İran'dan İngiliz kuvvetleri gelmiş ve biz karşımızda bir federasyon görmüşüzdür! Fakat gerisindeki nüfuz, kuvvet tamamen İngilizlerin elindedir.

Mütareke devrine geçelim: Bakü'den İngilizlerin çıkarılmasına rağmen, başka cephelerde bizim ordular da mağlup edildiğinden çekildik. Çekildikten sonra mütareke esnasında Bolşeviklerin Kafkasya üzerine hareketleri görüldü. O zaman İngilizler baktılar ki, kendileri kuvvetle karşı duramayacaklar; çünkü bu memleketlerin içinde Bolşevikler de oturuyor. Taşnak hükümeti hazır, fakat arkasında bir Bolşevik hükümeti de hazır duruyor. Azerbaycan'ın "Müsavat" hükümeti yerinde teşekkül etmiş, Gürcülerin Menşevik hükümeti var, fakat gerilerinde Bolşevik hükümeti hazır. İngilizler, mütarekede İstanbul'u işgal etmişler, her tarafa kıtalar da göndermişler ki, Kafkasya'da oturamayacaklarını anlayınca bizi teşvik ettiler. Kafkas dağlarının irtifaını, geçitlerinin ve oradaki ırkların Rus olmadığını, oranın hakikaten Asya'nın en güzel kapısı olduğunu, tarafımızdan tutulursa İran'ı da Türkiye'yi de kurtarır, dediler.

Bunların hepsi doğru; fakat büyük devletlerin ideali noktasından: Rus giderse İngiltere gelir... Bize o zaman Rawlinson isminde bir zatın teklifidir: "Gidin Kafkasya'yı işgal edin!" İstanbul işgal altında, bizim ordumuzun zabitleri, memleketin münevverleri Malta'ya sevk ediliyor; İşte böyle bir zamanda, İngilizlerin teşvikiyle Azerbaycan'a Ruslara karşı, gönüllü zabitler geliyordu! Hatta sonra İstanbul'dan da tesirler oldu. Ve Heyet-i Temsiliye ile münakaşalar oldu. Bu suretle tarihi bir hakikati arz edeceğim: Gerek Heyet-i Temsiliyemiz ve gerek Ankara Hükümeti, Kafkas federasyonunu yapmak temayülünü göstermiştir.

O zaman Heyet-i Temsiliyede aza idim. Sonra da Edirne Mebusu oldum. Aynı zamanda bütün Doğu mesuliyeti de üzerimde olduğu için, bu işin tehlikesini bildirdim. Hatta Batum, Acara meselesinin, bizi bir gün Ruslarla harbe sevk edeceğinde ısrar ettim. O suretle biz bu işe girmedik. Bunu bilen o zamanki Vekiller heyetinden aramızda bir kaç zatta vardır.

O zaman İngiliz ve Fransızların politikası şuydu: Gerek Rusya ve gerek Almanya, öteden beri arz ettiğim emellerini tahakkuk ettirmesinler! Hindistan ve Mısır'ın kapıları tutulmuş olsun. Musul-Suriye hudutları, geri ve geniş bir hattı müdafaadır. Bir elimizde Kafkasya ve bir elimizde boğazlar bulunsun!

Bize Kafkasya federasyonu siyasetini tevcih ederlerken, diğer taraftan da İstanbul'da bir Hindistan Racası vaziyetinde bir Halifeyi tutuyorlardı. Eğer bu gün buralarını bize terk etmişlerse, zor karşısında terk etmişlerdir! Demek ki, onların da ideali, Boğazları doğrudan doğruya İngilizlerin nüfuzunda tutmaktır. Kafkasları da bilvasıta elinde tutmak, Sonra Fransızlara Türkiye mandasını vererek onları öne almak. Nitekim görüyoruz: Suriye bir tarafın, Irak bir tarafın elinde. Demek ki İngilizler ile Fransızların müttefikleri Rus ve Alman ideallerinin karşısında yoğurulmuş, taşlaşmıştır. Bu iki kuvveti, bu iki el tutacaktır. Şu halde emellere verilecek rol; ya doğrudan doğruya ele alarak, yahut da onları kendi arzuları dahilinde role tabi kılarak, buralarını tutturmaktır.

İstiklal harbinden sonraki çehre nedir? Türkiye İstiklalini kazanmıştır. Şu halde İngiliz ve Fransızların menfaati bizimle dost olmaktır. Bizim de menfaatimiz budur. Çünkü bizim de düşmanlarımız öteden beri bellidir. Bugün, gelin Kafkasya'yı gezin der ama, fırsat bulduğu zaman buradadır! Sonra Almanların propagandalarını da gördük. Hatta istibdat devrinde bize milyonlara mal olan Konya Sulama Tesisatı; oraya Alman muhaciri getirmek esasına göre idi. Sonra ne olursa olsun, görüyoruz ki onlardan da yakamızı sıyıramıyoruz. Acı bir vaziyettir, geçmiştir. Bugün buradaki Ziraat Enstitüsündeki Alman Profesörlerinin neşriyatını gördüm. Daha bir kısmı Türkçeye tercüme edilmemiştir. Gerek orta Anadolu'nun gerek Ankara civarının araştırmaları diye o kadar ince yazmışlardır ki, bir sızım su, ufak bir kulübe dahi bunların tetkik mevzuu olmuştur. Öyle bir hazırlık yapmışlardır ki, Almanya, ilk adımı attığı tarihte kendi müstemlekesiymiş gibi, hiçbir mahremiyeti olmadan içeriye girmiş olur!..

Evvelce de bilvesile arz etmiştim, neden bilmiyorum, bugün Riyaseticumhur orkestrası bile Almanların elindedir. Birinci sazları çalanlar kamilen Almandır! Bunlar çekildiği takdirde göreceksiniz ki eski padişahlık devrinden daha zayıftır. Sonra içim sızlayarak söyleyeyim ki, bugün birçok Türklerin kanları Almandır. Büyük devletler, ideallerine varmak için çok ince işlere başvururlar. Mesela mühtedi olarak yerleşenlerin bir listesini Nüfus Umum Müdürlüğü çıkarıyorsa, memleketimizde kaç Almanın yerleştiği bu suretle meydana çıkar. Büyük devletler bu uğurda çok şeyler yapıyorlar! Müstevliler bunu yaparken arkamızda bekleyenler de aynı kanaldan yürüyeceklerdir.

İskandinavya'da harp patladığını görünce, "oh artık bize harp gelmeyecektir," dememeliyiz! Bizi de Rusya'ya saldırmak için teşvik edeceklerdir. Bu hareketin başlaması için yeter ki zemin hazırlansın! Zemin nasıl hazırlanır? O kadar vasıta vardır ki, bir kısa misal kafidir: Almanlar bize İttihad-ı İslamı nasıl yutturdular? İçimizde kaç kişi İttihad-ı İslam bayrağını açmış yürümüştür! O zaman bağıranlar oldu, ama yapılan propaganda karşısında bir şey yapmak imkânı olamamıştır. Onun için memleketin mukadderatını eline alan Heyet-i Celilenize büyük vazife düşüyor.

Propaganda mahiyetinde olanları, olmayanlarından ayırmak lazımdır. Binaenaleyh, bilhassa matbuat müntesibi arkadaşlar, Kafkasya imiş, Bakü imiş, şu imiş, bu imiş'den ziyade, şu kısaca arz ettiğim şeyleri daha vakıfane bilirlerse de, bizim talihimizi gözden geçirerek; rol mü alıyoruz, vazife mi yapıyoruz anlasalar! Vakıa bizim müttefiklerimizdir ama, bunları ayırmak lazımdır. Onun için bendeniz bir kaç küçük not yaptım. On sene devam eden harplerde bulunduk. Trablus harbi, Balkan harbi, Cihan harbi, nihayet İstiklal Mücadelesi...

Bu harplerde birçok kıymetli unsur kaybettik. Bu on sene devam eden harpler içinde ordunun elini ayağını teşkil eden nice münevver ihtiyat ve muvazzaf zabitler ve insanlar mahvoldu! Ne hale geldi bilmiyoruz! Memleketin ve hatta Türklük aleminin uğradığı zararlar dahi bugün hala telafi edilememiştir. Ne atı kaldı, ne arabası, ne başka hayvanı!..

O halde bu on senede döktüğümüz milyonca kan ve sarfettiğimiz bir çok şeyleri göz önüne alarak, bizim vazifemizi rolden ayırmak için bendeniz şöyle ufak bir şey karaladım:

Birincisi: Kuvvetlerimizi israf etmeyerek tamamen yerinde ve zamanında kullanmak.

İkincisi: Harbin devamı müddetince milli bünyemizin maddeten ve manen aşınmasına meydan bırakmayacak sağlam ve sıkı tedbirler almak.

Üçüncü ve en mühim nokta: İstiklal harbinden aldığımız derslere göre, yeni sulh tesis ederken, siyasi ve malî istiklalimizin müeyyidesini yalnız kendi maddi ve manevi kuvvetlerimizde görebilecek bir vaziyette bulunmak! Maruzatım bu kadardır. (Alkışlar)

AYNI OYUNU OYNAMAK İSTEMEKTEDİRLER

1.6.1940

Hariciye Vekili harici vaziyeti izah etti:

"İşler topa, tüfeğe ve bombaya kaldı" diyerek sözü İtalyanların ne zaman harbe gireceklerine intikal ettirdi. Bu arada şu sözleri kayda değer:

"Şimdi görülüyor ki arkadaşlar, harekâtın seyri ile beraber İtalya'nın siyasi faaliyeti de hareket halindedir. Ve büyük aktör Musolini'nin sahneye çıkması için dekorlarda hiçbir noksan kalmamıştır."

(Fakat dekorlarda hiçbir noksan kalmayışı, ne bu gündü, ne dündü, ne de bir hafta evveldi. Aşağı yukarı 15 - 20 günden beri bütün dekorlar tamamdır.)

İtalyanların harbe girmesi beklenmektedir. Ve büyük aktör Musolini'nin sahnede kendisini göstereceği, bütün dünya tarafından kabul edilmiştir. Şayet böyle bir harp vaki olacak olursa, bu harp ilânı harp şartlarına mübalağalı bir surette İtalya tarafından riayet edilmiş olarak meydana çıkacaktır. Benim kanaatime göre, İtalya eline geçmiş olan büyük fırsattan azami istifade etmek niyetindedir. Yalnız azami istifade etmek niyeti kendisini herhangi bir tehlikeye koymak müşkülünden yakasını kurtaramamaktadır. İtalya bir gün evvel harbe girmek istemiyor. İtalya bir gün sonraya da kalmak istemiyor.

Musolini ve arkadaşlarının sıkı, sıkıya takip ettiği ve çalıştığı iş, işte bu *"günü"* bulmaktır. Bu *"günü"* bulmak ise, bu güne kadar İtalya için basit olmamıştır. Bir gün evvel harbe girmekten korkmaktadırlar. Harbin bitmesine bir gün kalmış ve 24 saat sonra İngilizler ve Fransızların kati olarak mağlup olacağı kanaati İtalya'ya hakim olmuş ise, İtalyanlar derhal harbe gireceklerdir. Fakat bu kanaati edinmeye kadar harbe girmek zamanını 24 saat geciktirmiş olsa ve harp talii... kendiliğinden takarrür ederse, İtalyanların en çok korktuğu şey de son çeyrek saati kaçırmamaktır. Bunun için elinden gelen bütün fedakârlığı yapmak ve diğer taraftan da harbe girmesi lazım olan saati bir dakika geciktirmemek için hadisatı sıkı sıkıya takip etmek!..

İşte böylece bir gün evvel, bir gün sonra arasında Büyük Aktör harbe girip girmeme tereddüdünde devam ederken, belki İtalya için felaketli bir devreye girmek korkusu olduğu gibi, fırsatı da kaçırmamayı düşünmektedirler. Ellerine geçen fırsatı kaçırmamak için çalışmakla beraber, İtalyanların kati olarak yenmiş olmaması kanaatinden neşet etmektedir.

İtalyanların faaliyeti kadar olmamakla beraber, yeryüzünün diğer bir kıtasında da Sovyetler, memleketlerinde de yine hadisatı Harbiyye ile alakadar siyasi faaliyetler olmuştur. Sovyetler memleketi içinde ve etrafında yapılmış olan faaliyetlerde sizlerin dikkatinizi celbetmesi iktiza eden mühimce noktalar şunlardır:

Evvela taarruzun ilk günlerinde İzvestia ve Pravda gazetelerinde Rus ricalinin efkârını ihtiva ettiği tahmin edilen ve aşağı yukarı mana ve meal itibariyle birbirine çok yakın olan iki makale intişar etmiştir.

Bu makalelerde tarafsızlığın bundan sonra herhangi bir mevcudiyet, kurtaran nesne olmadığı, küçük devletler için, büyük devletlere alet olmanın fena akıbetler tevlit ettiği, yine de: "Müstakil olursanız yok olacaksınız; büyük devletlerden birine alet olursanız (yine) yok olacaksınız; kezalik bitaraf kalmak isterseniz, bu modası geçmiş olan sanat, sizi öldürecektir!.."

Hülasa, bütün makalenin yekün-ü umumisinden mantıki bir netice, vazıh olarak görülememekle beraber, aşağı-yukarı küçük devletlere karşı *'ölümlerden ölüm beğenmek mecburiyetindesiniz'* diyen bir üslup mevcut idi. Bizim oradan edindiğimiz intibalara göre yazı, satırları arasında, kâfi derecede vazıh olmamakla beraber, Sovyetler bununla, kendileriyle beraber olan devletlerin hayat ve istiklallerinin baki kalacağı, ve misal olarak Litvanya, Letonya ve Estonya gibi devletlerin elyevm yaşamakta olduklarını göstermek zehabını edindik. Mamafih bu resmi bir mana değildir. Sadece kordiplomatik arasında yapılmış olan dedikodu mahiyetindeki sözlerdir." Dedikten sonra Rusların garp hudutlarında büyük yığınaklardan (Romanya ve Polonya) ve Almanlarla Sovyetler arasında gün geçtikçe emniyetsizlik havası artmakta olduğundan bahsetti. Sonra şunu söyledi:

"Rusya, garp devletleri arasında bir boğuşma istiyor. Ve bunun için elinden gelen teşvikleri yapıyordu. Fakat bunların herhangi birisinin ağır basması ihtimali karşısında derhal ihtiyatlı bir lisan kullanmak zaruretini hissediyor.

Bundan başka arkadaşlar, oradaki Sefirimizin koymuş olduğu bir teşhisi vardır ki, o teşhise bendeniz de tamamen iştirak etmekteyim; bu teşhise göre, Sovyetlerde değişmiş bir şey yoktur! Onlar, geçen yaz oynamış oldukları herhangi bir oyunun, iktiza ediyorsa; icap ediyorsa, lazım geliyorsa, derhal ikinci perdesini ve mümkünse üçüncü perdesini ve böylece müteakiben ve art arda aynı oyunu oynamak istemektedirler.

İngilizlerle konuşmak istemeleri ve konuşmaları, bize rest çektikleri yerde dostluk tezahürü yapmaları ve bu tezahürü gayet açık bir manada ve tabirde tekrar etmeleri, Fransızlarla Tiyeslot'u davet etmeleri ve onlarla konuşmak istemeleri, bunların kuvvetin eline geçmesi ihtimaline binaendir.

Hulasa bütün bunların kaffesi ele geçirecek fırsatı azami derecede istismar etmek için almış oldukları tali derecedeki tedbirleridir. Onların nazarında kapitalist devlet, emperyalist devlet vardır, onun nazarında Bolşevik dini aleyhinde cemaatler vardır! İcap ediyorsa, bu cemaatleri birbirine kırdırmak, icap ediyorsa sağa temayül ederek solla bozuşmak ve icap ediyorsa, sola temayül ederek sağla bozuşmak ve fakat nihayet sadece kendi program ve kendi hedef ve kazancını düşünmek!..

Bizim arkadaşımızın kanaatine göre Sovyetler, hakikaten Almanlarla iyi bir halde değildir, Almanya'ya sevk edilen trenlerde, sabotaj hareketi sık sık görülmektedir. Sovyetlerin müsaadesi olmadan Almanya'ya giden gıda ve iptidai madde yüklü hatlar üzerinde, sabotaj yapmak, Sovyetler memleketin de kimsenin haddi değildir. Bunun için deliller mevcuttur. Muhakkak ki Sovyet hükümetinin müsamahası ile yapılmaktadır. Şayet İngilizler ve Fransızlar, Alman akınını durdururlar ve Almanların tutumlarından şüphe ederlerse, İngiliz ve Fransızlarla temaslar yapıp Almanya aleyhine dönebilirler. Fakat şimdi kati olarak ne Almanya ve ne de İngiliz lehine dönmek zamanı değildir! Sadece kendi oyunlarını daha iyi oynamak ve hadiselerin yaratacağı fırsatlardan istifade ederek kendilerine mukayyet olacak hareketleri birbiri arkasına dizmektir.

İşte arkadaşlar, iki memleket üzerindeki hareket ve faaliyetlerin mühim kısmını bunlar teşkil etmektedirler.

Bundan sonra Alman sefiri Von Papen'in Reisi cumhurumuzla mülâkatını anlattı:

Ticaret Muahedesi akdinin, vakit vakit ileri geri gittiğini, şimdi de ilerlediğini, Almanların krom istemek hususundaki ısrarını, fakat satılmış olduğunu verilemeyeceğinin

bildirildiğini ve onun üzerine Reisicumhurdan mülakat iste-
diğini ve kendisinden şikayet ettiğini "Fakat diplomat ince bir
adamdır. Müracaatına bir şikayet manzarası vermekten çok
uzak tutmuştur. Sadece iltica eden ve yalvaran bir lisan kul-
lanmıştır."

HAZIR OLDUĞUMUZU BİLİRLERSE TEHLİKE
BERTARAF OLUR

2.7.1940

General Kazım Karabekir (İstanbul)

Muhterem Hariciye Vekilimiz buyurdular ki, mantıkî ola-
rak Sovyet Rusya'nın bizden bir şey istemeğe yüzü yoktur.
Hakikaten bu doğrudur. Çünkü biz onlarla Almanların ve
İtalyanların ve kendilerinin de geçen Cihan Harbi sulhu için
iddia ettikleri gibi herhangi bir baskı ile mukavele yapma-
dık. Tamamıyla taraflar, tehlikeli anlarda, istiklalinin mevzuu
bahis olduğu bir zamanda, sırt-sırta vererek istiklâlimizi kur-
tarmak için gönül rızasıyla mukavele yaptık. Fakat şayet hadi-
selerin bilinen ve bilinmeyen, mantıkla hiç alakası olmayan bir
takım zuhurat çıkarsa, ona karşı da ordumuzun ve milletimi-
zin yekpare olarak hazır bulunduğunu söylediler. Bu nokta
üzerinde birkaç söz söylemek istiyorum: Malumdur ki, harp,
diğer siyasi işler, emekler, fikirler, çalışmalar, didişmeler, hiç
fayda vermezse; o zaman müracaat edilecek bir vasıtadır. Hal-
buki Hariciye Vekilimiz bize doğrudan doğruya Sovyet Rus-
ya'sının böyle bir talebi vuku bulursa, hemen orduyu ve har-
bi ortaya çıkardılar. Soruyorum, acaba biz hadiseleri, şuursuz
hadiseleri bekleyerek ordumuzu çıkarmak mı faydalıdır? Yok-
sa bu hadiseler, bizim aklımızdan geçtiğine göre, buna kar-
şı alınması lazım gelen siyasi tedbirler yok mudur? Bu, bir...

İkincisi: Biz İngiltere ve Fransa ile ittifak yaparken hakikaten
kara ordularında Fransa'nın azametini ve yaptıkları milyonluk
yığınağı askeri gözle dahi tetkik ederek, onların mukavemeti-
nin daha çok olacağını ve hatta galebe ümidini dahi besledik.

Onlar ufak devletleri garanti ettikleri gibi, hatta bu kürsüden Hariciye Vekilimizin buyurdukları gibi, ordu kumandanları diyorlar ki; Ne duruyoruz! Alman ordusunu buluncaya kadar yürümeliyiz! Tuna boylarına kadar gidelim. Halbuki Alman orduları kendilerini aradığı zaman çabuk kayboldular. Bu bize misal vererek diğer müttefiklerimiz olan İngilizlerin de askeri ve milli mukavemetlerinin derecesini hassas bir surette ölçüyor muyuz? Ve bu ölçüden ne intiba alıyoruz? Bu iki suali rica ediyorum? Bunun üzerinde çok mühim bir surette durulmasını lüzumlu görüyorum.

Hariciye Vekili Saraçoğlu: (İzmir)

Muhterem Mebus Kazım Karabekir'in diğer arkadaşlarla beraber dinlemiş olmaları lazım gelir ki, ben Ruslarla sabahleyin bozuşuruz ve hemen de ordumuzu gösteririz gibi bir tabir ağzıma almadım. Tamamen dostluğumuzun tarihçesini yaptım. Felâkette birleştik dedim. Hissi tarafları da var, dedim. Müttefiklerimiz müşterektir, tamdır. Rusya'ya karşı, daima hassas davrandık. Her mukavele mevzuu bahsolduğu zaman, onları memnun edecek kadar çok dikkat ettik. Ama bunların biz karşılığını hissetmedik dedim. Bu da bir vakıadır.

Balkan Paktında 'Ruslarla karşı karşıya gelmeyeceğiz' diye itiraz kaydı koyduk. Rusya'nın bir teşekkürünü almadık. Yani Pakt'ta da Rusları şart koyduk ve ilk günden itibaren kendilerini haberdar ettik. Bilmukabele kendileri de bunu yapacaklarını söylediler. Ben bu sözleri burada açığa vuracağım sırada, bu sözleri burada söylemiş olan adam, 'yanlış anlamış olacaksınız' dedi. Bundan anladığım, Ruslarla bütün kapıları kapamak istedikleri şeklinde bir mana idi. Buna rağmen üçlü muahedeye, Ruslar hakkında itiraz kaydını yine ilave etmiştik. Ruslarla vaki olan temalarımızda kendilerine icap eden avansları veriyoruz. Fakat mütemadiyen vermek ve karşılığında bir şey almamak ve vermekte devam etmenin, bizi, onun kumandasında olmak gibi tehlikeli bir yönü vardır, ('doğru' sesleri) Biz, Sovyetlerle dostluk istiyoruz. Dost olmak için, bugün de çalışmak niyetindeyiz. İstikbalde dahi müşterek menfaatlere istinaden dostluğu kurmak için fırsat kaçırmayacağız. Bütün bunlara rağmen, bir taraflı çalışma netice vermez. Müspet netice vermek için, karşı taraftan da bir çalışma, ve temayül olmak lazım gelir. Elyevm bu temayülü görmediğimizi muhterem Meclis Azalarına, hakikati bütün çıplaklığıyla arz etmeyi bir hizmet telakki ettim. Çalışıyoruz ve çalışacağız. Bu çalışmaya devam ediyoruz, dedim.

Bütün bunların içine bir şey daha koydum: Dedim ki, Sovyetlerin dostluk tezahüratımıza, ileri münasebet mesaimize mukabil hareket yapmamaları, ihtimaldir ki "İngiliz müttefiki olan Türklerle dostluk yapmak, Almanları tahrik eder" gibi bir mana da mevcut olabilir. Böyle ise, yakın bir gelecekte Sovyetlerle Türklerin dostluk münasebetleri bir emrivaki olacaktır. Bütün bunlara rağmen, somurtkan simalarının arkasında bir arzuları varsa hazır olmamız lazımdır. Hazır olduğumuzu bilirlerse, tehlike bertaraf olur, dedim. "Ruslarla dostluğumuz bozulmuştur. Ordular yürüsün" böyle bir şey demedim. Elde bulunan ve aklın erdiği imkânların bir bir kullanıldığına ve bundan sonra da hepsinin bir bir kullanılacağını tekrar etmiştim. Tahmin ediyorum ki muhterem milletvekilleri, tamamen beni anlayamamış olacaklar. Onun için, bu ciheti söylemiş bulunuyorlar. Ve yine tahmin ve ümit ediyorum ki, şimdi kendilerini hiç değilse tatmin etmiş sayılabilirim. "İngiliz orduları, tıpkı Fransız orduları gibi, çürük bir yumurta mahiyetinde gibi, yıkılmak ihtimali vardır" tarzında bir şey söylediler...

General Kazım Karabekir:
Böyle bir şey söylemedim.

Hariciye Vekili: (devamla)
Yahut müsaade buyurun, anladığımı başka türlü ifade edeyim. Fransızlar Selanik'ten başlayarak Almanları arkadan vurmak istemişler. Halbuki Alman orduları Selanik'te vurulmak

değil, Fransa'yı bizzat Fransa içinde vurdu. İngiliz ordusu için de böyle bir ihtimal sabit olabilir. Bunu nazar-ı itibara alıyorlar mı? dediler. Sualiniz bu değil mi Paşam? Eğer iyi anlayamadıysam lütfen tekrar buyurun.

General Kazım Karabekir:

Aşağı yukarı budur. Yalnız Fransa'da olduğu gibi yanılmayalım, İngiliz ordusu ve İngiliz milleti hakikaten sonuna kadar dedikleri gibi mukavemet edecek midir? Biz bu lâfları mı kabul edeceğiz? Yoksa Hükümet esaslı surette tetkik etmiş midir?

Hariciye Vekili: (devamla)

Hakikaten dedikleri doğrudur. Fransız orduları ve Fransız Kumandanları Selanik'ten girerek Almanya'yı mağlup etmek için Almanları arkadan vurmak fikrini taşıyorlardı, ve bize söylüyorlardı. Ve hakikaten denildiği gibi bu adamlar yurtlarına gittiler, bütün ordularıyla karşı karşıya geldiler, hiçbir aklın ermeyeceği kadar, hatta Almanların hayaline dahi sığmayacak bir hakikat mahiyetinde Fransız orduları, bir hafta içinde yok oldular. Böyle olmakla beraber, İngilizler de acaba aynı vaziyette mi? Mütalâa tamamen askeri bir mütalaadır; Paşanın bunu herhangi bir Hariciye Vekilinden beklememesi iktiza eder.

Askeri olmakla beraber, siviller tarafından da konuşulacak tarafı mevcut olsa gerektir. İngiliz orduları, Fransızlar gibi 24 saat zarfında yok olacak mahiyette ise ve bunu tek İngiliz görmüyorsa, bir tek İngiliz'in görmediği bu hakikati, Türkiye Hariciye Vekilinin görmesi pek imkân tahtında olmasa gerektir. İngilizler bunu görüyorlarsa, şartlar ne kadar ağır olursa olsun, sulh yapmak lazımdır, diyen İngiltere Hükümeti, Fransa yıkıldıktan ve Almanlar, İtalyan kuvvetlerini aralarına aldıktan sonra diyor ki, ben bu adalarda harp edeceğim! Ve harbi galip olarak bitireceğim!

İngilizlere inanılırsa kendileri galip gelecektir. Almanlara inanılırsa, İngilizler de Fransızlar gibi yok olacaktır! Nihayet bazı farklı fikirler de İngiltere Almanya'yı yenmeyecek, Almanya da İngiltere'yi yenmeyecek ve pata kalacaklardır. Şimdi, pata kalmaları veya iki taraftan birisinin galibiyeti ihtimalleri, herhalde bütün dünyayı bir tarafa çekecek kadar kuvvetli bir cephesi yoktur. İtalya ve Almanlar galebenin kendilerinde olduğunu söylüyorlar. Amerika ve İngilizler galebenin kendilerinde olduğunu söylüyorlar. Farklı efkâr da bunları -arz ettiğim gibi- müsavi şartlar dahilinde birbirini yenemeyerek bir kompromi sulh olması ihtimalinden bahsediyorlar. Nihayet bu üç ihtimalin üçü de ayrı ayrı imkan dahilindedir. Ve aşağı yukarı birbirine müsavi olan ihtimallerdir.

İngilizler galip gelirse, İngilizler mağlup olursa, İngilizler müsavi olursa!... İngilizler mağlup olursa şimdiye kadar takip ettiğimiz politikamız bizim memleketimize harp kıvılcım ve ateşini getirmeyeceği gibi, İngiliz İmparatorluğunun yıkılması da bizim memleketimize harp badiresini getirmeyeceği kanaatindeyiz. Ve buna çalışacağız. İngilizler galip gelirse -ve hatta harp kazançlarına ortak olmak için- memleketi harp badiresine sokmayı düşünüyoruz. Müsavi gelirlerse, o takdirde bizim kıymetimiz her iki tarafta müsavi olacaktır ve bundan memlekete fenalık gelmeyecektir. Hulâsa arkadaşlar, İngilizlerin galip gelmesi ihtimalinin son gününe veya Almanların galip gelmesi ihtimalinin son gününe ve nihayet berabere kalarak bir kompromi sulhu yapmaları ihtimalinin son gününde Türkiye'yi bütün kuvvetiyle bilfiil sapasağlam kurtarmak politikası takip ediyoruz. (Alkışlar)

Cevdet Kerim İncedayı: (Sinop)

Bu buyurduğunuz izahata müteşekkiriz. Böylece o günü beklemek için her gün milli bünyenin genişlik nispetinde müdafaa kabiliyetimizi arttırırken, bir tecavüze uğrarsak ne olacak? Lütfen buna da cevap verir misiniz?

Hariciye Vekili: (devamla)

Bütün Türk milleti ayakta kalacak ve tek adam gibi bütün tehlikelere karşı koyacaktır. (Alkışlar)

General Kazım Karabekir:

Ruslar hakkındaki maruzatım aynıdır. Belki yanlış telakki buyurular. Zabıtları okuyabilirler. Hükümetimizin tamamıyla doğru hareket ettiğini ve Ruslar makul hareket edeceklerse, bizden bir şey istemeyecekleri yolundaki aynı beyanatı teyit ettim. Sorduğum sual şudur: Ruslar, bir gün gelip de hiç mantığa uymayan ve Hükümetimizin bütün mesaisine rağmen, böyle bir talepte bulunmaları gibi bir hadiseyi bekleyip de o hadise vukuunda derhal vesaitini mi kullanmak lazımdır. Yoksa şimdiden kullanılacak siyasi vasıtalar yok mudur? dedim. Sonra, askeri kudret hakkında tabii sualim, yalnız Hariciye Vekiline değildir. Ve Hariciye Vekilimiz de hiç şüphesiz orduların kuvvet ve kudreti hakkında her an Genel Kurmaylıktan ve Milli Müdafaa Vekaletinden lazımı kadar malumat almış bulunurlar. Bizim beyanatımız hiç şüphe yok. bildiklerimizden, okuduklarımızdan ve gördüklerimizden ibarettir. Fakat işin doğrusunu, elbette ki hükümetimiz bilir. Hariciye Vekilimiz de Orduların kudret ve kuvvetini, bulunduğu mevkiin mesuliyeti derecesinde bilir.

Bendeniz şunu söylemek istiyorum ki, bu Cihan Harbinin tamamıyla dönüm noktasındayız. İlk vaziyet başladığı zaman yine bu kürsüden birçok arkadaşlar arasında bendeniz de birçok mütalaalarda bulundum. Rus-Alman Birliğinin görülen birçok şekilleri hakkında endişemi izhar ettim. Fakat Fransa'nın çabuk yıkılması, Almanların İtalya ile beraber müttefik surette fiili sahaya atılması, Avrupa'da Rusları tedhiş ettiği gibi Almanları da harbin ilk safhasında olduğu gibi, Ruslara mütemayil bırakmaz. Şu halde olabilir ki Almanya'nın siyasi cephesi değişmiştir. O kadar değişmiştir ki, Fransa'nın dahi Alman ittifakına gireceğinden bahseden birçok siyasi salahiyet sahibi adamlar günden güne bu ihtimali olgun bir halde gös-termektedirler.

Fransa'da biliyoruz ki, harpten evvel üç mühim cereyan vardı. Biri Almanlarla anlaşmak, biri Lâtin Hemşireler cereya-nı; biri de gördüğünüz neticedir. Bugün, Fransa'da bu neticeyi doğuran adamlar işin başından çekilmiş ve memleketten kaç-mış bulunuyorlar. Fransa'nın da Almanlarla müttefik olması durumunda kalabiliriz. Bu halde Rusların, böyle kurduğumuz -uzak dahi olsa- bu fikri, başlı başlarına istemeyecekleri tama-mıyla meydandadır. Almanya'nın, yalnız İtalya ile müttefik bulunduğu bir şey istemedikleri halde onların arzusu hilafı-na Avrupa'nın yeniden tanzimi şeklinde Rusların şunu bunu istemelerine maddi imkan yoktur. Fakat daha evvel, bu muay-yen zümre ile anlaşmış olmaları ihtimali de vardır. Bunun için sırf Ruslarla karşı karşıya konuşup memnun etmek ve mem-nun olmazlarsa, kuvvete müracaat etmek değil, kulaklarımızı açarak bu istikamete vermek ve Rusların Almanlarla anlaşma-sını ve bu tehlikenin üzerimize gelmesini önlemek bir mesele-dir. Tamamıyla Hariciye Vekilimizin buyurdukları gibi, aynı şeyleri söyledim: Sonunda vuruşacağız. Bunları istemesi gayri mantıkidir. Fakat birinci safhada Ruslar, Almanları memnun ederek bazı kazançlar elde ettikleri gibi, ikinci safhada da biz böyle uzakta, lakayt kalarak ve evvelce ittihad ettiğimiz Fran-sa ordusu gibi, yarın İngilizlerin de böyle bir çöküşü karşısın-da, olmasın ki, Ruslar böyle bir anlaşma ile bu talebi bizden istesinler, endişem budur arkadaşlar.

Hikmet Bayur: (Manisa)

Kazım Karabekir'in sözlerinde bir cihet vardır. Benim anla-dığıma göre, şunu söylemek istiyorlar; 'biz yaptığımız ittifakla da hata ettik. Ve o vakit göremezdik.' Hadisat hata ettiğimizi göstermiştir. Bu hatada devam edecek miyiz? Ve daha büyük tehlikelere maruz kalmaz mıyız? 'İş buradadır. Buna Harici-ye Vekili cevap vermemiştir. Ben kendi düşüncelerimi söyle-mek isterim: Çünkü bu gerek meclis içinde ve gerek dışarıda çok söyleniyor. Halbuki bu zayıflatıcı bir propagandadır; ve söylenmemelidir.

Hakikati dobra dobra söylemek istersek, şuna varırız: Karşımızda iki gurup vardı. Tok canavarlar gurubu, aç canavarlar gurubu. Biz tok canavarlarla beraber olmayı tercih ettik. Bundan tabii bir şey yoktur. Şimdi, İngiliz - Fransız gurubu bizim en zayıf, en ölmüş bitmiş zamanımızda üzerimize çullanıp yok etmek istediler. Biz çarpıştık, muvaffak olduk. Ve galip geldik ve mevcudiyetimizi onlara tasdik ettirdik, onlar da "Türklerin boyunun ölçüsünü aldık" dediler. Zaten o kadar almışlardı ki, toktular. Esasen bugünkü harp başlamadan evvelki Dünya seyri böyle kalsaydı, onlardan bize tehlike melhuz değildi. Öteki gurup bunun aksi idi, ve aksidir. Bir defa bilirsiniz, Balkan Harbinden sonra, Osmanlı Asya'sı paylaşıldı ve bu Asya paylaşıldığı vakit, biz Almanya ile dost idik; resmen müttefik değildik. Fakat Hükümetimiz ve Erkân-ı Askeriyemiz Almanya'yı tuttular. Mahmut Şevket Paşa ve sairlerinin nüfuzu ile az çok Alman nüfuzu cari idi. Bu yüzden, öbür gurupla düşmandık. Alenen değilse de soğukluk vardı.

Rusların o tarafta olması, ayrıca tesir ediyordu. Almanya'nın, Bağdat Demiryolları siyasetini kırmak için, paylaşma anlaşmaları bile olmuştu. Bu anlaşmalarda İzmit'ten Anadolu yaylası Musul'a kadar, Almanların idi. Alman Büyükelçisinin bu hususta raporları vardır. Bunlar resmi vesikalar arasında neşredilmiştir. Büyükelçi der ki: "Biz bu anlaşmalarla büyük şeyler temin ettik. Ankara, Eskişehir, Afyon, Konya ve Bağdat Demiryolu mıntıkasının bir kısmı, Urfa vesaire bize verilmiştir. Bundan başka Adana ovası da vardı. Bu ovada biz yerleşemeyiz. Havası müsait değildir. Fakat zengin pamuk mıntıkasıdır. Bu bakımdan bunu kazandık." der. Yapılmış, imzalanmış ve Büyük Harp çıkınca kalmıştır.

İtalya'nın, İzmir ve Antalya mıntıkaları üzerindeki emelleri herkesçe malumdur. Şayet Almanya-İtalya gurubu galip gelirse ve galebe de Fransa'nın yenilmesi gibi çabuk olursa, yani İngilizleri de Almanlar yıpratarak yenerse, biz şöyle kalacağız, böyle kalacağız... Hayır. Nasıl ki Yugoslavya, Romanya, Alman menfaat mıntıkasıdır. Türkiye de Alman ve İtalyan istihkam mıntıkasıdır. Biz bunu düşünerek davranmalıyız. Yani iş şaka değildir. Harpten zinde çıkarsa bunu yapmaya başlayacaktır. Biz bunu önlemek için bu işe girdik. Yani sonunda Almanya- İtalya zaferi kati ise ve kolay olacaksa, bizim de başımıza felaket gelmesi katidir. Ama biz uğraşırız, yaparız, fakat hatırımızdan çıkmamalıdır ki, İngiliz ile, Fransız ile anlaşırken bunu düşünerek anlaştık. Bunu daima düşüneceğiz. Dolayısıyla memleketimizde biz ne yaptık? Böyle bir şey var mıdır? Biz bu işe bir felaketi önlemek için girdik! Biz İngiliz ve Fransız ile ittifak etmeyip, Almanlarla bile ittifak etseydik, yine vaziyet budur. Zavallı Danimarka, zavallı Felemenk kime ne zarar vermişti? Bunlara Almanya saldırmazlık misakı teklif etmiş ve bunlar da kabul etmişlerdi. Zavallılar uslu uslu oturuyorlardı. Ne vakit ki icap etmiştir; kendilerine çatılmıştır. Bizim vaziyetimiz, sıra beklemek vaziyetidir. Bunu bilelim. Bu demek değil ki, ateşe atılalım; Kuvvetimizi fuzuli olarak yıpratalım! Ama akıbetimiz budur. Ona göre hazırlanmalı ve tedbir almalıyız.

General Kazım Karabekir:

Efendim, hepimizin kalbi, vicdanı şüphe yok ki bu memleketin evladını ancak lazım olduğu zaman harbe koşturur. Onun içindir ki, her millet, kendi Hariciyesine büyük ehemmiyet verir. Ben burada şu endişe ile haykırıyorum: Bugün Fransa birçok milletler gibi bizi de garanti ettiği halde... (Asla.. sesleri) sulh yaparken bizi düşündü mü? Biz şimdiden bir şey yapmayalım, neticeyi bekleyelim. Herhangi bir hadise zuhura gelince, ordumuzu mu çıkaralım? Meselesi nereden çıktı? Ruslar bir gün bize cephe alırlarsa, tabii ordumuzu çıkaracağız. Bu orduyu ne için besledik?

Fakat orduları cephelerde harbe sürmezden evvel yapacakları politika oyununda Rusları serbest mi bırakalım? Ruslar bizden yalnız başlarına bir şey isteyemez. Bunu tabiatıyla Fransa'nın da girmesi muhtemel olan bir Avrupa manzumesinde arayacaklardır. Binaenaleyh şundan da endişe edebiliriz ki, bugün Fransa mağlup oluyor ve büyük felaketler içinde bulunmakla beraber, o Avrupa camiasına dahil olduğunu görüyoruz. Neden endişe etmeyelim ki, İngilizler de bunu yapar. Korktuğum budur. Hikmet Bayur diyor ki: Biz harp yaparız. Ben o davanın başında bulunmuş bir arkadaşınızım. Arkamda efrat kaputu vardı. Mısır ekmeği yedim. Sonuna kadar vazifemi ifa ettim. Ve yine de ifadan geri kalmam? Mesele o değildir. Mesele ordunun kuvvet ve kudreti meselesi de değildir. Ordunun kuvvet ve kudreti yerindedir. Esas mesele, politik nokta-i nazardan yalnız bırakılmaklığımız meselesidir, ki mühimdir.

Bizi yalnız bırakacaklarsa, politikanın ne hizmeti vardır. Bugün Avrupa'da yeni bir hava esiyor. Burada çok hassas davranmalıyız. Hatta müttefikimiz İngiltere'nin kuvvet ve kudretini propaganda mahiyetinde değil, daha derin dinlemeliyiz. Rusların kimlerle el ele vererek, kimlerden kuvvet almak istidadında olduğunu anlamalıyız. Yoksa içimizde harpten çekinecek kimse yoktur. O vakit biz de toptan cepheye gidelim diye teklif ederiz. O vakit, esasen siyaset yoktur. Ölüm ve istiklal vardır.

Cevdet Kerim İncedayı: (Sinop)

Efendim, ben bir şeyin vuzuh bulmasına ihtiyaç olduğu için huzurunuza çıktım. Olgunlaşmış bir mevzu üzerinde söz almış bulunuyorum. Kazım Karabekir arkadaşımızın bazı mütalaaları beni buna mecbur etti. Avrupa harbi başlamadan evvel vaziyetleri hep bir arada uzun uzadıya aylarca muhtelif gurup ictimalarında konuşup vardığımız netice, bugün ilhak ettiğimiz gurubun vaziyetiyle neticelendi. Dünyanın siyasi muvazenesi değişti, Başka hakimiyetler zuhur etti. Ergeç bir tehlike Türkiye'ye teveccüh ederse, son çare olarak milletçe ayaklanacağız. Ama bugünden bu değişen ahval içinde yeni bir takım siyasi tedbirler alamaz mıyız? Bunların çarelerini bulamaz mıyız? Benim anladığıma göre, beyanatları böyledir.

186 • Kazım Karabekir

Yani acaba bugün mütekabil verimlerle Almanya'yı memnun edici, kırgınsa, memnuniyeti celbedici hareketlerle o manzumeye girmek imkânı var mıdır? Hükümet bunu arıyor mu, aramıyor mu? Ben sayın arkadaşımızın sözünden böyle bir şey ihsas eder gibi hissettim.([11])

General Kazım Karabekir:
Manzumeye girmekten bahsetmedim.

Cevdet Kerim: (devamla)

Yani aşağı yukarı.. Şimdi ben bir şey arz etmek istiyorum. Demin Hikmet Bayur arkadaşımızın da söylediği gibi; Yeryüzünde iki manzume hasıl oldu: Birisi Fransız-İngiliz, diğeri İtalya-Almanya. Geldik, düşündük, ettik, hangi tarafa girelim? Birisi tok, bizimle uzun asırlar boyunca münaferet ve münazaatı almayacak bir gurup olmalı, bunun içine girip de ötekilerle çatışırsa, zaten benim yurdumun üzerinde emelleri belirmiş olan düşmanlar daha yıpranmış olarak gelir. Ve neticede birinci tarafa girdik. Şimdi o taraf şöyle oluyor, böyle oluyor. Şimdi şu suali sorabilir miyim? Biz bugüne kadar bitaraf halde idik. Ve bu anda Fransa yıkılmıştır. İngiltere şu vaziyette, diğer tarafta şu vaziyette; burada konuşsa idik, durmayalım, bu manzumenin içine biz de girdik diyebilir miydik? Ben kendime söylüyorum. Diyemezdik.

Yine bir yere dönüyorum. Arkadaşlar, bize bu ittifakı yapmazdan evvel, İtalyanların Türkiye hakkındaki amalini sarahatle bilmeyen Türk çocuğu var mı? ('Yoktur' sesleri) Ancak bu kombinezon neticesi Fransa yıkıldı. İngiltere bozulursa, bir zaman için daha geniş servet menbaları eline geçeceği için bilakis İtalya benim üzerimden uzaklaşır, benim İzmir'imden, Antalya'mdan daha geniş yerlere gider. Tehlike uzaklaşmış olur. İtalya'nın Türkiye için ebedi ve ezeli bir düşman

---

11 Mesele, Rusların bizden üç vilayeti ve Boğazların müşterek olmasını istemeleri tehlikesine karşı, Rusya'ya yeni manzumenin tekabülünden istifade meselesidir.

olduğunu ortaya koyduktan sonra, ele Almanya'yı alalım.

Harb-i Umumide, biz, onun hayat memat davasında Almanya'nın yanında, bütün sadakatimizle yer aldık. Sayın General bilir. Alman kumandanları Türkiye gibi müşterek bir zaferi istihsal için müttefik bir ordu vaziyetinde stratejik, taktik icapların lüzumuna göre kullanmak istemediler, başımıza geçen Generalleri bir müstemleke gibi bizi kullanmak isteyerek diğer taraftan da akıbeti, ne olacağı belli olmayan bir savaşı idare ettiler. Hepiniz pek iyi bilirsiniz, bir müstemleke gibi nasıl kullanıyorlardı. Bu cahil herifler, sonra daha o günlerde Kapitülasyon meselesi mevzuubahs olduğu zaman, müttefikiz, omuz, omuza kan akıtıyoruz, ilk itiraz eden, kapitülasyonlar kalkmaz diyen Almanya değil mi? Sonra harp daha bitmemiş, devam ediyor, neticenin ne olduğu belli değil, müşterek bu kadere doğru gidiyor, ilk karşımıza çıkan hasım Alman kıtaları olmadı mı? Almanlar bize kurşun atmadılar mı? O halde uzatmayalım. Almanya'nın Türkiye hakkında sadece bir fikri vardır. Sonra daha birçok tarihi hadiseler, şunlar, bunlar var. Bunları fazla tahlile hacet yok. O halde Almanya'nın Türkiye hakkındaki fikri daima uzağa, yakına, Arabistan'da şurada burada, beni hem vasıta hem de aynı zamanda beni iktisadi imkân mıntıkası olarak kullanmaktan başka bir emeli yoktur.([12])

Necip Ali: (Denizli)
Doğu'ya doğru nazariyesi

Cevdet Kerim: (devamla)
Geldik Rusya'ya.. Henüz Sovyetlerle dostluğumuz kuvvetle duruyor. Fransız ve İngilizlerle de daha ayrılmamışızdır. Henüz daha meydanda bir vaziyet var. Kalktık gittik, müttefiklerimiz müşterektir. Daha ilk celse de Hariciye Vekilimize

---

12 Geçen Dünya Savaşlarında neden Almanlarla birleştik, daha bunun farkında olmayan bir Kurmay milletvekili: — "Dinleyenlerin kaçı biliyor acaba? Yazılanları okumuyorlar, yazık!

bir sondaj olarak, Molotof daha mükalemeye başlamadan şöyle bir Boğazları Montreux'yü tetkik etsek, aynı zamanda Boğazları müşterek müdafaa için şimdiden askeri, siyasi, iktisadi tertip alsak, diye ilk sondajları bu oldu. Saraçoğlu'nun Türk Milletinin kimseye konuşmak mezuniyetini vermeyeceğini ifade eden sert ve kati beyanatımı alır almaz Stalin, "Şakayı bırakarak" sen bizim Devlet misafirimizsin, Polonya'da harp başladı, Alman Hariciye Nazırı gelmiştir, sen gez toz, evvela onunla konuşalım" dediler. Bu suretle Ruslar, fikirlerini ortaya döktüler. Bugün bu adamlar müttefik oluyor, muvafık oluyor. Bu anda "biz geldik" dediğimiz gün 'Gelin bakalım avucumuza' diyeceklerdir. Almanya, çöllere doğru kahraman ordumu kullanıp istismar edecek.

Arkadaşlar, nereye gideceğiz? Ben şunu demek istiyorum: Zihinlerden bunu tamamen silmek lâzımdır. Biz tamamen doğru bir politika tuttuk. Bizim için en doğru yol budur. Bundan evvel o tarafa geçtiğimiz zaman beni o taraf, bu tarafa geçtiğim zaman bu taraf kullanıyor. Bugünkü siyasetimiz sayesinde ben, o devletleri öncü kullanıyorum. Ve hiç olmazsa tok ejder, aç ejder birbiriyle uğraşıyor. Ben takatim, elde hazır duruyorum ve vaziyet karşısında Milli kuvvetimi günden güne hazırlıyorum. ('Bravo' sesleri)

Eğer vaziyet müsait olsaydı, yeniden vaziyeti öne alsaydık, yapacağımız yine bu olacaktı. Onun için bendenizce Milli Vahdeti ve halkın özgüveni denen büyük kuvvet ve kudreti, asla kıl kadar rencide ettiremeyiz. Bizim elbirliğiyle tuttuğumuz yol budur. Bunu bir iddia ve iman olarak söylüyorum. Aksini iddia eden varsa söyler. Onu da hürmetle karşılarım. Şimdi, bunun için de tedbirler alarak badireyi Türk yurdundan, Türk ordusundan uzak tutmağa çalışıyorum. Bütün tedbirim, yolum doğrudur. Ama buna rağmen gelirse, uğraşacağım. Kolay da değildir, çatması! Nihayet Almanya daha yeni; istihsali nedir?. Bir here ü merc vücuda getirmekten başka ne yapmıştır? Daha neler tecelli edecektir! Binaenaleyh Almanya daha o kadar serbest değildir'. Fransız ordusunu yıkmakla...

Binaenaleyh Doğu'da Bulgar'ı, Macar'ı, şunu bunu önüne katıp bir macera arayacağına ben kani değilim.

Rusya'ya gelince: Romanya değilim ben, uğraşırım, sıkışırsam Trakya'yı bırakırım, üç dört sene boğuşabilirim. İlmi, hesabı, ölçüsü... Ben bugünkü ahval içinde Paşa kadar selahiyetli değilim. Naçizane ben de hesap ediyorum, vaziyet müsaittir. Bütün bu hesapları umumi olarak alırsak, devletin ittihaz ettiğimiz siyaseti üzerinde metanetle, itimatla durmamız lazımdır. Hadisatı takiple hükümet tedbirlerini alıp icap eden politikayı yapıyor. Hükümet zaten fiili bir politika yaparak bu tedbirleri almakla mükelleftir. Ama Rusya, acaba Bulgar'ı çelip bir iş yapamaz mı? Milletçe bu işte ne kadar imanlı olursam, silahımla behemehal bu saldırışa mukabele edeceğim kati duygusunu onlara, haberci adamları ve casuslarıyla ne iyi aksettirirsem, bu milletin maddi ölçüsünün azametini süratle fedakârlıkla arz edebilirsem, Rusya'nın bu teşebbüs hissi o kadar uzar ve cesareti o kadar kırılır. Yapılacak iş budur. Bunu böylece bu milletin her birisine aşılamamız ve böylece vicdanımızda tutmamız lazımdır. (Şiddetli alkışlar)

General Kazım Karabekir:

Efendim, güzel beyanat arasında asıl mühim mesele kayboluyor. Hepimiz, şöyle müttefikiz, ittifak yaptık, sonuna kadar gidiyoruz... İş bu mevzu değildir. İngiltere'yi bırakalım, Almanya'ya teveccüh edelim meselesi de değildir. Rusların gerek Boğazları ve gerek Doğu'dan yalnız başına bir şey istemelerine ihtimal yoktur. Bugün Almanya ile anlaşmadıkça bize bir şey yapmazlar. Muharebe devam ededursun, bendeniz evvelce de ilk safhalarda arz ettim ki, Türkiye için meşum olan hadise Rus-Alman Birliği hadisesidir. Buna meydan vermemek için uğraşmalıdır.

Bugün Almanya'nın geleceğinden korkmam. Hatta İtalya da gelse nereden gelecektir, nereye çıkacaktır? Türkiye gibi, Boğazlar gibi yerler elimizden çıktığı, İngilizler ve Fransızlar İstanbul'da oturdukları halde bile, bu millet onlarla çarpışmış ve korkmamışsa, yine korkmaz. Maruzatımı hulasa ediyorum: Ve rica ediyorum bana cevap verecek arkadaşlar, bu noktaya dikkat buyursunlar. İngiltere'nin muvaffakiyetine duacıyız. Devam ededursun, biz de vaziyetimizi aldık. Kabul ediyorum. Şimdi mesele Hariciye Vekilimiz buyurdular ki; Ruslarla aramız iyidir. Ve mantıken bir hadise çıkmasına imkan görmüyoruz. Bendeniz de diyorum ki Ruslar, bugün başlı başına bir şey yapamaz. Hatta İngilizler 'Gel yap' deseler bile.. Buna cüret edemez. Çünkü Almanya ve İtalya ordularına inanamaz. Cenuba herhangi bir hareketleri, behemehal muvaffakiyet-i efkardan sonra vuku bulacaktır.

Ruslara, Boğazları alın demekte Almanların menfaati gereği değildir. Fakat ister Almanya ile Ruslar müttefik an gelsin, behemehal vazifemizi yapacağız. Fakat biz bu politika oyunlarında kulaklarımızı kapayıp durmamalıyız. Yeni bir manzume teşkilinden bahsettim. 'İngilizler aleyhine Almanlara teveccüh edelim' demedim. Ordumuzun eli tuttukça bunu görmeyeceğimize kaniyim.

Hariciye Vekili Saraçoğlu:

Arkadaşlar, daha geniş bir mevzu üzerinde söz söyleyeceğimi zannediyorum. Birkaç arkadaşım ve Kazım Karabekir Hariciye'nin biraz daha faal biraz daha uyanık durmasını, onların tedbirlerine karşı biraz daha gayret göstermesini temenni etmekle sözlerini bitirmiş oluyorlar. Her arkadaşın bu gibi sözlerini teşekkürle karşılar ve daha fazla çalışmak için bir teşvik mahiyetine telakki ederim. Yalnız şunu arz edeyim ki: Esasen bunu tamamen yapmakta olduğumuza kaniyim. Ve aynı zamanda da imkân bulunan nispette vaki olacak temenniyi de hüsn-ü telakki ederim. Yalnız arkadaşım bir şey daha söyledi. Birçok noktalarda tamamen Hariciye Vekili ile beraberim, ama Rusya şudur, budur vesaire dedi. Bütün meselelerin % 80, 90, 95 mutabık oluyoruz. Çok temenni ediyorum ki birkaç hafta geçtikten sonra, tamamen mutabık kalacağız. Binaenaleyh...

Dr. Saim Ali Diller: (Rize)

Fazla söylemesin... (Gülüşmeler)

Hariciye Vekili söze devam etmedi, kürsüden indi

KATİYYEN BUNA TARAFTAR OLMAYALIM

7.8.1940

(Cumhuriyet Gazetesinin kapatılması)

General Kazım Karabekir: (İstanbul)

Arkadaşlar, vakit geçmiş olmakla beraber söyleyeceğim mesele çok mühimdir. Tedbir almazsak tehlikeli zamanda can evimizden bizi vurabilirler. Üçüncü defa olarak arz ediyorum ki partimiz metotlu olarak çalışmıyor. Matbuatın gösterdiği çehre de bunu ispat etmektedir. Arz edeceğim yolda bu görüşmeyi yürütmezsek, daha feci manzara karşısında kalırız. Zannediyorum ki hükümetimizin tedbir alması, gazete kapatması, belki fena tesir eder. Halbuki burada herkes fikrini söyler. Nihayet bir fikir olarak dinleriz; Ve o fikrin aksine fikirler de söyleriz. Fakat mesul makam da, yani genel durumu bizden daha iyi ve yakından tetkik edebilen Hükümet de fikrini söyledikten sonra, mesele biçimlenmiş olur. Fakat dışarıda, bunun haricinde kişisel düşünceler bulunabilir. Hatta basından herhangi bir beyanat olunca, katiyen hükümet kendisini gösterecek değildir. Hükümet hemen kendisini gösterecekse, istibdat yapar!

İlk vazife sahibi olan partidir. Şu veya bu yazıldığı zaman, bununla parti yönetim kurulu meşgul olacak; yoksa bugün vaziyet mühimdir diyerek Parti yönetim kurullarını, siyasi daha bazı şahsiyetlerle takviye ederek, burada hesap mı soracak? Tabii burada hesap soracak! Partiye mensup olan bir gazeteci arkadaş, kendi imzasıyla veyahut oğlunun imzasıyla, veyahut "son posta" da gördüğünüz gibi, başka bir imza ile, aksi istikamette bayrak açmışlardır.

Metotlu çalışmanın lüzumunu bir daha arz edeyim: Şahsi fikirler burada beyan edildikten, tartışıldıktan ve Hükümet de izahatını verip Heyet-i Umumiyece kabul edildikten sonra, artık diğer fikirler, ancak ileride tarihi kıymeti haiz olabilirler. Benim fikrim çıkmış, falancanın fikri çıkmamış, bunların ancak ileride kıymeti olabilir. Fakat günümüzde memleketin birliğini tutmak için ve müttehid cepheyi sarsmamak için, hepimize düşen vicdani vazife, şahsi fikirlerden feragattir! ('Bravo' sesleri) Heyeti umumiyenin kabul ettiği bir mesele bitmiştir. Ara yerde şunu da arz edeyim: Daha aranıza ilk geldiğim zaman, Cumhuriyet Gazetesinin bana karşı açtığı yayından kırgınım. Ama bu noktada objektif bir görüşle kısaca tebarüz ettireyim ki, bugün münevverler arasında iki fikir çarpışıyor. Bu basına da yansımıştır. Bunlardan biri, dehşetli Alman aleyhdarlığıdır. Bir takım Basın müntesibi arkadaşlarımız, Alman düşmanlığı yapıyorlar! Şimdi de bazı arkadaşların açıklamalarından endişe duyuyorum: Almanlar gelecek, Doğu'ya hakim olacak korkusu, Cumhuriyet, Tasvir-i Efkar, Son Posta gibi gazeteler muhtelif tarzda cephe gösteriyorlar. Onların bu aşırılığı karşısında diğerinin gösterdiği suskunluk, Partinin içerisinde bile, bu fikir birliği olmadığı şüphesini veriyor. Öyleyse biz bu kürsüde, her iki tarafı da söze davet etmeliyiz.

Arkadaşlar, bir askeri mütehassıs sıfatıyla bir çok defa arz ettim. Yaptığımız sözleşme yüzünden ne İtalya'dan, ne Almanya'dan, ne Rusya'dan korkuyoruz; Siyaseten ve askerlikçe anlaşmış gibi duran bu üç devletin, yalnız başlarına Balkanları çiğneyip Anadolu'yu istilâ etmeleri hayaldir! Tehlike, bu üçünün müşterek hareketidir. Bunu bahsederken ilave etmeliyim ki, bizim başvurumuz niçin Almanya'yı karşısına alıp Alman Efkâr-ı Umumiyesini ve Alman siyasetini daha fazla aleyhimize celbediyor? Böyle belli bir devleti ele alıp, ona lüzumsuz düşmanlıklar izhar etmek, Basınımıza yakışır bir hareket değildir. Şu halde bizim yazılarımızda ve sözlerimizde dikkat etmemiz lazımdır.

Bugünkü halde bize, uzakta bulunan bir düşman olamaz. Bendenizce düşman, bizim yakınımıza gelecek olanlardır. Nitekim biz muahedeyi ne kanaatle yaptık? İtalyanlar

Arnavutluk'a çıktığı zamanlarda -aradan uzun zaman geçmemiştir- bu kürsüden "İtalya geliyor, İtalya'ya karşı aman, biz İngiliz ve Fransızlarla anlaşalım tehlikeyi atlatalım" diyenlere karşı, askeri mütehassıs sıfatıyla "Böyle bir şey olamaz. İtalyanlar İstanbul'a gelemez." diye, daha o zaman arz etmiştim. Bugün Rusya bitaraf kalsa, Almanya Balkanlara inemez. Almanya yalnız başına İtalya'yı sürüklemekle Edirne ve Karadeniz'e gelemez. Şu halde karşımızda bir birlikte cephe var. Bunların içinden bir tanesini düşman vaziyetine almağı doğru bulmam. Biz Akdeniz ve Rus tehlikesine karşı İngilizlerle kader birliği ettik.

Muahedenin ikinci ruhu şudur: Eğer bir Avrupa Devleti Türkiye'ye taarruz ederse, müttefiklerimiz bize yardım edecek. Öyleyse, bunlardan yalnız birinin ordusuna onun Başkanına hakaretli yazılar yazmak, onun Reisini aşağılamak bizim aleyhimize olur. Çünkü bu suretle müşterek düşmanlarımıza daha ziyade yaklaşırız. Onun için bendeniz diyorum ki, bunu yazanlar nereden ilham almışlardır? Sormalıyız? Ortada, hepimizin kabul ettiği bir ittifak muahedesi var. Daha geçen gün hükümetimiz beyanat vermiştir. Oy istemiştir, o da ortaya konmuştur. Fakat şimdi gazetelere bakıyoruz; değişmiş, sözler de değişiyor: Alman doktrini tehlikeli imiş! Ruslarınki de öyle değil mi? Onlar şöyle böyle beyanatta bulunuyorlarsa, Ruslar, İtalyanlara karşı, "Bizim niyetimiz budur," diyebilirler. Fakat şu ve bu Vekilin ifadesi bile, bir hakikat ifade etmez. Molotofun nutku üzerinde duruldu! Şöyle söylemiş, böyle söylemiş.. Daha hafif söyleseydi, Türklerle canciğeriz deseydi, biz inanacak mıydık?

O halde, fiili bir hareket olarak sözleşme ile bağlı olduğumuz için, kabul etmeli ve diğerlerini de mümkün olduğu kadar tahrik etmemelidir. Taarruza maruz kalırsak İngiltere'nin yardımını temin etmişiz; Akdeniz meselesinde biz de onun siyasetine bağlı bulunuyoruz. Fakat böyle olduk diye, Almanya'ya atıp tutmanın ve didişmenin doğru olmadığı kanaatindeyim. Gazeteleri tetkik ediniz, göreceksiniz ki bu muahedenin ruhuna mugayir olarak fikirler serdediliyor. Cumhuriyet Gazetesinde hepiniz çok acı şeyler okudunuz. Bunlar münevver muhitlerde münakaşa ediliyor. Buna göre makaleler yazılıyor. Demek ki (bir yerden) ilham alarak o makaleler yazılıyor. Bu makalelerden ikinci derece münevverler veya gayrı münevverler ilham alarak ortaya çıkmaya başlayınca, arz ettiğim halde, bugüne kadar olduğu gibi, metotsuz çalışmamızda devam edersek, daima nazik zamanda çok feci vaziyetler karşısında kalırız. Bir sabah, bir gazete bir şey yazar; yüzlerce, binlerce satar, ve bu seferberliğimizi ve umumi vaziyetimizi haleldar eder. Onun için Gurup Yönetim Kurulu çağırsın, gelsinler cevap versinler. Niçin bu böyle olmuştur? Kimi itham ediyorsun? Sorsun! Burada beş-on gazeteci arkadaş var; yazık ki, burada hiç birisi bir kelime söylemiyor. Peki efendim, bu fikirler nereden gazetelere çıkıyor. Zannediyorum ki ben, en çok fikir feragati yapmış bir arkadaşınızım. Bir fikrin aksini söylüyorum; fakat Heyeti Umumiye başka şekilde kabul edince o fikre katılmaktan başka çare yoktur. Genel Kurulumuz, milletin mukadderatından mesuldür. O halde sorularımızı sorduktan ve birbirlerimizle çekiştikten ve Hükümet de en son olarak mütalâalarını ifade ettikten sonra, eğer itiraz edecek gazeteci arkadaş varsa, burada çıkıp itiraz eder. O zaman Partinin ruhu hakikaten bütün memleketin içine sinebilir. Memleketin içinde ne var, biliyorum; fakat partinin içinde ahenk yok! Onun için bu tehlikeli çığıra nihayet vermeliyiz. Çünkü her gazetenin Parti içinde 20 - 30 arkadaşı var.

Sonra ticaret meselesi, iktisadi sahada Ticaret Vekilimiz çok güzel izahat verdiler. İngilizlerle ittifakımız muayyen şartlar altındadır. Biz bugün şu ve bu malımızı, istihsali karşılayacak şekilde satamazsak, -harp uzun sürerse- Kamuoyumuzu Partimizin aleyhine sevk ederiz. Bunların üzerinde ısrarla durmalıdır. Müttefikimiz alsın, isterse denize döksün, zengin millettir! Müttefikimiz bunu irade etmiş. Biz zorda kalınca, elbette müttefiklerimize göre hareket edeceğiz. Dahilde ve hariçte kendimizi İngilizlerin sözü ile hareket eder gibi göstermemeliyiz.

Almanya'nın, şunun bunun alacağı, şu kadar ton mevzuubahis edilerek, İngiltere politikası üzerinde bir takım şeyler söyleniyor. Katiyen buna taraftar olmayalım. Muahedemizin ruhunda Avrupa harbinde Türkiye, müttefikler lehine hayırhah bir tarafsızlık vaziyetindedir. Almanya'ya karşı ise bitarafız. Niye esmayı üstümüze sıçratalım! Bu arkadaşları bu şekilde bırakmamalıyız. Buraya çağırıp kendilerine soralım, "Bunu niçin yazdın" demeliyiz! Başvekili şiddete teşvik etmeliyiz. Bu arkadaşlar fena fikir besliyorsa, haklarında şiddet gösterilince, daha ziyade emellerine nail olmuş olurlar. Birinci Dünya Savaşı'nda gördük; gazete, kapanmasıyla, maksadına tamamıyla erişmiş olur; Çünkü ikinci bir isimle çıkar. Tabii tehacüm (saldırı) olur, bu daha fena bir tesir yapar. Onun için bendenizce, Parti gurubu işi ele almalı ve hesabını sormalıdır. Hiç olmazsa, bundan sonra fikirler temerküz etmeli. Bundan sonra muahedemizin ruhuna aykırı kalem yürütmek için ne şu zata, ne bu zata müsaade vermemeliyiz. ('Doğru' sesleri)

Hikmet Bayur: (Manisa)

Çok şeyler söylemeyeceğim. Vakit geç oldu. Yalnız bu matbuat işinde Başvekilimizin beyanatından bahsedeceğim. Öyle anlıyorum ki, Başvekil "yalnız korkutma meselesi elimdedir; başka bir şey yapmak kabil değildir; ben kapatırım, başka bir isimle çıkar, ben kolaylık göstermem, fakat o yaparsa yapar," dediler. Ben kolaylık göstermem demek, 'o yine yapar ve başka taraftan kolaylık görür' demektir. Bu karşı taraf, Rus, Alman olur, İtalyan olur. Bu asla yapılmamalıdır. Kanun müsait değilse, kanun getirilsin. Bunu nasıl tanzim edeceklerini ben söylemem. Fakat öyle bir şey yapsın ki, Matbuat yekahenk olarak çıksın. Ve cazip olmakta devam etsin."

Bu celsede Hükümet kararını söylemedi. Fakat 11 Ağustos Pazar günü Cumhuriyet Gazetesinin çıkmadığını gördük. Ve Hükümetin kapattığını da öğrendik.

BUNLAR BİR ZAMANLAR ASKERİ
EDEBİYAT OLDU

21.8.1940

Alman Sefirinin Hariciye Vekiliyle ve Reisicumhur ile yaptığı mülakat hakkında Saraçoğlu Şükrü, Partide izahat verdi. Hülâsa Alman Sefiri Papen demiş ki: İngilizlerle ittifakınızı ve şimdiye kadarki hattı hareketinizi doğru buluyoruz. Ancak ajans ve gazetelerde Alman düşmanlığı doğru değildir. Ve devam etmelidir. Almanlarla ticaret muahedesi Mecliste tasdik olunduğu zaman, Alman dostluğu hakkında Mecliste tek kelime söylenmemesi teessürümüze mucip oluyor." Sorulan suale; Balkan Paktı hakkında Saraçoğlu aynen şunu söyledi:

Hariciyi Vekili Saraçoğlu:

Von Papen; "ölmüştür Balkan İttifakı", dedi. Veya hiç değilse kendisinden bir hareket beklenmeyecek bir vaziyettir dedi. Bittabi, yabancı bir Sefirle Balkan ittifakının ölüp ölmediğini münakaşa etmekte bir fayda görmedim. Yalnız arkadaşım, 'Burada Hariciye'nin fikri nedir.'' diyor, 'Balkan İttifakı ölmüştür' demenin faydalı olacağı bir gün gelinceye kadar, Hariciye Vekaletimiz bunu söylemeyecektir.

General Kazım Karabekir: (İstanbul)

Verilen izahata teşekkür etmekle beraber, bendeniz bir iki şey arz etmek lüzumunu görüyorum. Almanlar ilk zamanlarda dahi bize karşı bir yaklaşma ve teveccüh gösterdiler. Hatta Hariciye Vekilimizle vaki temaslarında, "İtalyanların taarruzundan korkuyorsanız, size teminat verelim" dediler. O zaman Hariciye Vekilimizi cevap olarak, "ordumuzun en büyük garanti" olduğunu söylediğini bize ifade etti. Hadiseler ilerledi. Avrupa'nın en büyük kara ordusu olan Fransa, tamamıyla silahını bıraktıktan sonra dahi görüyoruz ki, matbuatımız, radyo neşriyatımız, kamuoyumuz, Almanların aleyhine ve hiç değilse, onların mağlup olacağı kanaatine sevk ettiği halde, Alman Sefiri pek ileri gitmiş, Vekil değiştirmek, siyaset değiştirmek, gibi tekliflerinin reddine rağmen, yine sokuluyor ve Türk dostluğunu istiyor. Bunun sebebini bizim de etraflıca mütalaa etmemizi ve hadiselerin inkişafı karşısında mücehhez olmamızı, lüzumlu ve faydalı görüyorum.

'Hasımlardan muayyen birinin muhakkak galip geleceği iddiası çürüktür.' Fikrini evvelce de arz ettiğim gibi, bugün de o fikir üzerine geleceğim; madem ki Almanlar, İngiltere ile müthiş bir savaş üzerindedirler; o halde neticede ya İngiltere mağlup olacak, veyahut Almanya muvaffak olamayarak, tam bir hezimete uğramasa bile onunla uzlaşmağa mecbur olacaktır. Şu halde biz, bu noktaları gözden kaçırmayarak, Almanların ne yapmak istediklerini de bir dereceye kadar bulabiliriz. Yarın, farzedelim ki İngiltere'ye çıkarma yapmağa muvaffak oldu; ve istedikleri sulhu İngilizlere yaptırdılar. Bu vaziyet dahi Doğu'da Almanya için yeni zorluklar çıkaracak bir meseledir. Çünkü Rusya gibi, İtalya gibi ılık denizlerde yayılmak isteyenlerin bilhassa bizim memleketimiz üzerinde uzun yıllardan beri, yok tarihi, yok ekonomi temelli, çeşit çeşit sebeplerle emeller beslediklerini görüyoruz.

Biz eğer Almanlarla husumette bulunursak, Doğu hareketi karşısında uzakta ve yorgun bir halde bulunacaklarından, işlerine gelmez. Çünkü beri yanda bir Rus kuvveti, sağlam vaziyeti halinde, onun müstemlekelerini paylaşmak, haritayı göz önüne alırsak, evvelce de bir kaç defa arz ettiğim gibi, Musul gibi, Basra gibi kısmen de bizim üzerimizden geçecek, Boğazlar gibi, Rusların asırlardan beri emellerini teşkil eden mühim hedefler, aynı zamanda Almanları da alakadar etmektedir.

O halde Almanlar, şundan korkuyorlar ki, harp sonu böyle bir Rus-İtalya emellerinin ortaya atılması karşısında Almanların geride ve Türk dostluğu ile fena vaziyette olarak kalacaklardır. Bunun bizim için de çok mühim olduğunu birçok defalar maruzatımda ileri sürdüm. Ve üç devletin de bizim üzerimizde birleşmesi ihtimali karşısında, herhalde Almanlara lüzumundan fazla yersiz düşmanlık izhar etmenin zararlarını arz etmiş bulundum. Alman Sefirinin bugün dahi gelip de bize takarrüb etmesi, yalnız mağlup olması ihtimali üzerinde değil, galip gelmesi İhtimalinde dahi Almanya, Türkiye'nin teveccühünü kaybetmek istemiyor.

Bunun diğer bir sebebi de, yalnız istibdat devrinde değil, meşrutiyet devrinde, hatta Cumhuriyet devrinde dahi, en yüksek müesseselerimize ve Akademiye Alman muallimleri getirilmiştir. Hatta komutanların ilerleme ve gelişmeleri, onların notalarıyla yapılıyor. İlim, irfan, ihtisas vesilesiyle kaptığı nüfuzun İngiltere'ye galebe çaldıkları günde tamamıyla bitmiş ve bunun yerine, ortak bir Rus-Alman-İtalyan hareketi mevzuubahis olsa Alman kazancının en geride kalacağını, Almanya bittabi idrak ediyor. İngiliz kuvveti kalmadıktan sonra, Rusya'nın bir Türk hareketi karşısında ancak Almanya Ruslarla harp ederse vahim netice önlenebilir. Bundan kendileri de kaçındıklarını itiraf ediyorlar. Bir daha harbe girmeyeceklerdir. Öyleyse, bizimle dostluğu sürdürmek, hiç değilse Rusya ile, İtalya ile münasebete göre, daha fazla düşmanlık görmek istemediklerini tekrar ediyorlar. Tekrar rica ediyorum; matbuatımız ve bilhassa Mebus arkadaşlarımız, kalemlerini daha mutedil kullansınlar. Mizaç karnelerimiz biraz ehvenlemiş olmakla beraber, daha ehvenlesinler.

Radyo neşriyatı da, stratejik vaziyetlerden ziyade, milli vaziyetleri ele alsın. Asker olmayan bir arkadaş da makale yazıyor. Hatta Polonya harbinden evvel "Polonya muzaffer olacaktır. Norveç istila olunmak üzere iken yazılan makaleleri, yapılan neşriyatı tasavvur buyurunuz. Nihayet birer istihza mahiyetindedir. Neticede bakıyoruz Polonya gitmiştir, Norveç istila edilmiş ve Almanya karalarda kazanmıştır. Şu halde ihtimallerin biri üzerinde durmak, hakikaten gayri ilmi ve tarafgirlik olur. Biz esasen kendi milli menfaatlerimizi gözeteceğiz. Fakat askeri vaziyetlerde; 'muhakkak mağlup olacaktır', 'muhakkak şöyle olacaktır' gibi hükümler yürütmemeli ve böyle demekle, böyle yazılar yazmakla o tarafça da arzu edilmeyen bir şekilde gitmemelidir.

Asıl mühim bir söz de, askeri sevkiyatımız üzerine olacaktır. Tabii bundan istifade edecek, ordumuzdur ve onun muvaffakiyetidir. Bir harp olmaz da bu tehlikenin içinden kolayca sıyrılırsak yüksek kazançtır. Fakat tehlike bize gelince dayanak edeceğimiz Türk ordusudur. Tehlike bize geldiği gün, İngiltere'nin de mevcudiyeti yok demektir. İngiltere ayakta durduğu zaman, ne Ruslar, ne İtalya, ne de Almanya gelebilir. İngiltere ortadan kalkınca, memleketimizin İstiklal davası, sırf ordumuza tabidir. Görüyorsunuz trenlerle mütemadiyen Türkiye'de yığınak yapılıyor.

Son gördüğüm bu yığınak safhası bendenizi endişelendirdi. Türkiye'de kışın, askerin hali ne olacağı üzerinde durmayacağım. Sevkiyat, genellikle İstanbul'un kilometrelerce süren varoşlarından geçiyor; ve İstanbul tarafına, iki tane çürük araba vapuruyla yapılıyor. Bilhassa bu memleketin bir çok ırklarla meskûn, gayri Türk mıntıkasından geçiyor. Hatta askerlerin bu yolda gösterdiği şiddetten, bütün vatandaşlar üzüntülüdür. Bir Milletvekili olarak bana şikayete dahi geldiler; dediler ki: Sıkıyönetimden daha sıkı bir vaziyetteyiz. Neferler geliyor; hat üzerine yaklaştık diye geçeni yakalıyor ve bir lira ceza kesiyorlar. Parası yok, fakirse, polise gidiyor ve tazyik ediliyor.

Halbuki kilometrelerce uzakta, hattın altında veya üstünde köprü, yer, vardır. Bazı öyle geçitler var ki, 8 10 kilometre mesafededir. Bunun için Belediye ara yerlerden geçmeyi yasaklamıştır. Karşıdan karşıya geçmek için bazı ufak geçitler yapılabilir. Ve buralara bekçiler, askeri nöbetçiler konulabilir ve bu suretle bu geçitler temin edilebilir. Eğer katara bir suikast endişesi mevzuubahs ise, bunu şimdiden ziyade bir kargaşalık zamanında düşünmek ve tedbir almak lazımdır. Evlerimiz o kadar yakındır ki, gayri Türk bir suikastçı tarafından trenlere bir şey yapılmak lazım olsa, bunu hat üzerinde görünmeden yapabilir. Bendeniz mütalaamı arz edeceğim: Balkan Harbinden sonra da Çanakkale müdafaasından doğan mühim müdahaleler vardır.

Bunlar, bir zamanlar askeri edebiyat oldu, konuşuldu,

yazıldı, münakaşalar edildi. İstanbul gibi büyük bir şehrin içinden sevkiyatın, askeri nakliyatın, güç ve hatta tehlikeli olduğu söylendi. Buna karşı feribotlar düşünüldü ve Tekirdağ, Çekmece, Derince gibi yerlerde ufak limanlar yapılarak nakliyat halka dahi göstermeden yapılmalıdır, dendi. Bugün kaç vagon, kaç top geçiyor, görülüyor. Halbuki şehrin içerisinde sevkiyatı göstermemek, herhangi bir hadise karşısında yine yapılacak bir çok nakliyatı fena vaziyette yapmamak için, bir çok esaslar düşünülmüştü. Hatta Boğaz içinden yollar ve demiryolları bile düşünüldü. Trenler doğrudan doğruya feribot vasıtasıyla karşıya geçecekti. Harpte birçok yaralılar gelebilir. Bunun için muhtelif yollara ihtiyaç vardır. Bunların yapılmasını beklerken bir de bakıyoruz ki Taksim'de kozmopolit bir mıntıkada meydanlar açılıyor, yüzbinlerce lira sarf edilerek gazino yapılıyor, ve oraya da bir casus şebekesi olmak üzere, Romen garsonlar getiriliyor. Arkadaşlar, nerede gayri Türk bir yer varsa, muhakkak biliniz ki casus yuvasıdır! Münevver arkadaşlarımızın dahi gittikleri kulüpler böyledir. Mesela Büyükada'ya gidiniz Oradaki Anadolu kulübü Yahudilerle doludur.

Rasih Kaptan: (Antalya)
Orayı Yahudi Kulübü olmaktan kurtarsınlar.

General Kazım Karabekir: (devamla)
Oraya giden, Partiye mensup iki münevver Mebus ne konuşur? Tabiatıyla siyasetten, vaziyet-i hazımdan bahsedeceklerdir. Kulaklarıyla veya tertibatıyla dinlerler ve istediği propagandayı ve istediği casusluk teşkilatını yaparlar. Bugün -zararlı dahi olmasa- daima düşünülmesi lazım gelen, gerek mülki ve gerek askeri idarece de alınması lazım gelen tedbirlerin, istikbal için alınmasını arz ediyorum.

Bu şekilde kalırsa, yarın İngiltere mağlup oldu, ne yapalım. Bir hadisedir, yılacak değiliz. Tuttuğumuz yolda bu işi sonuna kadar götüreceğiz. Bin bir bela başımızda patlar. Ama nihayet bunu çok pahalıya mal etmeliyiz. Ve esas, bizim kurtulmaklığımız olmalıdır. Bir buçuk seneden beri arz ediyorum ki Türkiye'de yollar fena bir haldedir. İstanbul'da Hastanelerin yanında bir takım ahşap binalar hala duruyor. Hastane olabilecek camiler de tertibat alınmazsa, Balkan Harbinde gördüğümüz gibi muhacirler dolar!

Sonra Türk mahalleleri: 2-3 ay evvel mektepleri tatil edilmiş olan çocuklar viraneliklerde oynuyorlar. Hem şehri güzelleştirmek, hem de gidip gelmeyi kolaylaştırmak.. Senin için yollar mı daha evvel lazımdır, eğlence mahalleri mi? Eğlence mahalleri şimdi dursun, belki bu harp uzun sürecektir, işin ucu buraya gelecektir. Gelmek ihtimali çoktur. Gelme ihtimali zayıf dahi olsa, bu ihtimali daima gözetmeli. Türkiye'de, olmazsa Çatalca'da, ora olmazsa Boğazlarda muharebe edeceğiz.

Bu levhayı şimdiden gayet iyi görmeli; geri hizmetleri ve yaralıları düşünmek lazımdır. Binaenaleyh bütün kudret ve kuvvetlerimizi oraya sarfetmeliyiz. Bugün daha Boğaza giden müdafaa yolları bile tamam değildir. Yeni açılmaktadır. Ele geçen paralarla meydanlar filan yapılıyor, bendenizce Savarona yatına varıncaya kadar, feribotla değiştirmeliyiz. Marmara'da vaziyetimiz ne olacaktır? Çok endişe ediyorum. Bin bir huzursuzluğu daha acı hissediyorsam içimin yandığındandır. Vakit vakit arz ettim. İngiltere de Fransa haline geldiği gün, bizim de harbe girdiğimizi tasavvur etmeli, harbin Trakya'dan Çatalca'ya intikal ettiğini düşünmeli.. Yaralıların, uçakların halini düşünmeli. Hızla yollar açılmalı, hastaneler civarındaki ahşap binalar bir an evvel yıkılmalıdır. İngiltere'den feribotlar alabilir ve kafile halinde buraya getirebiliriz. Türkiye'de vuku bulacak bir harbin akıbetleri strateji hareketleri icabı olan yollar, vesairenin intizamını şimdiden temin etmek çarelerini bir dakika bile ihmal etmemeliyiz. Fransa'da görüyoruz, felaketten sonra mesul arıyorlar. Acı olmakla beraber, Hükümetimizin affını rica ederim, çok samimi olarak arz ediyorum: Felâket, Milli bir ceza olarak çarpmadan önce, her-halde işe el koymalıdır.

Vakit vakit söylediğim gibi Vatan müdafaa Şurasının bun-lar üzerinde çalışmasını elzem telakki ediyorum. Ordunun geri çekilmesi halinde, mevcut iki araba vapuru çok tehlike-li bir akibet tevlid eder. Ordunun manevra sahası, hep bunlar üzerinde teraküm ediyor. Binaenaleyh arz ettiğim gibi, ordu-nun gerisinde yalnız iki araba vapuru ve Şirketin birkaç vapu-ru tehlikeli vaziyettir. Şimdiden ne yapmalı yapmalı, bir çok araba vapuru temin etmeli. Çatalca'dan Boğaza kadar yollar indirmeliyiz. Nakliyat işi, İstanbul içinden temin edilemez. İstanbul'da fazla miktarda yığınak olamaz. Çünkü sevkiyat yapılırken, hain eller meseleyi nazik ve vahim bir hale geti-rebilirler. Mesele, Balkan Harbi değildir. O vakit, işi önleye-cek büyük devletler vardı. Şimdi karşımızda üç büyük devlet birleşirse, dehşetli manevralara ihtiyacımız olacaktır. Orada-ki orduyu Anadolu'ya geçirmek mecburiyetinde kalabiliriz. Bunu huzurlarınızda arz ediyorum. Bu hususta hepimiz mesu-lüz. Bu ifadede bulunmak ve hükümetimize tesir yapmak için bunları arz ediyorum. Hissiyatımı açık söyledim, onun için bendenizi mazur görün. (Alkışlar)

Milli Müdafaa Vekili Safvet Arıkan: (Erzincan)

Efendim, Sayın Generalin mevzuubahis ettiği mesailin ben-denize temas eden kısmı hakkında kısaca maruzatta buluna-cağım. Nakliyattan bahis buyurdular. İstanbul Nakliyatında malum-u devletiniz, evvelce de aldığınız kararlar üzerinde, biz Türkiye'deki kıtaatı takviye ediyoruz. Takviye keyfiyeti üç iskeleden olmuştur. Tekirdağ'ından, Zeytinburnu'ndan ve kısmen de Sirkeci'den olmuştur. Sirkeci'den olan, hemen en az olanıdır. Bunu bu suretle tanzim etmek mecburiyeti vardır. Kendileri de teslim buyururlar ki, oradaki kıtaatın takviyesi, bizim için zaruri idi. Bu nokta-i nazardan, İstanbul üzerinden nakliyat yapmak zaruretinde kaldık. Bu nakliyat yapılmış, bit-miştir. Sonra, hat üzerindeki naklin emniyet altında bulunması lazımdır. Bunun tatbikatında ifrata varılıyorsa, onu yapanın o andaki takdirine bağışlamaları lazımdır. Mamafih ikaz buyurdular. Teşekkür ederim. Kıtaata o tarzda tamim yapmak imkanı vardır.

Çok mühim olan bir noktaya temas buyurdular: İstanbul'un iki sahili arasındaki irtibatı, hakikaten hepimizce malum olduğu üzere, araba vapurlarıyla şirket vapurları temin ediyorlar. Bunun ehemmiyetini nazar-ı dikkate aldığımız içindir ki. İngilizlerden aldığımız krediden feribot denilen bir takım araba vapurunun siparişi yapılmıştır. Bunun iki tanesi hazırlanmıştır. Diğerleri de hazırlanmak üzeredir. Malum şerait içerisinde getirmeye çalışıyoruz. Bununla da iktifa edilmemiş, İzmir'de bilenlerin, görenlerin malumu olan şartlar vardı. Onların yarısından fazlasını, Boğazlar mıntıkasına getirdik. Kaldı ki bu ihtimallere karşı, böyle münakalenin fazlalaşacağı ihtimaline karşı, sahillerimizdeki bütün hadiseler birbiri peşinden gelebilir ve daha vahim istikametlere gidebilir. Bu yüzden Hükümetimiz ciddi ve acele olarak çok sıkı tedbirler almalıdır. Böylece daha feci hadiselere mani olmalıdır.

Şu halde siyasi bahsi ilerletmeyeceğim. Kısaca tekrar edeyim: Bizim hakkımızda herhalde fena kararlar verilmiş olduğunu kabul etmeliyiz. Buna karşı, gerek milli cephede birlik ve gerekse ordumuzu takviye için, geceli gündüzlü çalışmak ve Büyük Meclisin ve ona dayanarak Hükümetimizin verdiği karar veçhile sonuna kadar, elde silah, en son sözü söyleyebilecek bir halde beklemeliyiz. Yapılacak başka bir şey yoktur.

Bir de gerek Hükümetimizi, gerek onun dayandığı Partimizi küçük düşürecek şeylerden kaçınmak lazımdır. İçimizde birlik oldukça, bu kuvvet halka da büyük kuvvet salar. Fakat içimizde gerek askeri ve gerek siyasi anlaşmazlıklar olursa, yani fikir birliği olmazsa, hepimiz ayrı ayrı saflarda bulunuruz. Bu, mühim dağınıklıklar yapabilir. Ben Rus-İngiliz görüşmesini şu cepheden mütalaa ediyorum: Rusların, askeri cepheden, İngilizlerle şu esas üzerinde anlaşmış olmaları vardır: (Amerikalılarla beraber garpta herhalde müsait yerlere asker çıkaracaklardır. Fakat Rusların Alman ordusunu hırpalaması şarttır. Siz şimdi Almanları serbest bırakmayın, İlkbahara gelince siz de yalnız kalmayacaksınız. Biz de harekete geçebileceğiz.)

Ruslar bu bakımdan işe girişmiş olacaklardır. Filvaki büyük bir kış devresi, Almanlar için hazırlık devresi olursa, onu takip eden yaz, hareketin çok süratle devam etmesi tabiidir. Bilmukabele Ruslar, Almanlara müsait olmayan kış devresinde bir şey yapamayacak olurlarsa, başka zaman bunu hiç yapamayacaklardır. Asıl Rus ordusu parçalandıktan sonra, geriden Sibirya'dan, şuradan, buradan toplanacak olan ve ekserisi de Rus unsuru olmayan bir çok kitle ile o taarruzu tutmak güç ve neticesi felaket olacağı için, hiç olmazsa müttefiklerimizi tutarız, ve Almanları hırpalarız. Nitekim Amerikalıların İrlanda'ya kuvvet çıkarmış olmalarını görerek gece gündüz Almanlara saldırıyorlar. Şu halde Mayıs'a doğru ki bu münasip zamanda, yani Almanlar artık taarruza kalkamayacak vazıyette iken, Anglo-Saksonların Avrupa'da müessir olacak bir teşebbüsü görülmezse, demek ki Anglo-Saksonlar da kendi aralarında şöyle bir karar vermişlerdir: (Rusya bir kere Almanya'ya çehresini göstersin; eğer muvaffak olamazsa, kozlarını paylaşacaklardır. Yok onlar da bir hareket gösterirlerse, mihver devletlerine karşı iki cephede harp açarız.)

Harbin en müessir şekli Fransa ve Manş sahillerine asker çıkarmakla olur. Norveç veya Tunus veya Cezayir'e asker çıkarmak, ikinci derecede tesir yapar. Çünkü bir kenarda kalacaklar, iş yine hava akınlarına düşecektir. Bununla ise, harbin sonuna varmak imkânı yoktur. Muhakkak istilâ edecek, oradaki Alman kuvvetini toplayacak, yerine kendi kaim olacaktır. Şu halde bizim de ilgileneceğimiz vaziyet şudur: Almanlar, Ruslara karşı taarruza başlayacakları zaman, eğer Amerikalılar ve İngilizler, Fransa sahillerine çıkmazlar da yine Afrika'da çölde ikinci derecede bir iş yaparlarsa, o halde bunların düşünceleri, Almanlar mağlup olursa, Ruslarla o zaman iş birliği yapacaklardır. Ruslar mağlup olursa, Almanlarla anlaşıverdim gibi bir siyaset güdeceklerdir, demektir. Bunun ne elim bir netice doğuracağını ve bizim için ne kadar kötü bir vaziyet ihdas edeceği malumdur.

Japonlara gelince; bunların vaziyetleri de aşikardır. Onların Avustralya adasına ve bilhassa Avustralya'nın Kuzey sahillerine asker çıkarmaları lazımdır. Çünkü Avustralya İngiliz ve Amerika kuvvetlerinin ellerinde oldukça, Japonlar Java'da rahat edemeyecekleri gibi, Hint Okyanusunda da Pasifikte de rahat edemeyeceklerdir. Güney sahillerine kadar gitmeseler de kuzey işgali ile onu bir sed haline koymaları lazımdır.

Madagaskar adası hakkında birçok münakaşalara şahit oluyoruz. Arkadaşlar; eğer bu harp esnasında milletler içinde ihtilaller olur, yani rejimler değişirse, Amerika ve İngiltere ile bir anlaşma belki yakın olabilir. Fakat savaş, onu idare eden insanların ellerinde kaldıkça, daha uzun yıllar sürebilir. Madagaskar'ın, Cenubi Afrika'nın ve Hint Okyanusunun istiklâlleri plana girebilir. Deniz hakimiyeti kimde ise, Hint Okyanusu'nun tapusunu onun eline bırakacaklardır. Onun için Afrika ve Arabistan sahillerinde, Hint sahillerinde olduğu gibi, hareketler beklemek doğru olur. Amerikalıların Pasifikte yapacakları işler, belki çok uzun zamana eskimiş olduğu meydandadır. Çünkü madem ki Japonya'da hayli teşkilat ve kuvvet vardır ki açığa çıkan zırhlıları pekala batırabilirler. Kim cesaret edip gelse, sokulsa orada batırılacaktır, bunun için deniz hakimiyeti olan yerlerde Japonların yayılması vardır.

Rus cephesi sarsılacak olursa, Japonların Rusya'da yayılmasına lüzum kalmaz. Onun için, cenubi Afrika'ya kadar harbin yayılması ve bu suretle Japonların da hazır başlamış olan istila hareketlerinin gelişmesi sabittir.

Sözümü bitirirken bilhassa eli kalem tutan arkadaşlardan rica edeceğim; Hepsi Partili arkadaşlardan Ulus ve Radyo da dahil olduğu halde hepsinde, fikir birliği olmadığı gibi, tamamıyla hissi ve propagandalara kapılmış olduklarını görüyoruz. Demin bir arkadaşın işaret ettiği gibi, Amerika'da bu kadar silah, bu kadar tank, bu kadar tayyare yapılacak, şöyle olacak, böyle olacak gibi bir taraflı mütalaa yürütüyorlar. Onun için, müsavi görerek milleti tenvir etmek, hiç bir tarafa meyletmemek çok lüzumludur. Çünkü fikirler, bizden sadır oluyor gibi geliyor. Halbuki burada müzakere edebiliriz. Burada fikirler birleşebilir. Şu halde radyomuz, matbuatımız, ve dışarıdaki her türlü neşriyatımız, mümkün olduğu kadar askeri ve siyasi aynı istikamette yürümelidirler. Bunun hiçbir mahremiyeti de yoktur. Çünkü gazetelerde her şey gayet açık mütalaa edilmiştir, her şey münakaşa edilmiştir. Münakaşalarımızda bitaraf kalmamız ve kendi hislerimizden ziyade hakikatlerin üzerinde durmamız lazımdır. Bugün çok silah yapılabilir. Şu noktayı tebarüz ettireyim ki, silah ile onu kullanacak arasında müthiş bir nispet olması lazımdır. En iyi bir kılıcı, acemi bir adamın eline verirseniz, kılıcı onun elinden alırlar ve o kılıçla onun kafasını keserler. Onun için, yalnız şu ve bu silah kâfi değildir. Aynı zamanda ordunun kudreti ne oluyor, teşkilatı ne oluyor, nereye ne kadar kuvvet çıkıyor? Bunlar hakkında mümkün olduğu kadar sahih malumat sahibi olmak lazımdır. Mütalaaları da onun bunun faraziyesine bırakmadansa, harita üzerinde tetkikatı mütehassıslara bırakmalıdır.

ŞİMDİ İŞ TAMAMEN DEĞİŞMİŞTİR
12.11.1940

Hariciye Vekili Şükrü Saraçoğlu, bir kaç aylık siyasi durumu izah etti. Hulasası; Irak Sefaret Erkânı, bizim kültürü almış insanlar olduğundan, çok emindirler. Adeta Irak'ın mukadderatını bizimkine bağlamışlar. Hatta Cumhurreisimizin söyleyeceği nutuktan bazı parçalar alınarak aynen ifadelerde bulunuyorlarmış.

İran Şahinşahı, İran'a tamamıyla hakim ve bize mütemayil imiş. Daima sefirimize, diğer sefirlerden fazla yakınlık gösteriyormuş. Afgan ise bizden aldığı öğretmenlere çok iyi bakıyor ve müddeti bitenleri taltif ile alıkoyuyormuş! Bize tamamıyla merbutmuş. Ruslarla Almanların arasında bir harp ihtimali çokmuş. İki saat süren izahatında, her devletle olan münasebetimizi anlattı. İtalyanların, Yunanistan'a taarruz etmesiyle İngilizlerin Yunan üslerinden tamamıyla istifade ettiklerini söyledi (Bu fikir Londra radyosunun yaptığı bir propagandadır.) Söz aldım:

General Kazım Karabekir: (İstanbul)

Arkadaşlar, ben genel siyasi durum hakkında bir iki nokta arz edeceğim. Sonra muhterem hükümetimizden birkaç sual soracağım.

Siyasi vaziyette Irak siyasi devlet adamlarına karşı olan çok samimi telkinde ufak bir ihtiyat bulunması taraftarıyım. Çünkü Harb-i Umumideki tecrübelerimiz çok açıktır; onlara söylenecek her şeyin behemehal İngilizlere aksedeceğini kabul etmeliyiz. İranlılara gelince, bugün orada Şahinşah hakimdir. Fakat şahıslara göre hiçbir vakit karar vermemeliyiz. Şahıslar fanidir. Onlar, ortadan kalktıktan sonra İran Efkâr-ı Umumiyesi ne yapacaktır? Kimin peşinden gidecektir? İran tamamıyla kuvvete ram bir unsurdur. Almanlar gelirse onların, İngilizler gelirse onların teşkilatına uyarlar. Hatta Ruslar gelirse onların teşkilatına girebilirler. Güney'de ve Kuzey'de Ordu Erkân-ı Harbiye Reisliği ve ordu kumandanlığı yapmış bir adam sıfatıyla arz ediyorum ki, asıl mühim olan, milli ruhtur.

Bugünün asıl mühim hadisesi Rusya-Almanya münasebetidir. Bu, iki suretle tecelli edecektir: Ya Ruslar Almanlarla aynı cepheden hareket edecektir. Yahut aralarında bir mücadele çıkacaktır. Bir harita açıldığı zaman, askeri bir bakış gayet kati, riyazi olarak bize bu cevabı veriyor. Çünkü bugünkü mihveri askeri durumu, Rus cephesiyle Balkan cephesinde tam bir Naciye-i Kaime (Zıt çakışma) hasıl etmiştir. Bu vaziyette mihver ordularının Rus ordularını ihmal etmekle beraber, önce Güneye yürüyeceğine şüphem yoktur. Fransızlara karşı ilk zamanda hareket ederken Ruslar, çok arzu ediyorlardı ki Almanlar gitsinler, çarpışsınlar! Bu hususta şimdiye kadar bir çok izahat verilmiştir. Almanlardan, bitaraf oldukları için, kendilerine hiçbir tehlike görmüyorlardı. Rusların milli arzusunun bu olduğunu da Almanlar yakından biliyorlardı, ve Ruslardan korkuları yoktu. Çünkü Polonya işgal edilmişti.

Fakat şimdi iş tamamıyla değişmiştir. Şimdi evvelce batıya intikal eden mesele, doğuya intikal etmiştir. Askeri durumda da büyük bir milletin ordusunu geride bırakarak, yani büyük bir hedefi bırakarak yeni hedeflere doğru yürümek doğru değildir. Sevkül-ceyş hareketleri asırlardan beri bir kaide vazetmiştir: Hududu geçen ordu, evvela kendisini tehdit eden kuvveti ortadan kaldırmaya mecburdur. Siyasi olarak yine bir düstur vardır ki o da yanlarında ve gerilerinde bitaraf namı altında şüpheli devlet bulundurarak hareket yapılmaz! Halbuki, şimdiki durumda apaçık budur. Yani Almanlar büyük kuvveti Rus hududuna yığmışlar, İtalyanlar vasıtasıyla da Balkanlarda bir rol oynaması muhtemel olan Yunan ordusunu tutmuşlar, ve şimdi bize 'cevap veriniz diyorlar.

Molotofla giden Heyetin şekline bakılırsa bir şey daha görülebilir. Almanlar, apaçık Rusya'ya aynı şekilde kendisinin de esaslı surette Güney hareketine iştirak etmesini teklif edebilir. Evvelce de birkaç defa arz etmiştim; çünkü, Lenin de bunun üzerinde durmuştu: O da Basra Körfezine yürümektedir. Böyle bir hareket olursa, Rusya'nın, Almanya'nın müttefiki gibi cephe alması imkanı daima mevcuttur.

Biz bitaraf kalalım, hududu boşaltalım gibi bir teklif olursa, o vakit Rusya ile behemehal bir hesap görülecektir. Zaman kısalmıştır. Yakında bu iki şekil görülecektir. Ya birlikte bir harekete şahit olacağız, yahut, harp edeceklerdir. Bizim için asıl mühim olan mesele Harbin bize geldiği zamanki vaziyettir. Bize kim ne söyleyecekse söyleyecek, ona karşı Hükümetimiz Heyeti Celilenize yine her zaman vadettiği gibi, beyanatta bulunacak ve buradan çıkacak muhassala yürüyecektir.

Şu halde evvelâ kısaca arz edeyim ki, gerek matbuatımızda, gerekse burada Hariciye Vekilimizin beyanatında Yunanistan'a karşı İtalya'nın hareketi bayağı yanlış ve garip görülüyor. Halbuki bendeniz daha 1935'de İngiltere-İtalya hakkında bir eser yazmıştım. Ve orada sebeplerini izah ederek "Eğer

Mısır'a bir hareket yapılırsa, Behemehal İtalya Yunanistan'a geçecektir" demiştim. Orada tafsilat verdim. Bunun sebebi kısaca şudur: Bütün bir Libya ordusu, İngiliz Hava kuvvetlerini üzerine alıp yürüyemez. Şu halde nasıl ki bir ordu bir yere taarruz ederken diğer kuvvet ile de muharebeye mecbursa, İtalyanların da ana ordusu Yunan üzerine yürümeye mecburdur.

Bu suretle Libya ordusuna giden bir kısmı üzerlerine celbetmiş olur. Şimdiye kadar gördük ki İtalya İngiltere'ye ne karadan, ne denizden ne de havadan bir tesir yapamadı. Bu sebeple Yunanistan'a atlama ve İngilizlerin garantisini kabul etmekten dolayı Efkâr-ı Umumiye, gerek hükümet, askeri her türlü malumat vermek gibi tabiatıyla mevcut olan şeyleri kırmak zaruridir. İşle bundan dolayı Mısır'a bir hareket olmadan Yunanistan, bu hareketi beklemeliydi. O eserimde tafsil ettim. Hayret ederim; eğer Yunan Erkan-ı Harbiyesi, siyasi çerçevede İtalyanlar bize gelmeyecek diye düşünmüşlerse! Mısır hareketinin ne olduğunu bilmiyorlar demektir. Mısır hareketinin muvaffakiyeti için Yunanistan vaziyetini hesaba katmak lazımdır. Matbuatımız da hatalı hareketler şeklinde mütalaalar yürütüyor. Halbuki bu hareket, askeri bakımdan hatalı değildir. Bendeniz eserimle Efkar ı Umumiyeye beş sene evvel arz etmiştim. Asıl harbin bize gelmesi takdirinde bazı esaslı cihetler bizi düşündürmelidir. Onun için bendeniz hükümetten 3 sual soracağım:

Harbin ilk aylarında -ihtimal vermeyenler de görüyorlar ki- Avrupa Harbi, nihayet Doğu'ya atlamıştır. Ve adım adım bize doğru yaklaşmaktadır. Bu vaziyet karşısında şu suallere hükümetimizden cevap almak ihtiyacını duyuyorum:

1) Harp, bizim için bir emrivaki olursa; karadan, denizden ve havadan ne dereceye kadar yardım görebileceğiz?

2) Bazı gazetelerimizin neşriyatı arasında ve bazı nutuklar ve konferanslarda, hatta bazı mebus arkadaşlarımızın nutuklarında bile ordumuzun hamaset ve şehametinden bahsederken, zamanımızın teknik terakkiyatı karşısında "askeri edebiyat"

210 • Kazım Karabekir

kabilinden bile sayılamayacak bir takım ifadeler ve tabirler kullanılıyor. Mesela; "Ordumuzun amal-i erbaa hesabına sığamayacağı; Kendine güvenen varsa meydan açıktır, gelsin!" yolunda şeyler yazılıyor, ve söyleniyor. Bunların orduya verilen vazifenin hudut ve şümulü çizilirken mesul makamlar ve umumiyetle ordumuz, Efkar-ı Umumiyemiz üzerine şaşırtıcı tesirler yapması sabit görülmüyor mu?

3) Avrupa Harbinin şimdiye kadar geçen safhaları her millet için askerlik bakımından, içtimai bakımdan kıymetli derslerle doludur. Bilhassa ordumuzun maddi ve manevi hazırlıkları yapılırken bu dersler göz önünde tutulmuş mudur?

Başvekil Dr. Refik Saydam suallerimi anlayamadığından bir daha sordu. Söyledim. Cevabında: İngilizlerin silah ve mühimmat göndermekte olduğunu söyledikten sonra, yapılan yardımların derecesini Müdafaayı Milliye Vekilinden öğrenebileceğimi bildirdi. Ve aynen şu sözleri söyledi:

Avrupa Harbinin cereyanı esnasında mahallinden aldığımız dersler ve bize kadar gelen malumat üzerine memleketimizi alâkadar eden cephelerden yapılacak işler varsa bunlar üzerinde muhtelif Vekâletler tarafından çalışılmaktadır. Mesela ordu dahilinden Fransa'ya adam göndermek! Finlandiya Harbine kimseyi iştirak ettiremediler. Sonradan bir askeri ateşe gönderdik. Mesela bir amiral ve bir Kolordu Kumandanı ve yüksek rütbeli zabitleri gönderdik. Mesele tekniktir. Ordunun dahili sevk ve iradesine taalluk ediyor. Bunlar haricinde kendilerinin daha fazla vazıh, kati bir fikirleri mevcutsa veya bu bilgileri bana verirlerse, kendilerine izah ederim. Elimizden geldiği kadar hariçten aldığımız malumat üzerine ordu içerisinde yapılması lazım gelen işlerin ve alınması lazım gelen tedbirlerin yapıldığı kanaatindeyim. Bilmem kendilerine cevap verebildim mi?

Başvekilin benim suallerimi kavrayamadığını görerek söz aldım:

General Kazım Karabekir: (İstanbul)

Teşekkür ederim! Suallerim şu veya bu vekaletin mahrem işleri hakkında değildir. Milletvekili sıfatıyla üzerimizde bir mesuliyet hissesi vardır. Vazifemiz, fikirlerimizi hükümetimize vakit vakit arz ve izah etmek ve yapılması lazım gelen şeyler hakkında da mütalaalarımızı beyan etmektir.

Şimdi birinci sualden benim kastetmek istediğim, tabii silah ve cephane değildir. Bunlar geliyor, eminiz. Ve hükümetimiz de bunlarla meşguldür. Fakat biz harbe girersek, bize orduca fiili bir yardım olacak mıdır? Olmayacak mıdır? Mahrem tutuluyorsa onu da sormağa lüzum görmüyorum. Fakat bir noktada hükümetimizin dikkatini celbederim. Çünkü aşağıda da arz edeceğim veçhile, yığınak mıntıkası intihabı, aldığımız derslere göre çok mühimdir. Polonya ordusu neden çabuk dağıldı? O ordunun da kıymeti vardı. Acaba bütün çarelere başvurdu da olmadı mı?.. Bize kara ordusu, deniz ordusu gelecek mi? Bunu öğrenmekte bizim ordu bakımından fayda vardır; Onu nazarı dikkate almaları doğru olur.

2. sual de, herhalde ordumuz kendisini bunca sene yapılan fedakarlığı tabiatıyla ödemeye mecburdur. Ve bu fedakarlığı yapacaktır, eminim. Ama ona verilecek vazifenin şekil ve vasfı çok mühimdir. Mesela Balkan'da bir hezimete uğrayıverdik. Fakat arkadaşlar o ordunun vaziyetinde dahi, o orduya iyi kumanda edilseydi, iyi kullanılsaydı, eminim ki o hezimet olmazdı. Sarıkamış'ta, Doğu'nun çok dilaver evlatlarına eğer takatleri nispetinde bir vazife verilseydi, onlar bu vazifeyi yaparlardı! Orada da hezimete uğradık. Sonra en güzide kumandanlarımız elindeki Filistin ordumuza, -eğer kudreti dahilinde- iş verilseydi, ve bu ordu da karşısındakinin kuvvetini nazarı dikkate alsaydı, o facia da başımıza gelmezdi. Binaenaleyh *"Ordumuz amal-i erbaaya* (dört işlem) *sığmaz; isteyen karşımıza gelsin!"* demek, orduda vazife deruhte edenler üzerinde ve millet üzerinde ters tesirler yapabilir.

Düşmanla mücadele eden bir ordu mağlup olabilir; Vazife ikmali, namustur. Fakat "ordu amal-i erbaa hesabına sığmaz, şunu yapar, bunu yapar" deyince, Balkan Harbinde olduğu gibi, orduyu yanlış yerlere sevk ederiz. Sarıkamış'a giderken Enver Paşa'ya matbuatla bir çok şeyler söylendi. Fakat sonra aksi çıktı. O noktadan da fazla sözler söylenmeyerek biraz ölçülü hareket edilmesini rica ediyorum.

Asıl mühim olan Avrupa Harbinden alınan derslerdir ki 3. sualim de budur. Maddi hazırlıklardan maksadım, yığınak mıntıkasının intihabındaki isabet veya isabetsizliktir. Bu ordunun vazifesidir ama, ordu felâkete uğrayınca, hepimizin vazifesi nihayete ermiş olur. Mevcut harpten iyi istifade etmeli ve iyi tetkikat yapmalıdır, diyorum ve bir endişemi arz etmek istiyorum. Evvelce de ben burada bilvesile arz etmiştim ki, siyasi ve askeri istihbarat ve takdirlerin doğru veya yanlış olması bunda müessir olabilir. Ordumuzda talim ve terbiyeden maksadım, askeri talimnamelerin emrettiği ruhi terbiyedir. Arkadaşlar, askeri talimnamelerden çıkardığım birkaç maddeyi huzurunuzda okumak istiyorum. Henüz vakit varken gerek hükümetimizin, gerek Askeri Erkânımızın ve gerekse bizim yapmamız icap eden bazı vazifeler vardır. Alman ordusunun bilhassa Polonya ordusuna karşı yıldırım harbindeki muvaffakiyeti yanlış yığınakların, yanlış tetkik ve tetebbuun ve yanlış kararın neticesidir.

Alman ordusunun Fransız ordusuna galebesi de manevi hazırlıkta Almanların yüksek ve Fransızların da pek çürük olmasındandır. Şimdi okuyacağım maddeler Alman talimnamesinden bizim için de alınmış maddelerdir. Bu maddeler talimnamelerimizde mevcuttur ama, barışta ordu bununla meşgul olduğu halde savaşta orduya alınacak bütün ihtiyat zabitleri bu ruhu almamışlarsa, o safha olduğu zaman, yani biz bu talimnameyi ölüm karşısında tatbik edemezsek; ne kadar silahlanırsak silahlanalım, facia olur! Bu bakımdan bu manevi hazırlıklarda bilhassa Fransız ordusunun akıbeti göz önünde tutularak yapılması elzemdir. Bunlar talimnamelerin bazı maddelerinde gösteriliyor, müsaadenizle okuyayım: "Piyade Talimnamesi:

Madde-1: Harp askerden büyük metanet ve yüksek seciye ister. Fenni vasıtalar muharebeye yardım eder. Kazanan asıl insandır.

Madde-3: Askerin harpteki kıymeti bedeni ve askeri talim ve terbiyesiyle birlikte, ahlaki ve ruhî kuvvetine bağlıdır. Bu kuvvetleri yükseltmek 'askeri yetiştirmenin' vazifesidir.

Sevk ve muharebe talimnamesi:

Madde-5: Harp her ferdin ruhi ve bedeni mukavemet kudretini en zorlu ve çetin bir imtihan karşısında bulundurur. Bu sebepten, harpte karakter yüksekliği akıl ve muhakeme vasıflarından daha fazla ehemmiyet kazanıyor. Barışta göze çarpmamış bazı şahsiyetler muharebe meydanında kendilerini gösterirler.

Madde-15: En genç askerden başlayarak yukarıya doğru herkesten, ruhen, fikren, ve bedenen bütün kuvvet ve kudretini kendiliğinden kullanmasını istemek icap eder."

Son çarpışma hakkında da: Piyade Talimnamesi:

Madde-294: "Takılmış süngü ile ve mümkün olduğu kadar hep birden 'Allah! Allah! sadalarıyla, hep birden düşman mevziine girilir."

Bunlar ordunun ruh ve terbiyesinin esasıdır. Bizim orduya karışacak gençlerimiz, üniversite, talebemiz, yani ihtiyat zabitlerimiz (Yedek subaylarımız) üzerinde bu ruhu, yani harbi kazanacak olan ruh ve vicdan kuvvetini aşılayabilirsek, o zaman ordumuzdan ümidimiz daha ziyade olur. Fakat ordumuzun bu güzel ruhunu sarsabilecek tarzda zaaf eklersek, bu felaket olur. Onun için Avrupa Harplerinden maddi manevi dediğim dersleri almak imkanına henüz vakit varken bundan istifade etmenizi rica ederim.

Başvekil Refik Saydam: (İstanbul)

Mesele tavazzuh etmiş bulunmaktadır. Arkadaşımızın noktayı nazarlarını dinlediniz. Bendeniz de arz edeyim; buna ilave edecek bir şey vardır. Sayın Karabekir'in ifadesinden şöyle bir koku aldım: Ordunun içinde -manevi cepheden- bir bozukluk varmış gibi, bir fikirleri mi vardır?

Arkadaşlar, herkesin sabahtan akşama kadar memleketimizin müdafaası için üzerimize aldığımız maddi mesuliyeti bir tarafa bırakınız, en büyüğü manevi mesuliyettir. Bu manevi mesuliyeti hazmedebilmek ve buna tahammül edebilmek için mütemadiyen çalışmaktayız. Arkadaşıma şunu temin edebilirim ki, bugün yüksek bir yekünde toplanmış olan Türk ordusunun içinde gerek muvazzaf, gerek ihtiyat olan subayların her biri birbirinden farksızdır. (Alkışlar, Bravo sesleri) olacak kadar birbirine kaynaşmış ve bunlar sükunetle ve sükun içinde çalışmış... (zabıtların aşağısını vermediler. Özetle..) bulunuyorlar. Mareşal da bütün orduyu teftişten gelerek bize bunu bildirdiler.

Alkışlar ve Bravo sesleriyle Başvekilin cevabı karşılandı. Halbuki Başvekil benim üç sualime cevap vermiş bile değildi.

Feridun Fikri de söz aldı, 'amal-i erbaaya sığmaz' sözünün *Cevdet Kerim İncedayı*'ya ait olduğunu, kendisinin de bunu kabul ettiğini izahla, bunun Muhterem Karabekir'in 'Cihan yıkılmaz' sözünden ne farkı vardır? dedi. Ve yirmi yıl Cihan Harbi ve İstiklal Harbinde ihtiyat zabitlerimizin fedakarlıklarını Muhterem Karabekir'in de gördüğüne şüphe mi vardır?.. gibi savruk sözler söyledi. Cevap vermeye değeri olmayan bu sözler, yazık ki meclisteki generallerin sükunetine sebep oluyor.

Siyasi ve askeri fikirlerinden istifade olunacak kimseler, birine ihtiyat subayı Feridun Fikri veya kurmay subayı Cevdet Kerim olumsuz sözler söylüyorlar. Ben ordunun ve milletin bugünkü halini ve ona verilecek vazifede halinin göz önünde tutulmasını söylüyorum, Feridun Fikri bana Cihan Harbi ve İstiklal Harbinin ihtiyat zabitlerinden ve o günün halet-i ruhiyesinden bahsediyor. Balkan Harbinin arefesinden Selanik'te bazı ihtiyat subaylarının çıkardığı (Silah!) gazetesinin edebiyatı veya edepsizliği gibi bir vaziyete girdik! O zaman da; "Hele gelsinler ortalığı kana boyarız, şöyle yaparız, böyle yaparız." dediler. O zaman da üniversiteliler "Harp isteriz!" diye Babıaliye geldiler. Fakat yaygaracıların hepsi felaket karşısında bir tarafa sindiler.

20 yıl önce "Feragat, fazilet ve fedakarlık" milli bir düstur idi. Bugün ise kulaktan kulağa fısıldanan mahrem bir parola! şeklini almıştır. O zaman çoluk, çocuk "Türk yılmaz!" diye haykırıyordu. Bugünküler bunu bağıramıyorlar; Bugünün güzideleri rakı masasında ancak "İnkılâp" diyebiliyor!..

ONDAN SONRA ERMENİLER GELİR

20.11.1940

Meclisten sonra "Gurup" yapıldı; Başvekil söz alarak: Trakya, İstanbul, Kocaeli, Çanakkale gibi harp sahasına yakın mıntıkalarda örfi idare ilânını ve hava taarruzuna karşı İstanbul'un sıkışık ahşap mahallelerindeki halkın Anadolu'ya naklini kararlaştırdık" diyerek mecliste münakaşa olunmamak üzere, Partide fikirlerin izharını rica etti. Bulgarların Yunanlılardan istedikleri arasında; bizim de Batı Trakya'dan isteklerimiz üzerine birkaç hatip söz alarak bu tedbirleri tasvip ettiler ve halkın iaşesi meselesinin de göz önünde tutulmasını söylediler. Ben de söz aldım:

General Kazım Karabekir: (İstanbul)

Hükümetimizin almak istediği tedbir gayet tabiidir. Buna hepimiz iştirak ederiz. Yalnız çok geniş mikyasta İstanbul'u düşünmek ve ona göre tedbirleri genişletmek lüzumuna kaniyim. Çünkü mesele yalnız Bulgarların Trakya'yı isteyeceği meselesi değildir. Bulgarların hiçbir vakit Yunan ordusunun, İtalyanlarla meşgul olduğu halde dahi, yalnız başına bir harbe kalkmak, Yunanistan'dan Selanik'i ve Dedeağaç'ı istemek cüretleri olamaz!.. Zaten hadiseler bize gösteriyor ki, Bulgarları sevk ve idare eden Almanlardır. Umumi tabirle, Mihverdir! Şu halde bir kere vaziyet-i askeriye'yi gözden geçilmek ve akibetlerini düşünerek daha geniş tedbirler almak lazımdır kanaatindeyim. Görüyoruz ki bir İtalya ordusu Mısır'da İngiliz ordusunu tespit etmiştir. Belki taarruza devam edemez. Fakat bir hakikat varsa Mısır'daki İngiliz ordusu, hareket edemeyecek vaziyettedir. Mısır, İngilizlerin kalbidir, oraya gelecek kuvveti iki misli ile önlemek ve tutmak zaruretindedirler. Sonra Balkanlarda Minver'e karşı durabilecek olan Yunan ordusunu da İtalya yakalamıştır.

Tam bu vaziyette, yani Adalar Denizi (Ege Denizi) istikameti de sağlandıktan sonra yeni bir inkişaf görmüyor. Demek, İtalyanların Yunan hareketi, gerekse Bulgarların kıpırdaması, büyük bir plânın kademe, kademe tezahüründen başka bir şey değildir. Şu halde Bulgarlar, ister bizden yer istesin; ister, istemeden Yunan üzerine hareket etsinler; bunun arkasından Romanya'da üsler tesis etmiş olan Almanya'yı da beklemek gayet tabii olur. Ve onun emrinde bulunan Romanya ordusunu beklemek yine gayet tabii olur. Macar'ı da beklemek gayet tabii olur. Bunları zaten geçen seneden beri bendeniz, bir varsayım halinde birkaç defa arz etmiştim. Fakat bugün bir hakikat olarak tecelli etmiştir.

İstiklalini müdafaaya azmetmiş olan bir millet, istiklalini tehlikede görünce, dava doğrudan doğruya Yed-i Kudretine, yani, kendi ordusunun üzerine kalır. Fakat ordunun bütün harekâtında hükümet, zamanında eğer esaslı tedbir almamışsa, çok mesul olur ve çok fena olur! Buyuruyorlar ki sıkıyönetim ilan edilecek. Güzel. İstanbul'da ahşap mahalleler tahliye edilecek!

Arkadaşlar, mesleğime taalluk etmesi itibariyle mazur görün, "Ben yazdım", "Ben gördüm", gibi bir mana anlaşılmasın; Bendeniz, daha ordu müfettişi iken, böyle büyük bir harbin olacağını; hatta İstanbul'un düşman eline geçebilmesi ihtimalini kaleme alarak verilmiş layihalarım vardır. Orada askeri mekteplerle, üniversitelere para sarf edilmeyip bunların Anadolu'nun köye, kente yapılması hususunda takrirlerim vardır. Şimdi bir teklifte bulunacağım, eğer bu makul ise üzerinde istişareden sonra lüzumlu bir zamanda onu yapmağa kalkışırsak çok müşkül bir vaziyette kalabiliriz. Bugün rica ederim, yalnız Maltepe atış mektebinin naklini de tasavvur etmek ne kadar zaman ister ve ne kadar mahzurlu bir iştir.

İstanbul'un ahşap mahallelerini düşünüyoruz, İstanbul'un yarın sükutunu da düşünerek tedbir almalıyız. Oradaki Ermeni, Rum ve Yahudiler ne yapacaklardır? Binaenaleyh İstanbul'da Türk unsurunu hakim vaziyete koymalıdır. Biz yalnız ahşap mahallelerin tahliyesini düşünüyoruz. Yarın harp başlar başlamaz, Yahudiler telaş eder intizamı ihlal ederek öteye beriye kaçmak isteyeceklerdir. Ordumuz, inşallah düşman arazisinde zaferler kazanır; fakat aksini de düşünmelidir. Radyolarla diğer vasıtalarla, matbuatımızla Efkâr-ı Umumiyeye istediğimiz gibi kuvvet verebiliriz. Fakat memleketin en mahrem dimağı olan bizim içimizde belirebilecek her türlü fena akıbetleri düşünmekte -zannediyorum- kimse mahzur görmez!

Tehlikenin İstanbul'a geldiği ve Yahudilerin Marmara sahillerine kaçıştığını düşünün! Ondan sonra Ermeniler gelir; bunların bugün, ihtimal ki mihver elinde çok fenalık yapmak istidadında olan teşkilatları olabilir. Nitekim Bulgaristan'daki teşkilatı dahi Bulgarlarla beraber gidiyor. Şu halde, Türk unsuru azaldıktan sonra, oradaki silahlarla hazırlanmış unsurları ilave edecek olursak vaziyetin vahametini düşünün!

Onun için bu meseleyi hükümetimiz esaslı olarak cihet-i askeriye ile birlikte düşünmeli. Yalnız İstanbul'un bombardımanı veya nefyinin şuna buna tesiri değil, büyük bir harbin Boğazlara intikalini hesaplayarak ordumuzun gerilerinde bulunacak olan her tehlikeli unsuru, Anadolu'nun münasip yerlerine atmalıdır. Ondan sonra o anasırdan boş kalacak kargir binalara, Beyoğlu taraflarına Türk unsuru oturmalıdır.

Aldığımız mektuplardan anladığımıza göre, kendimiz de görüyoruz, Türk kanını emen bu unsurlar, mükemmel binalarda oturdukları halde, Türkler, Sultan Selim'de, yangın arsalarında, topraklar içinde mahzenlerde, 5-6 çocuğu ile oturuyorlar!.. Daha dün bir mektubu Muhterem Dahiliye Vekiline taktim ettim; Hiç olmazsa buralara bunları oturtmalı. Bunların işlerine el atmalı. Şu halde ordumuzun gerisinde, ona bütün ruhuyla yardım edebilecek surette İstanbul halkı, çoluğu çocuğu ile teşkilatlandırılmalı. Hülasa bendeniz tek bir Türk'ün Anadolu'ya getirilmesi taraftarı değilim. Ama diğer unsurlar alınır ve onların yerlerine Türkler oturtulabilir. Bu, İstanbul için çok lüzumlu bir meseledir.

Sonra diğer bir endişemi de arz edeceğim: Harbin inkişafından ihtimal bizim haberimiz olmaz. İçimizde bir çok emekli generaller vardır. Bunların bir kısmı ordudan yeni ayrılmış, bir kısmı da İstiklal Harbine Cihan Harbine iştirak etmiş, Ordu kumandanlıkları, büyük cüzü tam kumandanlıkları yapmış arkadaşlardır. Şimdiye kadar hiçbirisinden bir mütalaa dinlemedik. Hükümet, bu tecrübe görmüş arkadaşları alıp, 'şöyle düşünüyoruz, ne dersiniz' dememiştir. Biz yarın herhangi bir hadise ile karşılaştığımız zaman, ne yapacağımıza dair şurada bu tecrübeli dimağlar bir kelime dahi söylemedikleri için endişemi huzurunuzda arz ediyorum.

Harp birdenbire çıkabilir. Bulgarlar da Dedeağaç ve Selanik üzerine akabilir. Bizim Yunanlılarla bir ittifakımız vardır. Müşterek hududumuza taarruzu defedeceğiz. Halbuki Balkan Paktı ise yıkılmıştır. Romanya ve Sırbistan da beraber gelecektir. Muazzam bir ordunun ise ortaya çıkması meselesi yoktur. Bugünkü vaziyet hasıl olunca, Bulgarların, Romanyalıların, Almanlarla beraber gelmek ihtimali çoktur.

Şimdi böyle bir vaziyet çıktığı zaman, haberimiz olmadan hükümetimiz 'vaziyet budur' deyip veya ufak, tefek hadiseler karşısında Paktın bu maddesini tatbik ederse, vaziyet vahim olabilir. Çünkü Dedeağaç'ın hududa mesafesi 10-20 kilometredir. Gümülcine iki saat çeker. Dimetoka yayalar için bile bir günlüktür. Hele şimdi kimse kimseye haber vermiyor. Yunanlılar da meşgul olunca, demek ki bir hareket neticesinde Meriç hududu, bir akşamüstü Bulgarların eline geçmiş olabilir.

Hükümet böyle bir vaziyette bizi toplayıp bizden rey alacaktır. Arz ettiğim gibi, tecrübeli generallere müracaat ederek onlara laf söyletecekse ve bu suretle yapacaksa, sözüm yoktur. Ama bu arkadaşlar bir araya toplanmalı; ancak bendeniz on-on beş kere bu kürsüye geldim. Fakat tabiidir ki ihtisas meselesi olarak hususi müzakere edilmemiştir. Vaziyet bu noktadan çok mühimdir. Onun için bendeniz, söyleyeceğim bu tezi, bu kürsüden çok defa müdafaa ettim. Hiçbir zaman ordunun ve memleketin selametini, yalnız Genel Kurmay Riyasetine bırakmaya taraftar olmayan bir arkadaşınızım. Sebebi, bir felaket meydana geldikten sonra mesul aramak beyhudedir.

Polonya'sı meydandadır, Fransa'sı meydandadır. Şu halde bu mesele çok mühimdir. Etraflıca düşünmeli birkaç kere kapalı çerçeve dahilinde yığınak mıntıkasından bahsettim. Tehlikeli vaziyete girilir diye arz ettim. Endişemi tekrar arz ediyorum. Burada münakaşa edeceksek, karar buradan çıkacaksa, bir dereceye kadar zararı kalmaz; Yunanistan'ın başına geldiği gibi olursa, mesele kalmaz. Hükümetimizden rica ediyorum, mütehassıs bir encümen mi yaparlar, yoksa mütehassıslar muvacehesinde mi konuşurlar, meselenin Boğazlara geleceğine göre İstanbul'da ve Trakya'da tertibat almalıdır. Yalnız hava meselesine göre, kâfi değildir. Harbin büyük çerçeve dahilinde icrası için tecrübeli generallerin dinlenmesi tezini arz ediyorum.

Ziya Gevher, İstanbul'un tahliyesinde benimle hemfikir olduğunu, fakat Genel Kurmay varken mütekaid generallere fikir sormanın aleyhinde olduğunu söyledi. Ve "Bir Generalle bir Mebusun ne farkı vardır" dedi.

Generallerden fikir sormanın aleyhinde bulunduğu, fakat sığınaksız Meclisin toplanamayacağını izahla "Sığınak yapılmamış, çünkü halkın da yoktur!" kararının kaldırılmasını teklif etti.

"Büyük Millet Meclisinin veya Halk Partisi Gurup Umumi Heyetinin, İcra Vekilleri Heyetinin hep beraber bu tarzda içtima edebileceği ve vazifesine herhangi bir tarzda devam edebileceği, bir sığınağı olsun; Gurup eski kararından vazgeçmesin, yarın buraya iki tane tayyare geliyor diye uzaktan düdük çaldığı zaman, Büyük Millet Meclisi azası şuraya buraya kaçmasın!.. Milli iradenin umumi mihrakı olan Büyük Millet Meclisinin devamlı olarak çalışması ve başta bulunması için, Hey'et-i Umumiyeden eski kararın kaldırılmasını rica ediyorum." dedi.

Bir karara bağlanmadı. Fakat Başvekil de mümkün olan yardımı yapacağını bildirdi! Şimdiye kadar -o kadar ısrarıma rağmen- Milli hazırlıklar yapılmadığı halde, bu sıkışık zamanda Millet Meclisine sığınak yapacaklar. Harp başlar başlamaz, artık Meclisin işi kalmayacağını geçen celsede de söylemiştim. Hükümet bir tarafa sinecek ve olayların gelişmesini takip edecektir!

İkinci defa söz aldım:

General Kazım Karabekir: (İstanbul)

Burada söz söyleyen iki arkadaş meseleyi başka safhaya çektiler. Ben hiçbir zaman bir Türk generali ile bir çiftçi arkadaş arasında bir farktan bahsetmedim. Burada kemal-i iftiharla ihtisasıma taalluk eden bütün meselelerde herhangi bir arkadaşın sözünü saygı ile dinlerim. Bir mesele buraya gelir, müzakere ederiz. Ve burada kararlarımızı söyleriz. Veya gelemeyecek bir vaziyette mütehassıs arkadaşlarımız olursa, fikirlerini söylesinler dedim. Düşününüz Yüce Meclis veya parti, bir harp mesuliyetini üzerine aldığı zaman, en basit bir hukuk meselesi, en basit bir maarif meselesi kadar mühim değil midir ki, o işin mütehassıslarını dinlesin ve ruhen ve vicdanen kani olarak o işe karar versin! Biz nasıl Vekilin sözüyle karar vereceğiz? Eğer yalnız Devlet Reisimiz ve Hükümet Reisimize itimatla ise, zaten celseye lüzum yok! Fakat mesele, ne aklen ne de elimizdeki kanuna göre, böyle değildir. Mesele burada uzun derin müzakere edilecek.

Bu müzakere, hissi olmaz; bu müzakere hukuki olmaz; kemal-i muhabbet ve hürmetle elbette istersiniz ki orduda hizmet etmiş tecrübeli arkadalar da bizi tenvir etsinler. Ve gideceğimiz yolun doğru olduğu hakkında sizi temin etsinler. Bunu böyle söylemekle beraber, demin arz ettim ki, belki mesele buraya gelmeden iş halledilmiş olur. Binaenaleyh, iki safhaya ayırdım. Böyle bir ihtimale karşı, böyle bir toplantının faydasından bahsettim. Çıkan iki arkadaşımız da emekli Generallerden bahsederken, "emekli generallerin fikrine ihtiyaç yoktur" diye bahsettiler.

Arkadaşlar, bugün gördünüz ki, Alman Devlet Reisi, bu kadar cihana bağırıp çağırıp ordularını dört tarafa saldıran bir adam devlet reisleri, yalnız muvazzaf erkanla konuşmuyor; Generaller, ordunun içinden, aczinden dolayı çıkmış olabilir; Siyasi hadiselerden dolayı da çıkmış olabilir. Dimağı muvazenesi vesairesi ihtimal ordudaki erkandan daha genç olarak çıkmış olabilir. Şu halde arkadaşlarım bilmediği için mazurdurlar.

Zannediyorlar ki, bütün modern hükümetlerde yalnız Genel Kurmay emir veriyor. Hayır, bugün modern devletlerde hiçbir kimse yoktur ki "Hatırasını" orduya atamış olmasın. Bizde kim yazmıştır? Ben yazdım, fakat açıkça söylemek mecburiyetindeyim, toplanarak yakılmıştır. İstiklal harbinde cephe kumandanlığı yapmış bir kumandan, çiftçi ile arasında fark mı görür? Bir Devlet Reisi bu Generallerin 8-10'unu bir araya toplar da vaziyeti sorarsa ne çıkar. Rica ederim, kimsenin mesuliyetini ve kimsenin mevkiini telmih ederek en ufak bir şeyden bahsetmek istemedim. Bahsetmek istediğim Heyet-i Umumiyenin omuzunda bulunan mesuliyet dolayısıyla, nasıl ki Encümenlerde ve burada mütehassısları tarafından ele alınıyorsa; iş, orduya düşeceği ve karar vereceğimiz zaman, mesele buraya geldiği zaman bir kere generallerimizi dinleyin! Söylemiyorlarsa zorla kürsüye çıkarın!. Biz orada burada mütalaa istemiyoruz. Burada milletin huzurunda mütalaa istiyoruz. Eğer toplanmağa vakit yoksa, bu kıymetli arkadaşların çok kıymetli tecrübelerinden hükümetimiz istifade etsin.

Ordu müfettişliğinden tekaütlüğünü isteyerek Meclise yeni gelen İzzeddin Çalışlar söz aldı. Önce iyi başladı, sonra garabetlere düştü. Ona da cevap vermeğe mecbur kaldım.

Orgeneral İzzettin Çalışlar: (Muğla)

Evvelki hafta gurup ictimaında Hariciye Vekili Muhterem Saraçoğlu, beyanatları sırasında Türkiye hakkında gerek komşu ve gerek daha uzak memleketlerin bize karşı büyük bir sempati besledikleri ve alınan haberlerin bize çok müsait olduklarını söylediler ve umumi vaziyeti bu noktadan çok elverişli mütalaa etmişlerdi. Bugün görüyoruz ki, Hükümetin Muhterem Başvekili çok müsait görünen bir vaziyetin süratle aleyhimize olarak değişmekte olduğunu ve daha yüksek ve daha ağır tedbirlerin alınması lüzumunu beyan buyurdular. Demek ki vaziyet... (zabtın orta kısmını bana vermediler.) Sözlerinin hulasası: Vaziyetin hükümet tarafından esaslı olarak takip olunmadığını, şimdi aleyhimize olduğunun anlaşılmış bulunduğunu izahtan sonra, Generallerin mütalaası alınmak hususunda ve harekatın inkişafı tarzında, düşman ancak Boğazlara kadar gelebilir, diyerek benimle hemfikir olmadığını söyledi. Ve Devlet Reisi ve Kurmay Reisi ve hükümet reisini meczederek, onlara itimadımız vardır, mesuliyet de onlarındır, dedi. Geri sıralarda oturan bazı hükümet yâranının alkışı da işitildi. Bana gelen zabıtlardaki son sözleri aynen şöyledir:

"... ve bütün generallere büyük itimat ve emniyet beslemektedir." (Alkışlar)

Her türlü hazırlıkları, plânları ve kararları milletin ve bütün milleti zafere sevk edecek yol olduğunu kabul etmelidir. Buna karşı da ordunun en büyük vazifesi ve şevki, millete karşı, meclise karşı ve Büyüklerine karşı, gayet büyük bir itimat ve emniyet beslemekte, yegâne mefkûresi, düşman karşısında memleketi behemehal muzaffer etmektir. Ordunun bu husustaki düşüncesinden katiyetle emin olabiliriz.

(Alkışlar yine en geri sıralardan geldi.)

İzzettin, muhtemel bir hareketi pek basit bir görüşle ifade ettiği gibi, vaziyetle ve sözlerimle münasebeti olmayan Hükümet ve Ordu hakkındaki beyanatı da bir şaşkınlık ifadesiydi. İlk evvel tenkide başladığından, sonunda işin içinden çıkmaya ani bir karar vermişe benzer bir tavır almıştı. Harekâtın inkişafından bahsederken; 'Bulgarlar yalnız başına hem Yunanistan'a, hem bize nasıl taarruz eder' dedi. Sonra: Almanların yardımını kabul de etsek, Romanya'da bin Alman var, bunlar ne yapabilir? Nihayet muvaffak olsalar dahi, Boğazlara kadar gelirler. Oradan da olsa Boğazları nasıl aşarlar? dedi. Eğer bu sözleri bir akademi talebesi söyleseydi sınıfta kalırdı.

Bir Ordu müfettişliğine kadar, bu kadar dar görüşle nasıl çıktığına hayret ettim.

Gerçi mebus olur olmaz, Ulus Gazetesine yazdığı Atatürk'ü metheden ve 31 Mart'taki Hareket Ordusu hakkındaki hadiselerden haberdar olmayan yazıları da ([13]) seciye ve kavrayış derecesinin neler olduğunu gösterir.

General Kazım Karabekir: (İstanbul)

Arkadaşlar, vakit vakit hakikaten ordudan gelen generalleri birer birer dinlemek, memleketimiz için de büyük bir hayır, bizler için de gayet güzel ve istifadeli bir vaziyettir. Onun için çok rica ederim, diğer general arkadaşlarımız da mütalaalarını -sıkışık vaziyete bırakmayarak- söylesinler.

Muhterem Generalle iki noktada ayrılıyoruz. Evvela, gayet güzel tasvir ettikleri halde, ne oldu birdenbire döndüler. O halde öbür hafta, daha yeni tecelliler karşısında büsbütün şaşırmak imkânı çoktur.

Arkadaşlar, bu güzel vaziyeti, ufak bir çerçeve içerisinde mütalaa etmeli. Almanya, Rusya ile anlaşmış gibi büyük hareketlerden bahsediyoruz. Binaenaleyh, Almanların Bulgaristan'a gelmemesi, Bulgarların bize taarruz etmemesi... bunlar tatlı ihtimallerdir. Böyle olsa, zaten mesele yoktur. Biz, öyle bir tedbir almalıyız ki, gerek askeri, gerek dahili, gerekse harici, her bakımdan en tehlikeli vaziyetlere cevap verebilelim. Yoksa Almanların gelmek ihtimali yoktur, gelseler de deniz

---

13   Ordudan yeni gelmiş bir büyük komutanın bu bilgisizliğine veya darlığına hayret ederek Genel Kurmay Reisinin ve Cumhur Reisinin dikkatlerini celb ederek diğer kumandanlarımız hakkında ikazda bulunmuştum.

kıyısına kadar gelirler, gibi ifadeler sakattır. Bununla beraber İstanbul öbür sahildedir. İstanbul'un tahliyesi halinde, askerin bir manevrası sırasında, Yahudi'nin, Ermeni'nin, şunun bunun bir takım facialar doğurması muhtemel değil midir? Muhterem General, taarruzu Boğazlara kadar kabul ettikleri halde dahi, İstanbul için benim söylediklerimi kabul etmezler mi? Eğer Alman ordusu Boğazlara kadar gelirse Rusları müttefik mi kabul ediyorlar? Öyle ise mesele yoktur. Fakat Almanlar Karadeniz Boğazına kadar gelirse, artık ne İngiliz ne Türk hiçbir gemi Karadeniz'e çıkamaz. Bugün Rusya'nın 40 tane denizaltı gemisi vardır. O halde hakimiyet düşman tarafına geçer. Bu takdirde, Şile sahillerine, Sinop sahillerine gelebilirler. Hükümet behemehal bunu düşünmelidir. Şu halde ordumuz, Trakya'da böyle cephe aldı, şöyle harp edecek, filân gibi sözler, bir edebiyat olarak, hariçte milletin maneviyatını kuvvetlendirmek için söylenebilir.

Burada mukadderat-ı milletten mesul (milletin kaderinden sorumlu) olan arkadaşlar karşısında objektif görmelidir. Ordu, takati kadar iş yapar. Ordumuz Balkan Harbinde ricat etti. İstiklal Harbinde İstanbul'u bile kaybetmekle, vazifesinden geri mi kaldı? Fakat Karadeniz'e ve Çanakkale Boğazına kadar düşman gelirse, bir General nasıl olur da arkadaşlar huzurunda meseleyi basit görür!

Onun için Bendeniz diyorum ki, bizi orada şaşırtacak, suistimaller yapabilecek unsuru kaldıralım. İstanbul'un müdafaasına yardım edecek Türk unsurunu çıkarmayalım, dedim. Harp gerilerse, Bulgar meselesi yoktur. Bulgar, yalnız başına kıpırdayamaz. En zayıf olduğumuz zamanda dahi, yalnız başına herhangi bir harekete cesaret edememiştir. Fakat bugün Almanlar ve Macarlar vardır. Sırf Macar ordusu da yardım edebilir. Üstün kuvvet karşısında kalırsak ne yapacağız? Tabii ordumuz muharebe edecek, müdafaa edecek, geri çekilecek. Bunların hepsi safha safha Harekât-ı Askeriyenin objektif görüşleridir. Düşman Boğazlara gelir, ordu Boğazların gerisine çekilir, icabederse İzmit'i müdafaa eder. Bunları bilmeliyiz.

Bunları dışarıda bağırmam; fakat siz memleketin dimağısınız.

Sizden bu hakikati neden gizleyeceğim. Hükümetimiz bu hakikati gizlememelidir. Eğer generallerimiz sırf muhabbet celbetmek ve tesir yapmak isterlerse, vebal altında kalırlar. Eğer bu vaziyeti görmüyorlarsa, rica ederim arkadaşlar, buraya çıksın ve izahat versinler. Sonra ordumuz denize dökülür.

Arkadaşlar, eğer biz tedbir almazsak!.. "Devlet Reisimiz başımızda iken, biz hiçbir şeyden korkmayız, şöyle olur, böyle olur" diyorlar!

"Arkadaşlar, şahıslar fânidir. Herkes ölebilir. Fakat onun yerine geçen, manivelayı kullanabilmelidir! O da akibetleri düşünmekle mükelleftir. İşte akibetler böyle zuhur edebilir. Ordu vazifesini yapar, mukabele eder, bakarsınız üç misli düşmanla karşılaşır.

Arkadaşlar bugün Romanya'da 3.000 kişi mi yoksa 300.000 kişi mi var? Bulgaristan'da yollar yapılıyor. Alman teknisyen kıtaları vardır. Bunlardan hükümetin haberi yok mudur? Elbette vardır. Bulgaristan'dan gelenler, birçok sivil Alman görmüştür. Zaten ne hacet, son vaziyet gösteriyor ki, Bulgaristan bütün kuvvetiyle beraber yürüyecektir. Bugün Yunanistan'ı İtalyan ordusu yakalamış. Selanik'i ve Dedeağaç'ı kim müdafaa edecek? Demek ki karşımızda takviye edilmiş Bulgar ordusunu ve belki de Romanya ordusunu göreceğiz. Biz bundan korkacak mıyız? Asla! Bunları bidayette görürsek ve tehlikeleri göze alırsak, asla korkumuz yoktur. Ama bugün bize böyle parlak sözler kâfi gelmez. Ricat olabilir, tahliye olabilir. Harpte her şey olur. "Almanlar gelmez" falan dedik mi, kendimizi aldatırız. Bu gibi sözler kafamızdaki arzumuzun harice tezahüründen başka bir şey değildir.

İkinci meseleye gelince: "Harp planlarını alsınlar da gelsinler, burada fikrimizi söyleyelim", demedim. Tekrar ediyorum: Harbe Heyet-i Celilenizin kararıyla gireceğiz, ve bu kararla sonuna kadar mukavemet edeceğiz. Bu da Heyet-i Celilenin kararıyla olur. Heyet-i Celile hiçbir şey bilmeden nasıl karar verebilir? Başkumandanlığa itimadımız vardır. Amenna!

Bununla beraber tehlike çok yaklaşmıştır. Almanlar yurdumuzun dibine gelmiş, şu şu devletler karşımızdadır. Bu Vaziyet-i Umumiye içinde bizden şunu şunu istiyorlar. İşte bunları münakaşa ederiz. Burada bütün mütehassıslar söyler. His söyler, ilim söyler..

Ama korktuğum mesele bu değil, korktuğum mesele, böyle bir takım faraziyeler içinde, nitekim General İzzettin'in dediği gibi, bir hafta evvel iyi dediler, bir hafta sonra fena dediler. Demek ki biz, böyle görüşürken tehlike, tamamen tecelli edebilir. Ve böyle bir tecelli karşısında hükümet Meclisi toplayıp fikir almak vaziyetinde kalırsa, Meclisi toplamak için belki zaman bulamaz. Şu halde böyle bir tehlikeyi önlemek için, yani Heyet-i Umumiyemizi toplamaya vakit yoksa bile, hiç olmazsa on mütehassısı toplasın. Derdim budur. Buna lüzum görülmezse mesele yoktur.

Rica ederim, burada teklif edilenlerle sizleri memnun edecek sözler arasında fark çoktur. Ben arkadaşları memnun edecek bir şey söylemiyorum. Bunu samimiyetime bağışlayınız. Objektif olarak görünüz. Yoksa tek dağ başı mezar oluncaya kadar harp yapmış ve nasıl harp yapılacağını bilen bir arkadaşınızım! İş oraya gelmesin de... Onun için rica derim, arkadaşlar yanlış telakki etmesinler...

Dr. Mazhar Germen: (Aydın)

Söz almak saiki, Muhterem Kazım Karabekir'in beyanatı olduğu halde ne söyleyeceğimi bilememek endişesiyle karşınıza geldim. Çünkü anladığımda mütereddidim. Ne söylediklerini... (Zabtın aşağısını vermediler.)

Mazhar Germen hakikaten bir şey anlamamış. Hatta ne söylediğinin de farkında değil. 'Hükümet yapacak; bizim mütalaalarımıza ne lüzum var' diyor. Mütereddi bir tipin yaveleri mi? Cevabımdan, söyledikleri mi anlaşılır.

General İzzettin Çalışlar, ikinci defa söz alarak askeri harekâtın benim tasvirim veçhile inkişafı mümkün olduğunu izah etti. Fakat sonunda, içine düştüğü mahcubiyetten güya kurtulmak için, bir garibe savurdu; Hulasası: Almanların büyük kuvvetlerle Bulgarlara yardım etmesi ve ordumuzun Boğazların Anadolu sahillerine çekilmesi ve Rus donanmasının da yardımıyla Anadolu sahillerine departman yapmaları sabittir. Bu tehlikeyi göstererek General Kazım Karabekir demek istiyorlar ki, tehlike bu kadar büyük iken hâlâ mı İngilizleri müdafaa edeceğiz!

Üçüncü defa söz aldım. Başkası, galebemin (zaferimin) son hamlesine mani olmak için 'Kâfi kâfi' diye bağırdılar. Fakat aldırış etmedim ve konuştum.

General Kazım Karabekir: (İstanbul)

Müsaade buyurunuz efendim. Mesele ciddidir, söylemek lazımdır. Muhterem Generalle şurada birleştik: Yani tehlike umumi olabilir. Zaten dert budur. Ve bundan kimsenin korkusu yoktur. Yalnız, Bay Mazhar Germen ve muhterem Generalimiz, benim sözlerimden biraz aykırı gidiyorlar. Burada mevzu, katiyen siyasi değildir. Biz de siyasi söylemedik. Mesele sırf askeridir. Yani ordunun gerisinde, kalabalık 100 binlerce nüfuslu bir şehir vardır. Ve burası büyük yangınlar çıkmak istidadını haizdir. Hükümetimiz bile 'Ben yapacağım, sizden rey (düşüncenizi) istiyorum' dediği halde, Mazhar Germen, nasıl oluyor da bizden mütalaa istemiyor. Gerek memleket, gerek İstanbul Mebusu ve gerek tecrübeli bir asker sıfatıyla İstanbul'un tahliyesi mevzubahis olurken, açık söylemeyi neden günah addediyorlar. Hükümet bu fikirlerin iyilerini alır, işine yaramayanları bırakır. Binaenaleyh (bu sebeple) bunlar ters anlaşılmamalıdır. Bu mütalaalar içinde hükümetin de istifade edebileceği şeyler vardır.. Nitekim bu gibi mukayyet mütalaaları (yazılı düşünceleri) birçok arkadaşlardan dinledik.

İstanbul'un gerek kesafet (yoğunluğu) gerek inşa şekli, gerek içindeki kozmopolit vaziyeti ve ordunun da tam gerisinde bulunması itibariyle, tedbirleri çok hesaplı almak lazımdır. Bütün bunlar yapılırken, yalnız hava tehlikesini değil, harbin buralara kadar sirayetini de düşünmeli! Bunu düşünmek basiretkarlık olur. Bütün icapların yapılması için, hatıra gelebilen tedbirlerin burada söylenmesi faydalıdır. General İzzettin'den rica ederim, silah arkadaşıyız; bizim orada burada belki arkadaşlarımızdan bile hususi fikirler soranlar vardır. Biz, ayrı ayrı fikirleri kulaklara fısıldarsak, çok aykırı olur! Çok memnun oldum, burada bize fikirlerini söylediler; Nihayet birleştik ki tehlike hep birden gelebilir. Ben mülâhazalarımı (düşüncelerimi) vaktiyle söyledim. Fakat muhassıla (ortalama) teşekkül etmiştir. Muhassıla şudur: Harbe giriyoruz. Artık burada şu veya bu mesele yoktur. Binaenaleyh (öyleyse) eskiden biz kulak dolgunluğu veya bir tahminle arkadaşına bir şey isnat etmesinler. Ben askeri vaziyet dedim. Bu askeri vaziyetlerde Meclis-i Âli karar verirken mütehassıs askerleri dinlesin ve dinlemelidir. Onun için yanlış bir telakki olmasın. Zannederim fikirler suret-i umumiyede birleşmiştir. İstanbul'u ihtiyati bir tedbir olmak üzere hükümet tahliye edecektir.

Başvekil Dr. Refik Saydam: (İstanbul)

İş biraz uzun sürdü. Fakat yerindedir. O nokta-i nazardan müsaade buyurursanız çerçevesini aşmayarak maruzatta bulunacağım.

Muhtelif arkadaşlarım muhtelif şekillerde düşüncelerini açıkladılar. (Zabtı aşağısı yoktur. Hulasası:) Kazım Karabekir'in teklifleri var. Türklerin nakli tehcir almamak gibi bazı mütalaalar söyledi. Mütalaa almak teklifime de şu cevabı verdi. Eğer muhterem Generalin hususi söyleyecekleri varsa Genel Kurmay Başkanlığı kapısı da, Baş Vekalet kapısı da her zaman açıktır. (İşte Başvekil de böyle anladı, böylece meseleyi halletmiş oldu.)

21.11.40 Ulus Gazetesinde Münakalat (Ulaştırma) Vekili Bay Ali'nin istifa ettiğini, yerme Cevdet Kerim İncedayı'nın tayin edildiğini öğrendik. 'Ordumuz amâli erbaa hesabına sığmaz' vecizesinin sahibi 22.11.1940 Radyo son tebliğinde de örfi idare ilânını bildirdi. 23 tarihli Ulus'ta da okuduk.

ORDUMUZ MÜKEMMELDİR

11.3.1941

Almanların Bulgaristan'a girdikleri ve Bulgarlarla anlaşma yaptıkları sözlerinden sonra *Hikmet Bayur* ordumuzun ortaçağ ordusu olduğunu ortaçağ orduları nasıl bugün bir şey yapamazlarsa, bizim de öyle olduğumuzu ileri sürerek, İngiliz ordusuna gönüllü tayyareci göndermemizi ve bu suretle muharebede tecrübe kazanmaları lüzumunu ileri sürdü. (Bunu daha evvel de bir kere söylemişti.) *Müdafaa-i Milliye Vekili Saffet Arıkan* buna cevap verdi.

"Ordumuz mükemmeldir. Şimdiye kadar hiçbir Türk ordusu bu kadar kuvvetli teçhiz edilmemiştir." diyerek izahat verdi. *General İzzettin Çalışlar* da derhal umumi seferberlik ilânını teklif etti. Ve harekâtta takaddüm lüzumuna Anafartalardan misal getirdi.

M. Kemal İngilizlerden daha önce davranarak sırtlara taarruz ederek zapdetmiş, İngilizler eteklerde kaldıklarından muvaffak olamamışlar. Cihan Harbine Alman Heyet-i İslâhiyesinin tesiriyle bir kaç kişinin bunlara uyması ile girdiğimizi ve Almanların istediği gibi hareket ettiğimizi, misal göstererek, Almanların, Bulgar ordusunu da istedikleri gibi kullanacaklarından, harekâta takaddüm etmek lüzumundan bahsetti. Müdafaa-yı Milliye Vekili buna cevabında Trakya'daki kıtalarımızın seferber halde bulunmasından dolayı umumi seferberlik ilânına lüzum görmediklerini söyledi.

General Cemal Mersinli de bazı sözler söyledi. General Naci Ekiz de Boğazlar meselesinde Ruslar hassas olduğundan Almanların bize karşı hareketleri pek melhuz değildir, dedi. Birkaç söz alan da oldu. Benim de söz almamı sağımdan solumdan rica edenler oldu. Bugünkü vaziyet, daha evvel kürsüden yaptığım beyanata uygun geldiğinden söz söylememi isteyenler çoğaldı. Buna ben de lüzum gördüğümden söz aldım:

General Kazım Karabekir: (İstanbul)

Muhterem arkadaşlar, bir iki nokta açıkta kaldığı ve vaziyet de çok mühim olduğu için Bendeniz de söz aldım. Yoksa gerek siyasi, gerek askeri vaziyet hakkında evvelce bu kürsüden reylerimi vazıh olarak ifade etmiştim. Açıkta kalan noktayı iyice anlayabilmemiz için, harbin, milletler için bir seciye imtihanı, bir taktik imtihanı, bir ümran (medeniyet) imtihanı... -her şey içine dahildir.- olduğunu hatırlatmak isterim. Binaenaleyh bir harp biter bitmez, milletler derhal ikinci bir harp için, -tıpkı sınıf geçmek için çalışan talebeler gibi- çalışırlar!

Objektif gözle kabul etmelidir ki müttefiklerimiz bu hususta yanılmışlardır. Başta İngiltere olmak üzere, Harbi Umumiden (Birinci Dünya Savaşı) sonra rahata alışmışlardır. Hatta tehlike kampanası çaldığı halde, yani İtalyanlar Afrika'da İngilizleri arkadan çevirmek için üsler temin etmek teşebbüsüne girdikleri zaman bile, tehlikeyi durdurmak için bir adım ileriye atmamışlardır.

Biz 1934 senesinde Balkan İttifakına girdik. Bugün bahsedilen tayyareler, motorlar, hiç olmazsa o zamandan itibaren görülecek meselelerdi. Bugün imtihan kapısına gelmişizdir. İnşallah yüz aklığıyla çıkacağız. Şimdi beklenecek bir mesele var: İnşallah ordumuzun sevk ve idaresinde büyük bir dehâ gösterilir! Burada da Kabiliyet-i Milliyetimizi gösterir. Arkadaşlarımızın temennileri beyhudedir. Olan olmuştur. Bu vaziyette harbe gireceğiz. Yalnız mühim olan bir mesele var: Bazı arkadaşlarımız, bilmiyorum bu fikir ordu erkânında da var mıdır, Almanlar bize gelmez diyorlar. Bendeniz bu husustaki fikirlerimi son beyanatımda da arz etmiştim. Bu dahi bir düşüncedir.

Trakya'da ordu subaylarının çocukları, aileleri hudut boylarında kendileriyle beraberdir. Bu, bir harp vaziyeti icabı değildir. Gerek Edirne'de gerek Kırklareli'nde gayri-Türk unsurlar doludur. Binlerce casus karşı tarafa her şeyimizi öğrenip verebilir. Onun için -vakit varken- daha sıkı tedbir almalı ve asker ailelerini geri çekmeliyiz. Sonra, anî bir bozguna uğrarsak, fena olur. Bir çok kuvvetlerin ani hareketi Çatalca'yı elimizden çıkarabilir. Bu husus da çok mühimdir.

Hükümetin nazar-ı dikkatine arz ediyorum. Burada iki ay evvel objektif bir görüşle Almanların, Romanya'ya resmi geçit için gelmediklerini, mutlaka Bulgaristan'a ineceklerini izah etmiş ve sivil kıyafette teknisyenlerin buraya girmiş olduğunu kabul etmek zaruretindeyiz dediğim zaman İzzettin arkadaş bunun sabit olmadığını ve Bulgaristan'da böyle bir şey olmadığını söylemişti. Bu arkadaş bugün bize umumi seferberlik tavsiye ediyor. İki buçuk ay evvel yapılması lazım gelen bazı tedbirler vardı, generallerimiz kabul etmişti, yapılacak meseleler mevcuttu. Bugün Başvekilimizin dediği gibi, umumi seferberlik ilânı tehlikeden başka bir şey değildir. Umumi seferberlik ilânı lazım değildir. Şimdi gizli gizli ihtiyatlar çağırılır; kıtalar doldurulur. Umumi seferberlik ilânı etmekten de korkulur ki, Alman ordusu bunu vesile ittihaz ederek üzerimize çullanır!..

Şimdi Almanların ilk çalıştığı Yunanistan değil Yugoslavya'dır. Yugoslavya meselesi halledilince Yunanistan'ı mı, bizi mi hedef ittihaz edecek? Bunu ancak Alman Erkân-ı Harbiyesi bilir! Eğer bizde kıpırdamalar görürse, bize teveccüh edebilir. Binaenaleyh bu kuşkuyu asla vermemek lazımdır. Günümüzde seferberlik ve harp ilânı davulla, ilanlarla, beyannamelerle olur bir şey değildir.

Bu noktayı da Başvekilimizden beklerdim: Bu benim için bir hicrandır. Bunu haykırmak isterim.

Arkadaşlar ölülere hürmet lazımdır. Demincek İzzettin Çalışlar mühim bir cümle sarf etti. Belki bazı arkadaşların nazarı dikkatinden kaçtı. Biz Cihan Harbine niçin girmişiz? Bunda Alman heyetinin rolü varmış ve bazı arkadaşları kandırmışlar, harbe sürüklemişler! Kastettikleri Cemal ve Enver Paşalardır! Fakat bunlar millete büyük hizmetler etmiş adamlardır. Biz Almanların zevki için harbe girmedik. Ruslar, planlarını hazırlamışlardı. Boğazlara yerleşmek istiyorlardı. Biz İngilizlere yalvardık, başlarından attılar!.. Alman ordusu mağlup olunca, İngilizler, Ruslarla müşterek hareket edeceklerdi. Fakat bizim harbe girmemizle hadiseler başka türlü tezahür etti. Olan doğru olmuştur. Bununla beraber o zamanki ricali o zamanki halk alkışlıyordu; Bugün de böyledir. Bu hususlarda bazı neşriyat ve Kafkas cephesi hakkında Erkan-ı Harbiyenin neşrettiği vesaik vardır. Hatta bendeniz de yazmıştım. Bundan başka, 31 Mart Hadisesine dair Ulus Gazetesi bir makale de yazmıştı. Burada protesto etmiştim. Hatırlarsınız, bilvesile söylüyorum. Enver Paşa Taşkışla müsademesini idare etmiştir. Fethi Bey de hareket ordusuna dahildir. Enver Paşa da harekâtı idare ettiği halde, İzzettin Çalışlar bu arkadaşı gargaracı diye makalesinde Ulus Gazetesinde teşhir etmiştir.

O zaman kendim, alakadarlara da teessürlerimi beyan ettim. Bunu arz etmekte mazurum. Harbin sebeplerini doğru bilmeliyiz. Biz harbe şunun bunun hatırı için girmedik. Bugün de Bulgar hükümetinin harbe niçin girdiği hakkında bir yanlış telakkiye kapılırsak, kendimizi aldatırız. Bulgaristan niçin Balkan İttifakına girmedi? Yedi-Sekiz seneden beri Alman tazyiki altında mıydı? Bulgaristan'ın istediği Adalar Denizine (Ege Denizine) inmektir. Binaenaleyh bunu Alman tazyiki altında düşünürseniz bir ümit gelir ki, biz taarruza geçersek yarın Bulgaristan'da Almanlar aleyhine bir ihtilal çıkarabiliriz.

Vaziyet katiyen böyle değildir. Bulgaristan, emeline nail olmak için Alman ittifakına girmiştir. Düşüne düşüne; bile bile girmiştir. Binaenaleyh emelleri müşterektir. Hareket başlarsa, Bulgar kıtalarını karşımızda görebiliriz. Onun için yanılmayalım. Bulgarlar hakkındaki telakkilerde 'Biz Alman tazyikiyle Harbi Umumiye girdik' düşüncesi gibi objektif değildir. Bu noktayı huzurunuzda tasrih ediyorum.

Birkaç kere arz ettim; Rus meselesi de yanlış ifade ediliyor. Rusların Boğazlara alakası eskisi gibi değildir. Kuvvet karşısında bugün bir an için kendimizi Rusların yerine koyalım: İsteriz ki, aman Türkler harbe girsin! Biz istemez miyiz ki, Ruslar harbe girsin, bizimle beraber Almanlara karşı dirensinler, harbe girecekleri güne kadar buna inanmalıyız!.. Savaş ağırlığı, Doğu'da olacaktır. Aksi takdirde şu söze bu söze bakarak Polonya ordusu vaziyetine düşeriz. Onlar aldandılar, Romanya da aldandı. Birçokları da aldandılar. Biz aldanmayalım. Harbe girerlerse, arz ettiğim gibi, mesele yoktur. Girmedikleri takdirde de o cepheden gözümüzü ayırmamalıyız. İngiliz ordusu, daimi bir ordu olmadığı için, çok zayıftır. Geçen umumi harpteki kuvvet ve kabiliyeti ne ise, bugün de ondan fazla değildir. Gerek insan, gerek malzeme itibariyle Türk ordusu bire onla çarpıştı. Aylarca muharebeye devam etti. 100.000 kişilik İngiliz Irak ordusu karşısında 10.000 kişilik bir kolordumuz aylarca muharebe etti. Ve birkaçını da kazanmıştır. Cephane nispeti de aleyhimize olmak üzere bire bin idi. Binaenaleyh (bu durumda) İngilizler niçin gelmiyor, yardım etmiyor? dediğimiz zaman, İngilizlerin gelip te Balkan cephesinde muvaffak olmasını ve Tuna'ya kadar gitmesini filan düşünmemeliyiz. Eğer kuvvetleri yetişseydi dünden gelirlerdi. Bulmuş karşısında İtalya'yı ilerliyor. Şimdi İtalya ile boğuşacak vakit mi? Adisababa'nın dağına İngiliz bayrağını dikecektir. Mesele budur. Onun da Efkar-ı Umumiyesi galebe istiyor.

Balkanlarda Almanlar var, o da Afrika'yı zayıf bulmuş temizliyor. Filistin'i de ileri karakol yapmıştır. Muharebeye başlayacak olursak, Yunanlılara yaptığı gibi, bize de havadan sudan yardım eder. Kara ordusu yoktur. Çünkü halis İngiliz kanını taşıyan 500.000 kişilik bir ordu lazımdır ki, bu, kalmamıştır! Zabitleri Avusturalyalı, Çavuşları Hintlidir. Niçin buraya geldiğini bilmez, niçin muharebe ettiğini bilmez. Müstemleke ordusu, Almanların karşısında iş görmez! Fakat harbe girsek, bize yardım etmeye mecburdur, ama tayyare ile ve biraz da boğazlardan... Zaten denizlere hakimdir. Ve bunu yapmaya mecburdur. Çünkü biz mağlup olursak, hazırlansın Filistin cephesinde harbe... Yalnız Yunanistan'a birkaç kolordu gönderse Vardar'ın Batısı, Golos vadisi, Kuzey'i, yani Olimpos dağlarının etekleri gayet kısa bir cephedir. Birkaç Yunan Fırkası da tasarruf edildi mi, burası Arnavutluk cephesine bağlanır epey zaman, bir şey yapabilir! Vâsi bir cepheyi takviye edecek büyük orduya lüzum yoktur. Şu halde netice ne oluyor? Birçokları bizim ordumuz da hudutta şöyle yapsın, böyle yapsın diye birçok fikirler atıyorlar. Netice bu doğru değildir.

Bu münasebetle bir şey daha aklıma gelir. Cephe gerisi...

Arkadaşlar biliyorsunuz ki cephe gerisi vaziyeti çok mühimdir. Mesela Kızılay'da bir hırsızlıktan bahsedildi. Yüz bin lira diyorlar. Bunu cephe işitmiştir. Bugün milletin sadakasıyla beslenen ve milletin yaralarını sarmak için teşkilatlandırılmış bir müessesede aylardan beri devam eden bir hırsızlığın cepheye aksi, çok fena olur! Derhal bu gibi fena hadiseler için tedbirler almamız lazımdır.

Sonra cephe gerisi yıkıcı unsurlarından biri de fuhuştur. Bunların temizliğine ve ıslahına, cephe harbinden evvel başlamazsak, yolsuzluk ve hırsızlıkla mücadele etmezsek, neticeyi müspet alamayız! Harb-i Umuminin, (Birinci Dünya Savaşının) birçokları hakikate hâlâ vâkıf olmadığından, sonunda cephelerin iyi işlemediğini söylüyorlar. Halbuki ordular, cephelerde çok şiddetli çarpıştı. Ama gerilerdekilerin, cepheye gidenlerin aileleriyle eğlendiklerini ve hırsızlıkları duyunca, dağlara kaçıyorlardı. Ordu dayanır orada ama, sonra bozgunluk geldi mi kaçmasını da bilir. Ve felaket gelir. Onun için bendeniz Milli Müdafaa Vekaleti ordu ile meşgul olduğu zaman Dahiliye Vekaleti, şu bu Vekaletleri de hırsızları yakalamalıdır. Millete göstermelidir, kanaatindeyim.

Eleman yetişmiyor ve bugün İstiklal Harbinde çok namuskâr olarak iş görmüş ve evlerinde oturan asker ve sivil tekaüt olmuş arkadaşlar var. Onları niçin çağırmıyorlar? Bu meseleleri onlara versinler. Bunlar iş yapar olduklarını bir çok kez ispat etmişlerdir. Hırsızları meydana versinler. Burada ordudan bol maaş almış eğlenen adamları, -cephenin gözü o kadar keskindir ki- çok iyi görür. Cephede hizmet etmiş arkadaşlara sorunuz: Cephelerin gözleri, kulakları öyle keskindir ki, biz bu işleri perçinlemezsek, bu iki afeti önlemezsek, cephe bizi çok iyi işitir ve görür.

Hükümet bana cevap vermedi!

İzzettin söz aldı ve bocaladı. Bir aralık sessiz bekledi. Sonra Atatürk aklına geldi. Dedi: Ben Meclise geldiğim zaman Atatürk'e ait bir hatıramı Ulus'a yazmıştım. General Karabekir bana bu vesile ile hücum ediyor. Ben orada askeri ateşe demiştim. Gerçi Enver Bey bulundu. Şehit Mümtaz Beyin idare ettiği Taksim Kışlasında! İzzettin'e acıyan dostları birkaç el çırptılar. İzzettin, Enver hakkında yine yalan söylüyordu. Mümtaz Bey Enver'in kumandasında idi. Artık cevap vermedim. Hususiyle Atatürk kalkanı gerisine çekilince, büsbütün acınacak bir hale girdi.

Birkaç gün sonra, İzzettin'in kürsüde kepaze olduğu, bütün Ankara'ya yayıldı.

BİRÇOK YERDE HIRSIZLIK OLUYOR

14.3.1941

Kızılay'daki hırsızlığın hudut ve şümulü hakkında ileri sürdüklerime Kızılay Reisi Mebus Hüsameddin'in veya İdare Heyetine dahil mebusların cevap vermemeleri, Mebuslar arasında hayli dedikodular uyandırdı. Bunun üzerine Dr. Şevki Uludağ'a bir takrir hazırlatmışlar; ictimada okundu. Hülasası, Kızılay'daki hırsızlığın derecesi nedir? Her halde General Kazım Karabekir'in dediği 100.000 liralık bir şey olmayıp, bu miktar, halk arasındaki mübalağasından ibaret olsa gerektir. Sıhhiye Vekilinden soruyor. Sıhhiye Vekili de cevap verdi. Fakat üstü kapalı. Bunun için şu suali sordum.

General Kazım Karabekir:

Bir sual soracağım, müsaade buyurulur mu?

Reis:

Buyurun!

General Kazım Karabekir:

Maliyeden giden Heyet-i Teftişiye, Kızılay'daki bu hadiseye vaziyet etmiş midir? Yoksa malum olan bu iki zat Müdde-i Umumiliğe mi verilmiştir? Sonra meydana çıkan bu suistimalin tarihi ne zaman başlar? Biz şimdi haber alıyoruz.

Sıhhat ve İçtimai Muavenet Vekili Dr. Hulusi Alataş: Kızılay kendi müfettişleri vasıtasıyla teftişini yapmış ve teftiş neticesinde bu hadiseyi meydana çıkarmıştır. Yapılan tahrifin vaziyeti 1938 senesinden başlar ve devam etmiştir.

Bu cevap üzerine söz aldım.

General Kazım Karabekir:

Arkadaşlar geçen hafta bunu bir misal olarak arz ettim. Ve asıl olan meselenin, istikbalde ordumuz, memleketimiz çok çetin vaziyetler karşısında kalacağı bir devirde, cephe gerisinin sarsılmaz ve hakkında dedikodu yapılmaz bir bütünlük arz etmesi lüzumunu tebarüz ettirdim. Ve o meyanda, halk arasında bilhassa Kızılay gibi bir milli müessesenin bünyesine böyle bir fenalık olduğunu işittiğimi arz ettim. Hakikaten bunu birçok arkadaşımız da işitmişlerdi. 50-60 Bin lira bugün böyle tebeyyün ediyorsa, haklı olarak herkes onu 100.000 ve hatta 100.000'in üstüne çıkarabilir. Diyorlar ki Ulus Gazetesine yazdık. Arkadaşlar, tekrar ederim, biz büyük hadiseler karşısındayız ve bu hadiselerin karşısında eğer Parti Gurubumuz, ordumuzun taparcasına hürmet ve muhabbetini celbederse, her türlü müşkülâtın içinden yüz aklığıyla çıkarız. Nitekim İstiklâl Harbi misaldir. Fakat şöyle veya böyle dedikodular olur da bunlar karşılanmazsa, zayıf bir vaziyete düşeriz. Bugün soruyorum, ufak bir siyasi hadise arkadaşlarımıza Partide anlatılırken, bunun Meclise, iki satırlık bir gazete haberi ile mi ulaştırılması uygun düşer?. Bir gazetede iki satırla mı okumak lazımdı? Derhal ilgili Bakana izahat vererek bizleri tatmin etmeleri lazım değil mi idi? Biz de söz söylerdik. Geçen hafta söylediğim halde, kimse çıkıp cevap vermedi. Şevki Uludağ'ın takriri üzerine bugün mevzubahis oluyor. Bu meselede nasıl bir hattı hareket takip edileceği hakkında düşüncemi arz ediyorum: Tutulan hattı hareket zayıftır. Madem ki 38 senesinden beri bu hırsızlık oluyormuş; ki buna suistimal diyoruz, neden alâkadar şahıslar istediğimiz hassasiyeti göstermemişlerdir.

Evet, birçok yerlerde hırsızlık oluyor. Fakat Kızılay gibi bir hayır müessesesinde, hiçbir zaman böyle bir hırsızlığı görmek istemeyiz! Çünkü milletin vicdan ve hamiyyetinden gelen duygularla kazancından koparıp verdiği ianelerden mürekkeptir. Bu nokta-i nazar da bittabi hepimizi hassasiyete sevk etmiştir. Bence böyle mühim müesseselerin başında bulunan kimselerin, başka yerlerde vazifeleri olmamalıdır.

Kızılay'ın Reisi içimizdedir, mebustur! İmkan yok mudur ki, hiçbir yerde vazifesi olmayan cerbezeli bir zatı oraya oturtalım. Bu suretle, teferruata kadar işi ile uğraşır ve bu gibi hırsızlıkların vukuuna sebebiyet vermez! Ve iş üzerinde müessir olur. Bugün bunların mazisinde veyahut da daha geniş sahasında hırsızlık yok mudur? Demek oluyor ki birincisi dedikoduların önünü almak ve müesseseyi daha temiz bir halde milletin ve ordunun muvacehesine (karşısına) çıkarmak için oraya müstakil ve enerjik bir reis lazımdır, fikrimi arz ediyorum; İkincisi, hırsızlık müdde-i Umumiliğe verilmiştir; fakat kafi değildir; madem ki hırsızlık olmuştur, Maliye derhal müfettişleri yollamak ve esaslı surette kontrolden geçirmelidir.

Bunu yalnız Partide söylemek kafi değildir. Ben ifade ettim diye bilvesile huzuru âlinize gelmiştir. Bütün millete karşı böyle bir şeyi dikkatle ve şiddetle karşılıyor ve teferruatına girerek çaresini buluyoruz. Ve hesabını veriyoruz demelidir! Yoksa hırsızlık 1938'de başlamıştır, hırsızlar yakalanmıştır demek, kafi değildir. Ben arkadaşlarımızın hepsine karşı iyi niyetli bir adamım... Fakat, Efkâr-ı Umumiye, bu ilân edilen keyfiyetle tatmin edilmiş değildir. Onun için esaslı bir tedbir almalı. Bu esaslı tedbir de esaslı bir teftiş ve ayrıca başka vazifesi olmayan cerbezeli bir arkadaşın getirilmesiyle temin edilebilir.

Zannediyorum ki gazetelere yapılacak ufak havadislerle, halkın nazarında biz de vazifemizi az dahi olsa, ihmal etmiş mevkiine düşeriz. Bendeniz bu noktada çok hassas bulunuyorum.

Rasih Kaplan da söz aldı:

Erzincan zelzelesine iane olarak hariçten gelen yiyecek ve içeceklerin çarşılarda satıldığını söyledi.

Başvekil Refik Saydam söz aldı: 1938'e kadar kendisinin Hilal-i Ahmer (Kızılay) reisliğinde bulunduğunu sonra Kızılay ismini aldığını, suistimalin bundan sonra başladığını anlattı. Çarşılarda satılan şeylerin halka tevzi olunmuş, fakat yemeğe alışmadıkları maddeler olduğundan satmış olduklarını söyledi.

Çok cılız ifadelerin kimseyi tatmin etmediği görüldü. Hatta söylenmeler bile oldu.

İşte bu iş de böyle kapandı.

İSTİKLAL HARBİMİZDE DÜŞMANIMIZ AYNIYDI

25.3.1941

Hariciye Vekili Saraçoğlu, iki haftalık dış siyaseti ve Kıbrıs'ta İngiliz Hariciye Nazırı Eden'le görüşmesini anlattı. Eden'in, Türk görüşlerini anlamadığını, çünkü Eden'in Ankara'da da söylediği sözlerden birini, yani "Yugoslavya'ya kuvvet verelim" dediğini söyledi. Ve Kıbrıs'ta halkın coşkun tezahüratını teferruatıyla anlattı.

Moskova'daki İngiliz Sefiri de Ankara'ya gelmişti. Güya komünist imiş! Hem komünist hem de İngiliz; ve İngiliz menfaatlerini Moskova'da müdafaa ediyor! diyerek bunu da cüretle söyledi; Ve bugün gazetelerde intişar eden Sovyet Rusya ile karşılıklı paktın bu zatın tesiriyle yapıldığını ve her taraf bundan memnun olduğunu anlattı. Bize her devletin iyi muamelesini de başımızda en akıllımız olan İsmet İnönü'nün bulunmasından ve milli birliğimizden, Parti'de birliğimizden ve nihayet hükümet erkânı arasındaki birlikten ileri geldiğini söyledi!.. Bugünkü beyanat pek sudan ve İngiliz Hariciye Nazırı ve Moskova İngiliz Sefiriyle de biraz alaycı idi!.. Evvelce Alman ve İtalyan Sefirlerinden de böyle alaycı bahsederdi!..

Hiç bahis mevzuu yapmadığı şu suali sordum:

General Kazım Karabekir:

Japon Hariciye Nazırının Avrupa seyahati hakkında Hariciyemizin intiba ve malumatını lütfeder misiniz.

Hariciye Vekili Şükrü Saraçoğlu:

Hepimizin bildiği havadis haricinde tek havadis vardı. O da Çin mümessilliğimizden gelen havadistir. Sovyetlerle Japonlar uyuşamayacaklardır! Uyuşur görünseler dahi, bize (Yani Çin'e) yapmakta oldukları yardımı yapmakta devam edeceklerdir!

General Kazım Karabekir:

Hariciye Vekilimizin bilhassa Rus deklerasyonu hakkında, gerçi bendeniz de birçok sözler söyledim. Ama tekrarı faydalı olduğu için bazı misallere dayanarak birkaç satır daha arz edeyim. Sonra da Japon Hariciye Nazırının bu seyahati hakkındaki endişemi arz edeceğim. Malumdur ki Sovyet Hükümeti, Moskova'da muayyen olan resmi bir Hükümettir. Fakat bir beynelmilel bir komiteleri vardır. Herhangi bir memlekette yapılacak tahrikâti, kurulacak teşkilatı bu komite idare eder. Hükümet bununla lakayit görünür. Fakat mücavir memleketlerdeki devlet zayıf bir vaziyete girdiği zaman, orada bir kaç vatansız tahrikat yapmaya başlar; oraya derhal Sovyet orduları faal olarak müdahale eder. "Fukara halk ve işçiler istedi" klişesiyle, teminat verilsin-verilmesin, daima gördüğümüz budur! Bu, bizim İstiklal Harbinin başlarına tesadüf eder Misalleri oradan başlar ve Romanya'da şimdilik bir çizgi çizmiştir. Bu tarzda teminat, Polonya'ya da verilmiştir. Onun siyaseti, bunu icap ettiriyor. Hakikaten bu hususta gerek gurubumuz, gerek hükümetimiz ve hatta halkımız da hassastır.

Başlangıcında gördüğümüz hadise budur. Biz Ruslarla hatta bir ittifak bile akdetmiştik. Çünkü İstiklâl Harbinde düşmanımız aynı idi; Dost olduk! Fakat buna rağmen, Batı cephesine Doğu ordusunu kamilen gönderme imkânı olmadı. Ancak üç fırka ve bazı topçu kıtaları gönderebildik. Çünkü içimizde şayan-ı dikkat tahrikât eksik olmuyordu. Zahiren, bizim yüksek mekteplerimizden çıkmış kimseler, bilerek veya bilmeyerek, geliyorlar ve nüvelerini hazırlıyorlardı. Bizim garp cephesinde mağlubiyetimiz olacak mı olmayacak mı, pusuda bekliyorlardı. Biz orada iki piyade bir süvari tümeni ile sıkı tedbirler almaya mecbur kaldık. Onun için hükümetimizden; istikbalde bir garp cephesi hadisesi olursa, Sovyetlerin siyasi tedbirlerimizde kusur etmeyeceklerini öğrendik!..

Bu deklerasyon'a gelince: Bu Moskova'daki İngiliz Sefirinden çıkıyor. Neden buna lüzum görmüşler? Bizim için ne fayda hasıl olmuştur? Ben bizim için de fayda görüyorum. Bazı arkadaşlar zannediyorlardı ki, Almanlar Boğazlara doğru inerse, Rus siyaseti bunu karşılar ve Ruslar vaziyet alır!.. İşte bizim istifademiz şudur: Rusya Devleti, açık olarak söylüyor ki: "Bana bakmayın! En hafifi ben bitaraf kalacağım." Yani, "Almanlar size taarruz ederse, Sizinle beraberiz" gibi bir taahhüt kullanmıyorlar! O halde Hükümetimiz ve Gurubumuz, bu vaziyeti esaslı olarak görmüş oluyor ki bu hakikaten büyük menfaatimizdir. Çünkü, bunun üzerinde edebiyat yapmak, mülahaza vermenin imkânı budur. Demek ki, bize bir taarruz olsa Ruslar harbe girmeyecektir. Bu katileşmiştir.

İngiliz Sefiri bunu yapmakla ne maksat görüyor: Almanlar hiç durmayınız, Boğazlara taarruz edebilirsiniz. Çünkü Ruslardan kuşku kalmıyor. Ruslar da bize bir yardım yapmayacaklarından bahsediyorlar. Demek oluyor ki İngiltere, bu suretle bize karşı Almanların bir tereddüdü varsa, bu tereddüt de kalkmış oluyor. Yani iş üç taraflı bir istifade ile bitiyor.

Şimdi benim endişem, Japon Hariciye Nazırının seyahatindedir. Arkadaşlar, ben bidayetten beri bir tez üzerinde çok ısrarla durmuştum. O da Rusya'nın ve Almanya'nın içtimai bünyelerindeki görüşlerin ve aynı zamanda taraflar kudretlerinin ve takatlerinin tetkikleri neticesi; Rusların Almanlarla harp etmek ihtimalinin pek zayıf olduğudur. Şimdi vaziyet büsbütün inkişaf ediyor. Şu halde kulaklarımızı çok açmalıyız. Ruslar da bu Pakta girebilirler. Aksi biricik malumat, Çin'den geliyor; fakat Rusya, bugün Almanya'ya nispetle takatsizdir. Almanların, Yugoslavya meselesini halledince Adalar Denizi Sahillerine inmesi meselesi bir-kaç günlük iştir" Belki İncekarasuyun cenubundaki müdafaalarıyla İngilizler zaman kazanırlar. Gerek askeri, gerek siyasi bakımdan Rusya'ya karşı Almanlar, bir teklif yapmaya mecburdur. Bu yapılmadıkça ve neticesi görülmedikçe, Almanların Boğazlar üzerine inmeye teşebbüs etmeleri zayıftır.

Japon Hariciye Nazırının gelmesi, Japonya, Almanya, İtalya, belki Fransa, -Henüz ne derece anlaştıkları malum değil- büyük devletler arasında mihvere iştirake Rusları da davet içindir. İnşallah kabul etmesin de harp etsinler. Fakat bütün bu ihtimalleri akılda tutarak hareket etmek, çok uzak görüşlülük olur. Muhtelif cereyanlarla karşılaşırken, veyahut siyasi olarak sözleşirken, bu ihtimal bilhassa Matsuka'nın ne imzalayıp dönecek ve ne yapacaksa, bunu göz önünde bulundururursak çok uzak görüşlülük yapmış oluruz. Onun için maruzatta bulundum.

Benden sonra Hikmet Bayur söz aldı. 1925 Rus anlaşması daha kuvvetli iken, zayıf şekilde böyle bir deklarasyon yapmanın aleyhimize olduğunu izah etti.

Hariciye Vekili benim sözlerime karşı bir şey söylemedi. Hikmet Bayur'a cevap verdi. Hikmet Bayur tekrar söz alarak daha sert ifadelerle, bu deklarasyonla hükümetin hata yaptığını söyledi. Hariciye Vekili, tekrar cevap verdi.

En son bir Mebus söz aldı: Benim aklım ermez, ben çok okumuş değilim, ama bütün halk, evvelce endişe ediyordu ki biz Almanlarla harbe başlayınca Ruslar da aleyhimize kalkarlarsa ne olacak? Bu deklarasyon herkesi tatmin etti, İsterse Hikmet Bayur anlamasın! dedi.

İSMET İNÖNÜ İLE MÜLAKATIM

12.5.1941

Bu yeni cihan harbinde Almanlarla Rusların anlaşmak ihtimalinin çok kuvvetli olduğunu, bu hale karşı bizim Almanlarla dost geçinerek sözlerimizle ve neşriyatımızla aleyhtarlık yapmamaklığımızı, ticari münasebetlerimizi kesmemekliğimizi partide defalarca söylediğim halde, ne hükümet ve ne de gazeteci mebuslar, "İngilizleri memnun edeceğiz" diye, Alman aleyhtarlığından geri durmadılar. Ve Almanların Ruslarla harp edeceği kanaatinde ısrar ettiler. Balkan taarruzundan önce Hariciye Vekili, Almanların Rusya'ya taarruz edeceğini partide söyledi. Yanlış gördüğünü izahla, evvela Balkanlar'a hakim olacaklarını, sonra Rusları tazyikle arzularını kabul ettireceklerini ve onları da İngilizlere karşı harekete geçirdikten sonra, Avrupa'nın Güney Batı ve Güney Doğusundan Afrika'da İngilizleri sıkıştıracaklarını ileri sürdüm. Fransızların da ister istemez yeni nizama gireceklerini, bizim dahi bu nizama girmek, milli menfaatimiz icabı olduğuna kadar da partide beyanatta bulunmuştum. İtiraz eden Cevdet Kerim, Münakalat Vekaletine getirildi. Yine İsmet'i metheden ve Ruslarla anlaşma meselesini benim temin ettiğimin tespit edilmemesine gayret eden, Mümtaz Ökmen de Ticaret Vekaletine getirildi.

Balkan harekâtı dediğim gibi çıktı. Alman ve İtalyanlar Anadolu sahillerindeki adaları da işgal ettiler. Trakya'da, Bulgarların yerine Alman kıtaatı yığıldığı halde, halâ hükümet Almanların Ruslarla harp edeceği kanaatini partide söylüyor. Arzuları, hakikat gibi gösteriyorsunuz. Tehlike her taraftan bizi sardığı halde, hükümet, uhdesine düşen bir işi yapmıyor: İngilizlere sorun! Adalar Denizi'nin altında, üstünde ve havalarında artık kuvveti kalmamış mıdır? Yoksa bizi yakında mihverin sarması gibi bir düşünce mi vardır? Anlayın! Ve ona göre hareket edin! Tavsiyeme de aldıran yok.

Asıl garibi ben bunu 6 Mayıs parti ictimaında söyledim. 9 Mayıs'ta, partinin 7 Mayıs tarihli, halâ düşüncelerinin değişmediğini gösteren tamimini aldım; hülasası şöyledir: "Köylere kadar genişlettiğimiz konferanslar iyi netice vermiştir. Milletler endişe ve kararsızlığa düşmüştür. Bizim kararımızı, bir düziye temasa gitmeden halkımıza anlatmayı lüzumlu ve faydalı görüyoruz. Cihan harbi nereye sirayet ederse etsin, ilk gün aldığımız kararı, son güne kadar muhafaza edeceğiz! Yurdun bir karış toprağı ve istiklalimizin bir zerresi için her fedakarlığı göze aldık.

İngiltere istiklal davasıyla harbe girdi. Fakat hazırlıksızdı, şimdi iyi dövüşüyor ve hazırlığı ikmale çalışıyor. Yakında inisiyatifi ele alacak ve üstünlüğünü muhakkak gösterecektir. Çünkü kaynakları pek geniştir. Vatandaşlarımız bunu iyi bilmeli."

Ayrıca da 'Bu Harbin Kitabı' başlıklı Ulus Muharrirlerinden Mümtaz Faik'in kitabı da tavsiye olunmakta! İlişik olan bu tamim, partinin mesai kudretine bir delildir. Hala İngilizlerin istediği propagandayı halkımıza fazlasıyla sindirmeye çalışmaktadırlar. Halbuki Sovyet Rusya, Almanları memnun etmek ve onlarla anlaşmak için, yeni yeni adımlar atıyor:

1- Stalin, tıpkı Hitler gibi hükümet reisliğini deruhte etti. Ve bu makamdaki Molotof, yalnız Hariciye Komiserliğiyle uğraşacak.

2- Sovyet Rusya, Yugoslavya, Belçika ve Norveç'i müstakil devlet halinden çıkmış ilan ederek, bunların diplomatik heyetlerinin Rusya'yı terk etmelerini tebliğ etti.

3- Şimdiye kadar tanımadıkları Irak hükümetini -İngilizlere harp açan- tanıdı.

4- Hitler - Musolini görüşmesinden bahseden Londra Ajansı, Almanların Rusları Hindistan'da ve Uzak Doğu'da serbest bırakacaklarını ve Basra Körfezinin Doğusunda mahreç vereceklerini -İran yoluyla- bildiriyor.

10 Mayıs akşamına kadar yığılan bu malumat üzerine, Reisicumhur İsmet İnönü'yle görüşerek "vaziyeti nasıl gördüklerini" anlamak ve endişelerimi bildirmek istedim. Saat 21'de Reisicumhur Sarayına "ziyaret istediğimi" bildirdim. Ertesi günü öğlen vakti, nöbetçi yaveri şunu telefonla bildirdi:

- Reisicumhur Hazretleri yarın yarımda, yalnız olarak öğlen yemeğine teşrifinizi bekliyorlar.

Teşekkür ettim. 12 Mayıs Pazartesi günü yemeğe Çankaya Köşkü'ne gittim. Yukarda çalışma salonunda beni samimi kabul ettiler. Kanepeye yan yana oturduk. Hoş beşten sonra kendilerine suallerimi sordum ve cevaplarımı aldım:

1. Sualim:

Harbi hangi taraf kazanacak ve bunu nasıl kazanacak? Ve kazanan tarafın yeni nizamı nasıl olacak?

Cevapları:

İngilizler harbi uzatmaya çalışıyorlar. Adalarda aç kalmadıkça harbe devam edebileceklerinden emindirler! Atlantik Muharebesi diye bir diziyi ileri sürdükleri, kat'i neticeli muharebe bu. Harp uzun sürerse, Almanların sulha yanaşacakları kanaatindeler.

Ben:

Böyle harp kazanılması kati olur mu? Ya daha önce İngiltere'de sosyalist bir ihtilal çıkarsa ne olacak? Nitekim Almanlar da bunu ümit ediyorlar. Bunu geçenlerde de arzetmiştim. (Mebusların, geçen yıl sonu, guruplar halinde yapılan davet sırasında fikrimi sormuştu: Ben de söylemiştim.) Kuvvetsiz harp kazanılabilir mi? İngiltere bu kuvveti nereden bulacak?

İsmet:

Amerika Kalleşlik ediyor, harbe girmiyor. (İsmet bunu söylerken yeis ve nefret duyguları gösteriyordu. Çünkü o harp, yeni başladığı vakit Amerika'nın behemehal harbe girerek nihayet işin muvazenede bir sulha müncer olacağı kanaatinde olduğunu, yine bu sarayda bana söylemişti.)

Ben:

Girdiğini farz edelim. Muazzam mihver kuvvetleriyle nerede boy ölçüşecekler?

İsmet:

Orası da öyle. Almanların muazzam kuvvetleri, el sürülmemiş gibi Avrupa'nın ortasında bekliyor.

Ben:

İngilizlerin harbi kazandığına göre: Çiğnenmiş, mahvolmuş küçük milletlerden hasıl müstakil devletler yapacaklar? Onlar da Vels'in coğrafyasında, çok yıllar öncesinden çizilmiş bir programı, milletlerin huzuruna atmışlardır! Fakat mesela biz, harbe girdik ve istilâya uğrayarak Polonya, Yugoslavya vesaireleri gibi, belki de daha elim bir vaziyete düştük; bilmem kaç yıl sonra da İngilizler harbi kazandı. İstikbalin yeni Türkiye Cumhuriyeti'ni nasıl kuracaklar?

İsmet cevap vermedi. Neşesi kaçmış bir halde bakışlarıyla benden cevap bekledi.

Ben:

Devletin güzel yerlerine, mesela boğazlara, sahillere, hat boylarına İngiliz muhacirler getirirler. Hıristiyan unsurları da himaye ederler. Anadolu'da pekala bir Avusturalya, Yeni Zelanda gibi bir dominyon[14] yaparlar. Türk unsurundan eser kalmış ise, onlar da bu yeni dominyonun eski sekenesi gibi muameleye tabi tutulur! Belki coğrafi ve tarihi ismi bırakırlar; başka ne iyilik yapabilirler? Harap bir Sırbistan ve Polonya'ya bile, yüzbinlerce İngiliz muhaciri göndermezlerse, onları yeni istiklallerinde nasıl muvaffak edebilirler!..

İsmet:

Müthiş! Fakat doğru görüyorsun! Ama Almanlar da gelse, onlar da memleketimize yerleşmek isteyecekler ve bizi Mısır'a Irak'a Hindistan'a... şuraya buraya hareket yapın diye süreceklerdir. Aynı netice!..

---

14 İngiliz Uluslar Topluluğu üyesi bağımsız ülkelere verilen ad.

Ben:

Şu farkla ki Almanlarla ve bilhassa Ruslarla da anlaştıkları şekle göre, Alman-İtalyan-Rus istilalarına karşı tek başımıza harap ve perişan olduktan sonra, muzaffer İngilizlerin istilasına uğramak ile, böyle bir belayı harbsiz atlatabilmek neticesinin doğurabileceği muhtemel harabiyetler arasındakileri, tasavvur etmek lazımdır!..

2. Sualim:

Halkımızın ve ordumuzun modern harbe hazırlığı derecesi nedir? Dışardan ne derece yardım göreceğiz?

İsmet:

Ordumuz iyi çalışıyor. İyi gördüm. Maneviyatları da yüksektir. Şimdiye kadar harbe girmediğimizden, halkımız her tarafta çok memnundur. (Bir harp olursa, İngilizler ancak havadan yardım edebileceklerdir.

Ben:

Ordu ile temasta değilim. Bunu hükümette temin ediyor. En son siz de görerek güvenirsiniz. Fakat halkın harbe hazırlanmadığını görüyorum. Mesela Ankara'da bile! Baraj yıkılırsa su nereden gelecek?. Ekmek meselesi, sığınak meselesi, hep sözde kaldı. Halbuki bir buçuk yıl önce partide bu hususları çok söyledim. Etrafta at nalı şeklinde birçok minareler ve onlarla şehir arasında birçok zikzak yollar hazırlanabilirdi! Yiyecek, içecek meseleleri de esaslı hazırlanabilirdi. Bütün şehirler ve köylerimiz, için bu kabil minareler ve hazırlıklar mümkündü. Dışardan yardımın, yalnız havadan olacağı ve bunun mahiyetinin de hâle tabi kalacağını bir buçuk yıl evvel partide söylemiş ve lazımı kadar denizaltı ve üstü gemilerini emrimize alarak Türk Bayrağı çekelim teklifinde bulunmuştum. Mihver Devletleri Girit'i işgal ederlerse, Adalar Denizinden artık İngilizler ayağı çekerler, tahmininde bulunmuştum. Bu hususu size de söylemiştim. Halbuki daha Girit İngilizlerin elinde iken, Mihver Adalar Denizine hakim bir vaziyete geçti. İlk zamanlar hesaba katılmadığı için, şimdi, miktarı muayyen olmayacak olan, hava yardımı alabileceğiz. Anadolu sahillerine yakın Adaların işgaline seyirci kalmalarının sebebini sormak lazımdı.

İsmet:

Vilayetler Ankara'dan daha hazırlıklı sanıyorum. Bir harp vukuunda Ankara'ya büyük taarruzlar olacağını hesaba katarak boşaltmaktan başka çare yok!.. İngilizler, bütün kuvvetlerini Afrika harekâtına topladılar ve Mısır harekâtında tuttular.

Ben:

Bakanlıkları şimdiden hastane haline koymak üzere hazırlıklar yapılsa, sonra Halk nereye gidecek, nasıl gidecek çok esaslı düşünmek ve planlamak lazımdır. Aksi halde çok vahim karışıklıklara sebep olur. Bundan başka, girecekleri yerlerde sığınak mağaraları olmazsa, Ankara'daki evini, eşyasını terk edipte dağ başlarında açıkta ve aç ölmek veya hırpalanıp perişan olmak daha feci olur. Benim gördüğüm, birçok ikazlara rağmen hükümet, teknik teşkilât dahi yapmadı. Halbuki böyle teşkilâtla işe başlansa, her genç birkaç metre kazsa ve herkes gücü yettiği kadar kazma vursa, bütün halk için tabiatın verdiği yerlerde mükemmel sığınaklar meydana çıkar. Köylerde de böyle hazırlıklar olmadığından, etrafa dağılan halk korkarım daha kolay imha olunabilir!..

İsmet müteessir bakışıyla sözlerime cevabı kafi gördü. Ben de üçüncü sualimi sordum.

3. Sualim:

Bu şartlar içinde Rusların da harbe iştirakleri düşünülürse, askeri harbin seyri nasıl olur? Ve mukavemetimiz ne kadar devam edebilir! Anadolu istilâ altına girerse, netice ne olur?

İsmet:

Rusların Almanlarla anlaşması vahim olur. Almanlar Rus hududuna yüz fırka kadar yığmışlar. Ruslar, Almanları memnun etmek için hoşa gidecek her şeyi yapıyorlar: Şimdiye kadar Irak Hükümetini tanımadıkları halde, İngilizlere karşı harp açan hükümeti tanıdılar! Daha bazı şeyleri de yaptılar. Fakat Almanların ne istedikleri belli değil.

Ben:

Almanların isteyecekleri esaslı mesele, Rusların İngilizlere harp açmasıdır, sanıyorum. Belki Batum'a bazı Alman teknik kıtaları da çıkararak Güney hareketi için birlikte yürümeği de teklif edebilirler. Ben bu hususta bir kaç defa fikrimi partide dahi izah etmiştim. Başka türlü Almanlar Ruslardan emin olamazlar.

İsmet:

Ruslar İngilizlere karşı harbe girdimi, mesele yok. Böyle bir hal bizim için de çok feci olur. Bir harp olursa İstanbul'un vaziyeti nasıl olur dersin.

Ben:

Havadan taarruzlarla bütün nakil vasıtaları, Vapur İskeleleri, Köprüler, Demiryolu büyük istasyonları tahrip olunur. Donanmaya da taarruz olunur. Karadeniz Boğazına torpil dökülür. Ve Tuna'da hazırlanan nakil vasıtaları, Romanya ve Bulgar vapurları ve harp filolarıyla Anadolu sahillerine asker çıkarmaları muhtemeldir. Ruslar da kendi hesaplarına bu kabil işler yaparlar. Trakya mıntıkasında veya Çatalca'da muharebe başladığı zaman, Boğaz'daki nakil vasıtaları da imha edilmiş bulunur.

İsmet:

(Vaziyetin fecaatini gözünün önüne getirdiği anlaşılan teessür alâmetleri göstererek, biraz sükûttan sonra)

Almanlara karşı, biraz gevşek davransam, ilk isteyecekleri Boğazları işgaldir! Buna "peki" dedik mi, Boğazların muhafazası için, Anadolu'nun şurası, burası derler! İsteklerinin sonu gelmez...

Ben:

Irak ve Arap istiklaline yardım için, Bağdat hattından istifadeyi belki daha önce isterler. Yahut da birlikte hareket teklif ederler.

İsmet:

Netice aynı. Geçen Harb-i Umumide olduğu gibi. Şuraya taarruz edin, buraya taarruz edin, diye kuvvetlerimizi uzaklara sürerler. Kendileri Anadolu'ya yerleşirler!

Ben:

Alman Sefiri İstanbul'a gelmiş yeni sulh teminatını getiriyormuş! Buna karşı Ankara'daki İngiliz aileleri Suriye ve Filistin yoluyla Cenubi Afrika'ya gitmek üzere İngiliz sefaretinden tebliğ (duyuru) almışlar, 10 Mayıs'ta Beyrut radyosu söyledi.

İsmet:

Papen "yeni ticaret muahedesi" isteyecek; ben de karşılık "silah" isteyeceğim. Bakalım ne yapacaklar? İngiliz ailelerinin gideceğine dair bir şey işitmedim.

Ben:

12 Mayıs gazeteleri Süveyş Kanalının Almanların eline geçmesi tehlikesine karşı, bir Amerikan filosu Hint Denizine gelmiş! Alman - Japon Deniz işbirliğine mani olacaklarmış! Süveyş Kanalı -yalnız Batı'dan- o kadar tehlike de olmaz!.. Bu endişenin manası nedir? Almanların, havadan Suriye'yi işgal edecekleri tehlikesine karşı da, İngilizler Kıbrıs ve Amman'da hazırlıklarını takviye ettiklerini; zaten Filistin'de lâzımı kadar kuvvetleri olduğunu 11 Mayıs ajansıyla bildirdiler. Hitler'le de Stalin'in görüşeceklerini ve Ruslara Basra Körfezi'nin Doğusunda yer verileceğini de yine ajanslardan okuyoruz. Aleyhimize hazırlıklar yapılırken, bizi avutmasınlar!.. En ziyade korktuğum cihet, böyle bir istila neticesinde -Ermeni ve Bulgarlar vasıtasıyla- Türk katliamını sonsuz bir hale koymasınlar. Mesela Ankara'ya ve İstanbul'a Bulgar Fırkaları Ermeni jandarmaları ve polisi gibi teşkilat yaparlarsa facia tamamdır! Böyle bir ihtimâl, gittikçe hakikat sahasında inkişaf ederken Parti katib-i umumisinin 7 Mayıs tarihli tamimini pek garip buldum. Bunu siz okudunuz mu? Bu halka maneviyat vermez. Bilakis maneviyatı kırar, ve dedikoduyu arttırır. Mesela (İstiklâl davasıyla harbe giren İngilizler hazırlıksız yakalanmış,

fakat kaynakları geniş olduğundan behemehal harbi kazanacak. Biz de sonuna kadar İngiliz ittifakına sadık kalacağız.) Bu her tarafa tamim olunuyor. Köylere kadar da yeniden konferanslar verilecekmiş. Bu hale uygun mudur?

İsmet:

Amerikalılar! Çok fena hareket ediyorlar. Onların harbe girmemesi çok fena oluyor. Kalleşlik! Fakat İngilizler iyi dövüşüyor. Ruslar da harbe girerse tek bir münevver bırakmazlar. Vaziyet çok vahim olur. Konferansların devamını Başvekil de muvafık bulmuyor. Tamimi ben de gördüm.

Ben:

Mısır da tehlikede olduğuna göre, İngilizler mukavemeti Habeşistan ve Sudan'da yapacaklar. Ve Amerikalılar da denizden Japonların buralara zarar vermemesine, çalışmasına mani olacak gibi, bir vaziyet hasıl oluyor. Bizden çok uzaklarda mukavemet hazırlıkları yapıyorlar. Bu vaziyette bizim için tutulacak hattı hareket, Parti genel sekreter tamimindeki garabet değil, Türklüğün mahvına kadar gidebilecek olan vahameti takdir ederek, ahvalin icaplarına uymaktır!

Bunu büyük zekanızla ve alacağınız malumat ve tekliflerle tayin etmek, güç olmaz. Ancak, büyük bir engeli hatırlatmayı, muvafık buluyorum. Hâlâ münevverlerimiz, profesörlerimiz, siyaset adamlarımız, sözleriyle ve yazılarıyla, geçen İstiklal Harbimizde, Mustafa Kemal'in, pek basiretli olarak attığı adımlar yerine; "dünyaya meydan okudu ve Türk İstiklâlini kurtardı." diye, bir diziye yanlış telkinlerinde devamdadırlar.

Halbuki Mustafa Kemal, gayet hassas olarak her tarafa başvurdu. Ve büyük tehlikeler olmadığına tamamıyla kani olmadıkça, İstiklal Harbini açmadı. Bu hususlar sizce malumdur. Mustafa Kemal'in Dünyaya karşı harp açtığı yalanının tarih haline sokulmasında, İngilizlerin menfaati büyüktür. Yeni Cihan Harbinde, sizin de onun gibi yapmanız için tesirler yapılmakta ve icapları hazırlanmadadır. Satılmış bazı kimseler veya bilmeyerek bu tehlikeli siyasete alet olup gitmektedirler.

Ve Mustafa Kemal, yaptığı çok büyük hizmetleri olduğu gibi, Millete bildirmemekle, kendisinden sonra Milletin mukadderatını aynı tehlikeler içinden kurtaracaklar için, çok ta büyük fenalık yaptı.

İsmet:

Şimdiki halde bize karşı ne Almanlar ve ne de Ruslar bir harekete geçecek gibi görünmüyorlar. Kafkaslarda bir hazırlık yok. Bulgaristan'da Sivilin Grad ve Batı Trakya'da bazı fırkalar eksikliklerini ikmal ile meşguldür. Bazı kıtaların ve motorize kuvvetlerin Kuzey'e gittikleri de söyleniyor. Adalar da büyük kuvvetler yok. Halkımız, harbe girmememizden ve hırsızlıkların olmamasından dolayı hükümete karşı pek memnundurlar. Fakat icabında harbe girmeye de hazırdırlar. Yugoslavya harbe girdiği zaman, hükümetimiz de bizim harbe girmekliğimize karar verseydi, Büyük Millet Meclisi de kabul ederdi. İlerde de harbe girmek veya girmemek hususlarındaki kararımızı yürütebiliriz. Dediğin hususları biliyorum. Bundan istifadeye hazırlanan kimseler mi var? Halktan endişe etmiyorum. Mecliste itiraza uğrar mıyız dersin?

Ben:

Yugoslavya harbe girdiği zaman, veya daha evvel veya daha sonra Meclis'e harp kararıyla gelecek olan Hükümete, alkışlarla kararını tasdik ettirir kanaatindeyim. Harbe girmemek lazımdır kararı da böyle olur. Yalnız bir kişi hükümetin kararını yanlış görürse hükümetin karşısına dikilir ve memleket için tutulması lazım gelen yolun ne olduğunu apaçık haykırır. Türk Milletinin ölüm - dirim meselesi karşısında benim susamayacağımı herhalde mazur görürsünüz. Bu suretle, sakat gelecek kararların, felce uğraması ihtimali vardır! Bunun için, yeni kurulduğunu gördüğüm vaziyet karşısında, sizinle baş başa kalmak istedim. Böyle bir vaziyeti ve kararları partide haber almak, benim için elemli bir şey olur.

İsmet:

Ruslar da işin içine girerlerse, vaziyet çok vahim olur. Fakat bizi doğrudan doğruya istilâya kalkışırlarsa, zaruri harbe gireriz! Tabii biz, mümkün olduğu kadar harpten kaçınacağız. Irak'ın vaziyeti çok fena oldu. İngilizlerin iyi idare edemedikleri söyleniyor. İstanbul'da Türkler çok memnun, gayri Türkler çıkarılınca halk iş buldu.

Ben:

Bunu aylarca önce teklif etmiştim. Çok geç kalındı. Fakat Ermeni'ler, partideki münakaşaları duymuşlar. Diyorlarmış ki geçen yıl Kazım Karabekir bizim İstanbul'dan çıkarılmaklığımızı teklif etmiş; Başvekil kabul etmemiş. Şimdi yine bizim kökümüze kibrit suyu döken; Karabekir zorlamış, bunun için bizi İstanbul'dan çıkarıyorlar. Bu sonuncusu da tabii ilavesi.

İsmet:

Düşmanlık etmiş biri demek!

Ben:

İzmir'deki dilsiz, kör ve sağırlar konferansında beni Fahri Başkanlığa seçmişler, daha önceki müracaatlarına itiraz ettiğime rağmen ısrar ediyorlar.

İsmet:

İyi, iyi bir hayır işidir. Haydi yemeğe gidelim. Orada da görüşürüz.

Bir saat kadar konuşmuştuk. Sofrayı yukarı holde hazırlamışlardı. Oturmadan evvel de harbe girmemiş olduğumuzdan ve Balkan İttifakına girmekle zararlı çıkmadığımızdan bahsetti ve Yugoslavya ve Yunanistan'ın Almanlarla anlaşmasındansa, onlarla harbe girmesi bizim de lehimize oldu, dedi.

Bu bahsi uzun sual ve cevaplardan ayrı olarak burada açmasının sebebi vardı. Ben 1933'de İstanbul'da Kadıköy'de kendileriyle yine bir yemeklerinde demiştim ki 'Bu Balkan ittifakı bizi uçurumun kenarına yaklaştırıyor' o da cevap olarak 'Elbet kurtaracak biri bulunur.' demişti. İşte şimdi bunu hatırlatmak istediğini anlıyordum. Balkan ittifakından nasıl istifadeli sıyrıldığım anlatmıştı. Ben de kısaca şunu söyledim: Yaklaşan daha büyük tehlikeden de İnşallah sıyrılıp kurtuluruz.

Yemekte İsmet düşünceliydi. Bir aralık gayet yavaş sesle,

bir şeyler söyledi. Sağ elini kısa kısa sallıyordu. Anlayamadığımı söyledim. Yine gayet yavaş tekrar etti. Dudaklarının tane tane hareketleriyle anladım: "Kazım, eğer Almanlarla Ruslar anlaşırsa, bizim için çok vahim olur." diyordu. Sonra, az daha sesini yükselterek ilave etti:" Fakat şimdiye kadar Alman Sefiri Ruslardan bahsederken 'Eski düşmanınız' der ve 'eğer Almanya mağlup olursa Rusların Türkleri mahvedeceğini' söylerdi.

Ben:

Ruslarla Almanların anlaşması ihtimalinin çok kuvvetli olduğunu ve bunun bizim için feci bir şekil almasına meydan vermeden alınması lazım gelen tedbirleri harbin ilk gününden beri partide defalarca söylemiştim. Bu hususta çok hassas bulunmak lazımdır.

Artık bu bahsi kapadık. Şuradan, buradan hususi görüşmeye başladık. Bilmem İsmet'in de şu anda ihtiyaten yanıma aldığım şu hatıraları aklından geçti mi? Henüz sırası gelmediği için bugün kendisine hatırlatmadım.

Yemekten sonra birkaç oyun satranç oynadık. Saat 16.30'da Başvekil, kendisinden mülakat istediğini bildirdiğinden, biraz sonra müsaadelerini aldım. Samimi ayrıldık.

Bahsettiğim İstiklal Harbine ait üç hatıra ile yakın istikbale ait olup İsmet tarafından doldurulması lazım gelen 3 numara şimdiki halde boştur.

MEMLEKET TEHLİKEDE BULUNDUĞU ZAMAN

3.6.1941

Hariciye Vekili Şükrü Saraçoğlu'nun beyanatının özeti:

Sovyet Rusya ile münasebetimiz de, iyilik cihetine doğru mesafe almıştır. Bu senenin ilkbaharında Rusya'ya karşı harekete geçtiğini tahmin ettiğimiz Almanya Balkanlara yürüdü. ([15]) Fakat şimdi Rusya'ya karşı bir toplanma işitiyoruz, Rus-

---

15 Kış tatilinden evvel partide Hariciye Vekili bu mütalaayı söylediği zaman elimle Zariyci Kazimeyi göstererek, en tehlikeli olan yani Balkanların daha önce harekette olacağını izah etmiştim. Hariciye

ların 120 tümeni karşısında Almanlar 100 tümen toplamışlar; bunun 20'si zırhlı ve motorlu imiş. Gerçi bir taraftan da Berlin'de müzakereler devamda ise de, işin bir Alman-Rus harbine müncer olacağını sanıyoruz.

Von Papen'in son demeçlerdeki dili pek yumuşaktır. Hitler'in gönderdiği son mektubunun tercümesini okuyorum. (Aynen okudum:) "1 Mart 1941 mektubuma cevaben göndermek lütfunda bulunduğunuz mektup için zat-ı Devletlerine samimi teşekkürlerimi takdim vesilesi vermektedir." dedikten sonra Türklere karşı Almanların hayırhahlığından bahsediyor. Ve sonunda maksadını şöylece bildiriyor:

"Almanya müttefikleriyle hemfikir olarak bu sulhun iadesine çalışmak ve aynı zamanda Türkiye'nin meşru haklarını göz önünde bulundurmak azmindedir. Türkiye Hükümeti bu mevzu üzerinde Almanya Hükümetiyle teati-i efkar (fikir alışverişi) arzu ediyorsa, Hariciye Nazırı (Dışişleri Bakanı) (icap eden görüşmelere mübaşeret (girişmek) için hazır bulunmaktadır." diyor.

Saraçoğlu Hükümetinin, bunun karşısındaki düşüncesi şudur: "Von Papen'in sertlik devrinde nasıl boyun eğerek faka basmadıksa, bu yüze gülmesine karşı da gevşeyerek faka basmayacağız!"

Sonra şimdiye kadar harbe girip girmemek hakkındaki üç intibaı izah etti. Arkadaşlardan aldığım üç intiba şunlardır:

1) İngilizlerle akdettiğimiz muahede bizi harbe girmeye icbar ediyordu. Fakat biz muahedeleri tanımadık ve harbe girmedik.

2) Muahedede bazı elastiki cümleler ve kelimeler mevcuttu. Bunları biraz sağa, biraz sola çekerek harbe girmedik.

3) Muahedelere riayetle beraber, haklı olarak muharebeye girmedik.

Vekili bugün hükümetin hatalı görüşünü itiraf etti. Fakat benim doğru görüşümden bahsetmedi. Ben de bugünkü sözlerim arasında bunu söyleyerek bir daha tespit ettim.

Birinci ve ikinci fikirde olanlar mahdut kimselerdir. Çoğunluk, üçüncü fikirdedir.

Hariciye Vekilinin konuşmasından sonra, ben de söz aldım:

General Kazım Karabekir: (İstanbul)

Arkadaşlar, ekseri parti müzakerelerinde bendeniz de söz alıyorum. Bunun sebebini bir kere daha arz edeyim. Önemle dinlenmekliğimi rica ederim.

Birlik, düşünce birliği, karar birliği! Memleket tehlikede bulunduğu zaman bir milleti bu formülden başka kurtaracak hiçbir şey yoktur!

Bu birlik, nasıl olabilir? Bendeniz bu kürsüden iki kere ricada bulundum. Ricam şuydu: Bugün memleketin, milletin mukadderatından mesul olan bu meclistir. Yani bizleriz demektir. Binaenaleyh evvela fikir kaynaşması, fikir mübarezesi (çarpışması) bizim aramızda ve bu kürsüde bir aile gibi olmalıdır. Buradan çıkacak netice millete aşılanmalıdır.

Bu tarzda çalışmadığımızı son hadiseler tamamıyla gösterdi.([16]) Bendeniz bunu iç acısıyla iki kere rica etmiştim. Bunu nasıl yapacağız? Bu kürsüden bendeniz Hariciye Vekilimizin fikirlerine muhalefette bulundum. Hatta sert çekişmeler oldu. Hariciye Vekili arkadaşımız, beni doğrulamadı.

---

16   Yeni Sabah'da Hüseyin Cahid (Mebus) "Suriye'yi işgal etmeliyiz. Harbden kaçınanların ya büyük apartmanları veya bir çok faizli aksiyonları var" diyor. Cumhuriyette Yunus Nadi (Mebus) "Hüseyin Cahid efkâr-ı Umumiye hazırlıyor, bu doğru değildir diyor. Tasvir-i Efkâr da Peyami Safa "Hüseyin Cahid morfinci muharrirlere de para ile harp aleyhdarlığı yapıyor" demesine karşılık "Hüseyin Cahidler Resm-i Geçidi" başlıklı gayet ağır yazı yazmıştı. Geçen cihan harbinde Kafkas cephesinde asker açlıktan çarıklarını yerken, bu Hüseyin Cahidler Beyoğlu'nda büyük kulüpte poker oynayan birbirlerini de rezil etmiştir. Akbaba'da: "Bay Hüseyin Cahid; sizden şüphe ediyorum" başlığıyla, ağır yazmıştır. 25 Mayıs 1941 sayısında............karikatürünü yapmıştır. 29 Mayıs 1941 nüshasında yine aynı gazete 5 Mayıs nüshasında da Hüseyin Cahid'i bir taç içinde bir baykuş gibi tasvirle ağzına "Harp, harp" yazıları kondurmuştur. Son bir senede de Muhyiddin Birker (mebus) Bulgarlar gibi Almanlarla anlaşmaklılığımız lüzumunu yazmıştır.

Fikir münakaşasına hürmette eksiklik gördüm. Hem siyasi ve askeri mülâhazatı, burada aklı eren arkadaşlarımız söylemelidir. Burada söylenen sözlere muhalefet varsa, gazete sütunlarında değil, burada teşrih edilmelidir. Hareket-i askeriye bir çığ halinde bizim etrafımıza geldiği halde dahi, bütün dünya, dost düşman bizde bu ruhu bulmalıdır. Aksi halde unutmayalım ki: 'Ehibba şuyu-u yağmada mehbut eyler a'dayı.''

Şimdi vaziyeti nasıl gördüğümü arz edeceğim. Ve iki sual soracağım. Refik İnce arkadaşım, bunun birini burada izah ettiler. Daha hadisenin çıktığı zamanda iddia ettiğim şuydu: Almanlar ve İtalyanlar, ceman yekûn (ikisi birden) Avrupa'da büyük bir mevcudiyet gösteriyorlar. Bilhassa Almanlar çok esaslı çalıştıkları için büyük orduları vardır. Vardır ama, nihayet Fransa'yı ezse dahi, daha öteye gitmesi ihtimali, yok kadar zayıf olduğu için, bu iş eninde sonunda Doğu'ya doğru yuvarlanır, gelir. Hatta son taarruzlarında Yunanistan'ın limanlarını işgalden sonra bu işin Girit adasının işgaline varacağına ve onda da muvaffak olacaklarına kadar ileri gittim. Ve hatta şunu da arz ettim ki, müdafaa kuvvetle olur, mania ile değil. Şimdi Girit işgal edilmiştir. Bunun manası nedir? Bu manada gerek gazeteci mebuslarımız, gerek halk, bir fikirde olmalıyız. Bendenizin şimdi serdedeceğim mütalaalarıma karşı hükümetimizin ve başka arkadaşlarımın serdedeceği başka görüşleri varsa, çok rica ederim, hayat memat meselesidir, bununla alakadar olalım!

Harita açıldığı zaman görürüz ki, Girit adasına da Mihver bayrakları dikilince bunun iki manası vardır: Birisi geçen cihan harbinde Rusya ile İngiltere müttefik oldukları halde, bunların birbirlerine yardımına mani olan Türklerin Çanakkale müdafaası idi. Halbuki bugün Türkler aynı tarafla harbe girmemiş ve İngilizlerle daha yakın ve kağıt üzerinde de alakalı oldukları için Mihver Devletleri için icabında Rusya'ya yardıma mani olacak bir mahiyette değildir. Limni Adasının işgali de bunu ifade etmez. Limni Çanakkale'yi kapatmaz.

Fakat tamamıyla Adalar Denizini mihver tesellüm etmiştir (ele geçirmiştir). Deniz altından, üstünden buranın hakimiyetini elde ettiği için, Rusya'ya eğer bir harp açılacak olursa ki, Rusya İngilizlerle ittifaka girmiş demektir, Almanya İngiltere ile Rusya'nın irtibatını kesmiş demektir. Geçen harpte hasıl olan hadiseyi bu defa adaların işgaliyle tamamlamış oluyor.

Demek ki Almanların Girit'i almaları için mühim bir sebep de, Rusya üzerine tazyik yapacağı zaman, Rusya'nın İngilizlerden hariç ve uzak kalmasıdır. İkinci sebebi de, gazetelerde okuyoruz. Bana da sık sık soruyorlar: Almanlar, Mısır'a mı, Suriye'ye mi taarruz edecekler' Burası her ikisine de üs olur. Tayyarelerle daha kolaylıkla Mısır'a giderler. Deniz altı ve üstlerinde kolay hareket sahaları bulurlar. Almanların hem kuzeyden hem güneyden faaliyetlerini kabul etmeli. Fakat güneyde bir düşman daha vardık ki, o da yaz mevsimidir, iklimdir.

Şu halde Mısır'a bir hareket yapmak ihtimali zayıftır. Çünkü ne Libya'dan kara harekatı, ne de tayyarelerle Mısır'a inmeleri kolay bir hareket değildir. O halde güneyden bir hareket yapılacaksa, muhakkak ki Suriye'yi bir üs olarak kullanmaları askerlikçe zaruridir. Suriye'nin işgaliyle kuvvetli bir üs olması, aynı zamanda Mihver'in diğer hedefi olan Irak için de mühimdir. Eğer bir Mihverin Suriye üzerine doğru bir hareketini görürsek, demek ki Irak için de bir hareketin başındayız. Kıbrıs için de aynıdır. Şayet Mihver, Kıbrıs'ı işgal ederse, bu sefer denizden de Suriye'ye kıtaat nakli imkan dahiline girer. Demek ki Kıbrıs'ı niçin işgal edecek? Atlama hareketinden ziyade hayati mesele olan ağır top ve tayyare naklini temin içindir. Bugün Almanların muhtelif cephelerdeki kazancı, ağır top ve tayyare ile hulasa edilebilir. O halde bunları nakletmedikçe, İngilizler üzerine Suriye'den yürümeleri ihtimali azdır.

Suriye meselesini biraz daha eleyelim: Rusya ne kadar kuvvet çıkarırsa çıkarsın, Fransızlar da yardım etsin, bu siyasi bakımından da nazar-ı dikkate alınması lazım gelen tehlikeli bir iştir. Onun için Almanların buraya doğrudan doğruya

258 • Kazım Karabekir

büyük bir kuvvet çıkaracaklarını da zayıf bir ihtimal olarak görüyorum. Çünkü Türkiye, İngilizlerle ittifak aktetmiştir. İngilizler Habeşistan'ı temizledikleri için, kuvvetlerini Filistin ve Mısır'a yığıyorlar. Bir tarafta Türkiye, diğer tarafta İngiltere gibi kuvvetli bir devlet dururken, takviye meselesi henüz halledilmemiş vaziyette bir taarruz çok tehlikeli bir iş olacağı için, Almanların böyle bir maceraya atılmasını zayıf görüyorum.

O halde meseleyi şu tarzda mütalaa etmelidir. Ruslar üzerinde bugün şiddetli bir tazyik vardır, önceden beri de izah ettiğim vaziyet budur. Almanya, Rusya'yı kendisine nasıl imâle edebilir (çekebilir). Ne makine, ne petrol ve ne de mevaddı sâire emniyet vermez! Rusya da, İngiliz aleyhine hareket etmezse, bu yolda yürüyemeyeceklerinden, behemehal arz ettiğim gibi Almanların o istikamette harekete geçmesi lazımdır. O halde bu fiilen harptir. Yani Ruslar, ya buna katlanacaklardır veya Almanlarla harbe katlanacaklardır. Binaenaleyh Almanlar Kuzey'de muazzam bir orduyu bırakıp cenuba inemez. Nitekim yığdığı kuvvet te bunu gösteriyor. Şu halde Rusya'nın vaziyeti gerek bizim, gerek bütün cihan vaziyeti için gayet mühim bir şekil hasıl ediyor. Rusya, hakikaten Hindistan üzerine, veyahut Basra'nın doğu sahillerine, ahvaz gazlarına vesaireye bir hazırlık gösterdiği anda vaziyet, bizim için de çok ciddi ve tehlikeli olur. Çünkü tamamıyla doğudan ve batıdan bir çember içine girmiş oluruz. Almanların bu vaziyeti görünceye kadar, bizimle dost olacağına şüphe edilemez. Fakat bu vaziyet içine girdikten sonra, dillerinin değişeceği ve kati bir şekil alacağı şüphesizdir. Ve katiyen akıldan çıkarılmamalıdır!..

Demek ki mesele, Rusya meselesinin hallidir. Ve Rusya meselesi halledildikten sonra, Suriye üzerine kuvvet şevki meselesi ortaya çıkacaktır. Ondan sonra hedefleri gayet kolay olarak Mihverin eline düşebilir. Onun için bendeniz tehlikeyi, Rusya'nın alacağı vaziyette görüyorum. Yoksa Almanların Bağdat'a, Mısır'a gideceği noktası gayet zayıftır. Gerek radyomuzda, radyo gazetemizin mütalaaları ve gerekse başka arkadaşlarımızın mütalaaları, aykırı istikamete gittiği için ben-deniz iki sualle hem partimizin daha kuvvetli çalışacağını zan-nediyorum, ve hem de esaslı surette tenevvür etmiş olacağı-mızı ümit ediyorum. Ricamı Başvekil ve Parti Reis vekilinden yapıyorum:

1- Suriye'nin tarafımızdan işgali, bazı İstanbul gazetelerin-de bir takım neşriyata başlandığı ve bu neşriyatın bir müna-kaşaya müncer olduğu görüldü. Bu neşriyat ve münakaşaları yapanlar arasında mebuslar da bulunuyor. Suriye'nin işga-li gibi harp vesilesi teşkil edecek olan bir mevzu etrafında bu yolda neşriyat yapılmasına ve münakaşalara girişilmesine kar-şı hükümetçe ve partice ne düşünülüyor?

2- Radyomuzda Radyo Gazetesi adı altında her gece yapı-lan siyasi ve askeri neşriyat ile muayyen günlere resmi sıfatı olanlar tarafından ileriye sürülmüş siyasi ve askeri mütalaa-ların resmi bir mahiyet ve kıymeti ve parti ile bir münasebe-ti var mıdır?

Bay *Feridun Fikri* söz aldı ve benim mütalaalarım hakkın-da şöyle söyledi:

"General Kazım Karabekir, Almanların Rusya hareketine tevessül etmesi ihtimalini sabit görüyorlardı. Bu celsede de hareketin Rusya'ya teveccüh etmesi vaziyetinde bir mütalaa yürütüyorlar. Bunları aydınlatmaları faydalı olur. Fakat böy-lece mevzuun kendileri tarafından tebarüz ettirilmesi ve bu babdaki mütalaalarının kati bir esasa müstenit bir şekilde izah edilmesini faydalı mülahaza ediyorum."

Tekrar söz alarak *Feridun Fikri*'nin tekerrür edegelen bana karşı vaziyet alması garabetine cevap verdim. Bu arada *Recep Peker*'in mütalaalarının da doğru olmadığını tebarüz ettirdim. Cevabımdan Recep'in sözleri anlaşılır.

General Kazım Karabekir:

Arkadaşlar, çok mühim olan maruzatımı Bay *Feridun Fik-ri* gibi zeki bir arkadaş yanlış anlarsa, korkarım ki diğerleri tarafından da yanlış anlaşılabilir. Ben ortaya bir tez koymuştum. Bu, Alman-Rus anlaşmasının milletimiz için bir felaket olacağı endişesidir. Bunu çok evvelden, yani Fransa cephesi yıkılmadan evvel ortaya atmıştım. Alman-Rus harbi ihtimalinin çok az olduğu, ergeç bu iki devletin anlaşmak ihtimalinin çok olduğunu ve bizim de buna karşı çok hassas olarak dikkat etmemiz lazım geldiğini, tedbir almamız icap ettiğini, tekrar ile söyledim.[17]

Demin de dedim ki: Bugün Almanlar, Ruslar üzerine tazyik yapıyorlar. Girit'i işgal etmekle, Ruslar Almanlarla bir harbe kalkarlarsa, İngilizlerden yardım görmeyeceklerdir. Binaenaleyh korkulur ki ikisi anlaşsınlar. Ve bu iki devletin anlaşmasından sonradır ki Almanlar böyle güler yüzlü değil, açık bir teklifle karşımıza gelsinler! Hatırlarsınız, kış tatilinden evvel burada Hariciye Vekilimiz, Almanların Ruslara karşı harekete geçmek ihtimalinden bahsettiler. Bendeniz o vakit kalktım, şöylece parmaklarımla (sağ elimin baş ve şahadet parmaklarımla) bir zaviye-i kaime gösterdim. Sevkülceyş nazariyyatınca Ruslara taarruz doğru değildir. Belki siyasi istihbarat vardır. Ama askerce görüşüme yakın bir tehlikeli yan vardır: O da Balkanlarda.

Fakat Balkan meselesi hallolunduktan sonra da bize bir şey geleceğini kabul etmedim. Rus meselesi hallolunduktan sonra da bize bir şey geleceğini kabul ettim. Rus meselesi esastır dedim. Bugün de aynı tezimi tekrar ettim. Arkadaşlar, Recep Bey arkadaşımızın dediği gibi cephe Çatalca'da ve 40 kilometrelik değildir. Antalya'dan başlayarak Karadeniz'e kadar tam 1000 kilometrelik aşağı yukarı bir cephe hasıl olmuştur. Yine bu cepheden Rus meselesi hallolunmadıkça, benim kanaatim, bize karşı bir harp tehlikesi görmem. Çünkü gerisinde Rusya gibi muazzam bir kuvvet dururken, büyük bir işgal düşüncesiyle hareket eden Almanya, müthiş uçurumlara kendisini atmaz! En kuvvetli ordusunu alıp gelecek, bizimle mesele

---

17 Bu tedbirlerin daha evvel Almanlarla anlaşmaktan ibaret olduğunu kürsüden söylediğim gibi Cumhuriyetçi İsmet İnönü'ye her ziyaretimde ısrarla söyledim.

halledecek! Herkes müttefiktir ki, bizi bertaraf etmek için en aşağı iki milyon asker getirmeli ve bu arada İtalyanları da muhakkak ki geri safta tutmalıdır. Bu vaziyette Rusya gerisinde dururken, böyle bir harekete en basit bir erkân-ı harp (kurmay) bile karar vermez. Almanya gibi muazzam bir Erkân-ı harp bunu yapmaz! Bu vaziyet dolayısıyla bugün, hakikaten hakim mevkideyiz. Benim kanaatim budur: Almanlar, Rus işini halletmeden bize gelemez. Yani Almanlar bu tazyik sırasını değiştiremezler.

Ege Denizini kapatmakla denebilir ki, aşağısı yaz hareketidir, fakat yukarısının tam sırasıdır. Japonya, beri tarafta hazır bir ihtiyat sayılabilir. Ben şu kanaatteyim ki, Rusya'nın Almanya ile harp edecek takati yoktur. Bunu askeri de bilir, sivili de bilir. Bugün Rusya aşağı yukarı bir yığın insan, bir yığın malzemedir. Öyle ordular yetiştirmek, kumandan ve erkân-ı harbiyesini mahvetmiş bir millet için kolay değildir. Bunun için en aşağı yüz sene ister. İşte Türk ordusunun kuvveti de buradadır. Onun için kanaatimce İngiltere bu vaziyette Rusya'ya yardım edemeyecektir. Geride Türkiye'nin vaziyeti belli değildir.

Almanya gibi muazzam yükselmiş bir kuvvetin karşısında, Rusya, birçok şeyler koparmakla meşguldür. Endişe budur. Binaenaleyh ilk günden beri söylediğim şeyi yine hülasa ediyorum ki, Rusya, Almanya ile bir harbi göze alamaz. Almanya'nın da Rusya ile harpte bir menfaati yoktur! Onun istediği, ya Ruslar buna rıza gösterecekler ve istediğini yapacaklar. Almanya ondan sonra diğer cepheye ehemmiyet verecek, veyahut Rusya kabul etmediği takdirde, bir harp çıkacak. Bunu zayıf görüyorum. Fakat yine bir ihtimal olarak vardır. Yüzde yüz olarak zayıf görüyorduk; fakat bir gecede çıkan bir ihtilal, orada da harbe sebep oldu.

Hulasa bir işte geç kaldığımız takdirde Rusya ile Almanya'nın bizim üzerimizde anlaştığına şahit olabiliriz. Cephemiz -Antalya da dahil olduğu halde- kolay kırılabilecek bir çember vaziyetine girer. Çizdiğim şudur: Yani, Slav-Cermen harbinin içerisine düşmüş olacağız! Binaenaleyh hükümetin politikasını

takdir ederim. Hatta geç kalmışızdır. Biz bu ittifakı görüşme-
de iki şartla karşılaşıyorduk.([18]) Recep Peker'in ifadesini hay-
retle karşıladım. Harbin daha yarısındayız. Bütün şiddetiyle
bize gelip çatmak üzeredir. Ben 'Yed-i İktidar' kelimesi üze-
rinde Hariciye Vekiliyle az mı çekiştim. Hükümetimiz ikinci
şartla yani Rusya endişesiyle harbe girdi... Bugün biz harbe
girersek denizden yardım imkanı yoktur. Daha ilk günlerde,
"mümkünse deniz altlarıyla fiilen bir filoya Türk bayrağını
çekelim, Osmanlıların yaptığı gibi" demiştim.

İngilizlerin ordu ve donanmasıyla bize gelmesine imkan-ı
maddi yoktur. Olsa, olsa yardım havadan olacaktır. Bu da güç
gelir, muharebe şartlarını tayin edemezsiniz. Bizim için tehli-
keli vaziyetler arz edebilir. Binaenaleyh hükümet harbe gir-
memekle iyi yapmıştır. Feridun Fikri, "muahede ile bağlan-
mak, intihar etmek demek değildir;" dediler. Takdir ederim,
Binaenaleyh bizim bütün düşünecek meselemiz Türk milleti-
nin mevcudiyetidir. Zaten fertler bile kavga esnasında evvela
anlaşma ile çalışırken bilahare can kaygısı başa gelince, herkes
kendini kurtarmağa çalışır. Bütün Siyasi Tarihleri tetkik edi-
niz, zaruri olarak bu noktaya gelirsiniz.

Şimdi arkadaşlar, yarın Alman - Rus birleşmesi ilan edildi-
ği takdirde, İngiltere ne yapacaktır? Ve bunlar bize ağır şartlar
teklif ederlerse, biz ne yapacağız? Evet, sonuna kadar çarpışır
ve ölürüz! İster Rus, ister Alman ve hatta ister başkaları olsun!
Fakat mesele bu değildir. Mesele, Türk kanını dökmeden önce,
bütün siyasi tarihleri göz önüne alarak, tedbir kullanmaktır.
Yoksa Türk sözünden dönmez, merttir gibi sözler, siyasi çer-
çeveye girmez! Binaenaleyh bendeniz, Hariciye Vekilinin bize

---

18 İngiliz ve Fransızlarla muahedede 2. lahika olarak "Rusya'nın
    girişeceği bir harbe" hayalinden başka, "akit tarafların biri birine
    yed-i iktidarında olan yardımı" yapmaları şartı vardır. Fransa mağ-
    lubiyeti başladığı zaman ben artık müttefiklerimizin bize yardım
    edecekleri kudreti kalmadığından, "İtalyanlar harbe girerse, bizim
    de harbe girmemiz lazım........" tezini ileri sürdüm. Hükümetimiz
    ise yine ikinci Lahikayı ileri sürerek harbe girmediler. Benim tezim
    kabul olunsaydı daha o zaman tarafsızlığımızı da ilan edebilirdik.
    Bu hususu da o zaman açıkça teklif etmiştim.

eski bahisleri açmasının tamamıyla taraftarıyım. Memlekette dedikodu vardır. Ve maatteessüf çok yüksek tabakalarda vardır: "Biz harbe girmemekle çok fena yapmışız! Hem müttefiklerimizi mağlup etmişiz, hem de istikbalimizi tehlikeye koymuşuz." Bu böyle mi, değil mi? Açık olarak konuşmalıyız. Binaenaleyh, Hariciye Vekilinin eskileri konuşmaktan maksadı pek iyi anlaşılmıştır. Hükümet bunları bizden daha iyi duymuş; ve iyi yola götürüyor. Tuttuğumuz yol iyidir. Bunda birleşelim.

Arkadaşlar, tuttuğumuz yol iyidir! Son oyun oynanıyor! Bir Slav-Cermen tehlikesi karşısındayız! Eğer netice bir Alman - Rus harbine hasıl olursa, bütün dünya sevinir. Fakat aksi olursa bizim vaziyetimiz tamamıyla bu daire içinde muazzam kuvvetlerle hesap görmektir. Onun için kolumuzu kullanmadan evvel kafamızı iyi kullanalım.([19]) (Alkışlar)

Başvekil Refik Saydam'ın pek zayıf cevaplarının hulasası şudur:

1-   Ben matbuata sansür koyamam.

2-   Radyo Gazetesi resmi değildir. Fakat altı kişilik bir heyet idare ediyor. İkisi kurmaydır. Neşriyatı bu heyet hazırlıyor. Hükümet'te kendi fikirlerini bu neşriyata ara sıra karıştırıyor. Parti ile münasebeti yoktur. Bu sualin maksadını anlayamadım.

Başvekil Refik Saydam ertesi gün (4 Haziran) mecliste benimle görüşmek istediğini haber gönderdi. Odasında görüştük. İlk sözü:

Başvekil:

Paşacığım, Radyo gazetesinin parti ile alâkası olduğunu kim söyledi? Bunun katiyen bir alâkası yoktur. Bu hususta bir şey mi işittiniz?

---

19   İngilizlerle bir safta harbe girmemek yolunu hükümet de tuttuysa da halâ Almanlarla karşı tarafsızlık, dostluk ilanına yanaşmıyorlar. Hala bazı gazetelerle ve Radyo ile ilgili meddahlığı yaptırıyorlar.

Ben:

Askeri ve siyasi çok yaveler yapıyor ve çok ta İngiliz taraftarı görünüyor. O kadar ki, Londra'nın Türkçe neşriyatı bile bunun yanında daha ağır başlıdır. Herkes bizim radyoya 'Radyo Sterlin' diyor. Parti namına söz söylemediğini Gurubun işitmesini muvafık görmüştüm. Radyo Gazetesini okuyan Nureddin Artam'ın da Türk olmadığını ve mütarekede Beylerbeyi'nde bir tekke şeyhliği yaptığını bir Afganlı veya Hintli hüviyetiyle meşgul bir kimse olduğu ve İngilizlerden de 300 lira maaş almakta olduğu söyleniyor!..

Başvekil:

Hani "Toplu İğne" imzasıyla gazetelere yazı yazan biri vardı. İşte odur. Babası Tekke şeyhi imiş.

Ben:

Kendisi de babasının ölümünü müteakip aynı tekkede şeyhlik yapmış bir gayri Türk'tür. Herhalde dikkate değer bir şey olsa gerek.

Başvekil:

Parti'de söyledim, bir Heyet hazırlıyor, o da radyoda okuyor. (Diyerek bunu burada bıraktı. Ve sözü başka cihete götürdü) Bana öyle geliyor ki Almanlar Ruslarla harp edecek. Bu babda elimizde bir malumat yok. Ama her iki taraf da kuvvet topluyor. Japonlar harbe girmeyecek, Japon sefiri "Lakayt kalacağız" demiş.

Ben:

Alman - Rus harbi ancak bizim Almanlarla anlaşmamızdan sonra olabilir. İngiltere - Türkiye - Rusya ittifakının Ruslara ne büyük kudret vereceğini Almanlar iyi bilir. Geçen harpte de bizi yanlarına almakla Almanlar mukavemet kudretlerini çoğalttılar; Ve Ruslarınkini azalttılar! Bizim Almanlara karşı bu günkü vaziyetimizin devamı, onları Ruslarla anlaşmaya sevk edebilir. İki yıldır partide bu tehlikeyi haykırıp durdum. İsmet İnönü'ye defalarca söyledim. Dünkü Beyanatımda bu tehlikeyi tekrardan ibarettir. Amerikalılara gelince: Bunların cepheye girmek niyetleri görülmüyor. Japonların da lakayit kalacakları bildirildi. Galiba bu hali gördüklerinden olacak.

Başvekil:

Amerikalılar vakit geçmiyor. Millette disiplin yok İngilizlerin, Almanları yıpratma planını tatbik ettikleri anlaşılıyor. Daha harp İngiliz topraklarına gelmedi. Hep yabancı topraklarda.

Beyanatım yanlış anlaşılmış. Hikmet Bayur'un ifadeleri bunu gösteriyor. Ben "Ne kadar az zararla bu harpten çıkarsak o kadar kârlıyız" dediğim, para içindi. Bu sözlerine cevap vermedim. Harbe girmeye teşne oldukları zabıtlardaki ifadeleriyle sabittir.

Ben:

General Ali İhsan'ın Cevat Abbas'a karşı gazetelerdeki beyanı bir faaliyet işi midir?

Başvekil:

Cevat Abbas'ın bir şeye karıştığı yok. Tayyareci Fuat faaliyette. Fakat hepsi ayrı, ayrı linç edilmediklerine dua etsinler! Onlardan biri tecavüzden korktuğunu bildirdi. Teminat verdim. Şimdi sırası değil yoksa. Ayda 7500 lira maaş alırlardı. Bunun ne demek olduğunu ortaya atabilirdim.

Ben:

Partide ecnebi sefaretlere casusluk edenler bulunduğu şüphesi var: Çünkü her şeyi haber alıyorlar. Kimlerden şüphelenmek doğru olur?

Başvekil:

Bence sefaretlere naklinden ziyade, arkadaşların şurada burada münakaşaları neticesi açığa çıkıyor.

ADALAR VAZİYETİ ÇOK MÜHİMDİR

6.6.1941

Almanlarla Midilli, Sakız, Sisam adalarını işgal ettikleri halde, İngiliz Kuvvetleri, Ege Denizinde hiçbir faaliyet göstermedi. Hitler'in nutkundan sonra "İngilizler Türkleri yalnız bıraktılar." diye Berlin, Türkçe neşriyatında söylediği bir fıkra, gazetelerimizdeki metinde yok!...

Hariciye Vekili beyanatında bunlara temas etmedi. O hala Almanların, Ruslarla harp edeceğinden; adadan adaya sekerek Kıbrıs, Suriye, Irak hava hareketinden ve Irak'ta Araplarla İngilizlerin aralarını bulmaya çalışmadan bahisler yaptı. Bulgarlar 'siz de biz de sınırdan çekilelim' demişler, diye uzun boylu anlattı. Berlin, Türkçe neşriyatında ise, fıkrayı dinleyenler bunun neden gazetelerdeki metinde yazılmadığını sordular. Vekil cevaben 'Haberim yok. Acaba aslında var mıymış? soralım, anlayalım.' dedi.

Adana Mebusu "Geçen harb-i Umumi (Dünya Savaşlarında) Almanlar için Galiçya'da, Kafkaslar'da, Mısır'da, kan döktük. Şimdi bizden ne istiyorlar? soralım!" dedi. Asıl mühim olan, Ege Denizinde İngilizlerin ortadan çekilmelerinin sebebini soran olmadı. Söz aldım:

General Kazım Karabekir:

Askeri vaziyet tamamıyla tavazzuh ettiği için, zannederim ki hükümetimize şu aralık büyük bir vazife düşüyor ve hatta düşmüştür. Eğer bu vazifeyi ifa etmişlerse sözüm yok. Fakat kaydetmeyi bir vazife bilirim!

Bugün Bulgar ordusunun çekilmesi demek, yerine Alman ordusu gelecek demektir. Bunun sebebi: Birincisi, Bulgar ordusu bizimle harpten, Bulgar efkar-ı umumiyesi çekindiği için çekilir. İkincisi de Almanlar bize karşı hareket yapacak olurlarsa, Bulgarları iştirak ettirmek lüzumunu görmezler.

Sonra, Adalar vaziyeti çok mühimdir. Zira karaya asker çıkarmak, iki tarzda olur. Biri uzak mesafede büyük vapurlarla gelirler; İhraç epeyce müşküldür. Diğeri de yakın adalarda çıkarma kuvvetleri hazırlanır. Oradan seri ve ufak vasıtalarla kolayca karaya çıkarlar. Birinci kısım uzaktan gelişte donanmaya ihtiyaç olur. Ve zaman ister. Fakat İkincisi, ani baskınlarla gayet müsaittir. Binaenaleyh böyle Sisam kadar Anadolu'ya 8-10 kilometre mesafedeki yerlere kuvvet çıkması dolayısıyla, artık bize bir hareket göstermek lazım gelir. Sorulacak sual, Almanlara olamaz, İngilizlere olur. O da şudur: Siz aciz misiniz? Havadan, deniz altından, üstünden, donanması olmayan mihver kuvvetleri bizim karşımızda yer alıyor; ihraç hareketi hazırlıyor. Bunu bilmek isteriz. Bu sizin için siyaset midir? Yoksa iktidarınız mı yoktur? Her iki vaziyeti hükümet nazarı dikkate almalı ve ona göre askeri vaziyeti tedbir etmelidir.

BU BİRŞEY İFADE ETMEZ

18.6.1941

Koridorda Rauf Bey'le konuşurken Nafia Vekili (Bayındırlık Bakanı) **Ali Fuat Cebesoy:**

Paşam, "Bir tertip bulun" demiştiniz. Hükümet de bu tertibi buldu. Herhalde bugün memnun olacaksınız.

Birkaç zat da bugün benim memnun olacağımı söyledi: Almanlarla tarafsızlık ve dostluk muahedesi kabul edilmiş! Partide Hariciye Vekili Saraçoğlu Şükrü: Hulâsa olarak dedi: Almanlarla tarafsızlık ve dostluk muahedesinin metnini tespit ettik. Eğer muvafık bulursanız bu akşam 9 da Alman Sefili Von Papen'le birlikte Hariciye Vekaletinde imzalayacağız. Yalnız gece yarısına kadar karar şayi olmasın ki (duyulmasın) Berlin'e de bildirilerek ilan, aynı saatte temin olunabilsin!

Bu hususta son günlerdeki görüşmelerin evvelden yazılan zabıtlarını da okudu. Eğer Almanlarla böyle bir muahede imzalamazsak Almanların Ruslarla aleyhimize anlaşacaklarını anlattı!

Madde: 1- Türkiye Cumhuriyeti ve Alman Raysh arazilerinin masuniyetine ve temamiyet-i mülkiyyesine mütekabilen riayet ve doğrudan doğruya veya dolayısıyla yekdiğeri aleyhine müteveccih her türlü harekâttan tevakki etmeyi(çekinmeyi) taahhüt ederler.

Madde: 2- Türkiye Cumhuriyeti ve Alman Raysh müşterek menfaatlerine taalluk eden bütün meselelerde, bunların halli için mutabakatı temin etmek üzere, aralarında, dostane temasta bulunmayı taahhüt ederler.

Madde: 3- İmzası günü meriyyet mevkiine girecek olan bu muahede, on sene muteberdir'. Yüksek akid taraflar, muahedenin temdidi hususunu süresi dolduğunda aralarında kararlaştıracaklardır.

Bu muahede tasdik olunacak ve tasdiknameler sürat-ı mümkine ile Berlin'de teati edilecektir. Türkçe ve Almanca lisanlarında her iki metin de aynı vecihle muteber olmak üzere, iki nüsha olarak tanzim edilmiştir.

Hikmet Bayur: (Hulasa)

(Bu bir şey ifade etmez. Almanlar birçok devletlerle de bu gibi şeyler imzaladı. Fakat hangisine riayet etti. İstediği zaman, bunu da yutar. Mesele memleketimizde tayyare, motor vesaire fabrikaları kurmaktır. Halep mıntıkasındaki Türk köylerini hududumuza almalıyız. Eğer ordumuz Çatalca'da duracaksa, Enver Paşa'nın yaptığı gibi Güney cephesinde harekete geçseydi, İngilizlerin hali ne olurdu. Bunun için birçok şeyler istemeliyiz.) diyerek hükümeti tenkit etti. Ve rahat vakit geçirmekle itham etti.

Feridun Fikri: (Hulasa)

Hükümeti medhüsena ve muvaffakiyetinin parlaklığı hakkında sözler söyledi. Ve Hikmet Bayur'a teessüf etti.

Daha bazı hitaplarda hükümete karşı medhüsenalar yaptılar! Halbuki daha düne kadar İngilizler lehine envai şantaj yapıyorlardı!

General Kazım Karabekir: (İstanbul)

Arkadaşlar, bu muahedenin manasına bendeniz tek bir

kelime buluyorum. O da bu muazzam cihan hadisesinde tarafsızlığımızın ilanı demektir. Ve bundan dolayı da mesudum. Çünkü hatırlarınızdadır, bendenizi bidayette, bizi endişeye düşüren Rus- Alman anlaşması ve bu anlaşmayla da bizim harbe karışmaklığımızın sebep olacağı korkusuydu. Hatta Fransa yıkıldığı zaman hükümetimize; "zamanıdır, tarafsızlığımızı ilan ediniz," teklifinde bulunmuştum. Şimdi görüyorsunuz ki, bu güzel iş ve bu son fırsat tamamıyla gelmiş, bize teklif edilmiş mahiyette önümüze konulmuştur. Onun için hükümetimizin bundan istifade etmesinden, bunu kabul etmesinden daha tabii bir şey olamaz. Fakat bu tarafsızlığın ilanı ve dostluğa on sene müddet konması, bizim istikbalden beklediğimiz ümitleri tatmin etmiş bir takım şartlar sayılmaz. Biz, geçen cihan harbinde, tabii kendi hayatımız da mevzuubahisti, Almanların kurtulması için çok fedakarlık yaptık. Bunu burada söylemek borcumuzdur. Hikmet Bayur arkadaşımız her fırsatta Enver Paşa'ya, ve o zamanki hükümete tarizde bulunuyorlar. Onun için kısaca, geçen harbin esbab-ı mucibesini ve ne beklediğimizi arz etmek isterim. (Sırası değil, vazgeç sesleri)

Müsaade buyurun! Geçen cihan harbinde, eğer Türkiye bitaraf dahi kalmış olsaydı, tamamıyla çember içinde ihata edilmiş olan Almanya, daha ilk devrede belki bugünü göremeyecek şekilde ezilebilirdi. Fakat biz Almanya'yı ve kendimizi kurtarmakla beraber bizim kaybımız -yalnız toprak itibariyle değil- içtimai ve iktisadi sahalarda da çok elim olmuştur.

İstiklalimizi kurtararak, fakat fakir bir millet olarak yaşıyoruz. Bundan dolayı on sene için, belki zabıtlara girmez, muahedeye girmez, -Tavzihe lüzum görüyorum- fakat iktisadi ve içtimai bakımdan, bilhassa Türklüğün menfaati bakımından, birçok şeyler düşünmek ve konuşmak zamanındayız.

Eğer biz nihayet Balkan harbine girseydik, İngilizlerle beraber; çok korktuğumuz facia meydana gelirdi. Yani, Rus ve Alman anlaşması. Bu anlaşma, yalnız Türklük camiası için değil, bütün Asya için elim safhalar açmış olurdu. Şimdi, bitaraf kalıyoruz. Ve bugün öyle bir vaziyet hasıl oluyor ki, Almanlar Ruslarla baş-başa kalmışlardır. Ve harp etmek ihtimali de vardır. Eğer biz anlaşmış olmasaydık, aleyhimizde bir anlaşma karşısında idik. Bugün Almanlar Rusya üzerine ya sulhen veya harben istediklerini yaptıracaklardır. İşte bu muahede bizim Almanya'ya karşı on sene tarafsızlığımızı vermesi noktasından çok mühimdir.

O halde bitaraf kalırken bu, kendi menfaatimize karşı da tarafsızlık demektir. Yani biz onlara karşı da taarruz etmeyeceğiz. Onlar birbirlerine karşı arzu ettikleri geniş hareketlere girişseler de bitaraf kalacağız! Elbette bunların karşılığını her iki taraftan -sözle dahi olsa- temin etmek, bence de çok muvafık bir mesele olur. Aksi takdirde, geçen cihan harbinde olduğu gibi, galip kim gelirse -ki o galip henüz daha taayyün etmiştir- hiçbir şey istememiştiniz gibi, gerek amirane ve gerek mantıki sözlerine karşı bir sözümüz kalmamış olur. Onun için her iki tarafla konuşulacak şeyleri ve istikbal için de sözümüzü söylemeliyiz.

Bu tarafsızlığımızı temin için bendeniz çok ağır sözler söylediğimi hatırlatmak isterim. Çünkü arzum, bugün tamamıyla tahakkuk etmiş olmak itibariyle hükümete şükranımı ifade, etmek isterim. Ben iki defa dedim ki: mesul bizleriz; Hükümet tarafsızlık ilan etmezse, hatta onu iskat etmeliyiz! Bu kadar ağır söyledim. Geçenlerde bir de teklifim vardı: Bir mütehassıs encümen teşkili. Endişem buydu. Balkan harbine girebilirdik.

Ben geçende de mesele son hadde gelmiştir. Hükümetimiz bir tertip bulmalıdır, demiştim. İşte sözlerim bütün bu korkudan idi. Hükümetimiz bunu yapmıştır. Ben de tatmin edilmiş oldum. Gösterdiği bu dikkat ve muvaffakiyetten dolayı hükümetimize teşekkür ederim.

Başvekil cevabında benden hiç bahsetmedi. Hikmet Bayur'a yüklendi. Yalnız şu sözleri söylerken gözlerini bana çevirdi: "Elimden bu kadar geliyor. Daha çok kazanç temin edecek bir arkadaşım varsa, yerimi ona terke hazırım!"

Hikmet Bayur da tekrar söz alarak fikrinde ısrar etti. Yalnız hükümetin rahat aradığı gibi bir sözü kasıtla değil maksadını izah için, belki bir dil sürçmesi olmuştur, affetsinler dedi.

... mühendislerden aldığım cevaptır: Ya senin mektebi kim müdafaa edecek, ya Ankara'yı kim müdafaa edecek? Niçin Harbiye mektebi gidip toplarla müdafaayı öğrenmiyorlar? Niçin üniversitede birçok efendiler gidip numara efradı yazılmıyorlar? Bir tehlike vukuunda hepimiz sığınaklara mı kaçacağız? Bizi takviye edecek olan Fransız ve İngiliz kurmayları, bizim iç yüzümüzü bilmezler. Bir İngiliz Binbaşısı gelmiş birçok şeyler öğreniyor. Gençliği hangi noktaya sevk edeceğiz. Gençlik bizim arzu ettiğimiz yol üzerinde değil, aykırı yolda gidiyor. Bendeniz doğu cephesinde çocuklar ordusu diye bir teşkilat yapmıştım. Cuma günleri bütün gençler ellerine tüfek alarak, atlar, toplar üzerinde çalışır, gezerdi. Hiçbir genç yoktu ki bu sporu benimsemesin, top, tüfek kullanmasın. Bu onlar için mükemmel bir spor ve eğlence idi. Halbuki şimdi pazar günleri gençlik, sinemaların önlerini dolduruyor. Bu halde Fransızlar, İngilizler bizi nasıl takviye edecek? Çocuklar ordusu teşkilatını istiklal harbinin doğurduğu şevk ile, biz ölürsek çocuklarımız vardır, diye yapmıştım. Bunları Ruslar ve İngilizler şayan-ı hayret bir teşkilat olarak gördüler.

Sonra Harb-i Umumi sonunda baktım ki bütün devletlerde bu teşkilat hakikaten başlamıştır. 13 yaşından itibaren her millet kendi gençliğine atış yaptırıyor. İzcilik teşkilatı, yalnız Cumhuriyet Bayramında yeni elbisesiyle gezmekten ibaret değildir. İzci olanlar, bugün devletin tehlikeli vaziyetinde ona kıymetli yardımlar yapacaklardır. Bütün Erzurum kızları bile yara sarmasını, hasta naklini biliyordu. Yarın bir gürültü koparsa, Mehmetçik yaralanırsa, iş yine Mehmetçiğe kalacaktır. Bataryadan üç zabit yaralanırsa müdafaamız yoktur.

Bu teşkilatı bilmeyen bazı muharrirler bunu baltaladılar. Ve memleketin gençliğini bu gibi memleketin müdafaası için lüzumlu olmakla beraber kendilerine bir enerji, bir kuvvet verecek olan bu idmanlardan ayırdılar. Bu teşkilatın bir çocuk oyuncağı olduğunu maatteessüf Hakimiyet-i Milliye Gazetesi de yazdı. Bugün gençlik yalnız top oyunun peşine gitmeğe

mecbur oldu. Onun için bendeniz ordumuzun kuvvetlendiril-
mesini, teknik vasıtaları, serian harekete geçebilecek bir hale
konmasını hükümetimizden rica ediyorum. Eksikleri gidip
görmeli ve memleketin her yerinde gençlikten istifade edil-
melidir. Bugün Sivas'ta iki batarya olsa ve başlarında iki zabit
bulunsa, Sivas'taki mühendisler ve gençler herhangi bir teh-
like anında, oradaki 5 milyonluk müesseseyi pekala müda-
faa edebilirler. Buraya 4 tane batarya gelse mesele tamamdır.
Fakat bugünkü şekilde yüz batarya da yetmez.([20]) Halbuki onu
görünceye ve zaviye hesabını yapıncaya kadar, tayyare geçip
gidiyor. Binaenaleyh gençliği yetiştirmeli ve buna alıştırma-
lıdır.

Bir acı hakikat olmakla beraber şunu da arz etmeye mecbu-
rum ki, ordumuzun kış harbine yüzü yoktur. Bunu bir kuman-
dan sıfatıyla acı olarak arz ederim. Bu nokta-i nazardan da
alınması lazım gelen tedbirlerin vakit kaybetmeden alınma-
sını rica ederim. Osmanlı harpleri ekseriye mağlubiyetlerle
bitiyordu. Bunların en büyük sebebi kış harbinde hazırlıksız
bulunmaları idi. Milli kış sporları günden güne unutulmuştur.
Köylülerimiz dahi, kışın saç soba etrafına toplanmaktadırlar.
Mahalle kahveleri kasaba gençliğini sıcak sinesine çekiyor. Bu
sebeple vücutları soğuğa karşı mukavemette ünsiyetini kay-
betmiştir. O zamanki orduyu idare edenler de askerlerin kış
elbise ve malzemesi namına hiç bir şey arayıp sormadığı için,
muvaffakiyet ihtimalleri azalıyordu. Kış malzemesi düşünül-
meden haydi muharebeye!. Böyle bir hataya bizim de düşme-
memiz zaruridir.

Bu sabah bir kaç askerin düğmesiz ince bir Amerikan göm-
leğinden başka bir şeyi yoktu. Arkadaşlarımız da gördü. Meh-
met böyle harbe gidemez. Gider, evet Mehmet gider, zabitan
da gider, bu millet de gider; Gider fakat beyhude yere! Zaval-
lı kurşun yemeden, dizanteri, zatürre olur! Hastane köşelerini
doldurur. Nihayet bir tifüs gelir, alır götürür. Buna bir sebep de
halkımızın kış sporları yapmaması, ve soğuğa mukavemetinin

---

20 Gençlerin kafası tayyare'nin hareketiyle müsavi olarak aynı de-
recede işleyecektir.

az olmasıdır. Madem ki bugüne kadar böyle gelinmiştir, şimdiden sonra yapılabilecek şey, onların soğuğa karşı olan mukavemetsizliklerini düşünerek teçhizatı ona göre hazırlamaktır.

Harb-i Umumi de bize Rusların esirleri de gösterdi ki, sırtlarında mükemmel elbiseler, ceplerinde, koyunlarında cep sobaları vardı. Ayaklarında keçe çizmeler! Hayret edersiniz. Biz onlara Japon sokakları derdik. Biz bu sobaları ancak İstanbul'da gördük! Nöbetçiler için cep ve sırt sobaları, kürklü boyunluklar ve ellikler, tabii bu adamlar donmuyorlar! Siz ileri karakolunuzdan adam gönderiyorsunuz, bakıyorsunuz ki rapor yok, Mehmetçik donmuş!

Bu yüzden ölmüş takımlar hatta bölükler olmuştur. Gıda vasıtası eksik, bedenlerin soğuğa karşı tahammül kabiliyeti yok! tabii donacaktır! Halbuki, öyle bir ruhta yaratılmış bir millete sahibiz ki, bunun en güzeline Sivastopol'da İngilizler Fransızlar şahittir. Ve yine bu imtihanı verebilir. Sivastopol'daki tarihi hadiseyi arz edeyim: Üç milletten birer nefer çağırmışlar; Hangi milletin daha ziyade harp kabiliyeti var, bunu anlamak istiyorlar; İngiliz neferine atla buradan derler. Vazife nedir? Niçin atlayacağım? cevabını alıyorlar?

Fransız neferini kumandan çağırıyor. Atla diyor, "hiçbir menfaat görmüyorum" cevabını alıyor.

Bizim Mehmet'e "atla" dendiği zaman "kıç üstü mü, ayak üstü mü atlayayım?" diyor. Fakat biz de onlar gibi teçhiz etmezsek, umduğumuzu elde edemeyiz. Kumandanlık etmiş olanlar bilirler ki, bir ile onu, hatta yüzü tutmuşuzdur. Fakat askerin donmasına karşı çaremiz yoktur. Kışlıklar kafi değildir. Bunun için para yoksa, hükümet seri kanunlar getirsin; tahsisat verelim. Kışlık teçhizat tamamlansın. Bir de kışlık gıda meselesi vardır. Bunlar yeniden tetkik edilmelidir. Askere verilecek gıda ve malzeme üzerinde nizamnamenin nesi çıkarılmak lazımsa çıkarmalıdır. Memleketimiz de kuru sebze, şeker stokları yapmalıdır..

Elbise zayıf; şeker gibi gıda da vermeyecek olursak, netice ne olur? Harb-i Umumide asker şekersizlikten hasta oldu.

Yalnız zabitana ayda bir kilo şeker verildi. Bir buçuk kilo şeker yiyen zabit hapis edildi. Stoklarımızı bu nokta üzerinde hazır edip, askerlerimize icabında çifte gıda veremezsek ve böyle nöbetçi efrad için, ileri karakol efradı için ayrıca ayakkabı, kışlık ayakkabı, kürklü kaput, cep sobaları, eldiven gibi, boyun atkıları gibi... Telefatın yarısı kurşundansa yarısı hastalıktan ve donmaktan olur. Onun için bu hazırlıkları ihmal etmemek çok mühimdir. Sonra zabitandan da bir şikayet dinledik, bu nokta da mühimdir. Diyorlar ki, bu efratla bu malzemeyi nasıl kullanacağız? Şu halde bedelli askerlik ekseriya münevverler şöyle bir iki aylık hafif hizmetler yaptıktan sonra dönüyorlar. Bunun önüne geçip, memleketin münevver kısmını, teknik surette yetiştirip bu bataryaların işlemesini ve zaviyeleri hesap etmelerini öğretmek icap eder.

Her memleketin üniversite talebeleri ve lisenin son sınıfları bir iki gün talim görmek suretiyle bu işe alıştırılmaktadır. Bizde bu münevver sınıf pazar günlerini sinemada geçireceklerine, onlara bu suretle yeni bir spor sahası açılarak bu teknik işlerin kendilerine öğretilmesini, zabitler kabul ediyorlar. Aksi halde bu müdafaanın güç olacağını itiraf ediyorlar.

Sonra yine bu kürsüden pek acı olarak, birçok arkadaşla beraber bendeniz de arz ettim ki bir harp tehlikesi karşısındayız. Şu halde bizim bütün kazma küreklerimiz, bütün vasıtalarımız, evvelâ memleket müdafaasına hazır edilmelidir. Sonra, bu gibi beyanata Ulus Gazetesinde gayrimesul kalemler cevap veriyor: "Biz hem ümran yaparız, hem de müdafaa" Harbiye mektebinde bataryalara sordum. Ankara'nın müdafaası için nereye gideceksiniz dedim. Gördüm ki, ne mahfuz mahal yapılmış ne bir şey! Kış günü her yer çamur; çamur olunca tayyareler havalanamaz!

Halbuki düşman tayyareleri beton üzerindedirler. Bugün için müdafaa-i memleket nokta-i nazarından iki batarya dahi tahsis edilse, altı tane batarya mevzii hazır olabilir. Halbuki bunlar olmadığından, böyle bir zamanda gideceği yeri keşfetmek mecburiyetindedir. Eğer bir tayyare de başında dikilirse, hali yamandır! Modern harpte iki esas vardır. Birisi ok devrinde olduğu gibi attığını vurmak; İkincisi (kamuflaj) yani gizlemedir. Gizlemenin icaplarına göre bu topların üzerine balık ağı gibi bir şeyler gererler. Arazinin durumu ne ise, ona göre üzerine çalı falan atarlar. Toplara milyonlarca para verilmiş, örtüsü yoktur. Topa tanzim aleti gelmemiştir.. Bunun mesuliyetini hiç kimse kabul etmiyor. Hepimizin, bilhassa anlayan ve kendi ihtisası dahilinde olan arkadaşların mesuliyeti büyük olduğu için, bendeniz bu acı beyanatta bulunuyorum.

Mütehassıs zevat bütün bunları derhal bugünden itibaren aramalı, evrak muamelesini ikmal etmeli, o kağıt bilmem nerededir, onları bulmalı, bu topların bir an evvel mevzileri yapılmalıdır. Bütün bu gençlik, harp okulu, hatta biz de, içimizde, iş başında bir takım genç topçu iş görecek arkadaşlar var. Gerçi gençler o kadar çok ve enerjiktir ki, artık bizim gibi yaşını başını almış adamlara iş bırakmazlar. Fakat bu evsafı haiz arkadaşlar bizim de vardır. Onun için eksik olan bu teşkilât yapılmalı, noksanları öğrenilmelidir. Ve her yer, kendi gençliği ile kendi müdafaasını yapmalıdır. Bütün memleketin sathı cephedir. Burayı kim müdafaa edecek. Yalnız kılıç savunmaları bir şey ifade etmez. Herkes sinemalara, evlere gidince, hangi bataryayı kim kullanacak? Bunlar mühim meselelerdir. Bunlar hazırlanmaz ve bataryaları kullanacak olanlar vakti zamanıyla yetiştirilmezse düşman tayyareleri işini bitirdikten sonradır ki bunlar ancak faaliyete geçer!

Bunları acı olarak arz ediyorum. Hulasa en tehlikeli vaziyet, zaten milletimiz için ve ufak milletler için, Rus ve Alman anlaşması idi. Bu da maatteessüf bugün cihanın siyasi tablosunu teşkil etti. Ufak milletler gibi bilhassa bizim coğrafi durumumuz itibariyle kendimizi tehlikede görmeli ve ona göre çalışmalıyız! Harp bizden uzak değil, bütün gençliği sinema salonlarından kurtarmalıyız! Bu çalışmalar için ne lazımsa verelim, para lazımsa verelim. Bir defa şehirlerimizin müdafaasını ikmal edelim.

Köylere gelince: Evvelce de arz etmiş idim, ekserisin dağ

eteklerindedir. Buralara at nalı şeklinde hisarlar yapılarak müdafaa edilebilir. Fakat tedbirsizlik yüzünden büyük şehirlerimiz de milyonlarca münevveri yere sererlerse cephelerde harp devam etsin neye yarar. İnşallah harp uzaktadır. Gelmez, fakat her ihtimale karşı her şehrin müdafaa yerleri hazırlanmalı ve bataryalar yerlerini bilmelidir.

Alınan malzemeler gelir gelmez, büyük bir titizlikle tetkik olunmalıdır. Gelen toplar daha atılmamıştır. Londra'da dahi atılmadığı gibi batarya kumandanı dahi ne zaman atış edeceğini bilmiyor. Onun için icap ediyorsa arkadaşlar her zaman söylüyorum, Milli Müdafaa encümeni bir hususta hassasiyet göstererek, Milli Müdafaa Vekaletine yardımını diriğ etmemelidir. Sık sık teftişler yaparak eksikleri görmeli, kağıt üzerindeki şeyleri fiili sahaya çıkararak, bu suretle gireceğimiz harpten memleketimizin ve milletimizin hakiki kudretini şöyle hakkıyla bir de bütün vasıtalardan istifade ederek ortaya dökersek, tarihe elemsiz, kedersiz geçmiş oluruz.

Yoksa geçen harpte olduğu gibi askerlerimiz soğuktan donar. Çanakkale'de bir kolordumuz otuz (30) mermi atar. Fakat onlar 30.000 mermi atardı. Irak'ta ise onu da bulamadık. Binaenaleyh ordumuzun kışlık elbisesini vesairesini depolara koymalı, fakat bunun mükellefiyetini de nesl-i atinin (gelecek kuşakların) boynuna yüklememeliyiz. Bendenizin maruzatı bundan ibarettir.

Hariciye Vekili benim beyanatımı şöyle anladığını söyledi: "İngilizler bizi harbe sürüklüyor, bizi aldatıyor." ve kelime oyunlarıyla bu fikrimi sulh muahedesinin akdinden evvel de söylemiş olduğumu anlattı. Tekrar söz almağa mecbur oldum.

General Kazım Karabekir: (İstanbul)

Muhterem Hariciye Vekilimizin bendenizin beyanatımı yanlış anladığını görüyorum. Yaptığımız muahedeye bendeniz de sevinerek beyaz rey verdim. Şu veya bu maksat altında zımni bir şey ifade etmedim.

Bugün bir coğrafya haritası açılsın, siyasi vaziyet şunu gösterir. Aramızda hiçbir ittifak olmasa, İngiltere ile Almanya harbe tutuştuğu zaman Almanya İngiltere'ye batıda bir şey yapmak kuvvet ve kudretini haiz değildir. 20 sene evvel milyonlarca insan kanı döküldüğü halde, batıda netice hasıl olamadığını gördüler. Doğuya avdet etmeleri, bu nokta-i nazardan görülür ve biz yarın harbe girebiliriz.

Bu harpte olmaya ki Almanlar milyonlarca gencin kanını garp cephesinde akıtarak kat'i neticeyi orada arasınlar. Bu yanlışlığı yapsınlar! Bu notadaki kararları, mesele Doğu'dadır ve Doğu'a Rusya'yı harben veya siyaseten emrimize ram etmek lazımdır. Bu neticeyi bu sefer yeni nesil kabul etmiş ve harben değil, siyaseten Rusya'yı kendi emirlerine ram etmişlerdir.

Şu halde biz ister ittifaka girelim, ister girmeyelim; nitekim Balkan küçük hükümetleri ittifaka girmedikleri halde ve girmediler diye, bu kuvvetlerin üzerlerine gelmemesi için çare bulacak değillerdir. İngiltere'yi sulha mecbur etmekle bunlar Fransa'yı da sulha mecbur edecekleri kanaatindedirler. İngiltere'yi de sulha mecbur etmeleri, şart olacaktır!

Binaenaleyh harita açılınca görülüyor ki bunların geçecekleri yerlerdeki milletlerin hepsi tehlikededir!. Birinci tehlike kampanasını Polonya'da işittik. İkinci kampana Finlandiya'da çalıyor. Belki üçüncüsü burada çalacaktır! Arz ettiğim mesele budur. Milletimizin fakir olduğu malumdur. Biz, harpte çabuk dağılırsak, düşman karşısında uzun müddet dayanamazsak, İngilizlerin de işi bitiktir.

Hazır ittifaka girerken bu gibi ihtimalleri nazarı dikkate alarak müttefiklerimiz bize azami yardım yapmalıdır. Milletler arasında sevişme diye bir şey yoktur! Menfaatleri birleşince kuvvetlerini de birleştirirler. Menfaatleri ayrılınca da birbirlerini teperler.

Sivastopol'da Ruslarla, İngiliz ve Fransızlarla müttefik olarak harp yaptık. Fakat bunlar cihan harbinde düşmanımızdı. Mütarekede istiklalimizi mahvetmek istediler! Bugün de müttefiklerimiz birleşti, onlarla ittifak yaptık. Eğer bugün İngiltere sulhü kabul ederse, Fransa bitmiştir. İngiltere Doğu'ya doğru ve yine kendi üzerine gelecek milletlere teslim-i silah ederse, kendisi için de iş bitmiştir! Bütün müstemlekeleri teslim olacaktır. İşte İngilizlerin bize olan yarenliği buradan geliyor.

Balkanlarda siyasi hava tebellür etmemiştir. Bulgaristan düşünüyor, Rusya mı gelecek, Almanya mı? Yani onlar için bir takım kombinezonlar daha sabittir. Binaenaleyh İngiltere tabiatıyla bizi müsait bulacaktır. -Çünkü bizim de kolayca kuvvetlenmemiz, kendi kendimize kuvvetlenmemize imkan yoktur.- Rusya ve Almanya'nın, bizde de emeli olduğundan, İngiltere'nin menfaatinedir. 20 sene evvel Almanlar bizi "öncü" gibi kullandılar ve canımızı çıkardılar.

Rusya ile tarihimiz malum. Almanya ile tecrübelerle doluyuz. Tabii onlara mukavemet edeceğiz. Demek ki bizim milli menfaatimiz meydandadır. Fakat İngilizlerin de menfaati şudur ki, bizi tutsunlar, İngiltere zengin bir devlettir. Bizim bugün iktisadi vaziyetimizin ne olduğu apaçıktır. Almanlar kapıyı kapayınca ne olduğu malumdur. Şu halde bizi iktisaden beslemelidirler. Mali noktadan kuvvetlendirmelidirler. O da bize malzeme sağlamakla olmaz.

İş buraya geldiğine göre, açık arz edeyim ki bugün müdafaa bataryaları olarak gönderdiği malzeme İngiltere'nin harb-i Umumide kullandığı malzemedir. Işıldaklar vesaire böyledir. Bunları bize para ile veriyorlar. Binaenaleyh bendeniz asker olmaklığım hasebiyle bunu, mukadderat-ı Milletten birinci derecede mesul olan arkadaşlarıma anlatamazsam ve bunun icap ettirdiği siyasi vaziyetleri burada tebarüz ettiremezsem, vebal altında ezilir kalırım. Binaenaleyh çok rica ediyorum, yanlış telakki etmesinler. Evet, iki müttefik olarak birleşmişiz. Fakat biz fakiriz, bu parayı ödeyemeyiz! Bu parayı malzeme bedeli olarak ödeyeceksek çok hatalı bir iş olur.

Madem ki onlar da bizi takviyeye karar vermişlerdir, bizden bu parayı almasınlar veyahut şu kadar bir para ortaya koysunlar. Bu tezi muahedenin imzasından evvel de müdafaa ettim. 100 milyon sterlin koysunlar. Çünkü biz mahvolmayız, fakat İngiltere'nin mahvı daha kolay olur. Siyasi büyüklerimiz bu noktalar üzerinde düşünmelidir. Top verin, tüfek verin demelidir. Harb-i Umumide kullandıkları ışıldakları verip sonra da bunların parasını istemesinler. İddiam budur. İngiliz ve Fransızların bizi kuvvetlendirmeleri kendilerini kuvvetlendirmeleri demektir. Arz etmek istediğim budur. Yanlış telakki edilmesin.

ACİL TAHKİKAT ÇOK LAZIMDIR

1.7.1941

Kıbrıs açıklarında torpillenen Refah Vapuru faciası hakkında Dr. Süheyl tarafından verilen takrir üzerine müzakere açıldı. Ben de söz aldım:

General Kazım Karabekir: (İstanbul)

Arkadaşlar,

Hadisenin vukuu kadar ilanı da bence şayan-ı teessürdür. Böyle mühim bir hadisede birçok analar, babalar evlatlarını kaybediyor. Yakın - uzak birçok sevgilileri müteessir olduğu halde gazetelerde, "Bir yolcu vapuru batmıştır," diye bir haber veriliyor. Bizlere dahi vaziyetin iç yüzü anlatılmıyor. Bunu bendeniz şayanı teessür buluyorum. Gönlüm isterdi ki, derhal Parti toplansın ve herkesten evvel biz, bu hadiseden haberdar olalım. Bize gelip gözyaşı dökenlere izahat verebilelim.

Kurtulanlardan bana da geldiler, gözyaşı dökerek çok vahim şeyler anlattılar. Evvela askeri bir bakışla böyle güzide bir kafile için yol aranırken, mesela niçin Irak üzerinden Mısır'a gönderilmek düşünülmemiştir; madde bir.

İkincisi, bu hatıra gelmemiş veyahut bir mahzur mu görülmüş bilemiyorum, cevap istiyorum; varsa, niçin, bu güzide kafileye bir harp gemisi veyahut hiç değilse, İstiklâl Harbimizde Karadeniz'in o fırtınalarıyla mücadele etmiş, dayanmış gayet büyük gazal römorkörü gibi bir römorkör veya Marmara'da işleyen yeni vapurlardan biri olsun, tahsis edilmemiştir.

Bir kazada insan ölür, fakat ölürken de hiç olmazsa istirahat döşeğinde veya vazife başında ölmek ister. Arkadaşlarımız bir karış kömür tozu içinde, kömürler ağızlarına, boğazlarına giderek boğulmuşlar ve böylece denize gömülmüşlerdir. Hatta vapur temiz dahi değildi.

Şimdi sunasıyla şunları Heyet-i Muhteremenizin çok dikkatle dinlemesini rica ederim: Geçen Cihan Harbinden sonra bütün Milletler deniz yolculuğunda bir kaide kabul etmişlerdir. Denize açılan her Gemide, ne kadar yolcu varsa, o kadar tahlisiye vasıtası(cankurtaran simidi) olacaktır. Ve tahlisiye vasıtaları, onlar üzerinde tecrübe edilecektir. Hangi sallara veya sandallara bineceklerse, numaralı olarak, herkes yerini bilecektir. Bu sandallar için birkaç günlük kumanya, sargı, ilaç vs. bulunacaktır. Halbuki bütün arkadaşlar anlattılar ki, vapur 4-5 saat kadar suyun üzerinde kalmasa imiş, bir kişinin bile kurtulması imkânı yokmuş! Zira sandalların üzerini örten tenteler, senelerin geçmesi yüzünden, o kadar kaynaşmış ki, ancak bir buçuk saatte kesip çıkarabilmişler! Her şey paslı ve her şey tamamıyla çürümüş bir halde! Bu vapur 12 sene evvel çürümüş bir halde (Vay, vay sesleri) bir Yahudi bunu alıyor, bir Türk arkadaş perde ediliyor, nasılsa nakliyat-ı askeriyeye tahsis ediliyor. Bu şilebe yolcu koymak mümkün müdür? değil midir?

Böyle kömürü temizlenmemiş bir şilebe devletin müdafaasını temin edecek insanları doldurmak, akıl kârı mıdır? değil midir? Bunlar velev ki selametle gitselerdi dahi, ihtimal ki birçoğu orada yuttukları kömür tozuyla tüberkülozun başlangıcını alarak gideceklerdi.

Eğer bundan sonra da işi Avrupalıların tuttuğu gibi bir tertiple tutmazsak, bir kaza daha olabilir.

Vapurdaki tahlisiye miktarı kaç kişilik, bunu dinledik! Ancak o vapurun mürettebatına göre 20-21 tane! Onlar da köhneleşmiş, bitmiş. Şu halde, Müdafaa-i Milliye Vekaletinden

(Milli Savunma Bakanlığından) soruyorum. Acaba ne emir verdiler? Ne yazdılar? Münakalat Vekiline? O makam, Koordinasyon Heyetine ne emir verdi? Bunlar saman mıdır, çivi midir? Size 500 ton buğday İskenderun'a göndereceğiz dersek, bu mesuliyeti üzerine alıp gönderebilir misiniz?

Eski devirde çok fena bir itiyat vardı: İnsan esirgenmez, mal esirgenirdi. Hele hayvan oldu mu, derhal tetkikat başlardı. Çünkü korkarlardı. Demek yine eskisi gibi insan gidecek diye ehemmiyet verilmemiş. Yüz tane hayvan gidecek denilseydi, derhal vapuru muayene ederlerdi. Sonra Münakalat Vekili burada yoktur. Temmuz Bayramı (Kabotaj Bayramı) münasebetiyle İstanbul'a gitmiş. Oraya bizi de davet ettiler. Fakat öyle mühim bir vaziyet vardır ki, Münakalât Vekili burada bulunmalı ve derhal sorulanlara cevap vermeliydi. Şimdi hadise bize gösteriyor ki, ya verilen emirde, bir heyetin gideceği izah edilmemiş, söylenmemiş, alelade bir şilep yollayın şeklinde olmuş; veyahut emri alanlar, köhne insanlar veya köhne zihniyetli adamlardır! Yani vazifenin kutsiyetini henüz anlamamışlardır.

Bu noktadan acil tahkikat çok lazımdır. 12 yıl evvel bu vapur çürüğe çıkmış ise, böyle bir vapurun, velev ki şilep olarak, kullanılması, onun hiç değilse 25 vatandaşın canına mal olması demektir. Onun için tahkikat lazımdır. Müteahhitleri, mütevasıtları, anladık, Yahudi'dir. Fakat ne suretle gelmiş, ne suretle Milli Müdafaa emrinde çalışıyor. Bunun tahkikini başa koymak lazımdır.

Geçen akşam radyoda çok şayan-ı dikkat bir şey dinledik. Yarın vaziyet diğer nakliyatta da öyle olabilir. Trenlerde de olabilir. Bir zabit şikayet ediyor: Diyor ki, imdat işaretini çektim tren durmadı; müteaddit defalar çektim, yine durmadı. Ceketimi düşürmüştüm, içerisinde para vardı, diyor. İstasyona kadar durmadı. İstasyonda diyorlar ki telefonla soralım fakat ceket bulunamıyor. Tabii şikayet Münakalat Vekaletine ait olmakla beraber, radyoyla hepimizi güldüren gayet tuhaf bir cevap aldık: "Bu bir asker trenidir!.."

Demek ki burada da şimendiferlerimiz iyi işlemiyor. Onun için halkımıza, milletimize söylerken mutlaka "Ne olduysa oldu. Nihayet bir iki küçük memuru mesul tutalım ve işi geçiştirelim." tarzında denirse, bu köhne zihniyettir. Kökünden bunu temizlemek lazımdır. Bunun cevabı böyle mi olur? Çoluk, çocuk gülmüştür. Sonra, böyle bir vapur batmış ise, millete karşı bunu ilan böyle mi olur? Bir facia üzerinden günler geçtikten ve bir arkadaş sorduktan sonra mı bize bildirilir. Bendeniz, bu işe çok ehemmiyet verilmesini rica ediyorum. Ve hatta tahkikata behemehal meclis el koymalıdır. İlk içtimada millete bir parça da malumat vererek, bunların mesullerinin en baştan en sonuna kadar çok ağır ceza göreceğini anlatmak çok lazımdır.

Biz aylık tatil yapacağız; aramızda kalırsa yarın biz soranlara ne cevap vereceğiz? İstanbul'a gideceğiz. Arkadaşların çoğu da gidecektir. Ve yine arkadaşların çoğu biliyor ki alakadarlar bağırıp duruyorlar: "Evlatlarımızı çürük şileple öldürdünüz. Vekiller filan giderken, hususi vapurlar ve trenler tahsis ediyorlar. "Binaenaleyh yarın hükümet bir beyanname hazırlamalı ve apaçık millete beyan etmelidir. Mesuliyet çok yüksekten başladığı için, Hükümet mi Meclis mi el koyacak bunlar yapılmalıdır. Aksi takdirde de hepimizin millet nazarında mevkiinin sarsılmasına sebep olacaktır. Bunu ehemmiyetle rica ediyorum.

Başvekil cevabında beyanattaki hatasını itiraf etmemekle beraber, yeni tebligat yapılmasını muvafık buldu. Müdafaa-yı Milliye Vekili Saffet Arıkan, Refik Şevket'in Müdafaa ve Münakalat Vekilleri istifa etmelidir- şeklinde ki beyanatı üzerine istifa etti. Başvekil kabul etmedi. Bazı mebuslar da bu tarzdaki istifayı muvafık bulmadılar. İkinci parti içtimaında gizli reye müracaat ettiler. 14 kırmızı reye mukabil 209 beyaz rey aldı; yerinde kaldı. Mebus mevcudu 223 idi.

EKMEK UNUNDAN DA ÇALMALAR BAŞLADI

11.7.1941

Takrir ve sözüm:

Yunanistan'a, kendi halkımızın ihtiyacı düşünülmeden satılan 60.000 ton buğday, nihayet memlekette ekmek buhranı yaptı. Ve ilk önce % 20 çavdar karıştırmakla başlayan mahlut ekmek, 6 Haziran'dan başlayarak % 20 çavdar, % 30 arpa ve % 50 de kepekli un halitasından mürekkep çok esmer ve hamur halinde ekmek çıkarılmasına vardı. Tabii has un kullanan pastacı, börekçi ve francalacı esnafa un satanları ihtikarcı saydılar.

Ekmek unundan da çalmalar başladı. Suistimali Toprak Ofisi de yaptı: İstediği kimselere ve fırıncılara fazla has un sattı. Suistimaller aldı yürüdü. Francala satışı rezalet halini aldı. Askerler, halkı itip kakarak efendilerine francala almakla başlayan gayretler, bir kaç defa alarak şuna buna satmaya kadar vardı. Francalacılar da fazla fiyatla vesikalar yaparak satışlara başladılar.

Elde lüzumu kadar kahve olduğu halde, bu hususta tedbir alınmadığından, francala ve kahve satan dükkanların önünde, her şehir ve kasabada kavgalar, cam kırmalar, tam bir rezalet halini aldı. Hükümet hiç aldırış etmiyor. Komiserler, polisler kendi efendilerine francala ve kahve alabilmek için kalabalık arasına girip, itişip kakışı çoğaltıyorlardı. Artık "jandarmalık" ve "üniforma" tahakküm halini aldı. Şikayetler de başladı. Başvekilin dikkatini çektiğim gibi şu takriri de verdim:

Parti Yüksek Reisliğine

16.6.1941, ANKARA

Francala, kahve ve has un satışlarında bazı yolsuzluklar olduğunu ve halkın da zorluklara maruz kaldığını görüyoruz ve işitiyoruz. Vaziyet bazı tedbirlerin alınmasını icap ettirecek mahiyettedir. Hükümetimizin ne düşündüğünü ilk parti içtimaında şifahen bildirmelerini rica ederim.

İstanbul Mebusu:

Kazım Karabekir

Cevabı ancak iki hafta sonra Ticaret Vekilinden alabildik. O da bir sürü lâfa boğarak! İkazım üzerine aldıkları yeni tedbirleri anlattı. Söz aldım:

Kazım Karabekir: (İstanbul)

Arkadaşlar, ben takririmi geçen ayın 16'sında verdiğim için, ondan sonra tabii bir çok şekiller hasıl oldu. Ben evvelâ takririmi niçin verdim, bunu arz edeyim. Sonra yapılmış olan ve tutulmuş olan usul kafi midir? değil midir? Bunun hakkında bir kaç söz söylerim.

Hepimiz şahit olduk ki gerek francala, gerek kahve almak, dükkanların önünde cam ve çerçeve kırmaya, kavga etmeye ve itiş-kakışa sebep olmuştur. Hatta takririmi vermeye saik olan, Yenişehir'deki şu hadiseyi, gördüm: Askerler, francala satan dükkanın önüne sıralanıyor. Francala gelince, francalayı getiren adam kaçıyor. Askerler de arkasından vurun, kırın diye bağırışıyorlar. Elli tane asker!

Takrir verdikten iki gün sonra da Belediyenin yalnız hastalara francala verileceği yolunda bir tamimini gördük. Şimdi, evvelâ anlamak istediğim mesele, tabiidir ki ihtiyaç ve zaruret herkes için neyi mukadder kılarsa, biz öyle bir milletiz ki memnuniyetle hepimiz bunu yaparız. Ancak harice 60.000 ton buğday gitmiştir. Yunanistan'a! Ona mukabil elde fazla arpa ve çavdar kalmıştır. Mümkün değil miydi ki bu satışı yaparken onlara biraz arpa verilseydi. Ve onlar da bir parça arpa yeselerdi! Bizim has buğdaylar gitmiştir; onun için de halkın alıştığı tip un, -biz harbe girmeden ve bir tarafımız istilaya uğramadan- böyle değişmiştir. Madem ki bu yapıldı, derhal bu usul de beraber yapılmalı ve tatbik edilmeliydi. Birçok vatandaşın ıstırap çekmesine ve birçok suistimallere mahal kalmamış olurdu. Bu husustaki suistimaller hakkında bazı malumat arz edeyim:

Ofis bazı fırınlara lüzumundan fazla has un satmıştır. Bazılarına da hiç vermemiş! Sana lüzum yok demiş! Çok un alanlar, bu suretle ellerindeki unu daha pahalı fiyatlarla başkalarına satmaya başladılar. Ve francala da elden ele hususi vesika usulüyle dolaştı. Ve iki üç misli yükselince, francalalar üzerinde, hususi yerlerde vesairede ihtikâr yapmaya başladılar.

Sonra, mecbur oldu ofis, bu gibilerden bazıları hakkında dava açmaya. Francala satan dükkanlar takririmi verdiğim zaman, tamamıyla böyle yapmakta idiler. Üstünden iki gün geçtiği halde dahi, dükkancılar vesika usulünü kullandılar. Adam, ekmek getiriyor; francala vesikası gösterene hemen veriyor. Vesikası yoksa, kendi müşterisi bulunsa ve hasta bile olsa, francala alamıyor. Binaenaleyh, kuvvetli alıyor, zayıf alamıyor. Köşedeki sebzeci vs. dahi francala dağıtmaya başladı. Bu suretle, bir çok suistimaller oldu.

Bu gürültüler arasında Mahmut Şevket Paşa'nın hanımı İstanbul'dan bana bir mektup gönderdi. Diyor ki hastayım, francala alamıyorum. Bu gürültü ve patırtı içinde ben nasıl alayım? Kaymakama müracaat ettim. Alakadar olmadı. Hanım üç gün sabret umumi karar verilecek denildi. İdare memurları hiç olmazsa bu gibi şahıslara, ihtiyarlara veyahut bu memlekete hizmet etmiş insanların ailelerine karşı lakayit kalmasalar. Sonra, rapor usulü çıkıyor. Bu ihtiyar hanım veya düşünün evinde yatan hasta, doktora gidecek, rapor alacak, bunu tasdik ettirecek. Halbuki sizden sağlam biri hasta olmadığı halde francala temini imkanını buluyor.

Benim takririmi verdiğim zamana kadar ve bu usulün konmasından evvel ise bu itiş kakışlar, kavgalar, zorbalıklar idare makamlarının gözü önünde geçmiştir. Bu suretle iki hafta, bu fena şekiller hasıl olmuştur.

Sonra kahve meselesi: Bunda da birçok çirkinlikler olmuştur. Meselâ, bankalar, müesseseler kendi memurları için istedikleri kadar kahve bulmuşlardır. Müstesna zevat, polisi, komiseri gönderiyor; aldırıyor. Halbuki halk alamıyor.

Kahve ihtiyaç mıdır, değil midir? Kahve hakkında ufacık

bir şey lazım gelirse bizim memleketimizde bunu birinci derecede ihtiyaç saymak lazımdır. Çünkü çoğunun işretle şununla bununla alakası yoktur; günde bir iki fincan kahve içer. 7-8 liraya da versen alacaktır. Halbuki bu satış yerlerinde şimdi aldıkları tedbirleri daha evvel alsalardı, bu kadar çirkinlikler, kavgalar, döğüşler, kırmalar olmazdı.

Sonra bu kahve meselesinde, mesela Mersin'de bir buçuk aydan beri 30.000 çuval kahve olduğunu işitiyoruz. Şeklini bilemiyorum. Vekil muvafık buluyor mu? Ziraat Bankası, bunu getiriyor; fakat kooperatife devrediyor. Kooperatif de esnafa çok müşkülatla. Birkaç şikayet işittim, % 5 fazla fiyatla satıyor veya Bankanın malını onlara devrediyor. Esnaf da % 8 koyuyor. Kooperatif ayrıca kendi müşterilerine de pekala kahve satıyor. Satmak hakkını haiz olduğu için, bizzat şahit oldum; kooperatif kendi müşterileriyle sairlerine müsavi muamele etmiyor. Kaş göz işareti başlıyor. Ve müşterinin alışverişinin derecesine göre, müsavatsızlıklar oluyor.

Sonra kooperatif % 5 kendi kârı olarak alıyor, buna % 8 de perakendecinin kârı olarak ilave ediyor. Bu suretle % 13'e kahve satmış oluyor. Halbuki diğer kahve satanlar % 8 alıyor. Az kazanıyorlar. Onun için, gerek bu suistimaller ve gerekse vatandaşlar arasında bir takım hile ile veya açıkgözlülükle bir takım müsavatsızlıklar olmaması için usul nedir?

Görüyoruz ki kudreti-i milliyesi çok fazla milletlerde bile en muhtaç oldukları maddelere bir kaide koymuşlardır: Bu da vesika usulüdür. Nitekim francala dükkâncıları vesikaya raptetmişlerdir. Ve bu iş oldukça halledilmiştir.

İkincisi, madem ki böyle oluyor, benim takririmden sonra yapılan bu usul daha evvel, ilk günden tatbik edilmiş olsaydı, birçok adamları fena istikametlere sevk etmemeğe pekala imkân bulunabilirdi. Herkes serbest alabilsin, güzel; fakat vatandaşlar arasında hasta ve buna muhtaç olanlar bunu alamaz; diğerleri alırsa kötüdür. Vesika usulüne müracaat etmek en kestirme yoldur. Vesika usulüyle alıp da yine ticaret yapmayacak mı? Yine yapacaklardır. Fakat bugünkü vaziyete göre, bu şekil herhalde daha ehvendir. Ben esasen takririmi o zamanki vaziyeti müşahade ederek vermiştim. Vekil de bu vaziyeti derhal anladı. Fakat bugünkü vaziyet o zamankine göre değişmiş olduğu için, bu şikayet mevzuu da oldukça azalmış bulunuyor. Bununla beraber geçmiş işler üzerinde durmak hakkımızdır. Böyle bir şey olduğu zaman, tedbir tam vaktinde alınmazsa bu gördüğümüz kargaşalıklar olur. Fakat bu kargaşalıklar, şikayet oluyor, hatta bir Mebus da takrir veriyor. Ondan sonra faaliyete geçiliyor. Bu meselede bende bu kanaat hasıl oldu.

Ticaret Vekili Mümtaz Ökmen: (Ankara)

(Esaslı suallerime hiç temas etmedi. Bazı teferruatı tekrarladıktan sonra dikkate değer şunları söyledi:)

Paşa buyurdular ki, benim takririmden sonra tedbir alındı. Niçin vakit geçirildi. Bir defa, bir mebus takrir verdikten sonra, bu takrirde mevzuubahis olan ve nazar-ı dikkati celbeden muamele tashih edilmiş ise ve mesul vekil tarafından düzeltilmiş ise, ona teşekkür etmek lâzım gelir. Yoksa ben dedim de yaptılar diye onunla iftihar hakkı yoktur.[21] Sonra affetsinler, Paşa Hazretleri'nde sık sık arazını gördüğüm bir halet-i ruhiyyeyi tebarüz ettireyim: Burada ne mevzu olduysa, ben dedim de yapıldı, ben üç sene evvel dedim de yapıldı, ben on gün evvel takrir verdim de yapıldı, diyorlar. Müsaade buyursunlar bu memlekette birçok güzel işler yapıldığı devirde kendilerinin muhterem sadalarını işittiğimiz yoktu!"

Verdiğim şu cevap ve aldığım ikinci mütenakız cevap, hükümetimizin ve bilhassa Ticaret Vekilimizin mesai ve idrakleri derecesine miyar olur.

---

21 Bu ve bundan sonraki satırlardaki sözleri bir vekil ağzından işitmek ne gariptir. Cevabımdan sonra yaptığı izansızlığı kendisi de anlayarak söylediği sözleri on dakika sonra yine kürsüden inkar etmek ayıplığını da yaptı.

Kazım Karabekir: (İstanbul)

Evvelâ Ticaret Vekili Bey'den bir ricada bulunacağım. O da Vekil olan zatlar, her şeyden önce çok hazımlı olmalıdırlar. Ben, ne sordum, o ne söyledi? Ben dedim ki: 60 bin ton buğday Yunanistan'a satılmış; bunun yerine biraz da arpa ve çavdar satılsaydı da bu hale gelmeseydik. Sonra Ofisin suistimalini söyledim. Hiç buraya yanaşmadılar. Ofisin kontrolünü yapsın ve izahat versin.

Sonra hiçbir mebus Vekil Bey'e teşekkür mecburiyetinde değildir. Rica ederim, yakışır mı bu? Ben bir emekli Generalim. Hizmetlerim gerçi telâffuz edilmemiştir. Fakat bunları pekâlâ bilirler. Bir kere Vekil Bey'le münakaşa ettik, Bolşeviklerle siyasi münasebet meselesi üzerinde; sonra kendileri mahcup oldular.([22])

Bu meselede de 10 - 12 gün halk birbirini kırmıştır. Türlü suistimaller olmuştur. Bunları söylerken kendilerinden ümit ederdik ki müteessir olurlar. Halbuki bilâkis bir mektep mualliminin haylaz bir talebeye çıkıştığı gibi çıkışıyorlar: Ne hakkınız var efendim, benim şunu iddia ettiğimi, ben yapıyorum dediğimi ileri sürmeğe ne hakkınız var? Bana bu kadar tecavüz edebilir misiniz? Ben daha bir şey iddia etmedim. Fakat yarın icap ederse Reisicumhur Hazretleri'ne söyleyeceğim sözler vardır. O zaman mahcup kalırsınız. Ben neye iddia ettim? İtalyanlar Arnavutluk'a tecavüz ettiği zaman, Milli Müdafaa Vekili Naci Tınaz işte buradadır. Demedim mi ki; Arkadaşlar 93 seferinde başımıza bir felaket geldi. Ruslar bizim hububatımızı harpten evvel satın aldılar. Sonra seferberlik oldu. Ve halkımız aç kaldı. Aman bu sefer müteyakkız bulunun. Harbe girmesek dahi, hububatımızı elimizde stok olarak bulunduralım!

---

22 İngilizlerle yapılan muahede Bolşeviklerin girebileceği harbe girmemekliğimiz hakkındaki İkinci Lahika'nın hükümetin eseri olduğunu Hariciye Vekili kürsüden söylediği zaman, açılan münakaşada Hariciye Vekili mahcup kalınca, bu Mümtaz Ökmen, bunun ismet İnönü'nün on yıl evvelki eseri olduğunu söylemiş. Ben de şayet dostluğumun yirmi yıl önce ve İstiklal Savaşında tarafımdan temin edildiğini, Hükümetin Bolşeviklerle harbe girerken mani olan dostluk ve ittifak temin eder!..

Binaenaleyh, istilâya maruz kalmazsak da bir münasebetsizliğe maruz kalabiliriz, dedim. Bunu söylemek ve böyle söylediğimi tekrarlamak benim hakkımdır. Evet, yine diyorum ki bence zamanında muvazene yapılmamış ve bize arpa yediriyorsunuz.

CEVAP

Ticaret Vekili Mümtaz Ökmen: (Ankara)

Arkadaşlar, ben Muhterem General'le görüşürken zannediyorum kendisine bir Vekilin söylemesi lâzım gelen tonu mümkün olduğu kadar muhafaza ederek söyledim. Bu ihraç işi, zamanında değildir. Cevap vermemekliğimin sebebi buydu. 60 bin ton buğdayın ihracı zamanımda olmamıştır. Zatıalinize maahazeden dolayı veya tenkidinizden dolayı niçin bunları yapıyorsunuz dedim. Buyurdunuz ki ben takrir verdikten sonra bunlar oldu. Yani ben söyledim de oldu. Buna cevaben dedim ki, böyle dahi olsa, ben senden teşekkür istemedim Paşam. Bir Mebus bir şey ister de mesul Vekil onu derhal tashih ederse, Vekili takdir etmek lazımdır, dedim. Yoksa ben sizden takdir ve teşekkür istemedim. Düşünün ki, bu takrir verilmiş, ertesi gün bu muameleye geçilmiş, ben takriri bile görmedim. O halde görmüş olsam bu, sizin sözünüze verdiğim kıymeti gösterir. Ben bu kürsüden asla sizden teşekkür istemedim.

İhraç işine cevap vermeyişimin sebebi zamanımda olmayışındandır. Mamafih bütçe müzakeresi esnasında Heyet-i Aliyyeye umumi izahat verirken 1940 senesi hasadının çok ümit verici olduğu, tarlalarda vaziyet en iyi olduğu görülmüş, fakat sonradan seylabların, şunun bunun tesiri altında bu ümit tahakkuk etmemiş ve onun için sıkışıklık olmuş.([23]) Zamanıma ait olmadığı için cevap verecek vaziyette değilim. Mamafih gurup emrediyorsa gider vekâletten izahat alıp ve mesul Vekil sıfatıyla arz ederim. Rica ederim zabıtlar ortada. Ben

---

23 Bu ifade hakikate uygun değildir. Yunanistan'a ihracın bu açıklığı yaptığı katidir. Çok ayıp bir iş!..

eskiden geçmiş veya filan münakaşayı karıştırmadım. Sık, sık Paşa Hazretleri'nde gördüğüm bir şey var. Daima, ben iki sene evvel dedim de onun için oldu, iki sene evvel dedim yapılmadı, onun için oldu demektedirler. Bunu da diyebilirsiniz. Fakat cevap vermekte Vekil de haklıdır. Vekil oldu isek, esir olmadık! Nitekim bana ait olmayan bir mesele hakkında cevap vermedim. Zatı aliniz kürsüden cevap vermediğim için, beni tenkit ettiniz. Muhakkak her işi siz söylediniz de yapıldı davası olamaz. Bunu katiyen tariz olarak yapmıyorum. Parti içerisinde bugün Millet Vekili olarak hürmetle elini sıkmağa mecbur olduğumuz ve buna kani olduğumuz kimsesiniz. Bir Vekili muahaze etmek ve icabında yakasından tutup alaşağı etmek vazifenizdir. Fakat mesul Vekilin tenkitlere cevap vermesi de vazifesidir.

Mümtaz, susmak zaruretinde kalmıştı. Fakat gösterdi ki sadakatine mebni ticaret vekaletine getirilmişti. Tenkitlerime cevap vermediği halde hala bunu tekrarlıyor ve gereksiz sözler söylüyordu. Şu suali yerimden sordum:

Kazım Karabekir: (İstanbul)

Biz bir Vekilden sual sorsak, o vekil yalnız kendine ait zaman için mi cevap verir.

Mümtaz Ökmen: (Ankara)

Vekâletime ait işin cevabını vermek mecburiyetindeyim, dedim. Selefim zamanında bir mesele olduğu için, bahsetmedim dedim. İşiyorsanız bahsedeyim! Eğer zatıaliniz 60.000 tonu niçin ihraç edildiği hakkında izahat istemekte ısrar ediyorsanız, onu da gelecek celsede izah ederim. Mamafih hemen izah edeyim: Vaziyet o günkü gidişe göre ihraca müsait görülmüştür. Ve ihraç yapılmıştır. Ama tahmin doğru çıkmamış ve hadiseler işin aksini getirmiştir; ve bugünkü tedbirler alınmak mecburiyetinde kalınmıştır.

Kazım Karabekir: (İstanbul)

Ben de onu tenkit ettim.

Mümtaz Ökmen: (Ankara)

Güzel, Biz de haksızsınız demedik. Bundan sonra bu tecrübeden istifade ederek ihraç yapmayacağız! Yeni mahsule kavuştuk, inşallah seneye sıkıntı çekmeyeceğiz. (Müzakere kâfi sesleri)

İşte hükümetin bu tecrübesi iki ay halkın mide ve bağırsağına hamur halinde arpa ekmeği tıkmak gibi bir fenalığa sebep oldu. Ticaret Vekili Bey, son sözleriyle gafleti apaçık söyledi. Parti de bunu kâfi gördü.

ADALARIN İHMALİNDE ÜÇ İHTİMAL

29.7.1941

Almanların Girit Adasını işgalleri üzerine Hariciye Vekili; üç ihtimal söyledi: 1) Boğazları kontrol ederek icabında İngilizlerin Ruslara Boğazlardan yardımına mani olur. 2) Diğer adaları da işgal ederek Türkiye'yi tehdit eder. 3) Adadan adaya sekerek Kıbrıs'ı da işgalden sonra, Suriye ve Filistin'i işgal ve Mısır'ı doğudan da tehdit eder! Almanlar bize karşı hiçbir suiniyet beslemediklerini söylüyorlarmış! Şu halde birinci ve üçüncü ihtimaller kuvvetli görülmüş!

General İzzettin Çalışlar şu mütalaada bulundu:

Şu halde Almanlara teklif ederek sahillerimize yakın olan adaları bizim kuvvetlerimiz işgal etsin.

Ben de söz aldım ve aynen şunları söyledim:

General Kazım Karabekir:

Arkadaşlar, bu adalar meselesi hakkında, İtalyanlar Arnavutluk'a çıktığı zamanlarda bazı mütalaat arz etmiştim. Bunu tekrar edersem, zannederim ki vaziyet daha ziyade tenevvür eder. Bendeniz şu mütalaayı serdetmiştim: Selanik, Glas, Pire limanlarını da düşman ele geçirirse, cidden Türkiye için bu bir "hareketi askeriye tehlikesi" telakki edilmelidir. Ondan evvelki hareketler bizi tehdit etmez. Nihayet Boğazlara doğru, dar bir istikamete girer; orada herhangi bir hasım çok yıpranır. Ve ona uzun müddet karşı gelinebilir.

Şimdi görüyoruz ki bir vakıa olmuştur. Yani Anadolu'nun karşısındaki askeri limanlar ve bir takım tayyare üslerine (Hava üssü) malik yerler, Mihverin eline geçmiştir. Binaenaleyh başlayan Adalar işgalinin, Girid'in işgaline bir mukaddime olmasını ve bu suretle Adalar Denizinin tamamıyla Mihverin hakimiyeti altına konulacağını kabul etmek lazım gelir. Bu hal bizim için yalnız Çatalca Hattı değil, bütün Rodos Adası karşısına kadar Anadolu sahillerinin tehdit altına girmesi manasını tazammun eder!

Meselenin mühim ciheti, Girit'in bir taraftan Rodos'ta toplanacak olan İtalyan ve Alman kuvvetleri diğer taraftan gerek Pire, gerek Mora'da hazırlanacak olan Alman kuvvetleri vasıtasıyla muhtelif yerlerine paraşütçü müfrezeleri baskını ile hakim olunabilmesindedir ki, askerlik gözüyle ve şimdiye kadar ki hadiseler göz önüne getirilirse, bunun imkan-ı maddisi (maddi olanağı) vardır. Çünkü bir yerin müdafaası demek, yalnız arazinin şu veya bu mania ile ayrılması demek değildir. Arazinin bilfiil silah kuvvetiyle müdafaası demektir. Eğer Girit'in lazımı kadar gerek Doğusuna, gerek Batısına ve gerek muhtelif yerlerine İngiliz müdafaa kuvvetleri yerleştirilecekse, orada bir muharebe olur; fakat zayıf bulunduğu takdirde, buraya Mihver hakim olabilir. Binaenaleyh, ondan sonra apaçık Adalar Denizini kendilerinin bir iç denizi haline getirebilir. Zira Rodos'ta üsler mevcuttur. İtalyanların Denizaltıları her zaman Adalar Denizine girdiği gibi, deniz üstündeki Yunan askeri limanlarına deniz kuvvetleri koyabilirler.

Şu halde Adaların işgalinde üç ihtimali bir daha sıralarsam: Birinci ihtimal pek zayıftır. Yani Boğazların karşısında 40 km uzak bir adayı sırf İngiltere'nin Rusya'ya yardımına mani olmak için işgal etmek, manasızdır! Çünkü İngiltere

Rusya'ya yardım edecekse, Boğazlardan edecektir; ve biz de bu işe gireceğiz, demektir. Böyle bir vaziyette Limni adasını İngilizler ihata eder. Oraya daha büyük kuvvetler gönderir ve orayı temizleyebilir. Binaenaleyh Limni Adasının Almanların elinde bulunması, İngilizlerin Ruslara yardımına bir mani teşkil etmez. Yalnız ufak bir tehdittir.

Üçüncü ihtimal olan Kıbrıs'tan Suriye'ye gitmesi. Belki son hadiselerden yılmış olan veyahut, böyle Girit işgaliyle bu işin bizim aleyhimize teveccüh ettiğinden dolayı bizi korkutmak isteyen asker veya diplomatların sözüne benziyor. Çünkü Kıbrıs'a gidecekler, Kıbrıs'tan Filistin'e gidecekler. Bu epeyce garip bir hadisedir. Sonra Filistin'de oldukça kuvvet vardır. Yalnız tayyarelerle tahribat ise bunu Mora'dan ve Rodos'tan da pekala yapabilirler. Bunu zayıf görüyorum.

Yalnız ikinci ihtimal kuvvetlidir. Yani Adalar Denizini tamamen hakimiyeti altına almak için Girit'e doğru bir sıçrama hareketinin başlangıcı gibi görünüyor.

Netice: Demek ki son vaziyet Avrupa'dan Güney Doğu doğru ve bizim üzerimizden geçmek üzere geniş bir koridor hazırlığının başlangıcı manasını ihtiva eder. Böyle bir ihtimale karşı Adaların işgali hakkındaki Sayın Arkadaşım General İzzettin'in teklifi biraz tehlikeli olur. Farzedelim Almanlar bize dese ki; "Gelin, işgal ediniz, o sayede her iki tarafla anlaşınız!" Bu hadise harbe girmek, şu veya bu tarafla ittifak etmek manasını tazammun etmese bile, sırf askeri bakımdan da biz oradaki kuvvetlerimizi ne kadar ve ne miktarda tutmalıyız ki, icabında sözünde durmayan bir düşmanın, onu alıp esir götürmesine mani olalım. Düşünülecek şeydir.

Anadolu'nun müdafaasına hasredeceğimiz kuvveti, Adalara götürmüş oluruz. Halbuki Adalar Denizine hakim olacak düşman; Balkan Harbinde feci misallerini gördük; adalardaki kuvvetleri alıp esir götürebilir! Yahut kuvvet götüreceksiniz; Anadolu sahillerinin müdafaası tehlikede kalabilir! Yahut az kuvvet götüreceksiniz, o zaman da adalara götüreceğimiz kuvvetler tehlikeye düşer!

Tabidir ki arz ettiğim askeri ihtimaller göz önünde tutularak sahillerimiz ona göre esasen hazırlanmıştır. Cephemizin artık yalnız Trakya olmadığı, Batı'dan gelecek herhangi bir tehlikeye karşı bütün Adalar Denizinin de tehlikeye girdiğini nazarı dikkate alarak; gerek gözü açık bulunmak, gerekse kuvvetli bulunmak, tabii lazımdır!

Bunu burada bırakıyorum. Yalnız kürsüye çıkmış iken şu kısa noktayı da arzedeyim: Bize geçen Cihan Harbi bir hakikat gösterdi: O da, yalnız ordular mağlup edilerek sulha gidilmiyor; bunu da daima göz önünde tutmalıyız! Mesela Almanlar, Rusları mağlup etti! Fakat Rus ordusu, harbe daha muktediridi; ve arazisi de müsaitti. Gördük ki ordu bozulmadı. Millet bozuldu, Milletin içinde rejim inkılâbı hasıl oldu. Almanlara gelince: Almanların kuvveti daha çok müsaitti. Tarihteki harplerinde de gerek Almanların, gerek Rusların çok misalleri vardır: Ruslar çekilirler, düşmanı içeriye alır ve orada müstevliyi pekala mağlup edebilirler.

Ruslar için en iyi misal Napolyon'un Moskova seferidir. O vakit çekildiler, fakat bu sefer onu yapamadılar. Çünkü ordular eskiden başka bir sınıf addedilirdi. Milletler içinde mahdut bir zümre, Hükümdarın ve Başkumandanlığın emrine ram (bağlı) idi. Ordu, takattan düşer ve "Ben artık yapamıyorum" derse, o vakit sulh yapılırdı. Fakat Cihan Harbinde ordular milyonlarca idi. Bu orduları beslemek için geride de milyonların çalışması lazım geldi. Şu halde ordu muharebesi, milli muharebe şekline inkılab etti. O halde milletlerin de ordu kadar muharebenin uzaması müddetine tahammül etmesi lazım geldi. Ruslar, buna tahammülsüzlük gösterince yıkıldılar. Beri yanda da Almanlar bu tahammülsüzlüğü gösterdiler. Amerika, harbe girdiği halde dahi, -eğer arkadaşlarımız Almanya dahilindeki harbleri iyice tetkik etmişlerse- bilir ki siperlerle kaleler, müdafaası kolay nehirler mevcut idi! Fakat söz ordudan çıkmıştı, söz milletin olmuştu. Millet, derhal bir karar verdi. İmparatoru dışarıya çıkardı. Başka bir idare kararı verdi. Onun için daima, harpteki bu kısmı da gözetmemiz lazımdır.

İki taraftan şu, bu kazanacak!.. Bunlar tahminlerdir, fakat bu tahminler, bazen pek kati delillerle görülse bile, bu arz ettiğim noktanın da daima göz önünde tutulması lazımdır. Gerek Hükümetimiz için, gerek matbuatta yazı yazan ve radyoda söz söyleyen arkadaşlarımız için, bir hatıra olarak söylüyorum: Hangi tarafın ordusu kuvvetli ise, mutlaka o kazanacak faraziyesi kabul edilemeyeceği gibi, yine hangi taraf çok söz söylüyorsa, ben bunu yapacağım diyorsa, mutlaka onun kazanacağı da müspet değildir. İşte her iki tarafın, gerek propagandalarıyla yaptığı gibi, gerekse bizatihi bekledikleri gibi, hem karşı tarafın ordusunu mağlup etmeyi düşünüyorlar; hem de karşı tarafın maneviyatını bozarak muharebeyi yarıda bıraktırmak istiyorlar! Onun için, bakarsınız ordular daha mevcut iken, belki iki tarafın, belki bir tarafın bir siyasi inkılap yapmasıyla harbin neticelenmesi ihtimali de vardır. Bu yüzden askeri ordulara takılarak şu kazandı, bu kazandı fikrini yürütmekten ziyade, Milli ciheti de nazarımıza almak ve askeri, siyasi vasıtalarımızla etrafı inceden inceye dinlemek lazımdır.

Şimdi bu fasıl da bitince, askeri vaziyetin bugünkü durumunu görelim:

Mihverce bir Rusya meselesi vardır; bir de Balkanlar meselesinin sonrası, doğrudan doğruya bizim meselemiz vardır. Bir de İspanya ve oradan Afrika'ya atlamak ihtimali vardır. Görülüyor ki, Afrika meselesi olgunlaşma devrine gelmiştir. Çünkü kültürünü yapmış, zemini yapmış, ilhak edecek kuvvetleri bulmuş; kendi kuvvetlerinin hazır olduğunu da ajanslardan okuyoruz.

Rus meselesine gelince: Bunun hakkında maruzatta bulunmuştum. Bugün de onun tezahürü görünüyor gibi geliyor. O da Almanlar, büyük kuvvetler yığarak Rusya'yı harbe sürüklemek istiyor. Rusya da bunun karşısında mukavemet için tedbirler alıyor. Binaenaleyh Rusya'nın bütün teklifleri kabul etmeyeceği gibi; "etmesini"de zayıf görüyorum. Fakat büsbütün de Rusya'yı orada ihmal ederek kalkıp bize karşı şu veya bu cephe hareketinin de imkansızlığını, bir kaç kere arz ettiğimi tekrar edebilirim. Şu halde Rusların kabul edebileceği, fakat Almanların artık Ruslardan tamamıyla emin olabilecekleri bir formül ortaya koyacaklardır.

İngiliz ajanslarından ve resmi dillerden de görebiliyoruz ki, Ukrayna'dan, Kafkas petrollerinden istifade gibi bazı maddeler, bu formüle konacağı gibi; ihtimal, Batum'a bazı kuvvetler getirerek Güney istikametinde Ruslarla müştereken veya yalnız bir Alman hareketi olabilir.

Ruslar, mutlaka Almanlarla harbe girecek!([24]) Bu arzumuzdur. Hoşa gittiği için çok söyleniyor. Fakat bu şekilde Alman aleyhine girebileceği pek az ve Almanlarla müştereken girmesi ise pek çok kuvvetli ihtimaldir. Bazı hadiseler böyle şüpheler uyandırabilir.

Ruslar, niçin Japonlarla muahede (sözleşme) akdetti diye bazı arkadaşlarımın sualleri de vaziyeti umumiyenin esaslı surette, hakikaten gerek bizim matbuatımızda, gerek Avrupa matbuatında, açık olarak ortaya konulmadığını gösteriyor. Ruslarla Japonlar niçin anlaştı?: Rusların korkusu Almanya'dandır. Japonların da korkusu Ruslardandır. Şimdi Amerikalılar, Almanlara karşı harekete geçmek üzeredir. Japonların bütün alacağı zengin yerler, Amerika'nın vermek istemediği yerlerdir. Japonya bu karışık zamanda bir şey kazanırsa kazanacaktır. Yoksa bir kere sulh olduktan sonra, Japonya zaten Çin'de başını büyük derde sokmuştur. Serbest kalmış bir Amerikan ordusu vardır; Japonya'yı ikinci ve üçüncü bir devlet haline koyabilir, onun için Japonya, Amerika ile ancak şimdi boy ölçüşmeğe kalkışabilir. Fakat bunun da şartları Ruslardan kurtulmaktır.

Ruslardan nasıl kurtulur? Ya, Almanlar Ruslarla anlaşır; şu halde yalnız üçlü paktı kâfi görmemiştir. Fakat şu anlaşılıyor ki Japonlar da Ruslarla ayrıca pakt imzalamak ihtiyacını gördüler. Bunu Almanya anlıyor. Çünkü Japonya böyle bir işe girecek olursa, bir de Rusya belâsı üzerimde kalmasın diyor ve bu karışık olan meselede, demek ki Rusya kendi

---

24 Saraçoğlu'nun sık sık söylediği bir söz.

mevcudiyetini veya siyasetini tamamıyla Almanların eline vermemek için, biraz kafa tutar gibi bir vaziyet almak istiyor. Ve belki de Almanların Ruslara karşı bazı şartları olursa, harbe dahi girmek ihtimali, zayıf olsa da, mevcuttur. Buna karşı Japonya'ya, "Doğu'da istediğini yap!" demiş ve kendi kuvvetlerini bu tarafa yığmıştır.

Hulasa edersek: Önümüzdeki haftalar içinde vaziyet gayet açık ve ciddi bir safhadadır. Almanlar, iki istikamette Afrika üzerine hareket hazırlıyorlar: Biri, İspanya üzerinden, diğeri de Doğu üzerinden ve bunun üzerinde biz ve Rusya vardır. Geride Rusya gibi muazzam bir kuvveti tutmayacakları için, evvela onun çehresini hakiki olarak meydana attıktan sonra, hareket lazım gelir. Bizden evvel, orasıyla hesabını kesmeye mecbur olacaklardır. Yoksa, bu hareket lazım gelmeyip te anlaştıkları takdirde, defaten güney doğu ve güney batı istikametinden bütün siyasi ve askeri düşüncelerini ve kuvvetlerini teksif edeceklerini artık açıkça görmek lazım gelir.

ORADAKİ TÜRKLERE BELKİ BİZDEN ZARAR DA OLABİLİR

5.8.1941

Hariciye Vekili Saraçoğlu Şükrü Umumi vaziyet hakkında beyanatta bulunduktan sonra Rusya idaresindeki Türklerden bazılarının Alman Sefirine müracaatla; oralardaki Türklerin istiklâllerinin temini hakkında temennilerde bulunduğunu ve Sefirin de 'Bu teşebbüsünüzden Ankara Hükümetinin haberi var mıdır?' diye sorduğunu ve "hayır" cevabını alınca, bu müracaata bir ehemmiyet vermediğini anlattı. Ve "Hükümetimiz bu meseleyi henüz mevsimsiz buluyor" dedi. Sebebi: Sovyetlerin, Türkleri katletmesi, korkusu imiş!..

Ben söz alarak Türk meselesi hakkındaki fikrimi söyledim. Bunu umumi bir tarzda daha evvelki bir parti içtimaında da söylemiştim.

Kazım Karabekir: (İstanbul)

Arkadaşlar, Bendeniz yalnız Türk meselesi hakkında bazı fikirlerimi arz edeceğim. Ve hükümetten de bu hususta kendi başka düşünceleri varsa, ikaz edilmemi rica edeceğim.

Birincisi: Bugün siyasi hudutlarımız içindeki Türk meselesi ile, Alman matbuatı son günlerde yine meşguldür.. En son okuduğum bir makale([25]) de, Türkiye 40 - 50 Milyon nüfusu besleyecek bir saha işgal ettiği halde, birçok yerlerinin bataklık bulunduğu, oraları fenni ve ilmi şekilde ıslah edilirse, birçok insan yerleşebileceği, klişesini koymuşlardır. Aynı makalede, İngilizleri de tenkit ederek, vaktiyle İngilizler Avrupa'ya hakim ve güzel bir nizam verecek bir kudrette oldukları halde ve kendi içlerinde bile milyonlarca işsiz olduğu halde, bu işsizleri niçin ellerindeki ve hakim olabilecekleri bir sahaya gönderip de oraları medenileştirmediler ve kendi ırklarına iş bulmadılar, diyerek onların çok lordca yaşamış ve yaşamakta olması ve kendi memleketlerinin güzel havasından ayrılamadıklarını tenkit ediyorlar. Makalede fazla bir şey yoktur.

Ancak bunun bir mazisi vardır. Bunun hakkında çok söylenmiş ve yazılmış olduğu için, üzerinde durmayacağım, onlar daima iyi yerlere, Alman muhaciri göndermek hususunu işlemişlerdir. Şimdi bendeniz diyorum ki her millet, gücü yettiği kadar istikbalini uzun yıllara bağlarken, bizim de güzel bir programımız olması lâzımdır. Bu hususta düşüncem, memleketimizin ilmi bir zihniyetle ne kadar nüfusu kaldırabileceğidir. Bu nüfusun, tabiatıyla tamamıyla ve oldum olası Türk ırkı olması lâzımdır. Bu hazırlık kolay değildir. Nerelere, ne zaman, nereden, ne kadar Türk'ün gelmesi lazımdır? Bu hazırlık elimizde olmalıdır. Günün birinde bizden daha hazırlıklı olarak başka cemiyetler karşısında kalmamız daima sabittir.

İkincisi: Milli huduttur. Tabii çizilmiş bir milli hudut yoktur. Bizim de çok uzak yerlerde ve yayılmış bir şekilde kendi ırkımızdan insanlar oturuyor. Tabii bunların ahvaliyle,

---

25 2 Temmuz 1941 tarihli, 14 Numaralı Signal "Der Wegder Türkei" Başlıklı makalenin hulâsası.

kuvvete zebun (boyun eğerek) meşgul olamadık. Fakat öyle bir istikbal tecelli ediyor ki, bugün ister Rusya için olsun, ister Almanya için olsun, oradaki Türk Milli hudutları içinde bulunan vaziyete dair sözümüz olmak lâzımdır. Hadiseler, Rusların mağlubiyetini artık açmaktadır. Hükümetimizin söylediği fikri kabul ederim. Ama noksandır. Bunu şimdi söylediğim sahada işlemeleri faydalı olur.

Malumdur ki muhtelif Türk Diyarından memleketimize gelmiş bir takım adamlar bu işlerle meşguldür. Kimi Almanların, kimi Rusların elindedir. Ne olup bitiyor anlayıp haber vermekte, kimi de şahsi ihtiraslarla kurulacak Devletin başına geçmek için çalışmaktadır. Şu halde bunlar, serbest bırakılırsa, oralardaki Türklüğün aleyhine çok fena hareket edebilirler! Bunlar ecnebi devletler nezdinde bir takım taahhütlere girebilirler! İş işten geçtikten sonra da, bizim söyleyeceğimiz sözlere ehemmiyet vermezler! Çünkü hadiseler ilerlemiş olup oradaki unsuru da arkasından sürükleyip götürebilir.

Bu itibarla bu insanlar başıboş bırakılmamalıdır. Gerek resmi kanallarla, gerek hususi şekilde, meşgul olmalıdır. Ve bunları bir noktada toplamak cihetine gidilmelidir! Eğer böyle olmazsa, işte en son bir misal: Hükümetimizin toplattığı bir mecmuadır. Orada kapağına siyasi büyük bir Türk hududu çizilmiştir. 'İşte! Böyle bir Türklük isteriz' diyor.

Demek bizim dahilimizde de böyle bir kaynaşma vardır. Bunu tabii görmelidir. Bilhassa gençlik daima ideal aradığı için, kendilerine bizim hükümetimiz tarafından siyasi düşünceler, ilmi bir zihniyetle, bir akide ve ideal halinde verilmezse, değil hariç Türkleri, bizim gençlerimiz dahi hatalara düşebilir!..

Geniş bir Türkiye düşünmek ve bunun üzerinde yürümek, oradaki Türklere belki bizden zarar da olabilir. Hulasa olarak, bizim ülkemize 40 milyon mu 50 milyon mu hakiki Türk getirilmesi icap ediyor. Bu hususta ilmi esaslar hazırlanmalıdır. Diğer taraftan başıboş insanları Sefarethanelere yollamak, gençliği tahrik etmek vs. yollara meydan vermeyerek işi sıkı tutmalı ve ana olan biz, siyasi Türkiye'nin menfaati dahilinde olmak üzere, bunu bir şekle bağlamalıdır. Hükümetimizden bunu rica ediyorum. (Hükümet bu sözlerime cevap vermedi.)

BUGÜN KIRIM İŞGAL EDİLDİKTEN SONRA
11.11.1941

Hariciye Vekili Saraçoğlu Şükrü (Umumi vaziyeti ve bu arada Rusya'nın perişan olduğunu izah etti.)

General Kazım Karabekir: (İstanbul)

Arkadaşlar, ben kısaca harici ve dahili vaziyetimiz hakkında iki nokta arz edeceğim. Hariciye Vekilimizin verdikleri izahatı çok güzel ve tatlı olarak dinledik. Hakikatte tamamıyla inkişaf etmiş olduğu için, ortada keşiflere ve tahminlere meydan kalmamıştır. Ve tehlike, bütün ağırlığıyla Doğu'ya intikal etmiştir. Fakat meselenin Kafkasya'ya intikali, bizim için hayati ehemmiyeti haiz bir vaziyet ihdas ediyor. Bunun hakkında fikrimi arz edeyim:

Geçen Cihan Harbi'nde Ruslar mağlup olup dahilden de inhilâl edince (çözülünce), orduda baş kalmamış ve ricat da başlamıştır. Ricat ettikleri sahada meydan Rus zabitlerinin delaletleriyle Ermenilere, Gürcülere kalmıştı. Bilhassa Ermeniler, öteden beri gerek dahili, gerek harici telkinlerle Türklere karşı büyük husumetler besledikleri için, büyük katliamlar yapmışlardı. Bunun şahidi ve birinci derecede takipçisi sıfatıyla söylediğim için, hükümetimizin buna büyük ehemmiyet vermesini rica ederim.

Kafkasya meselesi, gerçi büyük dağlara malik olmakla ve iki tarafındaki denizlerin hakimi Ruslar bulunmakla beraber, buranın gayet zayıf bir vaziyeti vardır. O da: Orada, Rus kavmi yoktur! Türk, Ermeni, Gürcü kavimleri vardır. Türkler, Kafkas Azerbaycan'ı ve İran Azerbaycan'ı diye, ikiye ayrılmıştır. Fakat ananesi, dini her şeyi aynı şekildedir. Ve ikisi birleşirse 8-10 milyon Türk, Kafkas dağlarından aşağı doğru duruyor.

Rusların en çok tazyiklerine maruz kalan Türklerdir. Ve katiyyen silahları yoktur. Ve hatta münevverleri de kalmamıştır.

Ama Ermeniler ve Gürcüler böyle değildir. Rusların Kafkas müdafaası, kendi ırkları haricinde olacağından, çok zayıftır. Şu halde Almanlar havadan Ermenistan'a, Gürcistan'a inecekler ve belki de müthiş isyanlar çıkartacaklardır. Ve orada şimdiye kadar Rusya'da görülmemiş Bolşevik hareketler görülecektir zannediyorum.

Yani yine Ermeni Taşnak, Gürcüler de Menşevik vaziyete geçeceklerdir. Geçen Rus ihtilâlinde Gürcü, Ermeni ve Türkler bir federasyon yaptı. Fakat Türklerden gayrisi Avrupa ve Rusya üniversitelerinde yüksek tahsil görmüş insanlara malik oldukları için, Türkler ezildiler. Ruslar da dahil olduğu halde, Türkler üzerine, gizli müthiş katliamlar yapıldı. Çünkü başka türlü ekseriyet temin edemediler. Bereket versin ki Türk Ordusu Zabitanı ve efradı dağlardan taşlardan gizlice onların içerisine girerek bir mevcudiyet kurdular. Anadolu Türklüğünün gücü yetişmemiş olsaydı, bugün orada Türk namına kimse kalmamış olurdu!..

Bugün Kırım işgal edildikten sonra -Hariciye Vekili Bey çok güzel izah ettiler- Rusların Kafkasya'da esaslı mukavemet orduları yoktur. Son zamanlar gelinceye kadar tutunabilirler!.. İngilizler de bunu itiraf ediyorlar. Ve neticeden endişe ediyorlar. Binaenaleyh, mesele Kafkasya'ya intikal edebilir. Ve birçok facialara da şahit olabiliriz. Şu halde hükümetimize bir vazife düşüyor:

Oradaki Türklerin kurtarıcısı yoktur. Orada, yine bir mukabil ihtilal ve Türk katliamı yapılabilir. Bunu ne İngilizler ne de Almanlar ister ve ne de bugünkü mevcut Rus hükümeti ister. Ama hükümet kalmayınca ne olacaktır. Tabii, tedbirleri burada arz etmeyi muvafık görmem. Fakat alınacak tedbirler vardır ki, hükümet bunu düşünür ve emir verirlerse ben de fikirlerimi harita üzerinde arz ederim. Tespit edilmemiş fikirlerin burada arzı iyi bir netice vermez. Şimdilik Almanlara da, İngilizlere de, Ruslara da aynı derecede müracaat etmek ve oradaki Türklerle alâkadar olduğumuzu bildirmek lazımdır.

İkincisi, dahili vaziyetimizdir: Dahili vaziyetimiz yine Heyeti Aliyenizin kararı ve hükümetimizin de bu kararının hakikate uygun olduğunu görerek ve kendi düşüncesini de ekleyerek yürümüş olması kararıdır. Yani "Kuvvetli durmak, neticeye intizar etmek" bu kuvvetli durum ve milli birlik mevcuttur. Her tehlike karşısında Türk Milleti, şunu bunu unutur. Ve derhal bir şefin etrafında tek bir vücut gibi birleşerek bütün mevcudiyetiyle hazır durur. Bunu misalleriyle göstermiştir.

Ordumuzun çok kuvvetli durması lazımdır. Ve çok kuvvetli duruyor. Fakat Devlet Reisimizin de üzerinde durduğu bir şey vardır: O da istihsal kuvvetidir. Benim muhtelif yerlerde gördüğüm ve aldığım intibaa göre, bazı hatalar yüzünden bu zayıflamıştır. Onu kemal-i samimiyetle hükümetimizin nazarı dikkatine arz etmek isterim: Burada cephe gerisi birliklerinin seferberliği hakkında vaktiyle sözler söyledim. Fakat tatbikat olmamıştır. Yani cephe gerisi modern surette seferber edilmemiştir. Ordu güzel! İnsanlar, Yedek Subaylar, atlar, arabalar, yani harp vasıtaları toplanmıştır. Halbuki harbe girmediğimiz halde yıllar geçiyor. Cephe gerisi de aynen cephe gibi kendi birlikleri seferber edilmiş ve istihsal kuvvetleri çoğaltılmış olmazsa ordu ne yapacaktır?

Tecrübe görmüş bir arkadaşınız sıfatıyla arz ediyorum: İyi beslenemez ve giydirilemezse, türlü, türlü haller olur. Kararlar harp olmadığı halde, bir kargaşaya sebep olur. Bugün buğday ve pamuk lazımdır. Halbuki pamuk istihsal enstitüsünün ve fabrikasının şefi, en mütehassıs bir adamdır. O adam, askere çağırılmış, şimdi bir subaydır!

Tabiidir ki müessesede bir sendeleme olmuştur. Bunun gibi kombineler işliyor. Fakat işçileri asker olmuş ve her biri bir yere gitmiştir. Şimdi böyle idareci ve işi bilenlerin vazifesi, mutlaka cephede elde silah bulunması değildir. Bugünkü muharebe ve bugünkü seferberlik bakımından, bunlar vazifelerini üniformalarını giyerek ve aynı şartlarla geride yapar. Devlet müesseselerinden başka, bir de millet birlikleri vardır.

Mesela bir takım çiftçiler vardır. Pamuk istihsal ediyor. Kaliteli buğday istihsal ediyor. Fakat bakıyorsunuz, yedek subay oluyorlar. Sonra işçi adamlar, askerlikleri gelmiştir; bunları askerlik şubeleri hiç dinlememiş ve yakalamışlardır. Bunlardan kimisi askerlik dairelerinde yazıcıdır. Kimisi cephede daktiloluk yapar.

Şimdi bu vaziyette bunların barışta yetiştirdikleri maddeler tabiatıyla azalmıştır. Halbuki biz o birlikleri seferber edeceğimize, bunları âtıl bırakıyoruz. Eğer cephe gerisini seferber edecek idiysek, bunlara iş verecektik. Senin istihsalin şudur, ben senden şimdi bunun üç mislini istiyorum diyerek, hükümet artık buna el koymuş olacaktı. Bu da halk birliklerinin seferberliği olacaktı. Bu ikisi de yapılmamıştır.

Sonra, diğer bir hata daha yapılmıştır. Buğdaya narh koyup diğer maddelere konulmaması, dolayısıyla halk buğday ekmemiştir. Bunu Aydın ve havalisinde gözümle gördüm. Halk mısır ve darı ekmiş, köylü bunları yetiştiriyor. Çünkü bunların fiyatları artmıştır. Halk çarşıya bunları getiriyor, ekmeğini de daha ucuza alıyor. Bazı ihtiyaçlarını da tesviye ediyor. "Niçin buğday ekeyim, para etmiyor. Ucuz işçi de bulamıyorum" diyor. O halde tabiatıyla herkes kendi kârına gitmiştir.

Bu halleri büyük çiftliklerde de gördüm. Birçoklarını tanıyorum, katiyen buğday ekmemişlerdir. Aydın gibi buğdayın feyizli netice verdiği mıntıkalarda dahi ekmek buhranı hasıl olmuştur. Aydın mebusları dahi, hükümete müracaatla buna çare aramaktadırlar. Bursa gibi mühim yerlerden mektuplar alıyoruz. Tohumluk yoktur diyorlar. Ekim zamanında neden ekilememiştir. Sırf buğdaya narh vermek yüzünden bu sarsıntı hasıl olmuştur.

Yeni bir hataya daha şahit oldum: Aydın, kendi toprağına ve havasına göre laboratuvarlarda işlenmemiş fakat tecrübe ile anlaşılmıştır ki mesela Tavas'ın buğdayı buraya iyi gelir. Bursa da öyle. Şimdi oralarda bu tohumu bulamayınca, hükümete müracaat ediyorlar. Hükümet de Kayseri'den, Konya'dan şu kadar vagon şu kadar sert, şu kadar yumuşak ayırıyor. Ama köylüden çiftçiye kadar diyorlar ki, hasılatımız çok düşük olacaktır. Zira ne bu toprağa bu tohum elverişlidir; ne de bu tohum bir cinstendir; Karışıktır!.

Gerek pamuk cihetinden, gerek hububat cihetinden, daha doğrusu istihsal cihetinden böyle bir zaafa maruz kaldık. Onun için bir kere daha arz edeyim ki bu birliklerden alınmış olan şahsiyetleri derhal yerlerine iade etmeli, hatta bunları takviye etmeli. Faraza buğday yetiştirilecekse, hükümet adeta Teklifi Harbiyye gibi 'şu kadar ton buğday senden isterim' demeli!.. Bunu ve tohum işini çiftçilerle, tecrübe sahibi insanlarla görmeli. Hiç değilse onların da reyini almalı. Çünkü burada masa üzerinde bir karar verilir, netice de karışık ve zayıf tohum alan çiftçi eldekinden iyi hasılat alamaz.

Hulasa: Cephe gerisine müstahsil kuvvetlerin iadesini çok mühim görüyorum. Bugün halk seferber olmuş, hayvanı, kolu azalmıştır. 'İstihsali çoğaltın' diye ne kadar ısrar etsen, imkanı yoktur. Ancak hükümet, kendi kuvvetiyle ve kendi tedbirleriyle istihsali artırabilir.

Bugün bu istihsal kuvveti zayıf olduğu gibi, bir çok suistimallerle bizi zayıf düşürmek isteyen eller rol oynayabilecek vaziyettedir. Bugün lokantaya gidiyoruz, koca bir ekmek veriyorlar. Bunun yarısı nereye gidiyor? Sonra ben şahit oldum, kolilerle bal gidiyor, şu gidiyor, bu gidiyor, bunlar, bilmiyorum ne dereceye kadar kontrol ediliyor. İsterlerse bizi içimizden ikna ederler. Meselâ her gün birkaç yüz ekmek alır atarlar. Bizi zayıf düşürmek için ne gibi tedbirler varsa alırlar. Bunun için istihsalatımızın çoğaltılması ve istihlakin kontrolü hususunda behemehal hükümetimizin tedbirler alması ve bu hususta tetkikler yapması, çok doğru olur.

Sonra benzin stokları meselesi; muhtelif yerlerde ben sordum, katiyen benzine, ispirto karıştırılmadığını söylediler. Halbuki geçen harpte dahi benzine % 50 ispirto karıştırılmıştı. Benzin istihsalatımız yoktur. Madem ki bunları hariçten temin ediyoruz. Yarın bizi mühim anlarda benzinsiz bırakarak tayyarelerimizi, motorlarımızı bir gün İşleyemeyecek bir hale sokarlar. Binaenaleyh niçin benzine ispirto karıştırılmıyor? Benzin meselesinin hallini hükümetimizden rica ediyorum.

Hikmet Bayur hükümeti pek şiddetli tenkit etti. Vakitlerin boş geçirildiğini, memlekette bir çok makine ve bir çok harp vasıtaları getirilmek mümkündü!.. İngilizler bunu bol bol vermeye mecburdular. Vermezlerse, Almanlar tarafına geçeceğimizi ihsas ederek.. tarzında mütalaalar söyledi. Hükümeti beceriksizlikle itham etti.

Hariciye Vekili Saraçoğlu buna cevap verdi:

"Eğer ihsas etmek istediğimiz şeyi anlamak istemezlerse, hakikaten, fiilen Almanların tarafına geçmek fikrinde misiniz?" Hikmet Bayur yerinden: 'Hayır' dedi. Saraçoğlu da: "Şu halde bunu İngilizlerde anlayacak kadar zeki insanlara maliktir. Şu halde, bu tarzda korkutmaklığımızın da manası yoktur." tarzında bir cevap konuşması yaptı.

Müdafaayı Milliye Vekili Saffet Arıkan, Hikmet Bayur'un mütalaasına karşı:

"Makineler gelse fabrikalar da kurulsa bile, teknisyenlerimiz olmadığından istifade edemeyiz. Halbuki fabrika kurulması da harp hali dolayısıyla imkânsızdır." tarzında cevap verdi. Benim "cephe gerisi seferberliği"ni anlamayarak sordu: "Acaba General Kazım Karabekir menzil teşkilatını mı kastediyor(!) Bazı mütehassıslarımızı cepheden almak teşebbüsünde bulunduk, fena tesir yaptı. Bu hususta kendileri de belki mektup almışlardır." dedi. Benzin meselesine temas etmediler. Tekrar söz aldım:

General Kazım Karabekir: (İstanbul)

Arkadaşlar, mevzu, ordumuzun kuvveti meselesidir. Müdafaayı Milliye Vekili'nin görüşü ile benim görüşüm arasında tezat vardır. Ben diyorum ki, ordumuz geçen cihan harbinde yaptığı hatayı bu sefer de yapmıştır; cepheyi doldurmak ve geriyi ve istihsali ihmal etmek! Geçen cihan harbinde olduğu gibi, geri ve istihsal, hiç nazar-ı dikkate alınmamıştır! Geçen cihan harbinde acısını beraber çektik. O zaman kendileri Erkan-ı Harbim idi.

Geriyi daima düşünmek lazımdır. Aksi takdirde nihayet kıtaat açtır; yiyecek bulamaz. Bugün eski fikir iflas etmiştir. Bunu acizane bendeniz, aylardan beri bağırdığım gibi, 15 sene evvelki zabıtlarda da görüleceği üzere, bu mücadeleyi yapmıştım. Beni mazur görsünler; ben modern seferberliğin katiyen böyle olmadığını söylüyorum. Onun içindir ki, Müdafaa Şura-yı Aliyyesine (Savunma yüksek şurası) ehemmiyet verdim. Onun Katib-i Umumisinden arşivlerinden muhtelif celselerde bahsettim. Nasıl cephede bir tümeni beslemeyi düşünüyorsak, geride milleti de beslemek icap eder. Onun için geride de seferberlikler lâzımdır.

Bütün yedek subaylar harpte öldü, ne yapacaksınız? Bugün, bütün yedek subaylar cephededir. Arz ettiğim istihsalât enstitüsü hasılat vermiyor. Ankara'da, İstanbul'da, İzmir'de, halk, basma alacağız diye birbirini eziyor. Neden, Niçin? Çünkü istihsal azaldı. Buğday ve pamuk istihsalatı iki üç misline çıkarılmadı. Yarın bu kürsüde yine görüşürüz! Fakat yarın mesele çok ağırdır. Bu orduyu, bu kuvveti bu geri teşkilâtı ile tutunduramayız... Ve ordu, bir müsademe verdi mi, bugünkü kudret ve şevketini tutamaz.

İşte Alman ordusunun ehemmiyeti bu noktadadır. İlerisi ne ise, geride de o hazırlığı yapmıştır. İkisini müsavi yapmıştır. İş yapacak olan, senelerce emek vermiş olan bir mütehassısı kalkıp ta bir emir subayı yapmamıştır! Bizde bir mütehassıs doktor, Çanakkale'de üçüncü dördüncü derecede bir tabur hekimi yapılmıştır. Binaenaleyh apaçık, ağır olarak söylüyorum: Seferberliğimiz sırf cephe bakımından olmuştur! İstihsal bakımından ve cepheyi takviye bakımından vazife zayıftır, kendileri mesuldür.

Mektup bahsine gelince, ben almadım. Arkadaşlar belki alıyor. Emsali gelmiş, bir müddet kalmış, tekrar geri gidiyorlar.

Tabii bu hal dedikoduya sebep olur. Onları hiç göndermemek lâzımdı. İstihsâlci mütehassıslara üniformayı giydirmeyin; giydirseniz de, onu geride istihsalde kullanın! Ordu bunların lazım olduğunu bilmeyebilir. Bütün milletin organize edilmesi lâzımdır. Geçen harplerde bunların acısını çok çektik. Cepheyi doyuramadık, vs... Millet ise, neler çekti. Niçin o tecrübelerden istifade etmiyoruz? Niçin bu tecrübeleri yapmış olan orduların bugünkü hareketlerinden istifade etmiyoruz? Çok güzel ordumuz vardır. Fakat onu beslemek lâzımdır; ve vaktiyle yapılan hataların tashihine gidilince cephe vaziyetinde suitesir oluyormuş(!) Tesir edenlere anlatılsın!.. Ordu aç kalacaktır! Daha evvel gitmemeliydi! Tasavvur edin, bir istihsal mütehassısı, orada emir zabitidir! Onun için ben samimi olarak tedbir alınması için vakit varken fikirlerimi söylüyorum.

VAZİYETİMİZ GEÇEN CİHAN HARBİNE PEK BENZEMEZ

16.12.1941

"Milli Korunma" kanununun üçüncü defa tadili münasebetiyle parti gurubunda müzakere açıldı. Bu yıl birkaç ay iaşe buhranı olacağından korkan hükümet, geniş salahiyetler istemiş, Muhtelit Encümende (Karma Komisyon) kabul etmiş. Ben önce iki sual sordum:

General Kazım Karabekir: (İstanbul)

Biri Ticaret, diğeri Ziraat Vekilimizden olmak üzere, iki sual rica edeceğim: Ticaret Vekilimizden sormak istediğim şudur: Gazetelerde okuduk, Kızılay Yunanistan'a yiyecek gönderiyor. Hububat gönderiyor. Bir kere 10.000 ton yollamıştır. Bir daha 35.000 ton yollanmış ve İstanbul Rumları da bir çok kolileri aynı vapurlarla yollamışlar. Bunların miktarı ne kadardır, ne gibi yiyecek maddeleridir?

Ziraat Vekilinden rica ettiğim: Bir takım çiftlikler satın almışlar ve bunları işletmek üzere imişler! Bunlardan ne istihsali ve ne zaman istihsali mümkündür? Bir de bu çiftliklerin eşhası, yani müdürleri ve mütehassısları ve gerek işçileri umumi seferberlik kayıtlarına tabi olmayacaklar mıdır? Yoksa bu işte harp esnasında da çalışacaklar mıdır?

Bu iki sualime cevap aldıktan sonra tekrar maruzatta bulunacağım.

Ticaret Vekili, Yunanistan'a Kızılay'ın yalnız 5 ton un gönderdiğini, diğer hububattan geçen yıldan kalan ve orduca dahi yenilmeyen fasulye, nohut, bakla gibi kuru sebze olduğunu, kolilerin de beheri 5'er kilodan 1500 adet olduğunu, bundan başka hariçteki Türk tabasına akrabalarıyla koli gönderdiklerini söyledi. Ve bunların iaşe vaziyetine tesirinin çok az olduğunu, sıkıntının, rekoltesindeki eksiklikten ileri geldiğini uzun uzadıya izah etti.

Ziraat Vekili de; işlettikleri çiftliklerin yıldan yıla fazla hasılat verdiğini, bu yıl diğer iki yıla nispetle iki misli artarak 23 milyon kiloya vardığını ve seferberlikte bu çiftlikler eşhasının tabiatıyla alınacağını anlattı.

Birkaç hatip söz aldı. Ben de şunları söyledim:

General Kazım Karabekir: (İstanbul)

Arkadaşlar, muhterem komisyonumuzun izahatından vaziyetin pek nazik olduğunu, belki de vahim bir hale girebileceği anlaşılıyor. Buna göre, buldukları tedbirleri kâfi görmüyorum. Bunun için iki sual sordum, cevaplarını aldım. Şimdi fikirlerimi arz ediyorum.

Burada en mühim olan nokta istihlaki azaltmak, istihsali hükümet yardımı ile çoğaltmak hususunda maddeler koymak lazımdır. Bu bahis hakkında, bendeniz defalarca, yine bu kürsüden, maruzatta bulundum; şimdi bir daha bunları hülasaten tekrar edeceğim.

İstihlâki eğer hükümet kontrol altına almazsa, bugün Türkiye'de, bir defa daha arz ettiğim gibi, yalnız değiliz, yani, yalnız Türk evlatlarından ibaret değiliz. Binaenaleyh, haricin herhangi bir emir ve işaretiyle aleyhimize hareket edebilecek olan şu ve bu unsur, isterse her gün bizi çok büyük zararlara götürebilir. Hayvanat tevziatı ve ekmek işi, bugünkü şekilde kalırsa, şu veya bu aile istediği kadar alır.

Halbuki bizim nasıl askeri istihbaratla meşgul dairelerimiz varsa, muhtelif devletlerin de bu askeri istihbarat kadar kuvvetli iktisadi istihbaratı da vardır. Binaenaleyh bizim içinde bulunduğumuz hali adamakıllı takip eden dost ve düşmanlarımız mevcuttur. Bunların herhangi birisi isterse, bizim kontrolsüz olan istihlâkimizi, berbat bir vaziyete getirir. Böylece eririz ve farkında olmayız. Binaenaleyh istihlaki kontrol altına almak lâzımdır.

Türk evlâtlarından belki birkaç mirasyedi, sofrasına veya kedisine, köpeğine bir iki kilo fazla ekmek alabilir. Benim korktuğum bu değildir. Bazı unsurların kendi ihtiyaçlarından birkaç misli fazla sarf ederek, israf yapmalarıdır. Demek ki bir defa, istihlâkin tahdidi elzemdir. (Hükümetin sınırlaması gerektir.) İstihlakin tahdidine harice çıkarılan kısımlar da dahildir. Onun için sordum.

Mutmain oldum ki harice az çıkıyormuş. Fakat kontrol yine lâzımdır. Ne koli ve ne de başka suretle harice kaçırtmamalıyız. Çünkü, bu mazbatada gerek hükümetin ve gerek komisyonun endişeleri, barış vaziyete göredir. Yarın bir harp zuhurunda düşmanın muhtelif stoklarımızı yakacağını da düşünmeliyiz. Elimizdeki stoklar, sırf halk ve ordumuzun bugünkü ihtiyacını karşılayacak derecede ise, açlık yine muhakkaktır. Bu takdirde istihlaki tahdit çok lazımdır.

İkincisi de; istihsalde hükümetin yardımı lâzımdır. Bu meselede arz ettiğim birinci mesele kadar mühimdir. Yalnız sözle, levhalar yazılmakla, radyoda neşriyat yapmakla bunun temininin imkânı maddisi yoktur. Eski harplerde bir cephe düşünülürdü, bir de cephenin nakliyatı. Hatırlarsınız, tarihleriyle arz edeceğim. İaşe ambarlarından alınır, hükümet satın alır, sevkiyat ve nakliyat için menzil katarları düşünülürdü. Halbuki bu harp gösteriyor ki, çok uzun sürecektir. Harbe girmesek dahi neticeyi uzun müddet beklemek lazım gelecektir. Bugün ordusunu donatan devletler hangi yolu tutmuşsa biz de o yolu tutmak mecburiyetindeyiz.

Bugünkü vaziyetimiz, geçen cihan harbindekine pek benzemez. Hükümet ve ordu için satın almasını yapacak ve ancak cepheye sevkiyatını yapacak. Bu kâfi değildir. Onun için Ziraat Vekilinden rica ettim. Nedir sizin istihsaliniz? Yapılan masrafa karşı bu istihsal mühim bir şey teşkil etmez. O halde hükümet ne gibi tedbirler almalıdır. Bunu, nakliyatı nasıl düşünüyorsa istihsali de aynı surette düşünmelidir. Hükümet bizzat istihsal yapacaktır. O da cephe gerisindeki kendi çiftliklerini veya halkın çiftliklerini seferber ederek mümkün olacaktır.

Demek ki istihsal merkezleri yapacak ve demin arz ettiğim gibi, sulha göre değil, harbe göre bazı stokların lüzumunu düşünerek, yani % 10, 15, 20 katarak istihsal yapacaktır. Bu iki şeye ehemmiyet verilmediği takdirde, komisyon yalnız harbe girmediğimiz şekildeki tehlikeyi göstererek vaziyeti ağırlaştırıyor. Şu halde istihsalimiz, hakikaten açlık yüzünden -ki her tehlike oradan çıkar- birçok tehlikeler doğurabilir.

Bendeniz, İtalyanlar Arnavutluk'u işgal ettiği zaman, bir celsede, yani 11.4.1939 idi, hatırlattım ki, harici memleketler harbe girmeden önce, bizim şekerimizi, hububatımızı, yani erzakımızı azaltmak plânını tutar. Hazır olmalıyız. Bizim de buna karşı bir plânımız olmalıdır. İkincisi, seferberlik bir gün bizim için de mukadder olursa, orada sistemli hareket edilmeli, eskisi gibi hesapsız kitapsız yalnız sevkiyatı düşünmekle işe başlamamalıdır. Sonra Milli Korunma Kanunu ki 15.1.1940'ta son şeklini parti gurubunda müzakere olunurken cephe gerisi birliklerinin, yani fabrikalar, madenler, çiftlikler gibi resmi veya hususi müesseselerin de aynı cephe kıtaları gibi seferber edilmeleri, bugünkü harplerin icabı olduğu ve harpler uzun sürdüğünden, artık eski tarzda seferberlik usulü kaldırılmış ve modern bir usul tatbik olunduğundan bahsetmiştim.

Cephenin ve halkın uzun harplere dayanabilmesi için, daha barış vaktinde Yüksek Müdafaa Meclisi'nin nasıl çalışması lazım geldiğini ve cephe gerisi birliklerinin nasıl seferber edileceğini ve istihsalin plânlı olarak hükümet tarafından nasıl sevk ve idare edilmesi lâzım geleceği hakkında izahat vermiştim.

Bu arada bizim hazırlıksız olduğumuzu da söyleyerek, yalnız cephelerin seferberliği değil, umum milletin seferberlik esaslarının yeni usule göre hazırlanması lüzumunda ısrar ederek milli korunma kanununun işe kâfi gelemeyeceğini tebarüz ettirmiştim. Hatta modern seferberliği misal olarak şöyle tavsif etmiştim: "Dahil-i Memleket ağaçların kökü, cephe de meyvesini toplayan bir unsur oluyor. Ağacın kökü kurursa, ağacın kökü çürürse, ağacın kökü malumatsız, ihtisassız ellere tevdi edilmiş olduğundan gıdasını alamazsa, ağacın gövdesi de zayıflar, yani bütün milletin kuvvet ve kudreti olmayınca, pervasızca harbe girilemez."

Sonra 11.11.1941'deki Parti Gurubu ictimaındaki beyanatım arasında "bazı hatalar yüzünden istihsal kuvvetimizin zayıfladığını," Hükümetimizin nazarı dikkatine arz etmiştim. Sebep olarak ta "cephe gerisi seferberliği hakkında vaktiyle söylenmiş olan sözlere ehemmiyet verilmemiş olduğunu; yani cephe gerisinin modern surette seferber edilmemiş olduğunu" ileri sürerek, bunun nasıl yapılması lâzım geleceği hakkında -ikinci defa olmak üzere- beyanatta bulunmuştum. "Gerek hükümetin ve gerekse halkın istihsal bildikleri seferber olacaktı. Bunun ikisinin de yapılmamış olduğunu, bir de yalnız buğdaya narh konulmasının verdiği hatalı neticeyi" de izah ederek girilmediği halde, ordunun iyi beslenememesi gibi fena bir akıbete uğranılacağı endişesini de izhar etmiştim. "Bunun için alınması icap eden tedbirlere riayet olunmadıkça nutuklarla, yazılarla, levhalarla istihsalin arttırılmasına imkan olamayacağı gibi, memleketten dışarı giden hububat ile israf ve kasıtların da önü alınamayacağını" da açıklamıştım.

Ve en son da: "Modern seferberliğin katiyen böyle olmadığını, ve bunu tekrar, tekrar söylediğimi izahla" Bu orduyu, bu kuvveti, bu geri teşkilâtı ile, tutunduramayacağımızı" ifade etmiştim.

Binaenaleyh arkadaşlar, tekrar hülâsa olarak, bugün elde fırsat ve vakit varken, yani harbe girmemişken, şu kısaca hülâsa edeceğim şeyi, gerek komisyonumuz, gerek hükümetimiz nazarı dikkate alsınlar ve ona göre, gerek stoklarda, gerek istihsalde lâzım olan esasları kursunlar. Bir kere ordunun ve halkın ihtiyaçları, esaslı surette teshil olunmalıdır. Buna, harbin yapacağı tahribatın yüzdesi konulmalıdır!

Ziraat Vekili dediler ki; seferberlik olursa, bizim elimizdeki elemanlar gidecektir. Harp birlikleri de bunlarla kuvvetlendirilecektir. Halbuki hükümet elindeki cüz'i tam denilen bildikleri de bu suretle dağıtmaktadır. Binaenaleyh, çok tehlikeli bir durum doğar.

Bunu bir misal ile izah edersem güzel olur: Hükümet, bütün hazırlığını ve seferberlik tertibatını barışta alır. Daha barışta iken her Vekâlet, Milli Müdafaa ile alakalı gerek zirai, gerek sınai bütün bildikleri anlaşarak tespit eder. Seferberlikte bunları mümkün olduğu kadar kuvvetlendirerek, istihsali çoğaltmaya mütedair tedbirleri bütün teferruatıyla hazırlayarak dosyalarına koyar. Nitekim bugün harb eden kuvvetli devletler böyle yaptı.

Seferberlik ilan edilince barışta herhangi bir ilave yapıp filan fabrika ne yapacak ve ne kadar insanla kuvvetlendirileceği, evvelden belli olduğu için, o fabrika daha esaslı işlemeye başlar. Oranın direktörü askere alınmaz. Teknisyenleri o fabrika emrine bırakılır, ve daha ziyade kuvvetlendirilir.

Halbuki bizde öyle fabrikalar vardır ki sahibi seferber olup gitmiştir. Fabrikaya hükümet el koymamıştır. Yalvarıyor: 'Benim fabrikayı alın işletin!' diyor. Milli Müdafaa Vekaleti 'bana ait değildir', İktisat Vekaleti 'bana ait değildir' diyorlar! Elimde bunlara dair bir çok şikâyetler mevcuttur!..

Şimdi zirai seferberliğe gelince:

Tasavvur edin! Memleketimizde Adana gibi Aydın gibi, Bursa gibi, Konya gibi yerlerde epeyce müteşebbis birçok vatandaşlarımızın çiftlikleri var. Fakat seferberlik dolayısıyla biz istihsali unuttuğumuz için, bu çiftliklerin işçisi, müdürü, mütehassısı hepsi yakalanmış, götürülmüştür. Öyle çiftlikler var ki, birisini bulup bırakıyor; bırakamazsa, çiftliğinde ot bitiyor! Halbuki hükümet, kendi ihtiyacını düşündüğü gibi, nerelere ne ekeceğini hesaba katarak bu çiftliklere emir verse ki 'Sen buğday yetiştireceksin, sen pamuk yapacaksın.'

Bize ne lâzımsa bu harp müddetince bunlar bu birliklere vazife gibi tevzi edilmeli ve o yerde seferber edilmelidir. Bunlar askere değil, çiftliklere sevk edilmelidir.

Bugün Rusya'da dahi bir fabrikanın mütehassısı alınıp ta yerine başka adam konmuş değildir. Ziraat yapan bir adamı alın da yerine başkasını koyun. Bu olmaz. Nasıl ki menzil hizmetleri geçen harplerde cephe gerisinde hayvanı ile iş görür, gidip gelirdi. Fakat üniformayı da giyerdi. İstihsal kudreti de böyle olacaktır. Askerliğe çağrıldı mı elbisesini, üniformasını giysin. Fakat tohum verin, malzeme verin, senin istihsal edeceğin şudur deyin. Bu suretle hükümette kendi hesabına meteoroloji de tehlikesini hesaba katarak, hareket eder ve her sene mükemmelen bu memleketin ihtiyacına yetecek istihsali temin etmiş olabilir.

Bu sene için bu basit tedbir tatbik edilebilir. Evler aranırsa köylüden ne alacaksın? Bir takım tazyiklerle, ne elde etsen gelecek için bir şey vadetmez! Hiç olmazsa bir takım topraklar, feyizli yerler vardır. Elde çalıştırılacak elemanlar da var. Bunlardan istihsal kuvvetinin yükseltilmesi talep edilmelidir. Hükümet bir taraftan böylece kendi yardımıyla memleketin istihsal durumunu tanzim etmiş olur. Maruzatım, bu iki nokta üzerindedir. Hükümet ve komisyon bu iki noktayı makul ve muvafık görürlerse, tatbikatta gecikmemelerini rica ederim. Eğer mahzur görüyorlarsa, beni tenvir ederek sükunete getirmelerini rica ederim.

Ziraat ve Ticaret Vekilleri herkese uzun uzadıya cevap verdiler, benim mütalaayı da tasvip ettiler. Ziraat Vekili beyanatında her tarafın bu sene ekildiğini de söylediğinden yerimden şu suali sordum.

General Kazım Karabekir: (İstanbul)

Bir sual: Buyurdular ki her taraf bu sene ekilmiştir. Halbuki ben şahit oldum, Aydın'da ekilmemiştir. Sebebi de buğday fiyatına konan narh az olduğundan halk başka çeşitleri buğdaya tercih etmiş, pazarlara da o çeşitleri göndermişlerdir. Hatta ellerinde tohumluğu dahi yoktur. Eğer Valilerden ve ziraat memurlarından bu tarzda malumat alıyorsanız, yanlıştır. Bilmem aynı şeyi diğer arkadaşlar da gördüler mi? Bursa'dan mektup aldım. Vali dahi bağırıyor ki: "Ofis işimizi berbat etti." Binaenaleyh aramızda çok fark vardır. Bunun hangisi yanlıştır?

Cevap dolaşık sözlerden ibaret oldu.

TAKRİR

17.2.1941, Ankara Yabancı matbuat bülteninde İstiklâl Harbimize dair bazı tercüme yazılar hakkında.

C.H.P. Meclis Reisliğine

Başvekâlet matbuat umum müdürlüğünce çoğaltılan ve dağıtılan matbuat bültenlerinin 13.2.1941 tarihli ve buna tekaddüm eden nüshalarında Bulgarca (Slovo gazetesinden:) kaydıyla İstiklâl Harbimize dair bir takım yazılar tercüme edildiğini gördüm. Bu yazıların içinde hadiselere az çok uygun ifadeler ve görüşler bulunmakla beraber, bunları teşviş (karmakarışık) eden ve anlaşılmaz bir hale getiren birçok yanlışlar ve tahrifler de vardır. Matbuat bülteninin hizmet hududuna sığmayan ve gayesine asla uymayan bu yanlış ve tahrifli tercümenin yapılmasında ve yayılmasında ne maksat güdüldüğünün Hükümetçe izahını rica ederim.

İstanbul Mebusu
Kazım Karabekir

TARİH YAZMAK, BİR TAHLİL VE TERKİP
YAPMAK DEMEKTİR

27.1.1942

Takririmde bahsettiğim tercüme yazısının başlığı "İngiltere ve Türkiye"dir. Bu yazının henüz bitmediği anlaşılıyor. Fakat şimdiye kadar çıkan kısımlar okununca, zihinde şu sualler beliriyor: Bu İngiltere aleyhinde bir propaganda yazısı mıdır? İstiklâl Harbimize dair bir tetkik midir? Yoksa ikisi birden mi yapılmak istenmiştir. Çünkü başlığından son satırına kadar, içinde ayrı, ayrı ve birbirine karıştırılmış olarak, bizim hesabımıza İngiliz aleyhtarlığı da, istiklâl harbi tarihi de yer tutmaktadır. Ve umumi manzarası itibariyle istiklâl harbi tarihi, İngiliz aleyhtarlığı için bir alet gibi kullanılmak istenmiş, fakat Milli Talihimizin bu şerefli sahifeleriyle çok fena oynanmıştır.

Bu yazıların Bulgarca metnini henüz görmedim. Aratıyorum. Elime geçince okuyacağım. (Bulgarca anladığım için) Ve tercümeyle karşılaştıracağım. Eğer Başvekilimiz kendilerindeki nüshaları verirlerse teşekkür ederim; çabuk ta geri veririm!.. Şimdiden Bulgar dostlarımızın İstiklâl Harbi tarihimizi bu kadar yanlış öğrenmiş olmalarına ihtimal vermek istemem.

Bulgarlar, İngiltere aleyhinde propaganda yapmak ve bunun için geçen umumi harpte ve İstiklâl Harbinde İngilizlerle bizim aramızdaki muhasım vaziyeti ele almakta serbest olabilirler. Ancak bunu yaparken İstiklâl Harbi tarihimizi tahrif etmekte serbest olamazlar! Esasen o yolda bir propaganda yapabilmek için, bizim İstiklâl Harbimizi tahrif etmeğe lüzum da yoktur. Olduğu gibi yazmak ta kâfidir. Bu nokta üzerinde o kadar durmaya şimdilik mahal da yoktur. Ancak ben bu tercümeyi okuduğum zaman, şu üç ihtimal üzerinde durdum.

1- Bulgarların, İngiltere aleyhinde nasıl propaganda yaptıklarına bir misal vermek,

2- Bulgarların, İstiklâl Harbimizi nasıl anladıklarını göstermek,

3- İstiklâl Harbi tarihimizi tetkik ile meşgul olanlara faydalı olmak.

Bütün bunlar hüsnüniyetle ve iyimserce düşünülmüş ihtimallerdir. Bunlar üzerinde biraz durmak isterim. Birinci ihtimal: Bulgarların İngiltere aleyhinde nasıl propaganda yaptıklarına misal vermekte, bizim için bir fayda var mıdır? Bulgarları mı memnun etmek istiyoruz? İngilizler i mi gücendirmek niyetindeyiz? Kendi kendimizi mi tenvir edeceğiz? Anlaşılmaz şey!

İkinci ihtimal: Bulgarların İstiklâl Harbimizi nasıl anladıkları gösterilmek isteniyorsa, bu yazının yeri matbuat bültenleri olamaz. Böyle bir maksat, Matbuat Müdürlüğünün, yaptığı tercümeyi Maarif Vekaletine göndermesiyle temin edilebilir.

Üçüncü ihtimal: İstiklal Harbi tarihimizi tetkik ile meşgul olanlara faydalı olmak hususuna gelince: Bu, bilhassa bu harbin hadiseleri içinde yaşamış ve büyük mesuliyetler deruhte etmiş olanlar için, pek zavallı bir ihtimaldir! Çünkü bu yazılar o vaziyette olanlara fayda değil, ancak elem ve ıstırap verir.

Muhterem arkadaşlar!

Niçin elem ve ıstırap verdiğini anlamış olmak için, bu makaleler silsilesinden altlarını çizdiğim bazı ibareleri size okuyacağım. İçinizden isteyenler baştanbaşa okuyabilirler. Ve mutlaka da okumalıdırlar. Çünkü İstiklâl Harbimizin tarih bakımından bu yazıların kıymeti üzerinde hepimizin acı acı düşünmemiz lazımdır.

Arkadaşlar, bu okuduğum parçalar üzerinde burada asla durmak istemiyorum. Yalnız daha İstiklâl Harbini yapanlar ve bu harbin hadiselerini yakından müşahede edenler hayatta iken, böyle yazılar intişar eder ve tercümeye ve neşre layık görülürse, yarın İstiklâl Harbi tarihimizin ne hale gelebileceğini takdir ve tahminlerimize bırakıyorum.

Arkadaşlar, İstiklâl Harbimiz bir efsane bir hurafe değildir. Fakat propaganda niyetiyle de olsa, İstiklâl Harbi tarihimizin hem de komşu ve dost bir millete mensup bir gazetede nasıl anlaşıldığını görüyorsunuz. Bu niçin böyle oluyor?

Çünkü esefle söyleyeyim ki, biz eski ve yeni tarihimizle ciddiyetle ve sadakatle meşgul olmamışız, olmadık ve olmuyoruz! Bu zaafımız Maarif Vekaletimizin Tanzimatın Yüzüncü Yılı dolayısıyla neşrettiği büyük kitabın 'Tanzimattan Meşrutiyete kadar bizde tarihçilik' başlıklı yazısında teşrih ve teşhir olunmuştur. Fakat bu yazının kendisinde bile o zafiyetin az çok devam ettiğini görüyoruz. Çünkü muharririnin nezih ve ciddi tenkitler yapmakla kalması, beklenirken, eski müverrihlerimize pek fazla çıkışmış, bunlar hakkında adeta tezyif edici (aşağılayıcı) bir dil kullanmıştır.

İşte şimdi bu halimizle bahis mevzuu olan Bulgar gazetesinin yazılarını, hadiselerin içine karışmamış bir Türk Vatandaşı, tam bir bitarafımla tashih etmek istese, ilmi bakımdan güvenebileceği mehazlar (kaynaklar) bulamaz. Çünkü İstiklâl Harbi tarihimiz henüz yazılmamıştır. Hatta yazılabilmek için vesikaları bile toplanmamıştır.

Bu böyle olmakla beraber memleketimizde türlü türlü adlarla intişar etmiş ve etmekte bulunan ansiklopedik eserlere, İstiklâl Harbi hadise ve şahsiyetlerinin de sokulduğu görülüyor. Bunların tarihi mehazlara ve vesikalara dayanmaması, kıymetlerini haklı olarak şüpheye düşürüyor.

Arkadaşlar!

Tarih yazmak, bir tahlil ve terkip yapmak demektir. Tahlil; tarihi hadiselerin kaynaklarını araştırmak, yani "Şehadet" adı altında toplanan rivayetler, abideler, vesikalar üzerinde objektif görüşle tenkitler yapmak, bunların kıymetini tespit etmek demektir. Terkip veya inşa da tahlil sayesinde toplanan bütün şehadetleri bir araya getirerek tarihin bünyesini kurmaktır.

Demek ki hiç olmazsa Tanzimat gibi, İstiklâl Harbi gibi, derece derece yakın bir maziye taalluk eden tarihimizi, ilmi bir zihniyetle yazabilmek için bu ilmi yolu tutmaya mecburuz. Aksi takdirde, hem kendi kendimizi aldatmış, hem de tarihimizin yazılmasını yabancı ellere bırakmış oluruz. Size bu yabancı ellere bırakmanın acı bir misalini vereyim: 'İttihad ve Terakki' Cemiyeti ve 'Meşrutiyet' hakkında gazetelerimizde

türlü türlü yazılar ihtişar etti ve ediyor da. Bunların içinde
pek fahiş hatalar, tahrifler vardır. Bizim gazetelerimiz İttihad
ve Terakkiyi ve Meşrutiyeti romanlaştırmakla meşgul iken,
ben de kuruluşundan beri faaliyetlerine iştirak etmiş olduğum
'İttihad ve Terakki'ye ait hatıralarımı bastırmayı sırası gelme-
sine bırakmış vaziyette bulunurken, bir gün Amerika'da Har-
vard Üniversitesinin "İttihad ve Terakki" hakkında bir eser
yazmaya teşebbüs ettiğine Robert Kolej muhitinden aldığım
bir mektupla muttali oldum. Bu mektuba leffedilen (iliştirilen)
listede şu sualler vardı:

Genç Türk Hareketi Hakkında Sualler:

1- 'İttihad ve Terakki' hangi yılda, kim tarafından ve hangi
keyfiyetler altında teşekkül etti? (Murad Bey'in Avrupa'dan
avdetinden evvelki ve sonraki iki devir bu suale dahildir.)

2- 1908 tarihinden evvel bir teşkilat var mıydı? Yoksa hare-
ket, teşkilatsız bir fikir cereyanı halinde mi idi?

3- İttihad ve Terakki Anadolu'daki askeri cüzler arasında
ne suretle ve ne dereceye kadar propaganda yapabildi?

4- 1908 senesinden evvel İttihad ve Terakki teşkilatına men-
sup olanlar ile diğer milli teşkilata mensup kıyamcılar arasın-
daki münasebetler nedir? (Gerek memleket dahilinde ve gerek
Avrupa'ya iltica edenler arasında?)

5- Genç Türk hareketiyle Bektaşi, Mevlevi veya başka tari-
katlar arasında bir münasebet var mıydı?

6- Niçin Abdülhamid 1908 tarihinde tahttan indirilmedi?

7- 1908 kıyamıyla Paris'teki Genç Türkler arasındaki müna-
sebet nedir?

Arkadaşlar, Amerikalıların, alemşümul menfaatlerin bir-
birleriyle çarpıştığı bu kanlı boğuşma devrinde, 'İttihad ve
Terakki'yi' sırf ilmi ve insani bir maksatla mı, yoksa başka
mülâhazalarla mı ele aldıklarını düşünmemiz, lazımdır. Fakat
her ne maksatla olursa olsun, asıl bizi düşündürmesi icap eden
nokta, Amerikalıların o cemiyetin tarihini yazmakla tuttukla-
rı objektif yoldur. Ben bu mektuptan acı tatlı çok mütehassis

oldum. Ancak Milli Tarihimizin en kıymetli safhalarından birine dair bildiklerimin ilk defa olarak bir yabancı memlekette intişarına meydan bırakmamak için mektubu cevapsız bırakmaya mecbur kaldım.

İstiklâl Harbi tarihine ait hatıralarıma gelince: Bunlar çok zengin ve tok hatıralardır. Bunların vesikalarıyla meşruti de vakt-i merhununa bırakmıştım. Fakat 1933'de 'Milliyet' gazetesinde uğradığım bir taarruz karşısında, bunların neşrine başlamaya mecbur oldum. Bu hatıralar basılırken başıma gelenleri içinizde bilenler var. Kitabımın uğradığı macera da, siyasi ve ilmi tarihimiz için ayrıca bir mevzu olmuştur.

Arkadaşlar, biz kendi tarihimizi yazmak hususunda bu kadar himmetsiz ve dar zihniyetli olursak, İstiklâl Harbi tarihimizin bir komşu memleketin gazetesinde karikatür haline getirilmesine hayret etmemeliyiz. Bir haktanırlık eseri olmak üzere sözlerime onu da ilave etmek isterim. Muhterem İsmet İnönü, Cumhurreisimiz olduktan sonra, 1939 yılı içinde Tarih Kurumunca mektepler için yazılan tarih kitabının dördüncü cildi üzerinde tadiller ve tashihler yapılmasına teşebbüs edildiğine muttali oldum. Dördüncü cilt İstiklâl Harbimizden bahsettiği için, bu teşebbüsü bir salâh alâmeti gibi gördüm. Tashih işiyle tavzif edilen bir arkadaşımız beni de dinledi. Fakat sonra ne oldu bilmiyorum. O cilt tashih edildi mi, basıldı mı, muttali değilim.

Arkadaşlar, tarihimizi bilmek kendimizi bilmektir. İnsan, kendisini dosdoğru bilmedikçe, doğru ve şerefli yolu da bulamaz. Çünkü geçmişte yürünen yollar, gelecekte yürünecek yolların istikametini tayin ederler. Geçmiş hadiseler yanlış bilinirse, halde de gelecekte de, yanlış ve tehlikeli istikametlere doğru gidilmiş olur. Bunun umumiyetle beşer tarihinde ve bizim tarihimizde misalleri çoktur. Bir de doğru tarihin terbiyevi teshini düşünelim: Yeni yetişen nesiller, doğruluğu ve hakseverliği en çok tarihten ve bilhassa milli tarihten öğrenebilirler. Gençliğin Milli Tarihimizin doğruluğundan şüpheye düşmemesi lâzımdır. Milli Tarihten şüphe çok tehlikelidir.

Bir de milli tarihin huzuruna tarihi hadiselerin içine karışanların hakiki hüviyetleriyle çıkmaları lâzımdır; ta ki millet kendi mukadderatı üzerinde müessir olanları, kuvvetleriyle vasıflarıyla yakından tanısın. Böyle olmadıkça "Tarih mahkemesi, Tarihin hükmü" gibi tabirler manasız ve gülünç, hatta tehlikeli birer klişeden ibaret kalır ve bu türlü tarihe kimse inanmaz.

Netice: Son sözüm şudur: Tarihimize saygı gösterelim. Cumhurreisimiz bu devrenin üçüncü içtima yılını açan nutuklarında şöyle buyuruyorlardı. "Şimdiye kadar Yüksek Öğrenim Kurulularının son sınıflarında konferans şeklinde verilmekte olan inkılâp derslerinin, bu kurumlarda "İnkılâp Tarihi ve Türkiye Cumhuriyeti rejimi" adı altında esaslı bir ders şeklinde verilmesi ve bu mevzular etrafında ilmi incelemeler yapmak ve yaymak üzere, ayrıca bir de "İnkılâp Tarihi ve Türkiye Cumhuriyeti Enstitüsü" kurulması kararlaştırılmıştır.

Arkadaşlar, bu karardan çok memnun oldum, bilhassa sayın Cumhurreisimizin "ilmi incelemeler yapmak ve yaymaktan" bahs buyurmalarını tarihçiliğimizde hakiki bir inkılâbın müjdecisi gibi gördüm. Bu mennuniyetimi ve bu görüşümü fiilen de teyit etmiş olmak için, Enstitüye faydalı olmaya ben de çalışacağım. İstiklâl Harbimizin ve inkılâp hareketlerimizin([26]) tarihine dair bildiklerimi vesikalarıyla neşr edeceğim.

Slova Gazetesinden yapılan tercümelerden Partide okuduğum parçalar:

Mücadele edecek hiçbir kuvvet kalmamıştı. Herkes düşmanının lütuf ve teveccühünü bekliyordu. "İzzet Paşa istifasını vermişti. Mustafa Kemal bu hareketi doğru bulmuyordu." "İzzet Paşa bunamış Tevfik Paşa'yı düşürerek yerine geçmesi ve Mustafa Kemal'i de Harbiye Nazırı tayin etmesi ile ancak Türkiye kurtulabilirdi."

"Dolmabahçe Sarayının taraçalarında sinirli gezinen bu Türk Generali acaba kime benziyordu? Çehresi hasta bir

---

26   İnkılâp Hareketlerimiz isimli eser yayınevimiz tarafından "Paşaların Kavgası" adı ile yayınlanmıştır. (Emre Yayınları)

adamın çehresini hatırlatıyordu."

"Ondan çok seneler evvel Tolon'dan sonra, küçük bir Fransız zabiti, parasız, mevkisiz ve ümitsiz, Paris sokaklarında dolaşıyordu... General Bonapart esatiri olan mukadderatını tayin edecek meydan arıyordu!.."

"Mustafa Kemal de bunu arıyordu. O ordudaki arkadaşlarına hiç benzemiyordu. Bunların bir çoğu, haremliklerine çekilerek, dilenci gibi Türk Hükümetine ellerini uzatarak tekaüdiyelerini istiyorlardı."

"Görüştüğü her şahsın her partinin yegane gayesi mevki elde etmekti."

"Partilerin bazıları İngiltere'nin teveccühünü, bazıları ise Birleşik Amerika'nın, İtalya'nın, Fransa'nın yardımını arıyorlardı. Bunların hepsi ecnebilerin yardımı olmadan Türkiye'nin yaşayacağını iddia ediyorlardı. Bir zamanlar Mustafa Kemal, TÜRK - AMERİKAN Cemiyetini ziyaret etmeye başladı."

"Meclisin koridorlarında dolaşarak, siyasi şahısları kendine celb etmek için saatlerce konuşuyor münakaşalar yapıyordu... Mustafa Kemal, rakı ve tütün içiyor, mütemadiyen konuşuyordu."

"İhtiraslı generalin kafasında çocukça bir fikir doğuyor... Tevfik Paşa kabinesini düşürmek. Mühim bir harici mesele için kabine itimat reyi istiyordu."

"Tıpkı 'Jakobenlerin' Kulübünden kovulmuş General Bonapart gibi, Mustafa Kemal'de Meclis salonlarında kabineye itimat reyi verilmemesi için propaganda yapıyordu."

"Her şey yoluna girmiş gibi görünüyordu. Mustafa Kemal kendini artık Harbiye Nazırı addediyordu. Sabırsızlık içerisinde yanan general, parlamentonun ictimaında hazır bulundu. Heyhat hadiseler istenildiği şekilde cereyan etmedi. Tevfik Paşa kabinesi büyük bir ekseriyetle itimat reyi kazandı, Mebuslar Mustafa Kemal'in fikirlerini mantıksız bularak, ona sırtlarını çevirmişlerdi."

"Locasından müzakereleri takip eden Mustafa Kemal, bu

adamlara dişlerini gıcırdatarak, ilk defa saraya telefon edi-
yor ve Sultan tarafından kabul edilmesini istiyor. Mustafa
Kemal hiçbir mukaddimeye lüzum görmeden istediğini arz
etti: "Beni kuvvetli bir kabinede Harbiye Nazırı yaparsanız
ben Türkiye'nin selameti için çalışacağım" diyordu. Fakat ilk
önce Meclisi dağıtın... Mebusların mühim bir kısmı haindir-
ler, onlar Enver'in adamlarıdır" diyordu."

"Sultan nasıl ki Enver Paşa'ya karşı onu kullanıyordu. Şim-
di de ordunun sadakatini takviye etmek için kullanabilirdi.."

"Sultan ile Mustafa Kemal'in mülakatı neticesiz kalmadı.
Daha ertesi gün gazeteler mühim siyasi haberler neşr ettiler.
Sultan bir ferman ile Parlamentoyu feshetmiş ve Başvekalet
makamına kayın biraderi Ferid Paşa'yı getirmişti. Bu hareke-
tiyle Sultan, devletin idaresini eline almış oluyordu."

"Tevfik Paşa kabinesi parlamentoda itimat reyi kazanmış
olduğu halde, parlamentonun fesh edilmesi, hep Mustafa
Kemal'in Sultan'ın üzerinde olan nüfuzu sayesinde yapıldığı
söyleniyordu. Onun Sultan ile bir saat baş başa kalması bir-
çok dedikodulara sebep olmuştu. Mustafa Kemal'i bir önder
olarak tanıyanlar, etrafından ayrılmaya başlamışlardı. O şüp-
heli bir şahıs olmuştu."

"Onun o zamanlar en samimi arkadaşı Albay Arif Bey
idi. Arif, Mustafa Kemal'den daha genç, Almanya'da tahsil
görmüş, iktidarlı bir Erkân-ı Harbiye Zabiti idi. Daha Sela-
nik ve Manastır'dan tanışıyorlardı. Suriye'de Balkanlarda ve
Çanakkale'de harp etmişlerdi. Mütarekeden sonra çok sami-
mi olmuşlardı. Her ikisinin de tabiatları birdi. Askerî mesele-
leri üzerinde münakaşa etmek, serbest konuşmak ve Bonvan-
ların hayatını yaşamaktı. Mustafa Kemal'in düşmanları bu iki
zabitin arasındaki samimiyeti; dostluktan ziyade bir şeye atfe-
diyorlardı: Mustafa Kemal ve dostu Arif, günün büyük bir kıs-
mını Kıraathane ve kahvehanelerde geçiriyorlardı."

"Lloyd George'un diplomatları, 'bırakın Türkiye'yi kendi
haline, o otomatik bir surette parçalanacak, ve biz de parçala-
rı o zaman taksim ederiz" diyorlardı."

"Türkiye'nin uzak Doğu vilayetlerinde ve Kafkas hudut-
larında Kazım Karabekir Paşa'nın kumandasındaki 6 tümen
müttefik kuvvetlerinin zabitlerine mümanaat göstermeğe baş-
lamışlardı. Terhis emirlerini dinliyorlardı. Bu hareket tehlike-
nin ilk işareti idi. Herkes İngilizlerin bu işi nasıl halledecek-
lerini merakla bekliyorlardı. Mustafa Kemal'in çok ihtiyatlı
bulunması icap ediyordu. Mustafa Kemal Şişli'deki evini terk
ederek, Pera Palas otelindeki odasına döndü. Tam o sırada
bir ay hasta olarak yatakta kaldı. Morarmış, yüzü buruşmuş,
parasız ve aynı zamanda Türkler ve İngilizler tarafından şüp-
he altında, -Arif müstesna olmak üzere- hiçbir dostu olmayan
Mustafa Kemal, bedbin, ümitsiz olarak İstanbul sokaklarında
dolaşıyor, yahut da saatlerce hastanede oturuyordu." "Bir gün
Pera Palas Otelindeki odasında, Mustafa Kemal büyük bedbin-
lik içerisinde yatarken, ansızın telefon çalmaya başladı. Onu
Babıali'den arıyorlardı."

"Sultan ve İngilizler Anadolu'daki Milli cereyandan ürk-
müşlerdi. Oraya Sultan'ın bir mümessilini yollamayı kararlaş-
tırmışlardı. Bu mümessilin vazifesi mahallinde vaziyeti tetkik
ederek orduyu eline almak ve İttihad ve Terakki Cemiyeti'nin
faaliyetine son vermek idi. Bu vazifeyi yalnız enerjik, emniyet-
li bir general yapabilirdi. Sultan, Mustafa Kemal'in vasfında
bütün bu vasıfları bulmuştu. İngiliz işgal kuvvetleri, bu tayi-
ne razı olmadılar. Sadrazam kendi dediğinde ısrar etti. Damat
Ferit: 'Memleket dahilindeki heyecan ve kargaşalıklar, Enver
Paşa'nın kurduğu bu menhus İttihad - Terakki kumpanasının
yaptığı manevraların bir neticesidir. Milletin içerisine doğmuş
bir his değildir. Bundan maada Türkler, sulhtan başka bir şey
istemiyorlar. Evet Mustafa Kemal bu kumpananın azasıdır;
fakat her zaman ona muhalefet etmiştir."

"Sonunda Damat Ferit Paşa galip geldi. Mustafa Kemal,
şüpheli şahıslar listesinden silindi. Sultan'ın Başyaverliğine,
Kuzey orduları Başmüfettişliğine ve Doğu Vilayetleri Umum
Valiliğine tayin edildi."

"Refet, Mustafa Kemal'i, tehlikeli aventürler için yaratılmış bir şahıs gibi görüyor ve bu büyük vatanperverliğin arkasında idareyi ele almak için sonsuz bir abisyon gizlendiğini görüyordu. "Refet, büyük dikkatle karşısında kıvılcım saçan mavi gözlere bakıyordu. Oda sigara dumanı ile dolmuştu. Garsonlar, sayısız rakı şişelerini taşıyorlardı. Küçük gemi Karadeniz'de sağa, sola yalpa ederek ilerliyordu. Nefes nefese son kuvveti ile küçük gemi, Samsun limanına girdi. İskelede Majeste Sultan'ın mümessilini kimse karşılamadı. Sultan, artık bir gölge idi. Samsun, küçük dar sokaklarıyla binlerce casusları ile ve hasmane bir surette Mustafa Kemal'i karşıladı. Türkler Kemal'in yanına yaklaşmaktan korkuyordu. Mustafa Kemal, bu "yılan yatağında" hiçbir şey yapamayacağını görerek, bir bahane ile merkezini Havza'ya ve oradan da Türkiye'nin Batısından Doğusuna doğru giden ana şose üzerinde bulunan Amasya'ya nakletti."

"Fakat, bir yangın enkazı önünde bulunuyordu. Uzun yıllardan sonra, evine dönen ve aile ocağını küller içerisinde bulan birine benziyordu. Nereden işe başlayacaktı'.' Enkazlar içerisinde birkaç sağlam direk daha bulunuyordu. Bunlar Kafkas hududunda, daha mağlubiyet nedir bilmeyen birkaç tümen idi. Yüzleri güneşten yanmış fakat henüz daha sağlam bulunan bir kaç direk Türkiye'nin esasını teşkil edecekti."

"İzmir etrafında birçok çeteler teşekkül ediyor ve Yunanlılara mukavemet etmeğe hazırlanıyorlardı. Bu çeteleri, Kemal'in arkadaşı Rauf, Bahriye Nezaretinden istifa ettikten sonra organize etmişti. Büyük bir organizatör gözüyle Mustafa Kemal, parça halinde bulunan milli kuvvetleri bir yere toplamaya başladı. İstanbul'dan ayrı yaşayan, hiçbir idaresi olmayan Anadolu'da bir idare kurmayı düşündü. Bunun üzerine Sivas'ta bulunan Refet.., ve Ankara'da bulunan 20. Alay Komutanı Ali Fuat'ı, Amasya'ya çağırdı. Üç arkadaş vazifelerini ayırdılar. Ali Fuat, Batı'yı, Kazım Karabekir Doğu'yu, Mustafa Kemal merkezi, idare edeceklerdi."

"Mustafa Kemal bu emri alınca postaneye giderek kat'i ve uzun bir cevap yazdı. Bu yazı ile O, Padişah'a: Türk Milletinin rehberliğini almasını, İstanbul'u terk ederek, Türkiye'nin en büyük düşmanı olan İngilizlere karşı başlayan milli mücadelenin önderi olmasını teklif ediyordu. Mustafa Kemal doğrudan doğruya halkla temas etmek istedi. Kazım Karabekir'in tavsiyesi üzerine, yakın komutanlarla halk mümessillerini Erzurum'a bir kongreye davet etti. Vazifesi çok ağırdı. Konferans azaları onun fikirlerine iştirak etmiyor, onu önderleri olarak tanımak istemiyorlardı."

"Merkezi Hükümet Kazım Karabekir'e kongreyi dağıtmak, Mustafa Kemal'i tevkif etmek emirlerini veriyordu. Bu vaziyet karşısında Türkiye'nin istiklâli kâmilen Kazım Karabekir'in elinde bulunuyordu. O yegane muhtazam Türk Ordusuna malikti. Bolşevik ihtilalinden sonra o Rusları Ermenistan'dan kovup Kafkas dağlarına sürmüştü. Onun Kafkas ordusu hiçbir mağlubiyet görmemişti. Kazım Karabekir'in tuhaf bir çehresi vardı. Yüksek geniş omuzlu, ağır hareketli ve düşünceli, disiplini seven, namuslu, âdil, sözüne sadık, ananeye bağlı, askerleri tarafından tapılan, tam bir klâsik eski Türk generali idi."

"İhtiyar askerde hiçbir aksiyon yoktu. 18 Şubat hükümet darbesinde ihtiyar Fransız generallerinin önderliği Bonapart'a bırakmaları gibi, şimdi de Kazım Karabekir'in elinde kuvvet bulunduğu halde, önderliği Mustafa Kemal'e bırakıyordu. Bununla beraber Kazım Karabekir, büyük bir dahili mücadele geçiriyordu. Birbirine aykırı huylu bu iki erkek arasında mücadele çok hararetli olmuştur. Kazım Karabekir onu tevkif edeceği yerde, Kemal ve Arif'le beraber([27]) bir karar plânı hazırlamışlardı. Kazım'ı kazanmak ve onda hiçbir şüphe ve tereddüt uyandırmamak için, dediklerini kabul ediyordu."

"Kazım Karabekir'in kafası, bu hukuk teorilerini çok zor kabul ediyordu. Kemal, en sonunda onun arkadaşlığına müracaat etti ve milli harekete yardım vadini hatırlattı. Kazım Karabekir uzun düşündü, onun ananelere ve itaatlere alışmış asker ruhunda uzun bir mücadele oldu. Fakat Kazım Karabekir'in

---

27   Bulgar yazarın anlattığı Rauf Orbay olması lazım gelirken "Ayıcı Arif" namı ile tanınan Kurmay Albay Arif'ten söz etmektedir. (Yayıncı)

verdiği söz iki olmazdı. Uzun tereddütlerden sonra, Kazım Karabekir, Kemal tarafına geçti. Bu sefer o hakikaten genç, arkadaşının eline memleketin istikbalini verdi. Kemal en büyük muvaffakiyetini kazanmıştı. Birkaç saat, Türk tarihinin yelkovanı alarm işareti verdi. Artık Mustafa Kemal sağlam bir toprağa basmaya başlamıştı. Anadolu'daki Türk ordusu onundu. Onunla beraber yürüyecekti. Düne kadar bu azledilmiş generale itimat beslemeyen kongre, bugün onu önderliğe kabul ediyordu. Kemal, Kazım Karabekir'le anlaştıktan sonra, kongre salonuna girerken, sanki "Bank of England"ın kapitallerine malik biline benziyordu. Sultan, Anadolu'daki bu hareketten korkarak Damat Ferid'i azletmiş, yerine bunak Ali Rıza Paşa'yı getirerek, yeni intihap günü tayin etmişti. Sivas Kongresine iştirak edenler milletin mümessilleri sıfatıyla ve ordunun himayesi ve yardımıyla ve büyük bir ekseriyetle bu intihabı kazanmışlardı. Parlamento, Anadolu'nun daha göbeğinde bulunan Ankara şehrine nakledilmişti. Yeni intihap olunan mebusların büyük bir kısmı Ankara'ya, bu vahşi yere geldiklerinde, hoşnutsuzluk göstermişlerdi. Daha ilk içtimada, parlamento mesaisine İstanbul'da devam etmek üzere karar almıştı. Kemal; "orada ecnebilerin yumruğu altında bulunacaksınız, orada (İstanbul'da) İngilizler hakimdir, ne çalarlarsa onu oynayacaksınız, parlamento serbest ve müstakil olarak ancak Ankara'da içtima edebilir" diyordu. Mebuslar bu defa Mustafa Kemal'i, kendisine bir kıymet vermeksizin dinliyorlardı. 'Çanakkale Kahramanı' bu efendilerin haremliklerinden uzak yaşayamayacaklarını anlayamamıştı. Bu yeni mebuslar, küçük çocuklar gibi vaziyetlerinden memnun, payitahtta ve sultanlarının himayesi altında yaşamak istiyorlardı. Mustafa Kemal teklifin reddedileceğini görerek, mebuslara vatanlarına karşı vazifelerini anlatmaya çalıştı. Fakat onu kim dinlerdi. Mustafa Kemal başta Rauf olmak üzere, bu neşeli mebus gurubunu, büyük bu kinle teşyi etti. O mağlup olmuştu. Tek başına Ankara'da kaldı. Hareketin merkezi, Ankara'dan İstanbul'a nakledildi. Rauf parlamentonun Reisi sıfatıyla ön safta bulunuyordu. Mebuslar büyük bir neşe ile İstanbul'da toplandılar.

Sultan'a uzun bir mektup yazarak, sadakatlerini bildirdiler. Fakat daha ilk ictimada Türkiye'nin ne büyük bir felâket içine düştüğünü gördüler. Rauf'un sert, daha doğrusu kaya idaresi altında, vazifelerini ifa ve Türkiye'nin haklarını müdafaa etmeye kalkıştıklarında, İngilizlerin ve Sultanın müdahaleleriyle karşılaşmışlardı."

"Mustafa Kemal, Anadolu'daki ininde büyük bir ganimet bekleyen bir kurda benziyordu."

"Düne kadar bu kadar uslu duran Türkler birbirini boğazlıyor, asıyor, kesiyor, sanki dünya onlara dar geliyordu. İngilizlerin ağızları kulaklarına varıyordu. Aynı zamanda İngiliz propagandası da bu vaziyetten istifade ederek: "Bakınız -diyorlardı- Anadolu'da ne gibi vahşi bir millet yaşıyor. Türkler, hür ve müstakil yaşamaya layık değildirler! Yalnız Yunanlılar, eski Bizans İmparatorluğunu kurmak suretiyle, bu uçsuz bucaksız yerlerde intizamı tesis edebilirler." Anadolu kanlar içinde boğuluyordu. Konya'da Sultan'ın askerleri Mustafa Kemal taraftarı bir zabitin gözlerini oyarak sokaklarda sürüklediler. Kemal, gaddarane bir surette intikam aldı. Ordularıyla Konya'ya girince şehrin bütün ileri gelenlerini kurşuna dizdi!" "Birçok şehir ve kasaba Sultan'a iltihak etmişlerdi. Fakat en fenası Millicilerin orduları arasında hoşnutsuzluk baş göstermeye başlamıştı. Mesela Samsun'daki 15. Tümen mücadeleden kaçıyordu. Kazım Karabekir memnun değildi. Doğu Vilayetleri müstakil bir harekete geçmekte tereddüt ediyorlardı. İzmir etrafındaki dağlarda çetelerin faaliyeti, bütün disiplini altüst ediyordu."

"Ankara kadınlarından müteşekkil bir gurup Ziraat Mektebine giderek: 'Kocalarımız Çanakkale'de şehit oldular. İngilizler İstanbul'da oldukları için mi biz de burada Ankara'da öleceğiz. İstanbul ne isterse onu yapsın! Mücadele imkansızdır! Sulh istiyoruz.' diye bağırıyorlardı." "Arif, gece yazılar yazıyor, Kemal gün doğarken gözlerini kapıyordu. Ahırda beygirler, her an hazır bulunuyordu. En küçük bir tehlikede Sivas'a kaçacaklardı."

328 • Kazım Karabekir

Bundan sonrasının tercümesi henüz bitmedi. Fakat 9 Ekim 1941 tarihli Yabancı Matbuat Bülteninin Mir Gazetesinin 41 lemmay 11 sayılı nüshasından yaptığı tercüme, üzerinde de durmaya değer: (Türkiye'nin Atası - Kemal Atatürk) "Vefatının üçüncü yıldönümü münasebetiyle" başlıklı olan bu makalenin baş tarafında şu satır vardır: "Mustafa Kemal 1880 yılında Selanik'te doğmuştur. Ebeveyni Pomaktır."

Slova Gazetesindeki parçaları okuduktan sonra:

"Karikatür haline getirilmesine hayret etmemeliyiz."

Edhem izzet Benice:

Kafi tenevvür ettik. Daha uzun sürecekse, biz de Atatürk'ün nutkunu getirip okuyalım.

Hasan Fehmi Ataç: (Gümüşhane)

Reis Bey, Nizamname-i Dahili (İç Tüzük) mucibince 15 dakikadan fazla kürsüde durulmaz. Kâğıttan da okunsa aynıdır. Partinin kararı vardır. Meclis Nizamname-i dahilisi bizim için de usul-ü müzakeredir. Binaenaleyh 15 dakika zarfında sözlerimizi bitirmeye mecburuz. Bunu hatırlatırım.

(Bu sözler söylenirken ön sağ taraftan (Reise göre) sıra kapaklarına vuruldu.) (Hasan Bey: Şifahi söz söylemek zamanla kayıtlı değildir. Yazıyı okumak ise 20 dakika ile tahdit edilmiştir. Fakat bu yazı herhangi bir vesikaya ait olmayıp hatibin mütalaasına ait olan içindir.)

General Kazım Karabekir (Devamla)

Reis Bey, 10 dakika da sürmez. Okuduğum benim yazılarım değildir. Millete karşı hakaret edilmiştir. Onu okudum. Kendi mütalaalarımı şimdi arz ediyorum. Bütün milletin mazisini, talihini, ve istikbalini alâkadar eden bir mevzudur. Onun için rica ederim. Lütfen dinlesinler, zaten az kalmıştır. 'Bir hak tanırlık eseri olmak üzere..' diye sözlerime devam ettim.

Başvekil Refik Saydam:

89 nüsha basılan Ecnebi Matbuat Hülasaları muayyen kimselere tevzi olunduğu, ecnebi matbuatın hakkımızda neler yazdığının bilinmesi faydalı olacağından tercüme olunduğunu, bundan dolayı Slova Gazetesine veya Bulgar hükümetine harp açamayacağımızı, izah ettiler. Bu sözlerden Başvekilin, benim beyanatımı kavrayamadığını gördüm.

Maarif Vekili Hasan Ali Yücel; ise, daha makul olarak ifadede bulundu. Mekteplerde evvelce okutulan tarihin dördüncü cildinde hakikaten General Kazım Karabekir ve arkadaşlarına haksız tecavüzlerde bulunulmuştur. Bunu tashih etmiş, meclis Reis Vekili ve Tarih Kurumu Başkanı, Şemseddin Günaltay'ın yeni bir tarih kitabı yazmak için vazifedar kılındığını, fakat yazdıkları mufassal olduğu için, bastırılamadığını, bu vazifeyi yakında Kanunu Meclisi aliye gelecek olan 'İnkılâp Enstitüsünün' tamamlayacağını izah ettiler. Bunun üzerine tekrar söz alarak şu beyanatta bulundum.

General Kazım Karabekir:

Efendim, Muhterem Maarif Vekilimizin beyanına teşekkür ederim ve zannediyorum ki iş feyizli bir yol alacaktır. Bendenizin uzun maruzatımdan lazımı gibi benim arzumu, anlatmak istediğim şeyi anlamadıklarını zannediyorum. Bendenizin maruzatım şudur: Bugün bizim Reis-i Devletimize ölü veya diri bir hakaret olursa, arkadaşlar ne yapacağız? Okudum, içinde, baştan aşağı utanacak şeyler doludur. "Sarhoştur, haristir" diyor, "Milletvekilleri karılarının yanına kaçtı" diyor. Bizi berbat etmiştir. Bunu nasıl cerh edeceğiz? Bu bir ilim meselesidir. Vesikalarımız varsa cerh ederiz. Reis-i Devletimize, İstiklâl Harbimizi sardığı için, bugün insanların düşüncesi, ne mütehassısı olursa olsun, ne meraklısı olursa olsun, her şeyden ziyade bu harbin seyri nasıl gidecek, bu harp ne zaman ve nasıl bitecek? Noktasında toplanıyor. Bir taraftan, iki taraf muhariplerin propagandaları, bir taraftan mütehassısların tenkitleri, diğer taraftan ihtisası olmayıp, sırf endişe duygusuyla kendi fikrini ortaya atanların yaptığı dalgalar, işi o kadar karıştırıyor ki, fırtınalı bir zamanda parazitler içinde insan radyo dinler gibi bir vaziyette kalıyor. Bizler ki Türk milletinin mukadderatından mesulüz; mümkün olduğu kadar bu parazitleri def ederek, harbin seyri ve nerede ve nasıl biteceği hakkında mütehassıslarımızı dinlemeği ve bu noktada mümkün olduğu kadar fikirleri birleştirmeği lüzumlu görüyorum.

Bunun için müsaade ederseniz bendeniz de askeri vaziyeti ve bilhassa üzerimizde dönen siyasi cereyanları tekrar edeceğim. Önce en mühim olan üzerimizdeki cereyanlar hakkında, şu mütalaamı arz ediyorum:

Moskova'da İngilizlerle Ruslar arasında bizim hakkımızda şu düşünüldü, bu konuşuldu diye resmi ağızlardan bize verecekleri haberleri, yine resmi bir kulakla dinlemeli; fakat hakikatte kabul etmeliyiz ki, bu görüşülmüş ve bir karara bağlanmıştır. Bizde bunu bilerek kendi tedbirlerimizi ona göre almalıyız. Bunu niçin böyle kabul ediyorum?

Arkadaşlar, siyaset denen şey şu adamın veya şu mahir diplomatın kafasından çıkacak bir hadise olmaktan çoktan uzaklaşmıştır. Dünya'yı saran iktisadi ihtiyaçlar, milletlerin bugün işgal ettikleri arazinin coğrafi, iktisadi vaziyetiyle o kadar alakalanmıştır ki, bunun çıkardığı muhassılayı ne şu rejim durdurabiliyor, ne de bu şahıs durdurabiliyor. Binaenaleyh meseleyi bu noktadan mütalaa edersek, Ruslar muharebeyi kazandıkları takdirde, bizim üzerimizden bir şey istemek ve bunun hakkında şimdiden pazarlığa giriştiklerini, bir şey konuştuklarını kabul etmek, çok uygun ve çok doğru olur. Hariciye Vekilimiz onların verdiği resmi ifadeleri resmi kulakla dinlemelidir.

BU İKİ MÜESSİRİ NASIL ÖNLEMEK LAZIMDIR
7.4.1942

Ziraat Vekili Bay Muhlis'te memleketin zirai istihsalatı hakkına izahat verdi. Buhranın (Hasat düşüklüğü) iki sebebi olduğunu, bunların da kışın şiddeti ve ordunun seferberliği olduğunu anlattı. Bazı tenkitler yapan oldu, ben de söz aldım.

Kazım Karabekir: (İstanbul)

Arkadaşlar, içinde bulunduğumuz iaşe buhranının iki sebebini resmi ağızlardan dinlediğimiz gibi, her taraftan da işitiyoruz. Birisi tabiatın gadri, İkincisi de kıtalarımızın barış garnizonlarında bulunmayıp harp tehlikesine karşı seferber oluşu ve muayyen yerlerde toplanışıdır. Mademki iki tane müessir vardır, bu iki müessiri nasıl önlemek lazımdır. Veya bundan sonra neler yapmak lazımdır? Onlar üzerinde duracağım. Yalnız, bundan evvel şunu arz edeyim ki, muhtelif yerlerden benim şahsi olarak aldığım haberler (Uzun beyanatımın hulasası, cihet-i askeriyenin 50-60 liraya aldığı atlar bugün 150-200 liraya, öküzler 600 liraya kadar, işçiler de yevmiye 2 liradan aşağı değil! Buna göre buğday, mısır, pamuk gibi fiyatları nispet olunan maddelerin maliyet fiyatı, konan miktarın çok üstündedir. Bunun için herkes, bu maddeleri ekmekten kaçınıyor! Fakat fiyat konmayan darı, patates gibi şeyler, çok ekilmeğe başlanınca, fiyatlar müthiş fırlamıştır. Endişe de çoktur. Ya hükümet bunlara da az fiyat koyarsa halimiz ne olur, diyorlar. Bunun için Milli Savunma, Ziraat ve Ticaret Vekilleri, bunları önlemeli, işleri bir elde tanzim etmelidir. Zirai seferberlik yapılmalı, yani ordu insan ve taşıt teşkilatını yer yer tedarik etmeli; bunlar muayyen zamanda bir harp halinde, oraların havaya karşı müdafaa kuvvetleri de olurlar. İcabında orduyu takviye de eder. Sonra, maliyet fiyatı göz önünde tutularak fiyat tespit olunmalıdır. Yahut hükümet % 30, 40 arzu ettiği fiyatla almalı, gerisini serbest bırakmalıdır...)

Müterakki memleketlerin mesai tarzını da şöylece izah ettim: Müterakki memleketlerde tabiatın gadri de, seferberlik de daha barışta ve sükunetli zamanlarda düşünülerek her cinsten konserveler bulundurulur. Büyük şehirlerdeki nüfus, sanayiin inkişafı ile çoğaldığından, bunları taze şeylerle beslemek imkanı esasen kalmadığından konservecilik sanayii de çok ilerlemiştir. Rusların geçen Cihan Harbinde iki yıllık konserve rezervlerini hayretle gördük. İran'da Urmiye gölü kenarındaki et konserve havuzları ve seyyar konserve fabrikası, buzhaneleriyle trenlerde işlenmiştir. Ayrıca güçlü kuvvetli insanları ve kadanalarıyla çekicilerden gayrisi, kamilen makine olmak üzere zer'iyyat yaptıklarını izah ettim. Ve elimize geçen et ve balık konservelerini askerlerimizin zor yediklerini, çünkü barışta bunların yedirilmesine alıştırılmaları lüzumunu söyledim. Hatta Rus cephesi Murat ırmağında balıkçı müfrezesi teşkiliyle tutturduğum taze balıkları yedirmekle alıştırdığımı da anlattım.

Memleketimiz yarımadadır, fakat iç taraf halkı balık yemez. Hele konserve veya kurutulmuş olursa... İtalyanların harbe girmeden evvel, balıkçı gemileriyle, İstanbul'da bizim denize döktüğümüz balıkları satın alarak, harp stokları yaptıklarını da misal olarak söyledikten sonra konserve meselesinin mühim olduğunu, aç sürülerle taarruz kabiliyetinin az olduğunu, Osmanlı zamanındaki mağlubiyetlerin iaşenin temin olunamamasından ileri geldiğini ve Devletin Mali Şurasının bu işleri barışta temini lazım olduğunu, hiç olmazsa şimdi bütün konserve fabrikalarına el konulması lüzumunu izah ettim, vs. En sonra da aynen şöyle söyledim: Aksi takdirde böyle güçlüğün ve tabiatın tesiri altında ezilmenin müterakki bir millet olan Türk milletine yakışmayacağını ifade etmek isterim.

Başvekil Refik Saydam:

(Konserve fabrikalarını işletmek istiyorlarsa da memlekette teneke olmadığını (!) apaçık söylediler.) 20 yıldır sükunetli zamanlarda nasıl uyuduklarını ikrar etti.

GENÇLİĞİMİZE KABAHAT BULMUYORUM
2.6.1942

Nevzat Ayaş'ın boşanmaların çoğalması sebepleri hakkında Adliye Vekilinden sorduğu sual üzerine açılan müzakerede

Adliye Vekilinden sonra Nevzat, General Naci Tınaz, Fazıl Ahmet Aykaç ve ben (Kazım Karabekir) söz söyledi. Sözlerim zabıttan aynendir:

Kazım Karabekir: (İstanbul)

Arkadaşlar, gerçi adedimiz azdır, fakat mesele çok mühim olduğu için, can kulağıyla bu meseleyi dinlemek ve buna çare aramak lüzumu hakkında bendeniz de birkaç söz söyleyeceğim!

Milletlerin ve devletlerin gerek siyasi ve gerek içtimai idealsiz bulundukları devreler, onların çöküntüye adım attıkları devrelerdir. Bunun için görüyoruz ki, her millet kendisine siyasi bir ideal buluyor. İçtimai ideal ise, esasen bulunmuştur; O da ailedir. Biz Türkler, içten ve dıştan birçok darbeler yememize rağmen tutunabilmiş olmamız, bu aile hayatına olan düşkünlüğümüzdendir.

Bilhassa geçen Cihan Harbinden sonra, çok zengin olan milletler artık askerlikten çekindikleri için -ki bilhassa Fransa da bunların içindedir.- karşı tarafta, sağlam milletlerin askeri durumundan çok endişelendiklerinden, onlara karşı çok kuvvetli olan ahlak bozucu cemiyetleri teşkil etmişlerdir. Bendeniz bu hususta bir kere daha maruzatta bulunmuştum. Ve fırsat buldukça, yazılarımla da bu yaraya dokundum. Türk milletinin belki her milletten ziyade çocuk sever, aile sever olan hayatında büyük bir sarsıntı olduğunu, bugün apaçık görmekteyiz. Bunun esasını, arz ettiğim gibi, bir kere bu mühim cereyana bağlamak zaruretindeyiz. Bu gerçeği, Almanya'yı iyi tanıyan arkadaşlarımız daha iyi görmüşlerdir; Almanya'yı da eritiyorlardı; bu kuvvetle Alman milleti de izmihlale uğratılıyordu ki, ileride kuvvetli bir ordu teşkiline mâni olsun. Bunu Almanlar gördüler, kanalların hepsini tıkadılar ve gençliği çürümekten kurtardılar. Bu çürüme nedir? Bu çürüme iki şeyden meydana gelir: Paraya tapmak, şehvete tapmak. Bu kadar basittir. Bütün teşkilat, bütün neşriyat, bütün say ve gayretler, salabeti olan milletin askeri kabiliyetini eritmek için gençliği paraya ve şehvete taptırmağa gayret etmektir. Bu iki ejder, laubaliliğe, büyüklere saygısızlığa, yarın -kendi ailesi olacak olan- bir kıza daha bülüğ çağına gelmeden önce tasalluta kadar, kendisine cüret veriyor.

Bu mühim meseleyi ele alınca, bizim gerek hükümetimizin, gerek diğer kuvvetlerimizin nasıl çalışacağı, nasıl programlar yapacağı kendi kendine meydana çıkar.

Bu gün pek acı olarak arz edeyim: Çünkü bendeniz daima bu vadide mücadele etmişimdir. Yazılarım böyledir, sohbetlerim böyledir. Bu yüzden de benim gibi birçok arkadaşlara, bu milletin, bu devletin en yüksek tahsili görmüş, en yüksek vazifelerini yapmış, birkaç lisanla konuşan arkadaşlara, tasavvur buyurun "muhafazakâr" diyorlar. Bu adam işe yaramaz, bu adam modern kafalı değildir, diyorlar. Çünkü çocuklarımız mekteplerde öğretmenleri ile daha fazla temas ediyorlar ve bu suretle bu acı fark ortaya çıkıyor. Daima askerliği olmayan ve olmadığından dolayı da savaş gücü pek az olan milletler bu zaafımızdan istifade edecektir. Onun için buna çare ve tedbir, ancak kendi ruhumuzdan kopacaktır. Hariçten herhangi bir kimseden bu hususta gelen irşat ve tavsiyelerin bizim lehimize değil, bizi dağıtmak için olduğunu kabul etmek lazımdır.

Şimdi güzel bir yol tutuluyor. Adliye Vekilimiz kendi sahasında mütehassısları ile tetkikat yaptıracakmış. Tabii bunu Maarif Vekaletimizden de isteyeceğiz, diğerlerinden de isteyeceğiz. Ben burada bir noktayı arz edeceğim: Türkiye halkı denince içimizde Rum'u var, Ermenisi var, Yahudisi var, şu var, bu var. Burada ırkları ayırmalıdır. Bunların ayrılmak davalarında adedi nedir? Bunlarla bizim farkımız nedir? Çünkü arkadaşlar, pek acı olarak arz edeyim: Aile babası olmak dolayısıyla hepiniz gibi terzilerle, şusuyla, busuyla temas etmekteyim. Benim gördüğüm budur. İçimizdeki gayri Türk unsurlar, yılışıklaşmamıştır, laubali değildir. Bir terzi kızı evinize gelir, çalışır, sonra evine gider. Fakat bizden birisini getirseniz, maatteessüf belki az sonra aileyi tehlikeye doğru yollar. Onun için kaç evlenme ve kaç boşanma var dediğimiz zaman, belki evlenmelerimiz de var, fakat boşanma aleyhimize çıkar. Buna karşı tedbirlerimizi alabilmek için bunu topyekün almamalarını dilerim.

Tabii gençliğimize kabahat bulmuyorum. Tabii ne ektikse onu biçiyoruz. Onların bir takım kusurlarını arz edeceğim ve bir takım tedbirler tavsiye etmeden evvel birkaç misal söyleyeceğim.

Matbuatımızı ele alalım. Arkadaşlar romanlarımızın zemini nedir? *'Sinekti Bakkal'*ın zemini nedir? Maatteessüf mükafat kazanmıştır. Evvela, bir Türk kızı aile yuvasından kaçıyor. Bir ecnebi ile evleniyor ve mesut oluyor. Romanlarımızı açınız, çoğu gençlik namına hayasız yazılarla doludur. Bir şey daha arz edeyim: Radyo'da öyle şeyler oluyor ki, geçen günkü gibi, babası kızına rakı doldurur. "Kızım" diyor ve kendisine soruyor: "Sevdiğin insan bu muydu? Seni ona vereceğim." diyor. Bir aile böyle mi kurulur? Eskiden bir aile terbiyesi vardı. Uygunluk aranırdı. Belki fena yerleri de vardı. Şimdi böyle bir şey yok. Kaşı gözü güzel, kafi... Radyomuzun neşriyatını dinleyin. Sabah akşam: Ah! yeşil gözlerine vuruldum! diyor. Bütün gençliğe bunu bağırıyoruz.

Geçen gün Maarif Vekilini ikaz ettim. Beyefendi, bugün radyoda "aşk" kelimesini söyleyen, orta mektebin filanca sınıfından filanca numaralı kızdır. Bunun ismini de söyledim. Halkevi temsil kollarında çalışanlar orta-mektep talebeleridir. Ve benim çocuklarımın sınıfındandır. Bunlar radyoda aşk ilan ediyorlar. Sonra çok acıdır. Söylemek için kendimi zorladım. Millete karşı apaçık söylenecek bir şey değildir. Fakat biz bize bütün çıplaklığıyla görüşmeliyiz. Burada 19 Mayıs için idman hareketleri yapıldığı zaman, erkek çocukları şurada duruyor ve onların önünde kız çocukları, gövdeyi bük idmanı yapıyor. Arkadan erkek çocuklar '42'lik diye bağırıyorlar! Hepsi yanyana karışık dizilince, 'işte yakaladım bir tanem!' diyor. Ve bunu kız çocukları gelip bize söylüyorlar.

Ben Vekillerden rica ediyorum, biraz acı söyleyeceğim. Biz halkın içindeyiz! Kendileri de sık sık gezsinler. Gençliğin kendi aralarında konuştuğu laflar vahimdir. Buraya izciler geldiği zaman, aile kadınlarına hatta Türk kuşu kız talebelerine söyledikleri lafları, burada söylemeğe utanırım. O zavallı gençlerin romanlardan, radyolardan, o mizahın çirkin resimlerinden, almış oldukları intibalar kendilerini zehirliyor.

Sonra daha açıklısı var: O da geçmişimizi hor görmek o kadar aşağılandı ve aşağılanıyor ki, gençlik bizi çirkin ve iğrenç vaziyette buluyor. Arkadaşlar, ben kendi vaziyetimi alıyorum. Vasisi bulunduğum bir çocuk, bana karşı mektepten aldığı terbiye ile "Sizin kafanızla biz anlaşamayız" demiştir. Ben buna şahit olmuşumdur. Çocuğu derhal o muhitten alarak adam ettim. Tedbirlerimi aldım, başka muhitlere soktum. Kendi şimdi hayretle söylüyor, mektepte hocalarımız şöyle söyledi diyor: "Bu adamlardan hayır gelmez, hareketleri beş para etmez."

Geçenlerde bir arkadaşın bahsettiği 'Kıvırcık Paşa', 'Aynaroz Kadısı' filimleri nedir?

Arkadaşlar, mazide fena şeyler vardı. Fakat iyi şeyler yok muydu? Biz nerden çıktık? İstiklal Harbi gibi tehlikeli vaziyette mahvoldu sanılan bir milletin ve ordusunun başındaki zabit ve kumandan, vali ve posta telgrafçı... şu ve bu, bütün Türkler, hangi devrin evlâtlarıydı? Şimdi bu topyekün tezyifler, bu fesat kaynaklarına dayanıyor. Bu suretle de gençlik bizden ayrılmıştır. Evlatlarımız, bizden başka bir şeydir'.

Laiklik nedir? bilirim. Fakat ben, kendi ailemin hareminde bile din telkini yapamıyorum. Çünkü çocuk, mektebe gittiği zaman orada: "Aman canım, senin baban falan falan," diyorlar. Bu vaziyette nereye gideceğiz? Bu sebeple, çok rica ederiz; Yara çok derindir ve gittikçe derinleşiyor. Bunun derinliğini anlayabilmek için, içimizde yaşayan Rum, Ermeni ve Yahudilere ve onların aile münasebetlerine bakarak daha iyi bir numara verebiliriz.

Sonra, arkadaşlar çok güzel izah etti: Ben de bir iki misal arz etmek istiyorum. Mesela: Geçenlerde Kızılay' dan herhangi bir münasebetsiz herif, hırsızlık ederek şu kadar bin lira çalmıştı.

Arkadaşlar, o herif bir metres bulmuş, o kadın da zavallı bir polisin ailesi imiş; üç de çocuğu var! Bunun emsalleri daha çoktur. Binaenaleyh hükümetimizden ve bütün devlet mekanizmasından şunu ısrarla rica ediyorum: Böyle aileden metres kullananlar, istisnasızca kim olursa olsun, en hafif ceza, onu millet karşısında rezil etmektir'. Ona hayat hakkı vermemelidir. Biraz evvel arz ettiğim kadın, herifin hapsedilmesinden sonra, aile yuvasına dönmüştür. Ama iş fuhuş sahasına girmiştir. Çünkü eski kocası olan polis, o kadını yaşatmak için rüşvet almış ve suçüstü yakalanarak mahkum olmuş, meslekten tardedilmiş, ve sonradan da kalpten ölmüştür. Demek oluyor ki, çehresi güzel; "sen benimsin, hoşuma gidiyorsun" der ve cebindeki parasına güvenerek ve diğer cazip vasıtalarla kadını kandırarak bir aile halimden onu çekebilecek ve kendi sefahat aleminde ona kendi ailesini unutturacaksa, oradaki hırsızlıkta her şey de bundandır.

Arkadaşlar, acı olan bir meseleyi, bir orduya kumanda etmiş bir adam sıfatıyla arz ediyorum: Behemehal ölüme gidecek adamların hâlet-i ruhiyyesi; 'Ailemi düşünüyorlar' olmalıdır. Yoksa geride eğlence var, aileme taarruz var, aileme şunu bunu yapıyorlar diye düşünen fertlerden mürekkep bir ordu, asla yürümez. Çünkü ölmek istemez! Ölmek istemeyen bir ordudan vazife beklenmemelidir. Ben, buna geçen Harb-i Umumide şahit oldum. Padişahlık döneminde de hizmet etmiş bir adam sıfatıyla da görmüştük. Rumeli'de savaşan subaylar, İstanbul'da yaşayanlara küfür ediyorlardı. "Hürriyet"de böyle ortaya çıkmıştır!" Ben burada öleyim, sen de orada keyfine bak! Bu olmaz! O halde yıkarım" demiştir.

O halde arkadaşlar, bir milletin aile kudret ve kuvveti ve salabeti tamamıyla her çocuğun ideal isteyen ruhunda yer tutmalıdır. Halbuki oğlu babasına karşı 'muhafazakâr' diyor. Böyle telkinlerle ana ve babasından ayrılıyor. Onları eski bir unsur zannediyor ve maziyi kötülüyor. Osmanlı Devleti de bundan dolayı yıkıldı zannederim.

Arkadaşlar, bu gençliği biz kurtaramayız. Onun için benim

de arkadaşlarla beraber ricam, sırf istatistikler tutmakla ve adli kanunlarla bu işi halletmek mümkün değildir. Bu radyoya, matbuata, Maarif Vekaletine velhasıl devlet mekanizmasının elbirliğine taalluk eden bir mevzudur. Bunun ele alınması için artık zaman kalmamıştır. Görüyoruz ki, tehlikeler gittikçe bize yaklaşıyor. Biz, aile sağlığını korumazsak, vaziyetimiz ne olur?

Mütarekeden birkaç misal: İstilâ altında kalan, gerek İzmir, gerek İstanbul'da birçok ailelerin ne marifetler yaptıklarını biliyoruz. Düşmana karşı onların ruhlarında bir şey hasıl oluyor. Para ve şehvet hırsı ile onların vicdanlarına pis bir ejder hakim oluyor. İşte bütün milletler bundan yıkılıyor. Romalılar, Finikeliler, Kartacalılar ve nihayet Fransa'da bundan çökmüştür. Onun için bu vadide ne kadar söylenilse tahammül etmeliyiz; Ve ne kadar iş yapmak mümkünse yapmalıyız. Evet, böyle şeyler çok söylenilmiştir. Bu kubbe altında böyle şeyler çok söylenilmiştir. Yine bu sözlerden ibaret kalacaksa, bu kubbede baki kalacak ses hoş bir şey olmayacaktır!

Radyolara, matbuata bir an evvel vazife vermeliyiz. Bizzat, biz dahi hem hükümeti teşvik etmeliyiz, hem de milletin babası sıfatıyla hareketimizle, sözlerimizle milleti irşat etmeliyiz. Yoksa arkadaşlar bunun neticesi çok fenadır.

(Sözlerime cevap veren olmadı. Başka söz alan yoktur diyerek Reis celseyi kapadı.)

NE GİBİ BİR TEHDİT VAKİ OLMUŞTUR

8.6.1942

16.5.1942 parti ictimaında Hariciye Vekili, geçen gün Alman Sefiri Von Papan'in Cumhurreisimizi ziyaretinin sebebi "kullandıkları bir ilaç kutusunu takdim için" dedi. Harici vaziyeti alelusul anlattı. 10.11.1941 de Başvekil Şükrü Saraçoğlu'nun, Varlık Vergisi kanunu hakkındaki beyanatından sonra ben de söz almıştım. Fakat tam bana sıra gelince, birkaç mebus müzakerenin kifayeti hakkında takrir verdiler. Ben takrir aleyhine söz aldım ve şunları söyledim.

General Kazım Karabekir: (İstanbul)

"Aleyhte söyleyeceğim. Arkadaşlar, mesele çok mühimdir. Gerçi epeyce yorulduk. Zaman da geçti. Fakat vereceğimiz karar, tamamıyla tatminkâr olmazsa; yani, evvela bizler tatmin olmuş olmazsak, bunun hariçteki yankısı çok kötü olur. Hususiyle hükümetimizin bu son alacağı tedbir de muvaffak olmazsa, daha harbe girmeden Meclisçe, Partice bir çökme olur ve bu da çok kötü olur. Biz bütün vatandaşlarla görüştük, dertleştik. Bunları burada söylemek isteriz. 5-6 arkadaş daha söz alacaksa, niçin onları dinlemeyelim. Ben de nice müzakereyi kesmek, çok tehlikeli bir iştir. Buna bir misal arz edebilirim. Kanunun adının bile, "varlık" olması doğru değildir. Bu millet varlığını, Yahudilerden şundan bundan alacağı parayla değil, ancak ordusuyla ve milli kanaatkârlığıyla kurtarabilir. Bu hususta söylenecek çok sözler, yapılması icap eden mühim işler var. Daha bir kaç arkadaşın söz söylemelerine müsaade etmenizi rica ediyorum. Yoksa bizler tatmin edilmeden, bu kanun çıkmış olur."

Bu sözlerime rağmen takriri reye konduğu vakit, birçoklarının reddetmesine karşı, takrir kabul edilmiş olduğu söylendi ve kimseye de söz verilmedi. Ben de açık celseye sözümü bıraktım. Tabii, partide daha etraflıca, daha acı konuşacaktım. 11 Çarşamba günü, kanun matbaadan parça parça gelerek dağıtılırken, Mecliste müzakeresi "müstacelen" kararıyla kabul olundu. Buradaki beyanatım, bugünkü zabıtlarda vardır. Endişem şudur: Bugünkü unsurlarla bu vergi toplamada müthiş haksızlıklar ve irtikaplar olacak ve memurlarımızın ahlâkı daha berbat bir hale girecektir. Sonra da pahalılık daha artacaktır. Alınması gereken tedbirleri anlattım. Diğer bir meseleye geçiyorum: Orada İngiliz Sefirine sormak lazımdı: İngilizler bize karşı niçin dargınlık gösterdiler. Soğuk bir vaziyet gösterdiler. Vaziyet açık, adamlar büyük bir ordu topladılar, yürüyecekler; Ruslar da yürüyecek, mesele hallolacak. Yürüyemediler. Karşılarında mühim bir mukavemet gördüler. Bunun mühim bir ciheti de Adalar Denizinde hiç oynama

yok. Onlar için mühim dava, küçük devletlerin Bulgaris-
tan, Romanya, Macaristan, Finlandiya gibi devletlerin harbe
devamlarıdır.

Arkadaşlar, bu devletlerin bizim gibi Meclisleri var, bizim
gibi düşünüyor ve belki bizden kuvvetli Efkar-ı Umumiyeleri
var-, niçin harbe devam ediyorlar? Demek ki bir ümitleri var.
Demek ki, kati neticeli muharebe henüz olmamıştır. Hükü-
metimiz buraya nokta koymalı ve bu hususta kulak kesilerek
vaziyete hakim olmalıdır. Kim kazanacaktır? Bugünkü vazi-
yette ben kendim -askeri mütehassıs sıfatıyla- bir karara vara-
bilmiş değilim. Henüz anlaşılmamıştır. Evet propaganda ile
netice aldılar... Bizim gazetelerimizden bazıları dahi bu işte
ileri gidiyor. Fakat hesaba koyunca ve vaziyete bakınca; gerek
siyasi, gerek askeri bakımdan ufak milletler henüz muharebe
vaziyetindedirler.

Arkadaşlar; hakikaten Almanların Doğu'da, Rusların önü-
ne koyacak kuvvetleri yoksa, bu kadar ahmak mıdırlar ki
Girit'de, Rodos'ta vesairede dursunlar! Derhal bütün kuvvet-
lerini alıp ve memleketlerinin son müdafaalarını yapmak vazi-
yetindedirler. Halbuki oralarda duruyorlar. Demek ki, zanne-
dilen muvaffakiyetin husul bulmasıyla İngilizler bize bu jesti
yaptırmak mecburiyetinde bulunmuşlardır.

Ruslar daha ileri gidiyor, ve "Harbe girsinler" diyor-
lar. Çünkü büyük kuvvet kendi karşılarında... İşte böyle bir
zamanda biz böyle bir beyanat yaparsak, kimin lehine ve ne
dereceye kadar, ve kimin aleyhine ve ne dereceye kadar tesir
yapacak? Sonra bunun muhtelif safhaları ne olacak?

Arkadaşlar, bu Beyannamenin Almanlar üzerindeki tesi-
ri belki şöyle olacak: Türkler harbe girecek. Ve Türkler harbe
nereden girebilirler? Adalara gelebilirler, Şu halde aman bizim
orada kafi kuvvetimiz yok çabucak adaları tahliye edelim ve
adalar denizini açalım. Fakat arkadaşlar, bu belki hiç asker
olmayan bazı siyasetçi sivillerin, şunun bunun aklına gelmiş
bir tedbir olabilir. Askeri bir düşünce, böyle kolayca "harbe
girecekler" diye papuç bırakıp gitmez; Neticeyi görmek ister.

İkinci tesir de İngiliz ve Rus Efkâr-ı Umumiyesine olabilir. Eğer onlar, hakikaten bezgin vaziyette ise, tesir hayli kuvvetli olur. Bunu bir parça izah edeyim:

Gerek ufak ve gerekse büyük muharebelerde bir tek damla ile bardağın taşması gibi vaziyetler olabilir. Öyle anlar olur ki her iki taraf da bittim diye çekilmek ister. Bakar ki karşı taraf çekilmiştir. Çünkü o da bitkindir. Eğer Rus ve İngiliz Efkâr-ı Umumiyesinde bu mertebe bir bıkkınlık hasıl oldu ise, tesir muhakkaktır. Bilhassa "Amerika'da bir çok zayiat veriyoruz, hala verdiremiyoruz!" dedikleri sırada, Türklerin münasebetleri kesmesi, biraz tesir yapar! Fakat fiiliyat sahasına geçmediği takdirde, yalnız beyannameyi neşrettiğimiz takdirde, millet ve ordu -yüreğindekini söylüyorum- bize itimat etmez!

Arkadaşlar, harbe girecek bir millet ve onun ordusu, evvela harp ilân etmez. Evvela hazırlık yapar. Biz hazırlığı ikinci plâna koymuşuz. Eğer ordu hazırsa, "hazırım" derse, milletin efkârı da hazırsa, hazırız deriz. Ondan sonra o deklerasyonun bir manası olur. Biz, deklerasyon yapacağız, ondan sonra, arkadan silah gelsin diyeceğiz. Bu deklerasyon üzerine karşı taraf, hazırlığa başlıyor; iş ciddidir, diyecek ve demin arz ettiğim gibi, senelerce bilgi toplamış, hazırlanmışsa, ilk evvel nereleri üs olacak ve nereleri üsleri besleyecekse, oralara taarruz başlar. Madem ki karar verdik, bu akşam faraza barajlar yıkılsa bütün bu millet susuzdur, üç-dört kuyu açmamıştır. Kuyular nerede hazırlanacaktır? Pasif müdafaa tertibatımız yoktur! Bilhassa İstanbul ve İzmir gibi yerleri düşünürseniz, facia müthiş olur. Bu faciaların varacağı neticeleri bugünden tahmin etmek güçtür. Daha, deklerasyonla beraber, bu gürültü ve sarsıntı ile arkasından birkaç taarruza birden uğramasını çok muhtemel görüyorum. Arz ettiğim gibi, "bizde kuvvetli denilen milli birlik yokmuş, ordumuz da, hazırlık, yokmuş! gibi sarsıntılarla bir hükümet kendi kendine sükut eder. Öyle vaziyette işi tutmak zordur. Onun için, eğer hükümet bize derse (ki demedi) 'Arkadaşlar biz tehdit karşısındayız', şu, şu ve şu tehdit karşısında! Bu tehdide cevap verecek vaziyette değiliz. Bu tehdidi fiili gördük, yapacaklar. 'Ben bunu da kabul ettim. Buna karşı da verilecek cevabını vardır. Böyle tehdit gelecekse gitmemek lazımdır. Gerekçesi makul olmalı, namuskarane olmalı!.. Ben Sefire derdim ki: Buna ikimiz başladık, ikimiz yapalım.. Benim de kamuoyuna var, dört kişi ile yapacak değilim. Milleti alıştırayım; sen de yardımını yapadur; Siyasi ve askeri daha ziyade hazırladıktan sonra yapalım. Çünkü siyasi deklarasyon demek, karşı tarafın taarruzunu celbetmek demektir. Başvekilden rica ediyorum. Ne gibi bir tehdit vaki olmuştur, neden münasebetlerin kesilmesi istenirken bizi harbe sokmak istiyorlar?"

Harbe derhal girmekliğimiz lehine General Seyfi Düzgören, Recep Peker, Mümtaz Ökmen gibi hatipler hayli konuştular. Hükümetin teklifi, Partice kabul olundu. Fakat ağır tenkitlerimiz nihayet Mecliste, Almanlar sebebiyet vermedikçe harbe girilmemesi kabul edilmiş. O celsede ben bulunmadım, mevcut 411 hükümet teklifi olarak kabul olunmuş!..

BİZİM LOZAN KAHRAMANINA GÜVENİMİZ VARDIR

3.12.1943

İsmet İnönü'nün Kahire'ye gideceği hakkında:

Meclis kısa sürdü. Gurubu Başvekil açtı. Çarşamba/Perşembe Gece yarısı, İngiliz Sefirinin Hariciye Vekilimizle görüşerek Churchille'in Kahire'de İsmet İnönü ile görüşmek arzusunu tebliğ etti. İnönü, perşembe günü, Meclis Reisi ve Genel Kurmay Başkanıyla görüştü. Hükümet Erkânını da çağırdı, görüştü. Sefire şu haberi gönderdiler. "Eğer Churchille, Tahran mülakatı neticesini tebliğ edecekse Kahire'ye gitmeye lüzum yoktur. Eğer müzakere edeceksek gelirim." Bir saat evvel, cevap geldi ki, "müzakere edilecektir!" Şu halde İnönü de Hariciye Vekili ile birlikte, bir saate kadar Ankara'dan hareket edecektir. (Bu ibare aşağı yukarı bu tarzdadır. Benim ifadelerim zabıttan aynendir.)

Kazım Karabekir: (İstanbul)

Söz istiyorum. (Olmaz, sesleri) Mesele gayet mühimdir. Rica ederim bir kaç kelime arz edeceğim.

Başvekil Şükrü Saraçoğlu:

Madem ki bir arkadaş söz istiyor, verelim. Buyurun.

Kazım Karabekir: (İstanbul)

Muhterem arkadaşlar, tarihi günlerdeyiz. Şüphe yok ki Milli Şefimiz. Vaziyet-i Umumiyenin ve bizim kendi vaziyetimizin icaplarını çok iyi bilerek orada fikirlerini beyan edecekler ve bir karara varacaklardır. Yalnız orada verecekleri kararın, bilâhare burada bizim tarafımızdan nakzı çok nazik bir mesele olur. Geçen gurup müzakerelerinde, fikirlerimi arz edememiştim! Bütün zabıtları okudum. Gördüm ki, orada bir iki mühim mesele ele alınmamıştır. Bu yüce meclis, vaziyeti, geçen Meclis kadar bilemiyorlar; Orada çok rica etmiştim ki, hiç değilse İstiklâl Harbinin tecrübeli bir kaç arkadaşının da böyle mühim meselelerde fikrini alsınlar. (Öyle şey yok, sesleri) Müsaade edin, Ben fikirlerimi söyleyeyim! Tarih karşısında mesul oluruz. Şimdi burada söylemeğe mecburum. Madem ki çağırmazlar, yalnız hükümetle konuşurlar; ben de kısaca arz ediyorum: 18 Haziran 1941 tarihinde Almanlarla akdedilmiş bir saldırmamazlık paktı vardır. Bu ortadadır. Bu hiç nazarı itibara alınmamıştır. İkincisi 500 milyon nüfuslu olan Anglo-Saksonların, bugün ortada ancak 500 bin kişisi var. (Gürültüler) Müsaade buyurun. Sayın Başvekilimize şu noktayı hatırlatacağım, muvafıksa Reisicumhurumuza arz etsinler. Eğer bizi harbe sürükleyeceklerse, şu iki esası ele alarak bizi doğrudan doğruya Almanlar cephesine değil, fakat İspanyolların yaptığı gibi, harbe girmeyelim, gönüllü gönderelim. (Gürültüler) Bu da hesaba göre 18.000 kişi tutuyor. Böyle muayyen sayıda gönüllü bir kıtayı kendi kıtaları arasına alırlar, istedikleri gibi kullanırlar. (Gürültüler) Harp dışı kalmak bu suretle mümkün olabilir. Ben fikrimi arz ediyorum. Yoksa harp felaketimize sebep olabilir. Bir kerre daha söylemiştim: "Şive-i yağmada dostlar mebhut eyler a'dâyı"

Refik Koraltan: (İçel)

Efendim, bizim Lozan kahramanına güvenimiz vardır. Bütün milletin kalbi onunla beraberdir. Tanrı muvaffak kılsın. (Bravo sesleri, alkışlar)

Başvekil Saraçoğlu:

Partimiz uzun saatler dört başı mamur denilecek bir şekilde siyasi politikayı gözden geçireli henüz pek az bir zaman oldu. O günden bugüne kadar değişmiş herhangi bir şey yoktur. Kahire'ye gidiyoruz Burada takarrür ettiğimiz esasları müdafaa için, (Alkışlar, Bravo sesleri) Zannediyorum ki Paşa Hazretleri, bu defa tatmin edilmiştir. Refik'in (Koraltan) ve Başvekilin (Ş. Saraçoğlu) sözleri aynen zabıttan alınmıştır.

ACABA BİR EKSİK Mİ VAR?

1.8.1944

Başvekil ve Hariciye Vekili Şükrü Saraçoğlu beyanatta bulundu. İngiliz Sefiri Almanlarla siyasi ve iktisadi münasebetlerin kesilmesini istemiş Saraçoğlu da cevap olarak "Harbe girmekliğimizi isteseydiniz, daha memnun olurduk!" demiş. Neticede, bir açıklama yapmamız kararlaştırılmış; metni: Şimdilik siyasi ve iktisadi münasebetler kesilecek, ilerde de harbe girilecek! tarzındadır. Bunu tenkit ettiler. Tenkitler sırasında benim sözlerim:

Kazım Karabekir:

Muhterem arkadaşlar, evvela gayet garip gelen İngiliz Sefiriyle Başvekil ve Hariciye Vekilimizin konuşmalarından başlayacağım. İngiliz Sefirinin istediği iktisadi ve siyasi münasebetlerin kesilmesidir. Bunun karşısında -gönül çok isterdi ki- Niçin biz bunu keseceğiz? Siz Fransa'ya yardım yaparken veya ondan evvel istemeyip de bu sırada niçin istiyorsunuz? Bir kerre bunu iyice tebarüz ettirmeli. Halbuki kendileri, onun istemediği bir şeyi söylemişler; "Bizden bunu isteyeceğinize, harbe girmemizi istemenizi daha çok tercih ederiz" buyurmuşlar.

Bu iki nokta; yani münasebetimizin kesilmesi ve bizim harbe girmeye arzumuz varmış gibi bir tavır, nihayet beyannamenin içine giriyor! Ve hükümetimiz de kabul ediyor ki, Almanlarla siyasi ve iktisadi münasebetimizi keseceğiz! ve bunu harbe kadar götüreceğiz.

Evvela hükümetimiz şu noktayı iyice kavramak ve bilmelidir ki, ne Türk milleti ve ne de Türk ordusu bugün harp istemiyor. İçinden geldim ve içinden dinledim. Sebebi? Arkadaşlar, iki mühim sebebi var. Birincisi, harbin Almanlarla olmasıdır. Bu milletin çocukları ve içlerinde yaşayan kumandanlar, Almanlarla müttefik olarak Birinci Büyük Harbe, Ruslara karşı girdik. Şimdi yine o ordu fertlerini Almanlar aleyhine ve Ruslar hesabına harbe atacaksınız. Bunu, hamalı da anlamıyor, münevveri de anlamıyor. Hakikat budur. Bunu apaçık bilmeniz lazımdır. ('Öyle şey yok' sesleri)

İkincisi, harbin -geçen harplere benzemeyecek derecede- vahim olduğu ve yalnız ordu saflarında değil bütün ülkede, çoluk çocuğun mahv ve heba olacağı endişesi; - kim olursa olsun- herkesi harpten nefret ettiriyor. Şu halde, bize, "harbe gir" diye bir teklif olmadığı halde, bizim "harp teklifi daha ehven gelir" demenizi, bendeniz hiçbir surette anlamadım. Bilâkis bunun üzerinde ısrar etmek ve bunu, bir beyannameye kadar götürmemek lâzım gelirdi. Çünkü hükümet ne kadar karar verirse versin, bu kararı tatbik edecek olan ve bu karara maruz kalacak olan ordu ve milletir! Ordu ve millete, böyle menfi bir şey olursa, onu hükümet nasıl garanti eder de "ben bunu yaparım" der? Ben bunu anlamıyorum. Bugün İstanbul ve İzmir'den gelenler biliyorlar ki oralar panik halindedir.

Halit Onaran: (İzmir)

İzmir'de hiç panik yok.

General Kazım Karabekir: (devamla)

Acaba bir eksik mi var? Yani esbab-ı mucibe söylenmemiş midir? Bu vaziyet varsa ve ona müsteniden kabul etmişlerse, bunu açıkça söylesinler; biz de kabul ederiz!.. Fakat böyle, Sefirin gelip te yalnız münasebetlerin kesilmesinden bahsederken işin harbe kadar gidilmesini tekeffül eden bu beyannamenin neşrini, bendeniz uygun bulmuyorum.

Arkadaşlar, burada bazı maruzatta bulunmak istiyorum. Bazı arkadaşlar, diğer celselere vakit vakit şu fikri ortaya sürüyorlar: Biz eğer harbe girmezsek, ilerde herhangi bir tehlike olursa, apaçık bir Rus tehlikesi karşısında bize İngilizler yardım etmez, vahim bir vaziyet karşısında kalırız. Yahut beynelmilel sulh yapılırken, bizim istiklalimize ehemmiyet vermezler, bize yardım etmezler, İran gibi bir vaziyete düşeriz.

Ben bu kanaatte değilim arkadaşlar. Eğer bize bir tehlike gelecekse, tarihimiz de şahittir, her büyük devlet, kendi menfaati için diğerine yardım eder. Yoksa onu sevdiği için değil. Bu harpte değil, daha evvelce Kırım Harbinde, Sivastopol'ü bizimle beraber zabtedenler de kendi menfaatlerini düşünmüşlerdi. Osmanlı Devleti, çöküntü devresinde idi. İngilizler, Fransızlar ve Sardunyalılar Türkiye'yi kurtarmalıyız dediler ve harbe girdiler. Diğer bir maksat, tabii Boğazların kurtarılmasıydı. Bilahare Ruslar Azerbaycan üzerine yürüyünce; bu tehlike karşısında yumuşayan İngilizler, 93 Harbi dediğimiz harpte biraz iş Boğazlara dayanınca, fiilen yanımızda yer aldılar. Bu, ne bizim kuvvetimizden ve ne kudretimizden idi. İş, artık kendi imparatorluklarının atardamarına dayanmıştı. Binaenaleyh ne şundan ne de bundan dolayıdır. Kendi menfaatleri için icap ettiği zaman yanımızda yer alırlar.

Diğer cihete gelince: Eğer biz harbe girip te milli bir panik yaparsak, harpten zararlı çıkarsak, gerek milli birliğimizin göstereceği çehre, gerek mukavemetimizin göstereceği vaziyet, gerek ordumuzun tutumu meselesinde zayıf görürsek, işte o zaaf bizi -İran gibi- yıkıma götürebilir, kanaatindeyim. Buna misal olarak, İstiklal Harbinin baş tarafı gösterebilir; Mütareke vaziyetinde zayıf bir imparatorluk görüldü ve derhal taksim yaptılar. Fakat Milli Birlik karşısında ilk evvel Ruslarla antlaşma imzalandı. Onu da; Ruslar baktılar ki Türk ordusu ve Türk Milletinin mevcudiyetinin kıymeti vardır; Gördüler ki Doğudaki bir ordusu muvaffakiyetle bir hareketi bitirdi; ikinci bir harekete başladı. Gürcistan'a karşı onlar da harekette idiler; Müsademe olacak bir vaziyet gördüler. Milletin azmini ve birliğini gördüler. Derhal ittifak muahedesini imzaladılar. Arkasından 4 sene evvel bizimle alay eden İngilizler ve Fransızlar, gördüler ki, kendilerinin desteği ile Doğu'da rol oynayacağını zannettikleri Yunan ordusundan daha azimlidir bu millet; bunları tutmalı ve sulh yapmalı dediler. Eğer biz, Milli Birliği temin edemeseydik, muvaffak olamasaydık, hakkımızdaki kararları meydanda idi: Sevr Muahedesi.

Demek oluyor ki biz zayıf kalırsak, bu harpte milli birliğimizi tutamazsak, ordumuz da bir kuvvet ve şevket olduğunu gösteremezsek, hiç şundan bundan yardım beklemeyelim; Acıma meselesi yoktu; Kuvvetli isek ihtiram vardır.

İKİSİ DE ÇAKIRKEYF İDİLER

15.1.1946

Parti Gurubunda Dışişleri Bakanının yaptığı konuşma üzerine:

General Kazım Karabekir: (İstanbul)

Sayın arkadaşlar, açık millet kürsüsünden söylenmesini henüz doğru bulmadığım mütalaalarımı, aile haremimizde arz etmek istiyorum. Önce Sayın Dışişleri Bakanımızın Kars ve Moskova Muahedeleri sıralarında söylenen sözler ve zabıtların muahedenamelerle birlikte İngiliz ve Amerika Dışişleri

Bakanları tarafından istenildiği hakkındaki sözlerine karşı mütalaamı arz edeyim:

Hatırlarsanız, daha bu Cihan Harbi devam ederken bu hususta hazırlıklı bulunmamız lüzumunu ileri sürerek o işleri bilen arkadaşlardan mürekkep bir komisyon teşkilini teklif etmiştim. Ben Dışişleri Bakanlığımızda bu hususlara ait tanzim ve mükemmel dosyalar bulunmuş olacağını sanmıyorum. Çünkü geçenlerde İnkılâp Enstitüsü Gümrü Muahedesini ve zabıtlarını oradan istediği zaman bulamadılar. Enstitü benden istedi. Ben de vaktiyle bunları hükümetimize tevdi ettiğimizi, oradan araştırmaları lüzumunu söyledim. Hayli araştırdılar. Güzel bir kağıt üzerine yazmış olduğumuz bu muahedeyi herhangi bir kağıt sandığının içinde kağıtlar arasında buldular. Bunun için Sayın Dışişleri Bakanımızdan bir ricada bulunacağım. İstenilen dosyaları hazırladıktan sonra bu muahedeleri imzalayanlardan henüz sağ kalan Yusuf Kemal, yine bu işleri bir dereceye kadar bilen General Ali Fuat Cebesoy, Memduh Şevket Esendal ve beni toplayarak hazırladıkları dosyaları göstersinler, eksikliklerini sorsunlar, hususiyle bazı işler, mesela benimle Atatürk arasında geçmiştir. Dosyaları bir kere görmemiz faydalı olur. Eksiklikler ve yanlışlıklar olursa zararımıza olur. Dışişleri Bakanımızın bu ricamı kabul edeceğini umarım.

Bir sual soracağım. Sipariş edilmiş, hazırlanmış, gelecekmiş!.. Biz Balkan Paktını 1934'de yaptık. Montrö Mukavelesiyle Boğazları kapayıp Türkiye'nin askeri hudut olduğunu 1936'da kabul ettik. 5 sene zarfında bütün icap eden iskeleleri nakliyat ve sevkiyat imkanlarını -farzedelim ki- tekmil edemedik; Fakat harp başlayalı bir sene oldu. Fransa çökmeden evvel elinde bize derhal teslim edecek veya bugün İngiltere'nin bize yardım edecek, imkanları yok muydu? Çünkü harp içinde gün ve saat meseleleri üzerindeyiz. İskele, Ekim içinde bitecekmiş! Bütün bunlar memnuniyet değildir. Yollar hakkında kanun çıktı. Gazino, Taksim Meydanı bu işlerden daha mühimdir. Bizden tahsisat istediler de vermedik mi?

Milli Müdafaa Vekili Saffet Arıkan: (Devamla)

İngiltere hal-i harptedir. Kendisine lazım olan vesaiti zorla almak iktidarımız dahilinde değildir. Yapılan mukavele mucibince, inşası mukarrerdir. Bir sene evvel Kazım Orbay gittiği zaman ısmarlatmıştı. İngiltere gibi bir memlekette ancak bir senede yapılıyor. Yapılması lazım gelen bütün teşebbüsleri yapmışlardır. Kararlarından fazlasını almak bizim için mümkün olmamıştır.

Yol meselesine gelince: Beş seneden beri bunların yapılması lazımdı. Yapılmamışsa ödeneksizlik ve imkansızlıktandır. Yoksa bunların zaruret olduğunu takdir etmeyecek kimse yoktur. Binaenaleyh bunlar üzerinde meşgul olunmuş ve icap eden tedbirler alınmıştır. Nafia Vekaleti (Bayındırlık Bakanlığı) İstanbul Vilayetiyle müştereken yol yapmaya, Çatalca'ya dayanmak üzere Kemerburgaz üzerinden giden yolu ıslah etmeye başlamıştır. Bunun yakında bitmesini bekliyoruz. Kendileri emin olsunlar ki, bu müddet zarfında yapılması mümkün olan ne varsa, bütün çarelere ve tedbirlere başvurulmuş ve mümkün olan yapılmıştır.

Dahiliye Vekili Faik Öztrak: (Tekirdağ)

Efendim, muhterem arkadaşımız General Kazım Karabekir, sözleri arasında İstanbul Belediyesine taalluk eden bir iki noktaya temas ettiler. Bunlara cevap vermek için söz aldım.

Buyurdular ki, Taksim'de gazino ve meydan yapılıyor. Bunlar yapılacağına yol yapılsın, mahallelerin ulaşımı sağlansın. Nihayet aktif ve pasif korumaya yarar işler yapılsın. Kendilerine arz edeyim ki, gazinoya hayli zaman evvel başlanmış ve nihayet yarıda bırakılmayarak tamamlanmıştır. Zannediyorum ki İstanbul gibi büyük bir şehirde gazinoya ihtiyaç vardır!..

Sırrı İçöz: (Yozgat)

Buyurdukları gazinodan daha mühimdir.

350 · Kazım Karabekir

Dahiliye Vekili Faik Öztrak: (Devamla)

Nihayet Taksim Meydanı açılmıştır, İstanbul Belediyesi orada bir takım binaları yıkıp meydanı tanzim ediyor. Bundan sonra, garsonlar meselesine temas edildi; son zamanlarda bu vadide neşriyat da yapılmıştır. İstanbul'da bulunduğum zaman bu meseleyi sordum, aldığım cevap şudur: Taksim'de yapılan güzel gazinoyu iyi tarzda idare etmek istemişler. İstanbul Belediyesi bunu bir müteahhide vermiş. İstanbul'da öteden beri yetişmiş garsonlar olmadığından rahatsızlık olduğunu da bildiriyorlarmış. Yaptıkları pazarlık arasında 6 tane de Romen garsonun buraya gelmesine muvafakat etmişler. Bunların vazifesi gazino içinde çalışmak olduğu gibi, diğer bir vazifeleri de diğer garsonlara hocalık yapmak ders vermektir. Memleketin bunlardan daha mühim işleri yok mudur? Vardır. Fakat hiçbir zaman karar vermediniz ki, memleketin bütün varlığını derhal bir noktaya teksif edelim. Memleketin işleri biri birinden mühimdir.

Bütün mesaiyi bir noktaya teksif edince bir milletin hayati icablarını tamamen yapmış olamayız. Eğer bir gün yüksek Meclis, Belediyelerin faaliyetlerini tahdit etmeye karar verirse, bittabi onu derhal yaparız. Diğer bir nokta da İstanbul'un seyrekleştirilmesi, sokakların açılması ve pasif koruma nokta-i nazarından İstanbul'un daha müsait hale getirilmesi arzusu izhar edildi. Bu arzuda biz de beraberiz. Birçok seneden beri bu mevzu üzerinde çalışıyoruz. Esaslı bir şey yapabilmek için, bize verdikleri hesap, belediyemizin değil, hatta devlet bütçesinin tahammülünün çok üstünde olduğu için, onu bir tarafa bırakıyoruz.

Nihayet 25 metrelik bir cadde açabilmek için 25 milyon liraya ihtiyaç olduğu tahakkuk etmiştir. İstanbul Belediyesi elbette bunun altından kalkamaz.[28]

---

28 Hastanelerin ve büyük müesseselerin etraflarındaki ahşap evlerin kaldırılması ve mahallelerde meydanlar açılarak hem sıhhati ve hem de çocukları kurtarmayı ve aynı zamanda yangınlara karşı tedbir olacağını söylemiştim. Taksim meydanına ve kışlanın kaldırılmasına karşılık İstanbul'da birçok meydanlar ve parklar yapılabilir.

General Kazım Karabekir: (İstanbul)

Bir sual: İstanbul'da bilhassa Türk yerleşim bölgesi olan Fatih, Kasımpaşa, Edirnekapı, vesairede bulunan arkadaşlar bilirler, rica ederim gidin görün, orada ilk tahsil çocukları viranelerde oynuyorlar. Acaba Taksim'de kozmopolit bir zümrenin kumar oynaması mı, yoksa Türk çocuklarının terbiye ve sıhhati mi mühimdir. (Bravo sesleri)

Dahiliye Vekili Faik Öztrak: (Tekirdağ)

Efendim, İstanbul Belediyesinin idaresini İstanbul Şehir Meclisine tevdi ettiğimizi arkadaşlara hatırlatırım. İstanbul şehrinin ihtiyaçlarını buradan empoze edecek olursak, kanunlara aykırı hareket etmiş oluruz.

Reis Kaplan: (Antalya)

Biz de buradan karışabiliriz.

Dahiliye Vekili Faik Öztrak: (Devamla)

Hiçbir kanunumuz İstanbul'da şehrin yapılacak işlerinin buradan yönlendirilmesine müsaade etmez!..

Hikmet Bayur da söz alarak, Taksim Kışlası gibi bir muazzam binayı ortadan kaldıran Müdafaa-i Milliye ve Dahiliye Vekillerinin sözleri de birbirinden fazla elem vericidir.

Aka Gündüz dahi yollar hakkında 'bizde seri karar verilemiyor' diyerek Yugoslavya'da derhal işlerin başarıldığını söyledi. Ve az zamanda motorlu ve motorsuz tayyarelerin eldeki vasıtalarla yapılabileceğini söyledi. Sonra Münakalat Vekili (Ulaştırma Bakanı) Ali Çetinkaya, Hat muhafızlarının erzakını temin zorluğundan dolayı, yeni tedbir alınacağını söyledi. Garson meselesinin ele alındığını ve acemi garsonların işletme idaresince de yolcu salonuna alındığını işitince de çıkarılmaları hakkında emir verdiğini söyledi. Ben şu suali sordum:

General Kazım Karabekir:

Bir sual soracağım. Bu hattan erzak temin edilirken bir mühim mesele daha var. O da hattın geçitleri, şehir içinden hayli uzaktadır, 5-6 kilometre vardır. Halbuki eskiden beri birtakım geçitler vardır ki mümkünse oralara askerden, şimendifer memurlarından -eskiden olduğu gibi- üç beş kişi muhafız vermek imkanı yok mudur? Bu muhafızlar tren geçtikten sonra geçidi kapatırlar.

Ali Çetinkaya:

Efendim, Şemseddin Bey'le şimdi konuştuk. Askerin halkı durdurduğunu ve geçit için para aldıklarını söyledi. Bunu tahkik edeceğim. Ve mazbut bir şekle sokacağım.

Bundan sonra yine Müdafaa-yı Milliye Vekili söz aldı. Aka Gündüz'ün tayyare imali hakkındaki fikirlerinin imkansızlığını söyledi. Ayakta münakaşalar yaptılar. Vaziyetleri gurubu güldürdü. (İkisi de çakırkeyf idiler)